Karl-Friedrich Pohlmann
Militanz und Antimilitanz im Koran

Karl-Friedrich Pohlmann

Militanz und Antimilitanz im Koran

Historisch-kritische Untersuchungen zur Korangenese und zu den Ursprüngen des militanten Islam

Aschendorff Verlag

© 2018 Aschendorff Verlag GmbH & Co. KG, Münster
www.aschendorff-buchverlag.de

Printed in Germany
Gedruckt auf säurefreiem, alterungsbeständigem Papier ∞

ISBN 978-3-402-13382-8
ISBN 978-3-402-13383-5 (E-Book PDF)

Inhalt

Vorbemerkungen

In den hier vorgelegten Untersuchungen zu „Militanz und Antimilitanz im Koran" geht es um die Aufarbeitung der Hintergründe jener Kontrastkonstellation im Islam, nämlich, dass anders als der Mainstream-Islam sich immer wieder islamische Gruppierungen gegenüber Andersgläubigen bzw. „Ungläubigen" aggressiv, gewaltbereit und militant verhalten. Dass bereits im Koran die Kontrastkonstellation „Militanz und Antimilitanz" vorgegeben ist, ist eine Sache; eine andere Sache ist, ob sich aufdecken lässt, welche Entwicklungen in den Anfängen der islamischen Glaubensbewegung dazu geführt haben, dass Militanz propagierende Passagen im Koran eine Gegenposition zu antimilitanten Grundorientierungen im Koran aufbauen. Es liegt in der Natur der Sache, dass die gestellte Aufgabe sich eng mit den zahlreichen derzeit noch offenen Fragen der Herkunft und Genese des koranischen Textguts berührt[1]. Die hier sich an den historisch-kritischen Methoden der Bibelwissenschaften orientierenden Analysen des Militanz und Antimilitanz thematisierenden koranischen Textguts haben wichtige neue Erkenntnisse zur redaktionellen Gestaltung des Korans auf dem Weg zu seiner Endversion erbracht. Bestimmte koranische Textfolgen müssen als Ergebnisse sukzessiv redaktioneller Bearbeitung älteren koranischen Textguts eingestuft werden, können demnach nicht vom Verkünder Mohammed oder unter seinen Augen konzipiert worden sein. Mit dieser Einschätzung ist nicht nur die für Muslime fundamentale „Idee der Göttlichkeit des Koran"[2] unvereinbar; zu modifizieren ist in wesentlichen Punkten auch das Erklärungsmodell der Entstehung des Korans, das die westliche akademische Islam- bzw. Koranwissenschaft mehrheitlich propagiert.

Die hier gewonnenen Einschätzungen implizieren, dass auch koranische Texte nicht anders als biblische Texte als Zeugnisse durchaus unterschiedlicher menschlicher Reflexionsbemühungen keine absolute Autorität beanspruchen können[3], dass sie eben nicht als Aussagen, Bestimmungen, Forderungen, Festlegungen von Weltverhältnissen etc. als von höchster Warte autorisiert gelten können, auch wenn Gott als oberste und letzte Instanz vorgestellt, angerufen, beschworen etc.

---

[1] Vgl. dazu bereits Pohlmann, *Die Entstehung des Korans*, 3. Aufl.

[2] Abu Zaid, *Gottes Menschenwort* (2008), S. 74

[3] Die historisch-kritische Interpretation biblischer Texte, wie sie von den Evangelisch-Theologischen Fakultäten verantwortet wird, zielt „… auf die historische Rekonstruktion vergangener religiöser Sinnbildungs- und Deutungsprozesse im Kontext der Erfahrungszusammenhänge, aus denen sie entstehen" (Jörg Lauster, *Entzauberung*, S. 104).

wird[4]. Dass die literarische Genese alttestamentlicher und neutestamentlicher Schriften wie des biblischen Kanons nicht auf einer wie auch immer vorzustellenden Offenbarung des Wortes Gottes fußt, dass vielmehr Aussagen im biblischen Schrifttum, obwohl sie sich als Gedanken, Absichten, Pläne und Einschätzungen Gottes lesen lassen, zunächst immer nur als Ergebnisse menschlicher Vorstellungen und Reflexionen gelten können[5], ist innerhalb der akademischen Theologie weitgehend Konsens: „Die Bibel ist nicht mit dem Wort Gottes gleichzusetzen"[6]. Das ist im Fall des koranischen Textguts nicht anders.

Ich hoffe, zu zeigen, dass gerade dieser konsequent historisch-kritische „Zugang" auf den Koran, also die Methodologie, wie sie in den Geschichtswissenschaften wie Bibelwissenschaften gleichermaßen an den entsprechenden akademischen Instituten üblich ist, zu neuen Erkenntnissen zur redaktionellen Gestaltung des Korans führt und damit einhergehend gerade auch wichtige Gesichtspunkte erfasst, die für die Diskussionen in den Koranwissenschaften über die Genese des Korans und die Entwicklungen im frühen Islam von Belang sein werden. Zugleich ergeben sich auf diesem Wege interessante Einsichten zum aktuellen Thema „Militanz und Gewalt im Islam".

Meine Ausführungen sind so konzipiert, dass am Thema Interessierte, aber in den Koranwissenschaften nicht bewanderte Leserinnen und Leser sich mit den hier verhandelten Problemstellungen vertraut machen (dazu das Einführungskapitel „I Die Problemstellung – Hinführung") und auch die erarbeiteten Lösungen und Thesen nachvollziehen können (vgl. die Sortierungen in Kapitel IV sowie zumal die Schlusskapitel V und VI).

Auf die Wiedergabe der koranischen Texte in der Originalsprache wurde verzichtet, da die Argumentationsgänge auch für interessierte, nicht mit dem Arabischen vertraute Leser nachvollziehbar sein sollten. Die deutsche Übersetzung der Korantexte, zumal in Fällen synoptischer Textvergleiche, orientiert sich weitgehend an der konkordanten Übertragung von Bubenheim/Elyas (Der edle Qur'ān,

---

4 Insofern Widerfahrnisse auf einen den normalen Welthorizont überschreitenden Sinn hin gedeutet werden, kann von religiösen Erfahrungen die Rede sein. Dass die daraus resultierenden und schließlich verschrifteten Deutungen letztgültige Wahrheitsgehalte und Orientierung wiederum für Dritte darstellen, ist möglich, aber allein abhängig von jeweils wie auch immer motivierten subjektiven Zugängen und Gewichtungen der vorgegebenen Deutungen. Das gilt für alle koranischen Texte ganz gleich, ob sie von einem Gesandten Mohammed stammen können oder eine Herleitung von ihm auszuschließen ist.

5 Vgl. dazu z.B. Lauster, *Entzauberung*, S. 13: „Die Bibelkritik macht auf Fehler und innere Widersprüche in der Bibel aufmerksam, welche die Vorstellung, Gott habe den Verfassern die biblischen Texte diktiert, zusammenbrechen lassen. Nach zähem Ringen verschwindet die Lehre von der Verbalinspiration spätestens gegen Ende des 19. Jahrhunderts aus der akademischen Theologie".

6 Vgl. Lauster, a.a.O., S. 9; dabei ist nicht zu unterschlagen, dass „die Gleichung ‚Die Bibel ist das Wort Gottes' mit zählebiger Hartnäckigkeit als fundamentaltheologisches Gespenst durch den Protestantismus" geistert (ebd.).

2002); aber in Fällen rätselhafter oder mehrdeutiger Wörter und Andeutungen des arabischen Textes wurden auch die Koranübersetzungen von Rudi Paret (Der Koran. Übersetzung von R. Paret, 2007), Adel Th. Khoury (Der Koran, 2004) und zumal von Hartmut Bobzin (Der Koran, 2010) berücksichtigt sowie auch eigene Lösungen gesucht.

Wo der Hinweis auf arabische Worte angebracht war, wurde deren Umschrift wesentlich vereinfacht. Von diakritischen Zeichen, von der Kennzeichnung der Längen und der emphatischen Laute sowie der im Arabischen unterschiedlichen h-Laute wurde weitgehend abgesehen.

Wegen der zahlreichen Zitate aus der einschlägigen Sekundärliteratur waren leider unterschiedliche Schreibweisen, zumal von Eigennamen nicht zu vermeiden.

Ein * hinter Versangaben signalisiert, dass der überlieferte Text sekundär zugewachsene Anteile enthält und eine ältere Form zu postulieren ist.

Abkürzungen

BSOAS   Bulletin of the School of Oriental and African Studies

EQ   Encyclopaedia of the Qur'an, hg. von J. McAuliffe,
Leiden 2001–2006.

GdQ I–III   Nöldeke, Th., Geschichte des Qorāns. Zweite Auflage
(vgl. das Lit.verz.)

IJMES   International Journal of Middle East Studies

JSS   Journal of Semitic Studies

JSHRZ   Jüdische Schriften aus hellenistisch-römischer Zeit
(1973ff., Gütersloh: Güterloher Verlagshaus)

KTS   Angelika Neuwirth, *Der Koran als Text der Spätantike*, Berlin 2010

OrChr   Oriens Christianus

ThWNT   Theologisches Wörterbuch zum Neuen Testament

TRE   Theologische Realenzyklopädie

WBG   Wissenschaftliche Buchgesellschaft Darmstadt

WdF   Wege der Forschung

ZAW   Zeitschrift für die alttestamentliche Wissenschaft

ZThK   Zeitschrift für Theologie und Kirche

Abkürzungen biblischer und außerkanonischer Schriften

Bücher des Alten Testaments
Gen	Das 1. Buch Mose
Ex	Das 2. Buch Mose
Num	Das 4. Buch Mose
Dtn	Das 5. Buch Mose
1. Sam	Das 1. Buch Samuel
Ps	Die Psalmen

Schriften des Neuen Testaments
Mt	Das Matthäusevangelium
Mk	Das Markusevangelium
Lk	Das Lukasevangelium
Act	Apostelgeschichte des Lukas
Röm	Der Brief des Paulus an die Römer
II Tim	2. Timotheusbrief
Hebr	Hebräerbrief

Außerbiblische Schriften
Bar	Das Buch Baruch
syrBar	syrische Baruch-Apokalypse
äthHen	äthiopisches Henochbuch
1QS	Die Gemeinderegel aus Qumran

I. Die Problemstellung – Hinführung

1. Divergierende Textaussagen im Koran – Friedliche Koexistenz oder militante Bekämpfung und Unterwerfung von Andersgläubigen

Der Islam ist wie andere Religionen auch keine homogene Größe. Es gibt nicht *den* Islam; es gibt unterschiedliche Gruppierungen und Richtungen. Aktuell besonders auffällig sind die militanten Propagandisten des *Jihad*, des Kampfes gegen alle „Ungläubigen", und der Etablierung eines „Islamischen Staates" (IS). Nichtmuslime und nichtmuslimische Gesellschaften sind hier mit totaler Aversion, Hass, Unterwerfungstrategien bis hin zu Vernichtungswillen und entsprechendem Vorgehen konfrontiert.

Die meisten islamischen Verbände, Moschee-Gemeinden, Repräsentanten islamisch geprägter Staaten etc. grenzen sich davon mehr oder weniger strikt ab und signalisieren Friedensfähigkeit und Friedensbereitschaft. Man kann hier für ein friedliches Mit- oder Nebeneinander von Muslimen und Nichtmuslimen plädieren. Eine Position wie die der militanten Propagandisten des *Jihad* wird als unislamisch abgelehnt. Das ist z.B. der Fall in einem offenen Brief von 38 bedeutenden islamischen Gelehrten aus der islamischen Welt mit einer Stellungnahme zum Vortrag von Papst Benedict XVI. an der Universität Regensburg am 12. September 2006, zumal zu der vom Papst zitierten Aussage des byzantinischen Kaisers Manuel II. (1350–1425), in der Mohammeds Verhältnis zur Gewalt kritisiert wird. Im Brief der islamischen Gelehrten wird im Abschnitt „Was ist ‚der Heilige Krieg'?" betont: „Wenn eine Religion Krieg reguliert und Umstände beschreibt, wo er nötig und gerecht ist, macht dies die Religion nicht kriegerisch … Wenn einige die alte und gut etablierte Tradition missachtet haben zugunsten utopischer Träume, in denen der Zweck die Mittel rechtfertigt, dann haben sie dies aus eigenem Entschluss und ohne die Erlaubnis Gottes, Seines Propheten, oder der gelehrten Tradition getan". Der Brief setzt ein mit „Im Namen Gottes, des Barmherzigen, Gnadenreichen …" und dem Zitat von Sure 29:46: „Gehe nicht anders mit den Völkern des Buches um als auf die gerechteste Weise"[7].

Dagegen nehmen die militanten Propagandisten des *Jihad* wie die Anhänger des IS für sich in Anspruch, dass sie den wahren, den ursprünglichen Islam

---

[7]   Vgl. im Argumentationsgang ferner die Bezugnahmen auf Koranaussagen wie 2:256; 5:8; 5:32; 18:29; 46:9. Der Brief ist in deutscher Übersetzung (des Originals von *www.islamica-magazine.com*) im Internet abrufbar unter *islam.de/files/misc/ulema_papst_10_06.pdf*; für die Übersetzung zeichnet verantwortlich Dr. Michael Blume, Christlich-Islamische Gesellschaft Region Stuttgart e.V. (19.10.2006).

praktizieren, indem sie einschlägige Aufforderungen zur Militanz im Koran als verpflichtend ansehen und wortwörtlich umzusetzen versuchen. Beide Seiten berufen sich für ihre Position auf den Koran und sprechen sich gegenseitig die Rechtgläubigkeit ab.

Diese grob skizzierte innerislamische Konstellation, mit deren derzeit katastrophalem Auswirkungen nicht nur die sog. westliche Welt zunehmend konfrontiert ist[8], ist kein Sonderfall. Seit dem Aufkommen des Islam hat sich diese Frontstellung immer wieder im Verlauf seiner Geschichte herausgebildet. Sie ist in der Tat bereits im koranischen Textgut angelegt.

Zum einen ist nicht zu übersehen, dass man in einigen Textpassagen auf das Bild eines Gesandten und/oder Propheten stößt, der als der von Gott selbst autorisiert agierende Organisator und Lenker von militanten Aktionen fungiert, die expansiv angelegt gegen Andersgläubige (oder des Unglaubens Bezichtigte) gerichtet deren Unterwerfung oder Tötung und Vernichtung zum Ziel haben. Dazu hier vorerst nur einige Zitate:

Sure 9:29 „Kämpft gegen diejenigen, die nicht an Gott und den Jüngsten Tag glauben und nicht verbieten, was Gott und sein Gesandter verboten haben und nicht der Religion der Wahrheit angehören – von denjenigen, denen die Schrift gegeben wurde – bis sie erniedrigt Tribut entrichten".

Sure 4:88: „Was ist mit euch, dass ihr den Heuchlern gegenüber zwei Parteien seid ... 89 Sie möchten gern, dass ihr ungläubig werdet, so wie sie ungläubig sind ... Nehmt euch daher von ihnen keine Freunde, bevor sie nicht auf dem Weg Gottes auswandern. Wenden sie sich jedoch ab, so ergreift sie und tötet sie, wo immer ihr sie findet und nehmt euch von ihnen weder Freund noch Helfer, 90 außer denjenigen, die zu einem Volk gelangen, zwischen dem und euch ein Abkommen besteht oder ...".

Sure 33:60–61: „Wenn die Heuchler und diejenigen, in deren Herzen Krankheit ist, und diejenigen, die in der Stadt beunruhigende Gerüchte verbreiten, nicht aufhören, werden wir dich ganz gewiss gegen sie antreiben ... 61 Verflucht sind sie; wo immer sie angetroffen werden, werden sie ergriffen und rücksichtslos getötet".

Sure 47,4: „Wenn ihr auf diejenigen, die ungläubig sind, trefft, dann schlagt auf den Nacken. Wenn ihr sie schließlich vollständig niedergekämpft habt, dann legt sie in Fesseln; danach entweder Gnade oder Lösegeld, bis der Krieg seine Lasten ablegt ...".

Sure 8 insgesamt mit der sukzessiv theologisch begründeten Propagierung kriegerischer Existenz als Proprium der „wahren Gläubigen" (vgl. 8:72–74) sowie die umfangreiche Sure 9, die sich mit ihrer kriegsideologischen Theologie gegen alle

---

8   Vgl. z.B. die Situation derzeit in einigen afrikanischen Staaten oder in Indonesien.

richtet, die sich der Teilnahme an kriegerischen Aktionen zu entziehen suchen, sind geradezu Paradetexte einer auf Militanz setzenden Strategie zur Einfluss- und Machtausweitung[9].

Zum anderen stößt man auf die zahlreichen koranischen Aussagen, die den Gesandten Mohammed lediglich als Warner vorstellen:

„Ich bin nur ein Warner und Frohbote für Leute, die glauben" (7:188; 25:56)[10].

Oder er gilt als Mahner ohne Gewalt[11], oder seine Botschaft betont nichtagressive Verhaltensweisen:

Sure 16:125: „Rufe zum Weg deines Herrn mit Weisheit und schöner Ermahnung und streite mit ihnen in bester Weise. Gewiss, dein Herr kennt sehr wohl, wer von Seinem Weg abirrt, und Er kennt sehr wohl die Rechtgeleiteten".

41:34: „Nicht gleich sind die gute Tat und die schlechte Tat. Wehre mit einer Tat, die besser ist ab, dann wird derjenige, zwischen dem und dir Feindschaft besteht so, als wäre er ein warmherziger Freund".

Demnach liegt den hier in den Anfängen des Islam solche Aussagen tradierenden Kreisen an der Orientierung an einem Gesandten, der die Lösung von Konflikten auf friedlichem Wege sucht oder in aussichtslosen Fällen auf Gott als die klärende Letztinstanz verweist (vgl. z.B. 7:87; 10:109; 34:26). Dem entspricht, dass z.B. in 29:46 den Gläubigen ein freundliches und friedliches Miteinander mit (wie auch immer) Außenstehenden oder Andersgläubigen angemahnt oder in schwierigen Fällen zumindest Streitvermeidung angeraten wird.

29:46: „Und streitet mit den Leuten der Schrift nur in bester Weise, mit Ausnahme derer von ihnen, die Frevler sind. Und sagt: ‚Wir glauben an das, was zu uns herabgesandt worden ist und was zu euch herabgesandt worden ist. Unser Gott und euer Gott ist Einer. Und ihm sind wir ergeben'".

---

9   Weitere Militanz propagierende Textpassagen finden sich in 2:154, 190–193, 216–218; 3:12–13, 111–112, 121–128, 139–174, 195; 4:76–101; 33:9–26; zudem sind auch kürzere, einschubartige Hinweise (wie z.B. 57:10f.) zu beachten; vgl. dazu ausführlich unten den Abschnitt „II 2".

10   Zu weiteren Belegen vgl. unten den Abschnitt „III 2.1"; vgl. auch z.B. 16:82 „Wenn sie sich abkehren, so obliegt dir nur die deutliche Übermittlung".

11   Vgl. z.B. 50:45; 88:21f.

Besonders bemerkenswert ist die anti-agressive Stimme in

5:28f.: „Und verlies ihnen die Kunde von den beiden Söhnen Adams[12] ... 28 „Wenn du deine Hand nach mir ausstreckst, um mich zu töten, so werde ich meine Hand nicht nach dir ausstrecken, um dich zu töten. Ich fürchte Gott, den Herrn aller Welten ...".

Diese widersprüchlichen Textverhältnisse[13] im Koran sind bis heute der Hauptnährboden für die in den islamischen Gemeinden divergierenden Einstellungen, bzw. für die je eigene religiöse Positionierung im Gegenüber zu anderen Religionen.

All die islamischen Institutionen, Verbände, Kreise etc., die für ein friedliches Nebeneinander einstehen, können auf eine Fülle von koranischen Aussagen verweisen, die ihre Gewalt ablehnende Position begründen und für das entsprechende Verhalten Orientierung geben.

Aber es ist klar, dass die gewaltkritischen Tendenzen und Gewaltverzicht in der islamischen Welt stets in Frage gestellt, relativiert oder sogar als Selbstaufgabe des wahren Islam diskreditiert werden können, weil bestimmte koranische Texte eben den Verkünder und Gesandten Mohammed auch als Kriegsherrn und expansiv agierenden Machtpolitiker auszeichnen. All die Gruppierungen, die aggressiv bis hin zu militanten Vernichtungsaktionen gegen Andersgläubige vorgehen, können sich auf einschlägige Textanteile des Korans mit der Propagierung militanter Zugriffe auf die Welt berufen.

Beide Richtungen können mit den koranischen Texten als dem Propheten offenbarten und somit zu befolgenden Gottesworten argumentieren; denn in der islamischen Welt steht so gut wie ausnahmslos außer Frage, dass das koranische Textgut insgesamt als Gottes Wort zu verstehen ist[14]. Diese Auffassung fußt auf der Überzeugung, dass sämtliche Texte der 114 Suren des Korans von Gott seinem „Gesandten" und „Propheten" Mohammed übermittelt und von diesem entsprechend autorisiert als direktes Wort Gottes an seine Zeitgenossen weitergegeben worden sind.

---

12 Vgl. „Kain und Abel" in Gen 4.
13 Firestone (*JIHAD*, S. 49) spricht von „contradictory material".
14 Vgl. immerhin zweifelnde und kritische Stimmen einiger Frauen wie Nahed Selim in ihrem Buch *Nehmt den Männern den Koran!* (München 2006; Originalausgabe unter dem Titel „De vrouwen van de profeet", Amsterdam 2003, 3. Aufl. 2005), S. 73, 160.

2. Die für Muslime autoritative Geltung des Korans und das Problem der Herleitung des Korans von Mohammed[15]

Aus Sicht der westlichen akademischen Koranwissenschaft kann man diese Position z.B. wie folgt beschreiben[16]: Für Muslime ist „jedes Wort des Korans unmittelbar zu Gott. So und nicht anders wurde es ihrem Propheten durch Gott eingegeben, und dank solcher unmittelbaren Herkunft von Gott unterscheidet sich der Koran von jeglicher anderen Rede, die zu Mohammeds Lebzeiten, lange vor und bis zum jüngsten Tag nach ihm geäußert wurde und wird: Die Originalität der koranischen Verlautbarungen des Propheten liegt … darin, dass sie Gottes unmittelbares Wort sein sollen". Man ist aber nicht nur davon überzeugt, dass Mohammeds Verkündigungen in arabischer Sprache in den Jahren 610 bis zu seinem Todesjahr 632 n. Chr. einst authentisch Gottes Wort wiedergaben; man hält auch für sichergestellt, dass Mohammeds Offenbarungstexte alsbald nach seinem Tod von seinen Anhängern zuverlässig gesammelt, rezensiert und schließlich zu einem Kodex zusammengestellt wurden[17]. Demzufolge und auf Grund der über die Jahrhunderte kontrollierten und nachvollziehbaren Tradierungsgeschichte des Korans soll sich der zeitgenössische Muslim darauf verlassen, dass seine arabische Koranausgabe „Gottes direktes Wort" enthält.

Unter muslimischen Gelehrten wird in der Regel lediglich diskutiert, ob und seit wann die nach Mohammeds Auffassung ihm von Gott gewährten Offenbarungen schriftlich festgehalten wurden, ferner ob und in welchem Umfang Mohammed frühere Suren auf Grund weiterer Offenbarungserlebnisse ergänzt hat sowie, seit wann der Koran insgesamt als abgeschlossenes Buch vorlag. Generell stimmen jedoch die in der islamischen Tradition enthaltenen Vorstellungen von der Entstehung des Korans in Anliegen und Bemühen überein, auf diese oder jene Weise jegliche Unklarheiten oder gar Zweifel an der göttlichen Herkunft der Texte und eben auch an der Zuverlässigkeit des Tradierungsprozesses abzuwehren. So ist der Islam „die Religion, deren Bekenner behaupteten und bis heute behaupten, das echte, unverkürzte, unverfälschte Wort Gottes zu hüten; allein hierauf gründen sie ihren uneingeschränkten Wahrheits- und Machtanspruch"[18].

---

15   Die folgenden Hinweise beziehen sich auszugsweise auf die ausführlicheren Darlegungen in: Pohlmann, *Die Entstehung des Korans* (Kapitel „I Mohammed und die Entstehung des Korans – Traditionelle Sichtweisen und Stand der Forschung" und Kapitel „II Bibelwissenschaftliche Methoden und Erkenntnisse – Zur Frage entsprechender Annäherungen an koranisches Textgut"), S. 21–58.

16   Vgl. Nagel, *Mohammed* (2008), S. 896.

17   Nach islamischer Auffassung wurde die endgültige Koranfassung spätestens unter dem Kalifen Uthman (regiert 644 – 656 n. Chr.) vorgelegt.

18   Nagel, a.a.O., S. 87.

Diese Auffassung vom Koran erinnert an die vor dem Aufkommen der historisch-kritischen Bibelwissenschaft einst in den christlichen Theologien geltende Einschätzung der Bibel als direktes Wort Gottes[19]. Da sich jedoch allmählich in den theologischen Fakultäten der christlichen Konfessionen immer mehr die historisch-kritische Bibelwissenschaft durchsetzen konnte, gelangte man hier zunehmend zu Einsichten und Ergebnissen, die der über Jahrhunderte hin gängigen Annahme entgegenstanden, die Existenz der einzelnen Schriften sei einzelnen Gottesmännern, also göttlich Inspirierten zu verdanken. Dass bei genauerem Hinsehen zumal in fast allen alttestamentlichen Büchern buchkonzeptionelle Inkongruenzen, unterschiedliche theologische Akzentuierungen, sprachlich-stilistische Auffälligkeiten, Dubletten etc. wahrgenommen werden mussten[20], ließ sich schließlich nur noch mit durchweg längeren und komplexen Entstehungsprozessen solcher Schriften erklären. Im Blick auf die prophetischen Bücher galt es dem Sachverhalt Rechnung zu tragen, „daß uns prophetische Traditionen ja nicht unmittelbar als in ihrer Authentizität verbürgte Einzelworte, sondern in den uns vorliegenden, redaktionell im bestimmter Weise geformten Prophetenbüchern nur vermittelt durch das Medium Traditionen verarbeitender Redaktion zugänglich sind"[21].

Literarkritische und redaktionsgeschichtliche Analysen z.B. prophetischer Schriften wie des Jesaja- oder Jeremiabuchs ergaben, dass zahlreiche Textpassagen sowie auch buchkonzeptionelle Neuarrangements von Texteinheiten nicht einem historischen Jesaja oder Jeremia (auch nicht dessen „Sekretär" Baruch) zugeschrieben werden konnten. An der Buchgenese mussten sukzessiv Personen und Gruppierungen beteiligt gewesen sein, die im Rückgriff auf vorgegebenes prophetisches Spruch- und Textgut literarisch tätig wurden und auf Grund eigener theologischer Reflexionen überhaupt erst zur literarischen Konzeption „Prophetenbuch" gefunden hatten. Für die meisten Bücher ließ sich schließlich zeigen, dass für die Entstehung der Endfassung sogar mehrere aufeinander folgende Bearbeitungsprozesse mit entsprechenden Textergänzungen und Neustrukturierungen ausschlaggebend gewesen sind. Damit konnten die Hintergründe für die

---

19   Zumal Theologen des orthodoxen Luthertums verstanden die Bibel als direktes Wort Gottes. Gelehrte wie z.B. Joh. Buxtorf (gest. 1664) oder auch noch Joh. Gottlob Carpzov (1669–1767) pochten darauf, dass die alttestamentlichen Bücher göttlich inspiriert seien und suchten deren zuverlässige Textüberlieferung nachzuweisen; vgl. zu Einzelheiten z.B. Diestel, *Geschichte des Alten Testaments in der christlichen Kirche*, S. 354f.

20   Schon Martin Luthers Urteil über die Prophetenbücher lautete deswegen: „Sie haben eine seltzame weyse zu reden, als die keine ordnung halten, sondern das hundert yns tausent werffen, das man sie nicht fassen noch sich dreyn schicken muge" (vgl. Martin Luther, Werke, Kritische Gesamtausgabe [Weimarer Ausgabe], Bd. XIX, S. 350).

21   Schottroff, „Jeremia 2,1–3. Erwägungen zur Methode der Prophetenexegese" (1970), S. 293f.

Vielschichtigkeit der Schriften aufgedeckt und zugleich wesentliche Verständnis-
barrieren im Blick auf die Aussageanliegen abgebaut werden.

Dass im koranischen Textgut ebenfalls wie im alttestamentlichen Schrifttum
von komplizierten Textverhältnissen auszugehen ist, ist „angesichts der Fülle der
Wiederholungen, der Brüche in der Gedankenführung, der Ungereimtheiten im
Aufbau vieler Themen"[22], nicht von der Hand zu weisen. „Die Komposition des
Korans ermangelt einer einheitlichen, systematischen oder chronologischen Or-
dung der Suren. Dazu bilden die längeren Suren meist ein schwer zu entwirrendes
Mosaik verschiedenartigster und den verschiedensten Zeiten angehöriger Offenbarungen"[23]. Nöldekes Hinweis auf den „wie bekannt oft sprunghaften Stil des
Qorans"[24], woraufhin für ihn Schwierigkeiten einer Angliederung von Aussagen
„nach vorn wie hinten" … „noch nicht entscheidend sein" können, hilft hier nicht
weiter; denn gerade eine solche Charakterisierung der literarischen Textverhältnisse des Korans verlangt nach der Aufhellung ihrer Ursachen[25].

Aus der Sicht der historisch-kritischen Bibelwissenschaften stellt sich folglich
bei der Lektüre des Korans die Frage, ob nicht die oft merkwürdigen Textkonstellationen, die „Fülle der Wiederholungen, der Brüche in der Gedankenführung,
der Ungereimtheiten im Aufbau vieler Themen" wie auch generell „contradictory material" bzw. „the obvious problem of disparity in the qur'ānic revelations
treating war"[26] zum Teil jedenfalls mit ähnlichen literarischen Eingriffen und Be-
arbeitungen zusammenhängen, wie sie die historisch-kritische Forschung in den
biblischen Schriften wahrnehmen musste.

Daraufhin liegt es nahe, analog zu den biblischen Schriften auch das koranische
Textgut und seine Arrangierungen genauer „mit der Brille" des historisch-kri-
tisch analysierenden Bibelwissenschaftlers zu betrachten[27] und so zu versuchen,
der Aufhellung der eigentlichen Hintergründe der auffälligen Textverhältnisse im

---

22 So Nagels Auflistung von Sachverhalten, die jedenfalls den sich um den Koran mühenden
    Nichtmuslim „bestenfalls ratlos" machen, vgl. Nagel, *Einschübe* (1995), S. 17.

23 So Fischer, „Der Wert der vorhandenen Koranübersetzungen" (1937); das Zitat nach Paret,
    Der Koran (1975), S. 8.

24 GdQ I, S. 154; vgl. auch schon a.a.O., S. 64.

25 Vgl. Watt, *Bell's Introduction* (1970), S. 100f.: „The vast number of dislocations and the
    roughness of some of them cannot simply be ascribed to ‚the Qur'ānic style'."

26 Vgl Firestone, JIHAD, S. 49 und S. 64.

27 Dass ein solches Unternehmen für die Koranforschung nicht uninteressant sein dürfte,
    ist von wichtigen Vertretern der Islam- und Koranwissenschaft bereits mehrfach ange-
    deutet worden; vgl. dazu jüngst Angelika Neuwirth (2016): „Studies in qur'anic history
    have never made serious efforts to reach the methodological level of biblical studies. The
    emergence of the alleged ‚Book' still for many is a sort of taboo" (vgl. „Locating the Qur'an
    and Early Islam in the ‚Epistemic Space' of late Antiquity", S. 167); vgl. ähnliche Einschät-
    zungen von Claude Gilliot („Reconsidering the Authorship of the Qur'ān" [2008], S. 88),
    Daniel A. Madigan (Vorwort zum Sammelband „The Qur'ān in Its Historical Context"
    [2008], S. XII) sowie Neuwirth/Sinai („Introduction" [2010], S. 15).

Koran sowie der Entstehung der Endversion näher zu kommen und entsprechend zu klären, ob und in welchem Umfang koranisches Textgut aus der Hand des historischen Mohammed stammen kann oder auch nicht.

Ein solcher Versuch, zur Aufhellung der Genese des koranischen Textguts die „historisch-kritische" Brille aufzusetzen, impliziert, dass man davon absieht, sich an den Vorstellungen und Andeutungen traditioneller islamischer Überlieferungen zur Entstehung des Korans vorzuorientieren. Zur üblichen Auffassung von der Genese der kanonischen Koranversion stellt z.b. Böwering fest: Sowohl die traditionelle muslimische als auch die sog. westliche Wissenschaft „agree that the redaction and canonical completion was a complex process, one whose study presents a minefield of historical problems from its inception until the appearance of the final vocalized text"[28]. Die Möglichkeit, dass die in den islamischen Traditionen übermittelten konkreten Informationen über die Abläufe der Korankodifizierung, was die beteiligten Personen und die Zeiträume betrifft, die historische Wirklichkeit korrekt widerspiegeln, wird man zwar nicht von vornherein ausschließen. Es ist aber schon wegen der erst spät (gegen Ende des 7. Jahrhunderts) belegten Berichte auch nicht auszuschließen, dass die islamischen Traditionen eher rückprojizierte Vorstellungen enthalten, wann und wie es hätte gewesen sein können oder müssen, dass man sich also bestimmte konkrete Angaben erst im Nachherein zurecht gelegt und miteinander kombiniert hat.

Motzki kommt in seinem Artikel „The Collection of the Qur'ān. A Reconsideration of Western Views in Light of Recent Methodological Developments" zu dem Ergebnis: „it does seem safe to conclude that reports on a collection of the Qur'ān on Abu Bakr's behalf and on an official edition made by order of ,Uthman were already in circulation towards the end of the 1st Islamic century". In seiner „Conclusion" heißt es dann: „We cannot be sure that things really happened as is reported in the traditions ... Admittedly, these accounts contain some details which seem to be implausible or, to put it more cautiously, await explanation ..."[29].

Dass die islamische Tradition bis zur endgültigen Korankodifizierung nach Mohammeds Tod mehrere Vorgänge und einen Zeitraum von mehreren Jahrzehnten veranschlagt und nicht die aus späterer Sicht allein wünschenswerte von Mohammed selbst autorisierte Kodifizierung des gesamten koranischen Textguts zu propagieren wagt, könnte auch folgenden Grund haben: Man wusste – und zwar in breiten Kreisen – dass zum Zeitpunkt von Mohammeds Tod der Koran nicht fertig war; und man wusste: Es hatte längere Zeit gedauert, bis er schließlich fertig war; und ferner: An der Zusammenstellung der Offenbarungstexte waren mehrere unterschiedliche Hände beteiligt.

---

28   Vgl. „Recent research on the construction of the Qur'ān" (2008), S. 73.
29   Vgl. a.a.O., S. 31.

Das Wissen um diese Umstände der späten Genese einer Endversion war offensichtlich nicht mehr aus der Welt zu schaffen. Selbst wenn man es gewollt hätte, eine Legende derart, dass Mohammed noch vor seinem Tode seinen Gefährten ein von ihm autorisiertes Koranexemplar hinterlassen habe, war gegen dieses verbreitete Wissen nicht durchsetzbar. Um jedoch Zweifel ausräumen zu können, ob wegen der über einen längeren Zeitraum nach Mohammeds Tod verzögerten endgültigen Korankodifizierung die Herkunft des koranischen Textguts von Mohammed gewährleistet sei, konnte man gar nicht anders verfahren, als diesen Zeitraum möglichst einzugrenzen. Also spätestens am Ende der Regierungszeit des „rechtgeleiteten" Kalifen Uthman (644–656 n. Chr.) und in jedem Fall vor der ersten *fitna*, dem ersten islamischen Bürgerkrieg und der Glaubensspaltung nach 656 n. Chr., musste der fertige Koran vorgelegen haben.

M.a.W.: Die Angaben der islamischen Traditionen könnten historisch zuverlässige Daten enthalten; aber man muss auch die Möglichkeit in Betracht ziehen, dass hier eine spätere theologisch motivierte retrospektive Geschichtskonstruktion vorliegt zur Absicherung des Dogmas vom Koran als dem authentischen Wort Mohammeds[30].

Mit der somit nicht eindeutig geklärten Problemstellung *Zu welchem Zeitpunkt war der Kodifizierungsprozess tatsächlich und endgültig abgeschlossen?* ist zugleich die Frage verknüpft: *Welche Personen waren für die Konzipierung der kanonischen Version zuständig?* bzw. *Wie soll man sich konkret die ja in jedem Falle zu veranschlagende redaktionelle Bearbeitung vorstellen, die aus dem von Mohammed stammenden koranischen Textgut die Endversion gestaltete?*

Auffällig ist hier, dass die westlichen akademischen Koranwissenschaftler, die sich weitgehend an den Vorgaben der islamischen Tradition orientieren, dazu kaum erhellende Auskünfte liefern. Das mag daran liegen, dass sich aus den alten Traditionen keine wirklich eindeutigen Rückschlüsse ziehen lassen; aber mir ist auch kein Versuch bekannt, der die Frage nach redaktionellen Techniken etc. und den Hintergründen der Textarrangments im Korangut selbst aufwirft und entsprechend konsequent die erforderliche Spurensuche zur Aufdeckung literarischer Bearbeitungsprozesse nach Mohammends Tod aufnimmt. Vernachlässigt bzw. ausgeblendet bleibt zumal die Fragestellung, ob der kanonische Koran trotz der bis zu seiner endgültigen Kodifizierung zu veranschlagenden Bearbeitungs- bzw. Redaktionprozesse tatsächlich, wie Nöldeke und viele andere bis heute als sicher verbürgt ansehen, ausnahmslos authentisches Wort eines in Mekka und Medina wirkenden arabischen Offenbarungsempfängers Mohammed enthält.

---

30 Für Angelika Neuwirth (Koran [1987], 103) sind die einheimischen Traditionen über die ersten Sammlungen „offenkundig nicht ohne Tendenz"; andererseits meint sie später doch wieder (*KTS*, S. 243, Anm. 27) festhalten zu müssen: „So unsicher die einzelnen Traditionen im einzelnen sein mögen, so bietet ihre Darstellung des Hergangs doch noch die plausibelste Erklärung für die Gestalt des uns heute vorliegenden Textes".

Jüngst betont Neuwirth einerseits[31], die „Korangenese" verdanke sich „weit komplexeren Prozessen als dem einer auktorialen Niederschrift"; es empfehle „sich am ehesten, von einer Diskursfolge zu sprechen … von Problemfeldern, die im Koran verhandelt werden, die also die Gemeinde beschäftigt haben müssen"[32]. Andererseits spricht sie dann doch wieder vom kanonischen Text, der „mit großer Wahrscheinlichkeit tatsächlich die Sammlung der von Muhammed hinterlassenen Texte umfaßt"[33]. Neuwirth orientiert sich an einer neuen, von Benham Sadeghi und Uwe Bergmann vertretenen These zum Koranpalimpsest (Dam 01 – 27.1; auch als San'ā' 1 gekennzeichnet) aus Sanaa (Jemen). Sie meinen zeigen zu können[34], die *scriptio superior*, die der uthmanischen Texttradition (Standardtext) zuzuweisen ist, repräsentiere im Vergleich zur *scriptio inferior* („lower layer") ein älteres Textstadium, das letztlich auf den Rezitationen Mohammeds selbst basiere. Mit Verweis auf „Radiocarbon Dating" wird betont: „It is highly probable therefore, that the San'ā' 1 manuscript was produced no more than 15 years after the death of the Prophet Muh,.ammad" (S. 353). Damit wäre natürlich die traditionelle Auffassung von der Kodifizierung des Korans weiter abgesichert. Für Sadeghi bestätigt seine Studie sogar, „that the *suras* were put in their final forms during the Prophet's lifetime"[35]. Mit Verweis auf Sadeghis These, „daß wir mit dem sogenannten ‚uthmänischen Text nicht einen mit anderen Überlieferungen konkurrierenden hybriden Text vor uns haben, sondern den direkten Abkommen eines vom Propheten selbst diktierten Archetyps des Koran", steht inzwischen für Neuwirth fest: „Damit haben alle noch im Umlauf befindlichen Spekulationen über eine erst sukzessive Entwicklung des Korantexts oder die nicht gesicherte ‚Echtheit' von Einzeltexten, die erst von der späteren Gemeinde umgeschrieben oder überhaupt erst in einer späteren Zeit um einen imaginierten Propheten herum konstruiert worden seien, ihre Grundlage verloren"[36].

Einzuwenden ist hier zumindest: Selbst bei der von Sadeghi propagierten Frühdatierung des Sanaa-Palimpsests[37] ist keineswegs sicher gestellt, dass damals mög-

---

31 Vgl. *Der Koran*, Band 2/1, S. 36.
32 A.a.O., S. 37.
33 A.a.O., S. 39.
34 Vgl. Sadeghi, Bergmann, „The Codex of a Companion of the Prophet and the Qur'ān of the Prophet" (2010); zu Dam 01 – 27.1 vgl. auch die Untersuchungen von Elisabeth Puin (s. das Literaturverzeichnis).
35 Vgl. a.a.O., S. 412.
36 Vgl. Neuwirth, *Der Koran*, Band 1, S. 24.
37 Zu Fragen hinsichtlich der Zuverlässigkeit von Radiokarbondatierungen (bzw. der Möglichkeit höherer Fehlerquoten) vgl. besonders die kritischen Hinweise von Déroche, *Qur'ans of the Umayyads* (2014), S. 11ff.: „… the results of such analysis need in the present writer's opinion to be taken cautiously" (a.a.O., S. 11); vgl. die Beispiele von Fehleinschätzungen (a.a.O., S. 12) bzw. Unsicherheiten solcher Datierungen und bes. den Hinweis (a.a.O., S. 13) auf „results which simply cannot be accepted" im Blick auf „two samples

licherweise bereits verschriftete Suren in jedem Fall und jeweils gänzlich auf den Propheten selbst zurückgehen[38]. Inwiefern mit Einzeltexten zu rechnen ist, „die erst von der späteren Gemeinde umgeschrieben oder überhaupt erst in einer späteren Zeit um einen imaginierten Propheten herum konstruiert worden" sind, ist eben erst zu klären. Dass im Verlauf der Genese religiösen Schrifttums innerhalb kürzerer Zeiträume beachtliche Texteingriffe, Modifikationen und Ergänzungen möglich sind, läßt sich mit Verweis z.B. auf die Qumran-Texte oder auf das neutestamentliche Schrifttum deutlich vor Augen führen[39].

Fazit: Bei Versuchen, die Genese des Korans aufzuhellen, ist zunächst grundsätzlich offen zu halten, ob die Vorgaben der islamischen Tradition im wesentlichen historisch zutreffende Informationen über den Entstehungsprozess des Korans liefern oder ob diese Vorgaben erst im Abstand von den tatsächlichen Vorgängen lediglich aus den Vorstellungen Späterer resultieren[40]. Es ist methodologisch geboten, mit der Möglichkeit zu rechnen, dass im Koran auch Textgut enthalten ist, dessen Herkunft von Mohammed nicht in Frage kommen kann, wofür also spätere Autoren verantwortlich zeichnen.

Ob und inwiefern Textbereiche und Textfolgen zum Themenkomplex „Militanz und Antimilitanz im Koran" auf Mohammeds Verkündigung und Verlautbarungen basieren oder eben nicht, wie und warum sie in welchen Suren verklammert und sortiert wurden etc., ist allein mit Hilfe ergebnisoffener Analysen des koranischen Textguts zu klären. Erst die auf dem Wege literar- und redaktionskritischer sowie tendenzkritischer Sondierungen zu gewinnenden Einblicke in die jeweilige literarische Machart und die Zielsetzung der fraglichen Textfolgen lassen Rückschlüsse auf ihre Genese und Herkunft zu, bzw. auf ihre Autoren sowie ihre Trägerkreise innerhalb der koranischen Gemeinde.

from the famous Sanaa palimpsest (Sanaa, DaM Inv. 01–27,1)"; vgl. z.B. auch Dye, „Lieux saints communs, partagés ou confisqués" (2012), S. 117f.

38 Sadeghi hält abschließend sogar fest: „Muḥammad dictated the revelations, and scribes wrote them down. This gave rise to a number of Companion codices." Auf Grund der vom Propheten nicht gänzlich festgelegten Surenanordnung wäre es in diesen *codices* zu unterschiedlichen Surenabfolgen gekommen. „However, he had fixed the contents of the *suras*, including the distribution of verses within …" (a.a.O., 413).

39 Vgl. auch z.B. Umstellungen und Ergänzungen im Corpus Paulinum wie auch die Entstehungsgeschichte der Evangelien.

40 Vgl. dazu oben Anm. 29.

3. Militanz und Antimilitanz im Koran – Die bisherige Forschung

Der oben knapp vorgestellte Befund von Militanz und Antimilitanz in den koranischen Texten ist bereits von den frühen islamischen Kommentatoren beobachtet und natürlich auch zu erklären versucht worden.

3.1 Die islamische Sicht

Die traditionelle Koranexegese[41] meinte die Spannungen und Widersprüche in den Offenbarungstexten damit erklären zu können, dass der Gesandte in unterschiedlichen historischen Situationen eben darauf bezogen unterschiedliche Botschaften verkündet habe. So bemühte man sich um den Nachweis, dass für die jeweiligen „Offenbarungen" jeweils eine konkrete historische Situation Mohammeds zu veranschlagen sei. Auf diese Weise habe Gott sukzessiv den Propheten geleitet und begleitet, zunächst in schwierigen und unsicheren Zeiten in Mekka bis 622, dann in Medina[42] in seiner späten Lebensphase bis 632. Erst als sich seine Gemeinde in Medina gefestigt hatte, stark angewachsen war und selbst einen Machtfaktor darstellte, habe Gott die Aussagen und Anweisungen zum militanten Verhalten gegenüber Ungläubigen übermittelt.

Da in bestimmten Fällen – Firestone[43] verweist auf Aussagen wie 16:125 („avoidence of violence in propagating and defending the faith"), 22:39–40 („defensive wars only") und 9:5 („unrestricted warfare") – „[t]he theological and political implications regarding such seemingly indecisive or scattered devine pronouncements greatly disturbed Muslim religious scholars, ... they sought to organize the revelations in a way that would provide clarity to this issue as well as other difficult issues". Solchen irritierenden Textverhältnissen meinte man beikommen zu kön-

---

41 Die folgenden Ausführungen orientieren sich an Reuven Firestones Darlegungen zur sog. *asbab al-nuzul*-Literatur („Anlässe der Offenbarung") wie auch zur koranexegetischen Literatur (*tafasir* – „Kommentare") und zu „statements about *naskh* or ‚abrogation'" (d.h.: Außerkraftsetzung oder Aufhebung von älteren koranischen Aussagen durch jüngere Offenbarungstexte); vgl. Firestone, *JIHAD*, S. 48–65.

42 Ob überhaupt Mekka und Medina als Region der Wirksamkeit Mohammeds anzusehen ist, kann man hinterfragen; vgl. dazu jüngst wieder Patricia Crone („God-Fearers", S. 146, Anm. 23): „The Qur'an describes the town in which the Messenger was active (and which is never named) as an agricultural settlement devoted to the cultivation of grain, grapes pomegranates, and other fruits, includings olives (Verweis auf Sure 6:141)... One could not have harvested olives in either Mecca or Medina, however, because the winter temperatures there are too high ... This is only one of several features mentioned in the Qur'an with reference to the Messenger's locality that do not fit Mecca. The settlement must have been located somewhere in northern Arabia ..."; vgl. ausführlicher Crone, „How Did the Quranic Pagans Make a Living" (2005).

43 Vgl. *JIHAD*, S. 49.

nen, indem man zwischen früheren und späteren „Offenbarungen" unterschied[44]. „… the earlier revelations were considered to have been given specifically in order to assist with the contingency of the moment, while the later revelations were considered to be normative and eternal. As a rule therefore, the later the revelation, the more authoritative and more likely it was to abrogate other revelations; the earlier, the less decisive and more likely to be abrogated"[45]. Mit Verweis auf sehr späte Texte wie 2:216; 9:5, 29, wodurch Verse wie z.B. 29:46 oder 42:15 als „abrogiert", außer Kraft gesetzt gelten sollten, ließ sich so belegen, „that war against non-Muslims could be waged at any time, without pretext, and at any place"[46].

Firestone hält fest: „The logic is superb, for this solution demonstrates that the divine authority for total war was withheld from the Muslims only until they were ready and organized to properly carry out such a program. The incremental escalation in militancy and its increasing association with ideological rather than material or defense issues were therefore to correspond exactly with the incremental growth and development of the religious community …" (S. 50).

Anhand einer genauen Durchsicht einer repräsentativen Anzahl von „commentaries and *naskh* and *asbab* works[47] from the first five Islamic centuries" kommt Firestone schließlich zu dem Ergebnis: „… we find tremendous disagreement over what occasions inspired the major war verses, when they occurred, and to what or whom they refer. This decided lack of agreement destroys the classic

---

44   Vgl. hierzu Abu-Sahlieh, *Al-Qur'an al-karim / Le Coran*, S. 21–23 „Abrogation dans le Coran".

45   Firestone, *JIHAD*, S. 49f.

46   Firestone, a.a.O., 50; vgl. dazu Hinweise und Belege a.a.O., S. 151, Anm. 21; Firestone bringt als Beispiel für die in der traditionellen Koranauslegung übliche Praxis der Abrogation das Verfahren von al-Nahhas (st. 949): „Sura 9:29 is cited by Nahhas as abrogating virtually all verses calling for patience or forgiveness toward Scriptuaries"; danach wären mit 9:29 („Kämpft gegen diejenigen …, denen die Schrift gegeben wurde") 2:109; 5:13; 6:106; 29:46; 42:15; 50:39 als abrogiert einzustufen.- Der Leser wundert sich hier vielleicht, dass das eben angeführte Beispiel für Abrogierungen von koranischen Aussagen auf die Außerkraftsetzung von Sure 29:46 durch Verse wie 9:29 verweist, wogegen der eingangs erwähnte offene Brief von 38 islamischen Gelehrten an Papst Benedict XVI. mit dem Zitat von Sure 29:46: „Gehe nicht anders mit den Völkern des Buches um als auf die gerechteste Weise …" überschrieben ist. Diese Gelehrten wollen hiermit offensichtlich signalisieren, dass gerade diese Aussage in 29:46 als Korrektiv im Blick auf Aufforderungen zu militantem Vorgehen (wie z.B. 9:5, 29 u.a.) zu gelten hat. Solche unterschiedlichen Abrogationsergebnisse resultieren aus den Schwierigkeiten und entsprechend unterschiedlichen Versuchen der traditionellen Koranauslegung, für die Suren, Surenabschnitte und Einzelverse einigermaßen zuverlässig die Anlässe ihrer Offenbarung und entsprechend ihre chronologische Abfolge zu bestimmen. Je nach Vorverständnis und chronologischer Einordnung koranischer Texte können die Aufforderungen zu Militanz oder die zu Antimilitanz als Letztanweisungen bestimmt werden.

47   Vgl. dazu die Hinweise oben in Anm. 41.

argument of divinely guided evolution and reveals its origin as a theoretical solution to the problem of qur'anic contradiction"[48].

3.2 Westliche akademische Erklärungsmodelle

Gegen die Sichtweisen und Erklärungsversuche der traditionellen islamischen Koranexegese spricht zudem die Beleglage im koranischen Textgut. Firestone kann zeigen, dass sich die Widersprüchlichkeiten[49], das „Pro" und/oder „Contra", hinsichtlich der Möglichkeit oder Berechtigung von militantem Vorgehen gegen Nicht-Muslime, durchgehalten haben[50]. Er hält es für wahrscheinlich, „that the conflicting verses of revelation articulate the views of different factions existing simultaneously within the early Muslim community of Muhammad's day and, perhaps, continuing for a period after his death …"[51]. Dass „certain groups or individuals were not prone to militancy"[52], ist z.B. aus 3:167; 4:75, 77; 9:38 zu erschließen. Einige Texte wie z.B. 16:125 „call for what appears to be nonmilitant means of propagating or defending the faith"[53].

Für Albrecht Noth spielte diese Kontrastkonstellation im koranischen Textgut in seinem Überblick „Früher Islam" (1987) anscheinend keine Rolle. Er ging davon aus, „daß nahezu alle Muslime kämpferische Aktivitäten zum (risikolosen) Vorteil der Gemeinschaft – im Sinne damaliger Wertvorstellungen – durchaus für normal und legitim hielten", und meinte, so konnten die Muslime „auf eine theoretisch-theologische Rechtfertigung des Kampfes als solchen weitestgehend verzichten" (a.a.O., S. 55f.). Die im Koran dann doch verklammerten theologischen Rechtfertigungen von Militanz meinte Noth darauf zurückführen zu können, dass es dabei um „die Werbung von Kämpfern für bestimmte Vorhaben" gehe, „die anscheinend nicht allen Mitgliedern oder Gruppen der medinensischen *umma* opportun erschienen, was die Zielsetzung, den Zeitpunkt oder die Art der Durchführung betraf. Die Tendenz der Werbung für umstrittene kriegerische Notwendigkeiten" führe schließlich zu einem „Junktim von Glauben und

---

48 Vgl. a.a.O., S. 50f.; für Firestone „it is quite certain that it (i.e.: „this classic Islamic ‚evolutionary theory'") could not have developed before the end of the Umayyad period in the mid-eighth century C.E." (vgl. S. 151, Anm. 23).

49 Vgl. a.a.O., S. 64: „the obvious problem of disparity in the qur'ānic revelations treating war".

50 Zu den Texten, die auf den „conflict within the Muslim community over the issue of fighting" anspielen, zählt Firestone (vgl. a.a.O., S. 48 mit Anm. 8) 2:216; 3:156; 3:167f.; 4:72–75, 77, 95; 9:38–39; 9:42; 9:86f.90; 33:16, 18; 47:20; 48:16,17; 61:2–4.

51 *JIHAD*, S. 64f.

52 Vgl. Firestone, *JIHAD*, S. 67.

53 A.a.O., S. 48 mit Fußnote und Verweis auf weitere Belege (2:109; 5:13; 29:46; 42:15; 50:39); weiter zu Firestones Position vgl. unten nach Anm. 76.

Kampfesbereitschaft" (a.a.O., S. 56). „Ein essentieller Bestandteil tribalistischer Lebensform im damaligen Arabien, der Kampf, ohnehin bereits auf der positiven Seite der Wertenormen-Skala angesiedelt, wurde nun – und nur darin bestand die islamische Neuerung – als *jihad* auf dem Wege Gottes' zu einem hochangesetzten religiösen Verdienst sublimiert" (S. 57). Ob und inwiefern diese Neuerung mit Glaubensauffassungen von Gläubigen kollidierte, die die Lösung von Konflikten auf friedlichem Wege suchten oder in aussichtslosen Fällen auf Gott als die klärende Letztinstanz verwiesen (vgl. z.B. 10:109; 29:46; 34:24–26; 42:15), nimmt Noth nicht wahr[54].

Fred M. Donner dagegen meint in seiner Arbeit *Muhammad and the Believers. At the Origins of Islam* davon ausgehen zu können, dass die Textentwicklungen im Koran mit einer mehr oder weniger einheitlichen Frömmigkeitsbewegung zusammenhängen. Er knüpft zwar an Firestones Studie *JIHAD* an[55]; doch ist unverkennbar, dass er die „disparity in the qur'ānic revelations treating war"[56] nicht in der Schärfe, wie von Firestone analysiert, wahrnimmt, bzw. dass er dieses Problem herunterspielt[57]. Donner interpretiert den Befund in den koranischen Texten wie folgt: „The Qur'an … displays a considerable variety of opinions on the question of activism or militancy, ranging from almost pacifistic quietism, in which only verbal confrontation is allowed, through permission to fight in self-defense, to full authorization to take an aggressive stance in which unbelievers are not only to be resisted but actually sought out and forced to submit" (S. 84f.). Donner verweist zwar auf neuere Arbeiten, die zeigten, „that these different injunctions may reflect the divergent attitudes of different subgroups that coexisted simultaneously within the early community of Believers" (S. 85). Es sei jedoch klar, dass „by the end of Muhammad's life the dominant attitude in the community had become the legitimation of, and the exhortation to pursue, ideological war … By the end of Muhammad's life, then, the Believers were to be not merely a pietist movement with an emphasis on ethics and devotion to God, but a movement of militant piety, bent on aggressively searching out and destroying what they considered practices odious to God … and intent on spreading rigorous observance of God's injunctions" (S. 85). „Toward the end of Muhammad's life, the piety of the Believer's movement became increasingly militant, so that the Believers more and more interceded in the sinful world around them, engaging in *jihad* in an effort to establish a righteous order and to spread what they considered to be true Belief. This activist or militant quality eventually came to

---

54   Zu Noths Auffassungen vgl. auch die Ausführungen unten nach Anm. 722.
55   Vgl. Donner, a.a.O., S. 246f.: „My treatment of the Qur'an's attitudes toward militancy and activism is based on Reuven Firestone, *Jihad*".
56   Firestone, *JIHAD*, S. 64.
57   Vgl. z.B. *Believers*, S. 83f.

include confronting unbelievers militarily – fighting or striving ‚in the path of God' (*fi sabil allah*, as the Qur'an states) ..." (S. 87f.).

Das Aufkommen von Militanz und Expansionsstrategien in der koranischen Frömmigkeitsbewegung und die entsprechenden koranischen Textkonzipierungen resultieren nach Donner aus deren religiösen Grundüberzeugungen wie zumal der eschatologischen Orientierung (auch in der Fixierung auf einen nahe bevorstehenden Endgerichtstermin). Er verweist auf 33:63; 78:40[58] und betont: „Moreover, the incessant warnings to repent and be pious in preparation for the rigors of the Last Judgment, which are such a pronounced feature of many of the shorter chapters of the Qur'an, imply very strongly that the Hour is perceived to be nigh"[59]. Der Expansionsdrang der Bewegung Richtung Norden „may inhere in the eschatological tone of the Believer's movement. Convinced that the last Judgment was soon to come, some Believers may have felt an urgent need to try to secure control of the city of Jerusalem, which has been called ‚the apocalyptic city *par excellence*'"[60]. Da sich allerdings im koranischen Textgut keine Andeutungen in dieser Richtung nachweisen lassen, argumentiert Donner mit den zahlreichen „apocalyptic scenarios circulating among Jews and Christians in late antiquity"; die Vorstellung vom Endgericht in Jerusalem „soon became part of Islamic eschatological views"[61].

Die koranischen Textstellen, auf die sich Donner auswahlsweise bezieht[62], bezeugen in der Tat eindeutig eine eschatologische Naherwartung des Endgerichts; dieser Sachverhalt ist unstrittig. Eine andere Sache ist es, ob tatsächlich eine solche Naherwartung (und das heißt ja zugleich die Erwartung des bald möglichen „Weltuntergangs") verbunden mit einer entsprechenden Frömmigkeitshaltung der Urgrund und Nährboden für Militanz und Expansionsbestrebungen gewesen sein kann[63].

Dass die sich in bestimmten Koranpassagen[64] artikulierende militante Grundeinstellung ein folgerichtiges Resultat der eschatologisch orientierten Frömmigkeit des Verkünders und seiner Gemeinde ist, ist eine These, die kaum einleuchtet. Denn wie sollten sich die Gläubigen, die jederzeit mit einem von Gott bewirkten Weltende und dem damit einhergehenden Weltgericht rechneten, dazu gedrängt fühlen, zuvor noch Kriege zu organisieren und zu führen, um

---

58   Vgl. *Believers*, S. 78.
59   Vgl. auch a.a.O., S. 79: „... the Hour was imminent".
60   Vgl. a.a.O., S. 97.
61   Ebd.
62   Vgl. a.a.O., S. 78–82.
63   Mit Verweis unter anderen auf Donner (*Believers*, S. XII) meint Hoyland (*In God's Path*, S. 63), dass „some ... scholars, however, have felt a little uneasy that a religion that ‚embodied an intense concern for attaining personal salvation through righteous behavior' should also have impelled its followers to take up arms".
64   Vgl. oben zu den Belegstellen Anm. 9.

welche Gegner auch immer zu unterwerfen, von ihnen Tribute zu erkämpfen, sie zu bestrafen etc.?

Gegen Donners Argumentation[65] ist vor allem einzuwenden, dass, wie er selbst feststellt, „apocalyptic scenarios" im Koran keine Rolle spielen[66]. Und die Gleichsetzung von *Eschatologie* mit *Apokalyptik* bzw. eine implizite Identität von eschatologisch orientierten Erwartungen mit Vorstellungen apokalyptischer Geschichtsszenarien ist jedenfalls für den Koran auszuschließen[67]. Schon Tor Andrae betonte, Mohammed habe eben „nicht wie die Apokalyptiker eine bestimmte Zeit für ihr (scil. „die Stunde") Eintreten festsetzen wollen"[68]. Es sei „für Muhammed geradezu kennzeichnend, dass bei ihm von den Stimmungen und Interessen der Apokalyptiker nichts zu bemerken ist. Dem apokalyptischen Wissenwollen ist er sogar ausgesprochen feindlich gestimmt"[69]; er stelle „einen ganz anderen Typus als den des Apokalyptikers dar. Er glaubt das Gericht in nächster Nähe, und doch ist dieser Glaube keineswegs an die unmittelbare Erfüllung der Gerichtsdrohung gebunden … Oft … spricht er seinen Glauben aus, dass die ‚Stunde' doch vielleicht ganz nahe sei (17:53, 33:63 usw.)."[70]. So stellt auch jüngst David Cook klar[71]: „The Qur'an is an eschatological book not an apocalyptic book …"[72].

Da eine Option „Einfluss- und Machterweitungen", zumal auf militante Weise, einer eschatologisch orientierten Frömmigkeit in der Erwartung eines möglicherweise nahen Weltendes gar nicht in den Blick gerät, ja theologisch reflektiert geradezu als ausgeschlossen gelten muss, sind Donners Interpretationen der koranischen Eschatologie und seine auf den entsprechenden Textpassagen basierenden Thesen zum Aufkommen von Militanz nicht haltbar. Das gilt auch für Stephen J. Shoemakers sich weitgehend an Donner orientierenden Darlegungen: „Undoubtedly these apocalyptic scripts[73] must have influenced the expectations

---

65 Vgl. oben das Zitat bei Anm. 60.

66 Vgl. *Believers*, S. 97.

67 Er selbst muss zugeben: „The idea that apocalyptic eschatology and realized eschatology might be found simultaneously may seem like a logical impossibility"; aber die Koexistenz dieser Vorstellungen kenne man ja in anderen religiösen Traditionen (a.a.O., S. 246).

68 Andrae, *Ursprung* (1926), S. 61.

69 A.a.O., S. 4.

70 A.a.O., 61; vgl. noch S. 62f., 84ff.

71 Vgl. *Studies*, S. 301.

72 Vgl. ferner a.a.O., S. 274; vgl. auch Neuwirth (*KTS*, S. 439): Es gehe „nicht nur um die Vermittlung einer Naherwartung (Q 78:40, 70:7), sondern ebensosehr um die Etablierung eines neuen linearen Weltverlaufs …"; das unterscheide „die koranische eschatologische Sicht auf die Zukunft von einer apokalyptischen". Zu Sure 54:44–45 hält Neuwirth fest (vgl. Der Koran, Band 2/1, S. 133): „Gerade der Verzicht auf die Ausmalung eines endzeitlichen Kriegsszenarios zeigt aber, daß der Koran nicht apokalyptisch, d.h. auf eine Weltaltererneuerung hin …, sondern rein eschatologisch orientiert ist".

73 Shoemaker (*The Death of a Prophet*, S. 220) bezieht sich auf „various eschatological scenarios outlined by late ancient Judaism and Christianity".

that Muhammad and the Believers held regarding the impending Hour ... Consequently Donner suggests that ‚the Believers may have felt that, because they were in the process of constructing the righteous ‚community of the saved,‘ they should establish their presence in Jerusalem as soon as possible‘“. Shoemaker verwickelt sich zudem in Selbstwidersprüche; er geht einerseits davon aus, „that Muhammad's eschatological preaching was likely a primary impetus to the Near Eastern conquests themselves, as Donner and David Cook have proposed ...“[74]; andererseits betont er zuvor: „If Muhammad and his followers believed the world was about to end in final judgment and destruction, it is rather difficult to imagine Muhammad as the practical social reformer building a brighter tomorrow for future generations ... With such a narrow eschatological horizon, it is somewhat difficult to envision Muhammad as engaging in protracted struggle to bring equality and social justice ...“[75].

Somit müssen für jene Koranpassagen, die die Option „Militanz“ propagieren, Autoren und Tradenten veranschlagt werden, die von Kreisen eschatologisch orientierter Frömmigkeit zu unterscheiden sind. In den eindeutig eschatologisch orientierten Textpassagen des Korans lassen sich, was zu zeigen ist, nirgends Indizien für eine militant und expansiv ausgerichtete Frömmigkeit ausmachen. Nirgends klingen Vorstellungen an, die an Endzeitabläufe mit kriegerischen Aktivitäten in den Schriften jüdischer oder christlicher Apokalyptiker erinnern. Dass solche Vorstellungen später nach der Konsolidierung der arabischen Macht eine große Rolle gespielt haben, ist ein ganz anderes Kapitel.

Während nach Donner „militancy or activist orientation“[76] *primär* und genuin aus einer religiös eschatologischen Orientierung resultieren, geht Firestone von einer auf Grund historischer Entwicklungen („Mekka – Medina“[77]) aufkommenden Militanz aus[78], deren Ausgreifen erst sekundär und sukzessiv religiös zu rechtfertigen versucht wurde[79]: In Mekka vor der Hijra hätten Mohammed und seine Anhänger jegliche physische Aggression gegen ihre Gegner vermieden, weil sie diese auf Grund der zu ihnen bestehenden verwandtschaftlichen Beziehungen nicht als Feinde hätten betrachten können. Diese Auffassung habe sich jedoch auf Grund der historischen Entwicklungen in Medina geändert: „As a result ..., the believers and their non-Muslim associates in the *umma* felt a

---

74   Vgl. Shoemaker, *The Death of a Prophet*, S. 196.
75   Vgl. a.a.O., S. 189.
76   Vgl. *Believers*, S. 82ff.
77   Firestone argumentiert mit dem von der islamischen Tradition vorgegebenen „historischen“ Umfeld „Mekka und Medina“ und dem für Mohammed veranschlagten Wirkungszeitrahmen (von 610 bis 632 n. Chr.).
78   Dass in irgendeiner Weise eine eschatologisch orientierte Grundhaltung von Einfluss gewesen sein könnte, wird in Firestones Erklärungsmodell nirgends thematisiert.
79   Vgl. *JIHAD*, S. 128ff.

growing sense of solidarity, which transcended traditional kinship boundaries". Die Medinenser als Verteidiger des Gemeinwesens („the members of the *umma*, whether *muhajirun* or *anṣar*"), als Gefolgsleute Mohammeds als des Leiters der politischen *umma*, und als Zeugen des schmählichen Vorgehens gegen Mohammed seitens der mekkanischen Quraysch, „could easily view themselves as ideological comrades, even ideological „brethren". Infolge der mekkanischen Bedrohungen und schließlichen Attacken „the traditional kinship divisions between members of the political *umma* were weakened. As Muhammad's leadership strengthened and as the nature of the *umma* became increasingly one of religious fellowship, the ideological glue that bound the *umma* together can be said to be increasingly religious" (S. 129). Dieser Übergang in Verbindung mit wachsender Solidarität und Engagement hervorgerufen durch die ernste Bedrohung von außen schließlich „allowed the possibility of war based on religious rather than kinship solidarity" (S. 130). Die Absegnung militanter Aktionen von höchster Warte war nach Firestones Einschätzung deswegen gesucht, weil nur so die Verletzung des Verbots, den eigenen Stamm, die eigene Sippe zu attackieren, zu rechtfertigen war (vgl. S. 131).

Fazit zu der hier verkürzt vorgenommenen Gegenüberstellung der Erklärungsmodelle von Firestone und Donner: Dass die Propagierung von Militanz auf entsprechend militant eingestellte Gruppen (bzw. deren Autor/en) zurückgeht, ist unstrittig. Strittig ist, woraufhin sich diese militant eingestellten Gruppen etablierten. Außerdem ist der Frage nachzugehen, welche Kreise aus welchen Gründen offensichtlich nicht zu Militanz geneigt waren und auf einer Art friedlicher Koexistenz beharrten[80]. In Donners Erklärungsmodell spielt diese Frage keine Rolle. Und dass es Gruppen gewesen sein sollen, wie Firestone meint, die, obwohl Angehörige der medinensischen *umma*, weiterhin gegenüber den mekkanischen Quraysch an einer „kinship solidarity" festhalten wollten[81], geben die Texte nicht her, die sich für friedfertiges Verhalten gegenüber wem auch immer aussprechen.

Jüngst versucht Walid A. Saleh in seinem Artikel „End of Hope. Suras 10–15, Despair and a Way Out of Mecca" (2016) die militanten Züge des Korans auf eine totale Wandlung des Propheten Mohammed zurückzuführen. Er meint, dass die Suren 10 bis 15 eine besondere Entwicklung im Wirken Mohammeds anzeigen: „I argue that the *Sitz im Leben* of these six suras is Muhammad's realization that preaching has ceased to be effective and that further conversions on significant scale are unlikely … It is a terrifying moment. Muhammad is frantically looking about, anticipating a chastisement that seems to tarry … and wishing for a break in the impasse of his mission in Mecca" (S. 108). Diese Suren seien das Ergebnis

---

80   Vgl. dazu oben (bei Anm. 52) Firestones Hinweis „certain groups or individuals were not prone to militancy".
81   Vgl. Firestones Verweis (a.a.O., S. 134) auf „adherence to pre-Islamic norms of behaviour".

einer schweren Krise Mohammeds „and reflect a transitional period of his world-view." Saleh möchte aus allem schließen, „that the need to fulfil God's promise became as important as believing in this new God. *Jihad* … is a necessarily theological solution to the question of how God's plan for humanity is to be actualized. *Jihad* fulfils God's promise of chastisement and is therefore a necessary reflection of his will. One does *Jihad* in God's path, or for the path of God (*fi sabil Allah*), fully activ in God's will …" (S. 120). Dass Menschen gern das Heft des Handelns übernehmen, um Gottes Willen nach eigenen Vorstellungen zum Ziel zu bringen, ist grundsätzlich eine mögliche These und lässt sich auch in der Geschichte des Judentums wie des Christentums beobachten. Allerdings ist solch ein Argumentationsgang nicht zwingend: Selbst wenn der Verkünder in einer „Krise" war, ist ja nicht die eindeutige Folge davon die, dass er vom „Warner" etc. zum Kriegsherrn mutieren und entsprechende Botschaften verlauten lassen muss. Problematisch an Salehs Auffassung ist vor allem, dass er von vornherein die Herkunft der gesamten *Jihad*-Ideologie bzw. der entsprechenden Texte vom Verkünder selbst für gesichert hält und gar nicht die Möglichkeit prüft, ob die Machart dieser Texte nicht dafür sprechen könnte, dass sich darin ganz andere Stimmen artikulieren[82].

Resümee: Weder die in der islamischen Koranauslegung üblichen Erklärungen noch die Lösungsversuche westlicher Koranforscher haben bislang die tatsächlichen Hintergründe aufgedeckt, die dazu geführt haben, dass im koranischen Textgut einerseits die Friedensbereitschaft des Verkünders wie der Gläubigen gegenüber Außenstehenden festgeschrieben ist, dass aber andererseits im Kontrast dazu zahlreiche Textpassagen militante Bekämpfung und Unterwerfung propagieren und zudem theologisch rechtfertigen.

Im Folgenden soll es daher darum gehen, den Ursachen dieser disparaten Textverhältnisse und der entsprechenden Spannungen und Streitigkeiten innerhalb der koranischen Gemeinde auf die Spur zu kommen. Es gilt, die je eigenen Profile der hier kontrovers agierenden Parteien herauszuarbeiten. Zu diesem Zweck soll zunächst umfassend sondiert werden, in welchen Textbereichen und Themenkomplexen im koranischen Textgut sich deutliche Neigungen zu Militanz nachweisen lassen, welche Tendenzen (*cui bono*) sich darin artikulieren sowie welche Rückschlüsse aus der Machart solcher Texte auf den jeweiligen

---

82   Auf Salehs Artikel beruft sich neuerdings Sinai (*The Qur'an. A Historical-Critical Introduction*, 2017). Zur Frage „of how the Qur'an's novel stance on warfare is to be explained" möchte er hervorheben „Saleh's point that the Medinan turn to militancy can be seen as being primarily a theological response to the late Meccan problem of the delay in God's punishment" (a.a.O., 192). Dass die militanten Textpartien eine theologische Neuorientierung beabsichtigen, ist keine Frage; unklar ist, wer (der Verkünder?) bzw. welche Autoren für den neuen Standpunkt verantwortlich zeichnen. Die Frage, welche Kreise aus welchen Gründen offensichtlich nicht zu Militanz geneigt waren und auf einer Art friedlicher Koexistenz beharrten („certain groups or individuals were not prone to militancy", vgl. dazu oben bei Anm. 52), ist bei Sinai ausgeblendet.

Autor (oder: die Autoren) sich ergeben. Danach sollen jene Textpassagen gesichtet werden, in denen keinerlei Neigungen zu agressiven und militanten Vorgehensstrategien erkennbar sind und sich unstrittig die eschatologisch orientierte Frömmigkeit artikuliert.

II. Die Propagierung militanter Zugriffe auf die Welt – Bestandsaufnahme der entsprechenden Texte und die Hintergründe ihrer Konzipierung

1. Die Suren 8 und 9 als spezifische Textprodukte Militanz rechtfertigender Glaubensauffassung

Oben wurde bereits festgehalten[83], dass die Suren 8 und 9 im koranischen Text wegen ihrer massiven Propagierung von Militanz besonders auffallen[84]. Sure 8 mit ihren zahlreichen Textanteilen von speziell kriegsthematisch orientierten Aussagen kulminiert am Schluss in dem Fazit, dass das kriegerischer Engagement auf dem Weg Gottes das Proprium der „wahren Gläubigen" (vgl. 8:74) ausmacht.

„Und diejenigen, die glauben und ausgewandert sind und auf dem Weg Gottes kämpften/ um Gottes willen Krieg geführt haben[85] und diejenigen, die Zuflucht gewährt und geholfen haben, *das sind die wahren Gläubigen*. Für sie gibt es Vergebung und vortreffliche Versorgung."

Und Sure 9 zeichnet sich durch ihre Stoßrichtung gegen all diejenigen Gläubigen aus[86], die sich der Aufforderung zu kriegerischen Aktionen zu entziehen suchen oder ihr nur halbherzig oder unzuverlässig nachkommen.
Zunächst Beobachtungen und Sondierungen zu Sure 8.

---

83 Vgl. oben vor Anm. 9.
84 Zu den sonstigen zu berücksichtigenden Suren und Textfolgen vgl. unten „II 2 Sonstige Militanz favorisierende Textanteile im gesamten Koran".
85 Vgl. zur Übersetzung unten die Hinweise in „III 2.2.3".
86 Für de Prémare (*Aux origines du Coran*, S. 43) ist Sure 9 „la sourate type de la dénonciation, de la menace et de l'exhortation au combat".

1.1 Sure 8

1.1.1 Überblick über die Textabfolgen

8:1–9 Mahnung zum Frieden untereinander (v. 1, 5f.) und Verweis auf Gottes Lenkung und Hilfe (v. 7–9).

8:10–14 Rückblick auf Gottes frühere Hilfe in Kriegssituationen
8:15–29 An die Gläubigen – Mahnung zur Standhaftigkit und Gehorsam gegenüber Gott und dem Gesandten
8:30–40 Über und gegen die Ungläubigen
8:41–47 An die Gläubigen – Beuteregelung, Rückblicke auf Gottes Beistand
8:48–59 Über das Ende der Ungläubigen
8:60 Appell zur Kriegsvorbereitung
8:61–71 Instruktionen für den Propheten – über Kriegsgefangene
8:72–75 Die Gläubigen und ihre Helfer in Kriegssituationen – zu Fragen von Bündnissen und Vertragsverhältnissen

1.1.2 Vororientierung – Hinführung und Problemstellung

Sortiert man die explizit kriegsthematisch bestimmten Textanteile[87], so erhält man folgendes Bild:

Aufforderungen zu „kämpfen" bzw. zum „Kampf" (*qātala, qitāl*) enthalten folgende Textpassagen:

8:39: „Und kämpft gegen sie, bis es keine Verfolgung (oder? Verführung, Zwietracht, Aufruhr) mehr gibt und bis die Religion gänzlich auf Gott gerichtet ist. Wenn sie jedoch aufhören, so sieht Gott wohl, was sie tun".

8:65: „O Prophet, sporne die Gläubigen zum Kampf an! Wenn es unter euch zwanzig Standhafte gibt, werden sie zweihundert besiegen. Und wenn es unter euch hundert gibt, werden sie tausend von denen, die ungläubig sind besiegen, darum, weil es sich um Leute handelt, die keinen Verstand haben."

8:15f. warnt vor Feigheit vor dem Feind mit einem Hinweis auf eine Finte im Kampf („Scheinflucht"):

„O die ihr glaubt, wenn ihr auf die, die ungläubig sind, im Anmarsch trefft, dann kehrt ihnen nicht den Rücken. 16 Wer ihnen an jenem Tag den Rücken kehrt – außer er setzt sich ab zum Kampf oder er schließt sich einer Schar an – zieht sich den Zorn von Gott zu, und sein Zufluchtsort ist die Hölle."

---

87   Zu Einzelfragen wie z.b. bestimmten terminologischen und grammatischen Unklarheiten des arabischen Textes vgl. unten die Gesamtanalyse in „II 1.1.3".

Die rechtzeitige Bereitstellung von Kampfkraft (Kavallerie) mahnt 8:60 an:

„Und rüstet für sie, was ihr an Machtmitteln und Pferden vermögt, um damit den Feinden Gottes und euren Feinden Angst zu machen, sowie anderen außer ihnen, die ihr nicht kennt; Gott aber kennt sie. Und was immer ihr auf Gottes Weg spendet, wird euch in vollem Maß zukommen, und es wird euch kein Unrecht zugefügt".

Mehrfach ist von *Beute* und Beuteanteilen die Rede. Die Sure setzt in 8:1 ein mit einer Verfügung über eine spezielle „Kriegsbeute":

„Sie fragen dich nach der *Beute*. Sag: ‚Die Beute gehört Gott und seinem Gesandten. So fürchtet Gott und stiftet Friede untereinander; und gehorcht Gott und seinem Gesandten, wenn ihr gläubig seid'".

In 8:41 heißt es:

„Und wisst, was immer ihr *erbeutet*, so gehört Gott eine Fünftel davon und dem Gesandten, und den Verwandten, den Waisen, den Armen und dem Sohn des Weges, wenn ihr an Gott glaubt und an das, was wir auf unseren Diener am Tag der Unterscheidung hinabgesandt haben, am Tag, da die beiden Heere (Haufen) aufeinandertrafen. Und Gott hat zu allem Macht".

8:69 enthält die Anweisung:

„Esst von dem, was ihr *erbeutet* habt, als etwas Erlaubtes und Gutes, und fürchtet Gott, gewiss Gott ist vergebend, barmherzig".

Vom Umgang mit Kriegsgefangenen handeln 8:67 und 8:70:

8:67: „Es steht keinem Propheten zu, Gefangene zu haben, bis er im Lande schwer niedergekämpft hat. Ihr wollt Glücksgüter des Diesseits, aber Gott will das Jenseits. Gott ist allmächtig und allweise".

8:70 „O Prophet, sag zu denen von den Gefangenen, die in euren Händen: ‚Wenn Gott in euren Herzen etwas Gutes weiß, wird er euch etwas Besseres geben als das, was von euch genommen worden ist, und er wird euch vergeben. Gott ist allvergebend und barmherzig'".

Mehrfach wird an frühere Kämpfe erinnert und auf Gottes Lenkung und Beistand zurückverwiesen:

8:7: Und als Gott euch versprach, dass die eine der beiden Gruppen euch gehören sollte, und ihr es lieber gehabt hättet, dass diejenige ohne Kampf(kraft) euer sein sollte. Aber Gott will mit seinen Worten die Wahrheit bestätigen und die Wurzeln der Ungläubigen abschneiden".

8:9 „Als ihr euren Herrn um Hilfe anrieft. Da erhörte er euch: ‚Ich werde euch mit tausend von den Engeln unterstützen, hintereinander reitend‘".

8:12: „Als dein Herr den Engeln eingab: ‚Gewiss, ich bin mit euch. So festigt diejenigen, die glauben. Ich werde in die Herzen derer, die ungläubig sind, Schrecken einjagen. So schlagt oberhalb der Nacken und schlagt von ihnen jeden Finger".

8:17: „Nicht ihr habt sie getötet, sondern Gott hat sie getötet. Und nicht du hast geworfen, als du geworfen hast, sondern Gott hat geworfen, und damit er die Gläubigen einer schönen Prüfung von ihm unterziehe. Gewiss, Gott ist allhörend und allwissend".

8:42: „Als ihr auf der näheren Talseite wart, sie auf der ferneren Talseite, und die Reiter unterhalb von euch. Und wenn ihr euch verabredet hättet, wäret ihr über die Verabredung nicht einig geworden. Aber: damit Gott eine Angelegenheit entscheide, die ausgeführt werden sollte, auf dass jeder der umkam, auf Grund eines klaren Beweises umkam, und wer am Leben bliebe, auf Grund eines klaren Beweises am Leben bliebe. Und fürwahr, Gott ist allhörend und allwissend".

8:43 „Als Gott sie dir in deinem Schlaf als wenige zeigte, – und wenn er sie dir als viele gezeigt hätte, hättet ihr wahrlich den Mut verloren und über die Angelegenheit miteinander gestritten. Aber Gott hat bewahrt. Fürwahr, er weiß über das Innerste der Brüste Bescheid".

8:44 „Und als er sie euch, als ihr aufeinandertraft, in euren Augen als wenige erscheinen ließ, und euch in ihren Augen weniger machte, damit Gott eine Angelegenheit entscheide, die ausgeführt werden sollte. Und zu Gott werden die Angelegenheiten zurückgebracht".

Mit Friedensbedingungen, Auflagen für den Frieden, Friedensbereitschaft, Friedensangeboten befassen sich 8:19, 38, 61.

8:19: „Wenn ihr nach einer Entscheidung sucht, so ist nunmehr die Entscheidung zu euch gekommen. Und wenn ihr aufhört, so ist es besser für euch. Aber wenn ihr zurückkehrt, kehren wir zurück. Eure Schar wird euch nichts nutzen, auch wenn sie zahlreich wäre. Und dass Gott mit den Gläubigen ist".

8:38: „Sag zu denen, die ungläubig sind: Wenn sie aufhören, wird ihnen vergeben, was bereits vergangen ist. Wenn sie aber zurückkehren, – so hat sich schon die Gesetzmäßigkeit an den Früheren vollzogen".

8:61: „Und wenn sie sich dem Frieden zuneigen, dann neige auch du dich ihm zu und verlasse dich auf Gott. Gewiss, er ist der Allhörende, der Allwissende".

Zu Bündnissen und Vertragsangelegenheiten finden sich Hinweise in 8:56f. und 8:72:

8:56f.: „mit denen (8:55 „… die ungläubig sind") du eine bindende Abmachung eingegangen bist, die dann aber ihre Abmachung jedesmal brechen und nicht gottesfürchtig sind. 57 Wenn du nun auf sie im Krieg triffst, dann verscheuche mit ihnen diejenigen, die hinter ihnen stehen, auf dass sie bedenken mögen".

8:72: „Gewiss, diejenigen, die glauben und ausgewandert sind[88] und mit ihrem Vermögen und ihrer eigenen Person um Gottes willen Krieg geführt haben[89], und diejenigen, die Zuflucht gewährt und geholfen haben, sie sind einer des anderen Schutzherren (oder: „Freunde"). Zu denjenigen aber, die glauben und nicht ausgewandert sind, habt ihr kein Schutzverhältnis (Freundschaftsverhältnis), bis sie auswandern. Wenn sie jedoch um der Religion willen um Hilfe bitten, dann obliegt euch die Hilfe, außer gegen Leute, zwischen euch und denen ein Vertrag besteht. Und was ihr tut, sieht Gott wohl".

Auf interne Streitigkeiten und Mutlosigkeit gehen 8:43 und 46 ein.

8:43: „Und als Gott sie dir in deinem Schlaf als wenige zeigte …"[90].

8:46: „Und gehorcht Gott und seinem Gesandten, und streitet nicht miteinander, sonst würdet ihr den Mut verlieren, und eure Kraft würde schwinden. Gewiss, Gott ist mit den Standhaften".

In Sure 8 sind also neben zahlreichen Textpassagen voller theologischer Wertungen und Reflexionen[91] beachtlich umfangreiche Textanteile mit Instruktionen und Anweisungen enthalten, die für sich genommen speziell im Blick auf das Geschäft des Krieges konzipiert worden sind. Im koranischen Kontext gelten sie jetzt als von Gott, also als von höchster Warte verordnetes Regelwerk zur Bewältigung von kriegerischen Auseinandersetzungen und entsprechenden Problemkonstellationen. Damit steht man vor der Frage, wie und aus welchen Gründen es zu diesem Nebeneinander und auch der Verklammerung dieser divergierenden Textsorten gekommen ist.

Bei dem folgenden Versuch, diese Frage zu klären, ist zu berücksichtigen, dass Sure 8 nicht von ein und demselben Autor einheitlich konzipiert worden sein kann. Die bisherigen Kommentare, Übersetzungen etc. stimmen darin überein, dass Sure 8 keine literarisch einheitlich konzipierte Textfolge darstellt. So betont Richard Bell, diese Sure „cannot be a unity … It is impossible to unravel the com-

---

88 Vgl. dazu (*wahajiru*) die Hinweise unten bei Anm. 238.
89 Vgl. zur Übersetzung unten die Hinweise in „III 2.2.3".
90 Vgl. den Text bereits oben.
91 Vgl. z.B. 8:2–4: über die wahren Gläubigen; 8:20–25: Glaubensgehorsam und Warnung vor Abkehr; 8:31–33: Gottes Vorgehen gegen die Ungläubigen; 8:50–54: das Geschick der Ungläubigen im Endgericht; zu den zahlreichen theologisch kommentierenden Formeln vgl. unten die Hinweise in Anm. 249.

position with certainty"[92]. Für Nöldeke/Schwally kann Sure 8 nicht „ohne Zuhilfenahme von Aufzeichnungen zustande gekommen" sein[93]. Khoury[94] urteilt, dass die „in der Sure 8 zusammengestellten Abschnitte nicht in ein logisch aufgebautes Ganzes zusammengefügt" sind; er meint: „Ihre Einheit verdanken sie dem Umstand, daß sie sich alle auf einen Zeitabschnitt zwischen 622 und 625 beziehen"[95]. Damit folgt man wie schon Nöldeke[96] im wesentlichen der traditionellen islamischen Koranauslegung, für die die Aussagen dieser Sure auf kriegerische Auseinandersetzungen zwischen einer sich in Medina etablierenden Gemeinde und den Mekkanern im Zeitraum nach 622 n. Chr. (Stichworte: Kämpfe bei Badr und Uhud, Grabenkrieg etc.) hindeuten sollen. Allerdings ist diese Sicht erst in späteren muslimischen Erzähltraditionen vertreten[97]. Die kriegsthematischen Textanteile selbst wie auch die Sure insgesamt enthalten jedoch keinerlei Indizien, die zwingend für die traditionelle Verortung sprechen.

Wegen der in Sure 8 zu beobachtenden Dubletten, Redundanzen, Wiederanknüpfungen, Variationen und Akzentverschiebungen sowie der zum Teil wortwörtlichen Übereinstimmungen mit Versen und Versteilen anderer Suren[98] muss die jetzige Endversion als das Resultat eines längeren Bearbeitungsprozesses eingestuft werden. Damit steht man vor der Frage nach dem Ausgangstext bzw. der Erstversion der jetzigen Endfassung und zugleich vor der Aufgabe, die weiteren Textentwicklungen bzw. Überarbeitungen bis zur Endgestalt zu sondieren und die dafür ausschlaggebenden Hintergründe und Motive aufzudecken.

Die Klärung dieser Fragen ist die Voraussetzung dafür, den Hintergründen auf die Spur zu kommen, die zur Propagierung militanter Zugriffe auf die Welt im Gegenüber eschatologisch orientierter Frömmigkeit in Sure 8 geführt haben.

---

92   Bell, *The Qurʾān, Translated*, S. 159.
93   Vgl. *GdQ* II, S. 3.
94   Vgl. *Der Koran* (Bd. 7), S. 198.
95   Vgl. ähnlich Blachère, *Le Coran*, S. 826.
96   Vgl. *GdQ* I, 187–189.
97   Vgl. dazu die Hinweise unten bei Anm. 267.
98   8:10 entspricht wortwörtlich 3:126; 8:13 stimmt wörtlich mit 59:4 überein, was insofern bemerkenswert ist, als auch 59:2 bereits in 8:12 anklingt; 8:52 und 54 bilden eine fast wörtlich übereinstimmende Dublette und entsprechen zudem (Zitat?) weitgehend 3:11; 8:39 erweist sich als Nachtrag eines Ergänzers, der den Wortlaut von 2:193 kennt und entsprechend hier sicherstellen will, dass der Kampf gegen die Ungläubigen zielgerichtet zu führen ist. Dass 8:39 abhängig von 2:193 (vgl. die wortwörtlichen Übereinstimmungen) formuliert, also die jüngere Version ist, belegt das gegenüber 2:193 zusätzliche *kulluhu* („gänzlich"). Auffällig sind auch die Übereinstimmungen von 8:51 mit 3:182, zumal 8:51 ebenfalls wie 3:182 an die Formulierung „kostet die Strafe des Brennens" (vgl. so auch die Abfolge in 22:9Ende, 10) anschließt. 8:49 taucht ähnlich in 33:12 auf; 8:8 in 10:62; vgl. auch z.B. 8:41–44 mit unübersehbaren Redundanzen und Wiederanknüpfungen.

1.1.3 Textanalysen

8:1–14: *Mahnung zum Frieden untereinander und Verweise auf Gottes Lenkung und Hilfe in Kriegssituationen*

Die Sure setzt unvermittelt in v. 1 mit der direkten Anrede des Gesandten ein und fordert ihn auf, die an ihn gerichtete Frage[99] nach der „Beute" al-anfal[100] zu beantworten. Zudem soll er ermahnen (Ihr-Adresse), Gott zu fürchten, Zwist untereinander aufzuheben (vgl. 4:59) und Gott und dem Gesandten zu gehorchen. Die Mahnung zur Versöhnung bzw. Eintracht untereinander setzt Streitigkeiten voraus[101].

Anders als im Fall von Kriegsbeute (vgl. 8:41, 69: *ghanima*) kann allein Gott bzw. sein Gesandter über *al-anfal* insgesamt verfügen. Diese Regelung dürfte damit zusammenhängen, dass hier ähnlich wie in Sure 59:6f. Einnahmen, Abgabenleistungen seitens kampflos eingenommener Städte oder Regionen im Blick sind, auf die die kämpfenden Truppen keine Ansprüche erheben konnten, also die Entscheidung darüber allein der obersten Führung zustand. Die Abfassung von 8:1 scheint ein fortgeschrittenes Stadium expansiver Eroberungen mit neuen „Einnahmequellen" vorauszusetzen.

Die jetzt anschließende Textfolge 8:2–4 wirkt nicht wie die direkte Fortsetzung[102].

8:1 „Sie fragen dich nach der Beute. Sag: ‚Die Beute steht Gott und dem Gesandten zu. So fürchtet Gott und beseitigt Uneinigkeit unter euch und gehorcht Gott und seinem Gesandten.'

8:2 Die Gläubigen sind diejenigen, deren Herzen sich vor Ehrfurcht regen, wenn Gottes gedacht wird, und die, wenn ihnen seine Zeichen (bzw. „Verse") verlesen werden, es ihren Glauben mehrt, und die sich auf ihren Herrn verlassen, 8:3 die das Gebet verrichten und von dem, womit wir sie versorgt haben, spenden. 8:4 ***Das sind die wahren Gläubigen. Für sie gibt es bei ihrem Herrn Rangstufen und Vergebung und vortreffliche Versorgung.***

8:5 Wie dein Herr dich herausgeführt hat aus deinem Haus mit Recht (mit der Wahrheit), doch einer Gruppe von den Gläubigen war das zuwider, 8:6 sie stritten mit dir …"

---

99 Vgl. ähnlich der Einsatz z.B. in 70:1; in 78:1.
100 Dieser Begriff taucht nur hier auf; ob die übliche Wiedergabe mit „Beute" das Richtige trifft, also die gleiche Bedeutung vorliegt wie *ghanima* [vgl. 8:41], ist unsicher.
101 49:9f. rechnet sogar damit, dass sich Gruppen der Gläubigen einander bekämpften.
102 Vgl. Bell, *The Qur'ān, Translated*, S. 162: „… some time later"; vgl. auch Bell, *Commentary*, S. 270: „… these verses will be later than v. 1"; auffällig ist auch in v. 3 die Wir-Rede Gottes.; vgl. auch Blachères Hinweis (*Le Coran*, S. 827) zu v. 4: „Ce vt. … paraît ajouté".

Betont wird hier in 8:2–4, dass die ehrfurchtsvolle, innere Einstellung zu Gott (auch die Achtung vor seinen „Zeichen/Versen") sowie das Gebet und die Freigebigkeit die „wahren Gläubigen" (*al-mu'minuna haqqan*) kennzeichnen. Von den „wahren Gläubigen" ist auch in 8:74 die Rede; zudem stimmen Formulierungen in 8:4 mit denen in 8:74 überein.

8:74 „Und diejenigen, die glauben und ausgewandert[103] sind und um Gottes willen Krieg geführt haben[104], und diejenigen, die Zuflucht gewährt und geholfen haben, *das sind die wahren Gläubigen. Für sie gibt es Vergebung und vortreffliche Versorgung.*"

Im Vergleich zu 8:74 (vgl. auch v. 72) kann man die Textfolge 8:2–4 nicht anders als eine nachträglich zwischen 8:1 und 8:5 interpolierte, im Voraus auf 8:74 bezogene Stellungnahme auffassen. Während der Verfasser von 8:74 am Schluss der Sure speziell die kriegerische Existenz „auf dem Weg Gottes" als für die „wahren Gläubigen" charakteristisch in den Blick rückt, stellt der Autor mit seiner Interpolation 8:2–4 eingangs der Sure klar, dass es erst der rechte Gottesbezug, Gebetspraxis und Spendentätigkeit sind, die den „wahren Gläubigen" ausmachen.

Die somit gezielt zu Beginn der Sure auf die Endaussage 8:72–75 bezogene theologische/dogmatische „Klarstellung" in 8:2–4[105] ist wegen der darin erkennbaren Vorbehalte ihres Autors gegenüber der Propagierung kriegerischer Existenzweise als „wahren Glauben" als ein später Nachtrag in Sure 8 einzustufen[106]. Die Gegenüberstellung beider Textaussagen erhellt unzweifelhaft, dass ihre Autoren einander konträre Auffassungen vom wahren Glauben vertreten[107].

8:5f. richten sich direkt (Du-Anrede) an den Gesandten und erinnern ihn an zurückliegende Meinungsverschiedenheiten zwischen ihm und einer Gruppe von Gläubigen[108]. Die v. 5 einleitende Vergleichspartikel[108] kann sich nicht auf v. 2–4 zurückbeziehen. Auch sonst kommen die Verse 8:5f. nicht als direkte Weiterführung von v. 2–4 in Frage[109]. Bells Erwägung, v. 5f. könnten die ursprüngliche Fortsetzung von 8:64 gewesen sein[110], hilft nicht weiter; erklärungsbedürftig ist ja gerade, aus welchen Gründen diese Aussagen hinter 8:4 und vor 8:7ff. verklammert

---

103   Vgl. dazu unten die Hinweise bei Anm. 238.
104   Vgl. zur Übersetzung die Hinweise unten in „III 2.2.3".
105   Patricia Crone (vgl. „God-fearers", S. 155, Anm. 79) führt 8:2f. als das Beispiel an für „the definition of a believer".
106   Zu Nagels Interpretation von 8:2–4 und 8:72–75 (*Mohammed*, S. 323f.) vgl. unten den Hinweis in Anm. 243.
107   Auf die besondere Bedeutung von 8:2–4 in Gegenüberstellung zu 8:72–74 ist unten noch einmal ausführlicher einzugehen; vgl. unten „IV 3.1 Der sekundäre Einschub 8:2–4 in Sure 8".
108   *ka-ma*; vgl. 2:151, 198, 239.
109   Für Paret (*Kommentar*, S. 183) „hängen die Verse 5f. in der Luft".
110   Vgl. *Commentary*, S. 270.

sind. 8:5f. dürften assoziativ 8:1 weiterführen, der sich implizit auf einen aktuellen oder drohenden Streit bezieht (vgl. auch 8:46). Daran anknüpfend (daher auch wie v. 1Anfang die Du-Anrede) sollen v. 5–6 im Rückblick belegen, dass auch die hier erinnerten Differenzen und der Affront gegen den Gesandten unberechtigt waren, dieser also mit seiner bzw. Gottes Entscheidung richtig lag, nämlich, „sein Haus zu verlassen", also die kriegerische Auseinandersetzung zu suchen (vgl. 4:100!). Diese Option wurde demnach von einem Teil der Gläubigen abgelehnt. v. 6 unterstellt ihnen als Motiv „Angst vor dem Tod"[111]. Angedeutet sind hier somit konträre Auffassungen innerhalb der Gemeinde im Blick auf Planungen von Kriegszügen bzw. auf militantes Vorgehen generell[112]. Die in 8:2–4 vorgenommene Interpolation wäre dann nicht nur eine Klarstellung im Vorausblick auf 8:72–74, sondern auch eine Art Rechtfertigung der Bedenken der „Gruppe der Gläubigen" in v. 5f.

v. 5f. (Du-Anrede) mit dem erinnerten Beispiel schon früherer Differenzen unter den Gläubigen im Gegenüber zum Gesandten[113] sind zwar als eine nachträgliche „Ergänzung" im direkten Anschluss an v. 1 einzustufen; sie bilden aber dennoch nicht die ursprüngliche Fortsetzung des Einleitungsverses. Diese setzt in v. 7 ein.

8:7–9: v. 7 mit der Ihr-Anrede knüpft an die in v. 1 implizit angedeuteten Zwistigkeiten[114] an und erinnert die Adressaten an bereits frühere Differenzen zwischen ihren Einschätzungen und den Absichten Gottes, als eine von Gott arrangierte kriegerische Auseinandersetzung mit zwei feindlichen Gruppen bevorstand. An welche Situation genau gedacht ist, ist nicht ausgeführt.

Die theologische „Ausleuchtung" des Ereignisses, der Verweis auf die Absichten Gottes in v. 7Ende und v. 8[115], dass es Gottes Ziel war, die Gegner, die „Ungläubigen", an der „Wurzel" zu bekämpfen[116] bzw. auszurotten, ist als ein theologisch belehrender Nachtrag[117] einzustufen, der die ursprüngliche in 8:9 vorliegende Weiterführung von v. 7a unterbricht.

---

111 Und damit letztlich einen defizitären Glauben; vgl. dagegen in 4:74 die Feststellung der richtigen Einstellung zum Tod.

112 Vgl. dazu z.B. 4:95; 9:38f.; 2:216; zu den Belegen im Koran für solche gegensätzlichen Positionen vgl. z.B. Firestone, *JIHAD*, S. 67ff.

113 Schwer zu klären ist, wie und ob die Textanteile mit Du-Anrede in 8:12, 17, 30, 33, 38, 43, 56–58, 61–65, 70f. einander zuzuordnen bzw. auf einander abgestimmt sind.

114 Vgl. Bell zu 8:7f., *Commentary*, S. 271: „it seems better to conjoin them with v. 1".

115 v. 8 wiederholt und verstärkt v. 7Ende und ist deutlich als eine Kompilation aus Formulierungen aus 10:82 und 42:24 („Gott löscht/wischt das Falsche aus und setzt die Wahrheit [= *l-haqqa* das Richtige?] mit seinen Worten [*bi-kālimatihi*] durch") erkennbar.

116 Zu *dabira* vgl. ähnlich 6:45; 7:72; 15:66; 3:127.

117 Gott verfolgt im Vergleich zu menschlichen Einschätzungen jeweils weitergehende Ziele.

Denn wie v. 7* soll v. 9 weiterhin im Rückblick daran erinnern, dass die einst schwierige Situation mit Gottes Hilfe, bzw. seiner Engel[118] bewältigt wurde[119]. Dass der Verfasser von v. 7* lediglich mit knappen Hinweisen auf eine bestimmte frühere kriegerische Situation anspielt, signalisiert, dass ihm wie den Hörern und Lesern dazu ausführlichere Berichte oder Erzählungen über entsprechende Ereignisse zugänglich waren[120]. Für die traditionelle Auslegung, die 8:7 mit Berichten über einen erfolgreichen Raubzug der Krieger Mohammeds gegen mekkanische Karawanen („Schlacht bei Badr", vgl. 3:123) in Verbindung bringt[121], bietet der Text jedoch keinerlei konkrete Anhaltspunkte.

Die Ausführungen in 8:1, 7–9 richten sich an eine Ihr-Gruppe. Auf die Mahnung zur Einigkeit untereinander (v. 1b) folgt der Rückverweis auf frühere Differenzen und die dann doch mit Gottes Hilfe bewältigte Kampfsituation. Die Adressaten (also die aktuellen wie künftigen Kämpfer) sollen so im Blick auf ähnliche (bevorstehende) kritische Situationen in ihrem Gottvertrauen gefestigt werden.

Zur Genese von 8:1–9: In den Grundtext 8:1, 7*, 9 wird zunächst *v. 5f.*, danach *v. 7b, 8* nachgetragen; als jüngste Ergänzung sind *v. 2–4* einzustufen.

In 8:10–14 folgen weitere theologisch gewichtete Erinnerungen an Gottes einstigen wunderhaften Beistand: „Wasser vom Himmel" (v. 11); die Mitwirkung von Engeln (v. 12).

Dass v. 10 und auch die folgenden v. 11–14 nicht die genuine Weiterführung des bisher sondierten Grundtextes 8:1, 7*, 9 darstellen, ist aus folgenden Beobachtungen zu schließen: v. 10 entspricht wortwörtlich 3:126. Wegen des in beiden Fällen vom Kontext abweichenden Endreims dürften beide Verse in ihrem jeweiligen Kontext (jeweils im Anschluss an die Hinweise auf die wunderbare Hilfe Gottes durch seine Engel) nachgetragen sein. Im Blick auf die teilweise thematisch und auch formulierungsmäßig erkennbaren Berührungen zwischen beiden Textfolgen 8:7–12 und 3:121–127 (vgl. 8:9 und 3:124; 8:10 und 3:126) kann man als Erklärung für diesen Sachverhalt erwägen, ob eine der beiden Versionen als Ausgangstext für die Konzipierung einer weiteren Fassung ausgewertet wurde. Eine sichere Entscheidung ist schwierig. Immerhin könnte man für die Einstufung von 3:121ff. als jüngere Version auf die dortige Steigerung der Anzahl der Engel (im Vergleich zu 8:9) verweisen. Die eigentlichen zeitgeschichtlichen Hin-

---

118 Was mit dem Zustandsakkusativ *murdifina* gemeint ist, ist strittig; „dicht hintereinander folgend"? „hintereinander reitend"?

119 Zu Hinweisen auf den Beistand der Engel vgl. 3:124f.; ferner 9:26, 40.

120 Vgl. auch die weiteren Rückblicke wie z.B. in 8:11, 26, 42ff.; Hoyland (*In God's Path*, 42) verweist auf „storytellers and religious scholars … Their purpose in writing was to show the workings of God, not the machinations of man. Storytellers, or we may say preachers, had served in Arab armies from an early stage, encouraging the troops by recalling past glories …".

121 So *Ibn Ishaq, Das Leben des Propheten*, vgl. Rotters Übersetzung, S. 130.

tergründe sind wegen der knappen Anspielungen in keiner der beiden Textfolgen auszumachen.

Zwischen v.10 und v. 11 ist nicht nur wegen des Endreimwechsels eine Zäsur zu veranschlagen[122]. v. 11 soll als Rückverweis auf ein wunderhaftes Eingreifen Gottes[123] hier sogar zur Beseitigung von Satans verderblichem Einfluss[124] weiterhin Zuversicht auf Gottes Beistand anmahnen (in nachträglicher Ergänzung zu v. 9).

Als Ergänzungen sind auch 8:12–13 einzustufen; v. 12 direkt an den Gesandten adressiert bezieht sich auf den Hinweis auf die Engel in v. 9 zurück und verknüpft damit eine als Ich-Rede Gottes formulierte Aussage über die Wirkung des Gottesschreckens[125].

8:12 Ende „schlagt auf den Nacken …" erinnert an 47:4 (Aufforderung an die Gläubigen). v. 13 stimmt wörtlich mit 59:4 überein. v. 14 wechselt die Rederichtung und wendet sich in direkter Rede (Ihr-Anrede) an die Ungläubigen[126]. Ergänzt wird hier demnach die bislang vermisste eschatologische Unheilsperspektive für die ungläubigen Gegner.

Zur Genese von 8:1–14:
Grundtext: 8:1, 7*, 9
erste Ergänzungen: 8:1, *v. 5f.,* 7* danach *v. 7b, 8*, 9
spätere Ergänzungen: 8:1, 5f., 7–9, **10–14**
8:2–4 ist eine der spätesten Interpolationen, wenn nicht die späteste überhaupt in Sure 8[127]

Die insgesamt sukzessiv angereicherte Textfolge 8:7–14 konzentriert sich auf das Anliegen, zurückliegende Auseinandersetzungen als mit Gottes wunderbarer Hilfe bestandene Bewährungsproben auszuweisen und damit für weitere Kämpfe Zuversicht und Mut anzumahnen.

Dass den Lesern oder Hörern hier außer Anspielungen bzw. wenigen Einzelhinweisen[128] keine weiteren Informationen übermittelt werden, hat offensicht-

---

122 Vgl. Bell, *Commentary*, S. 272.
123 Vgl. zu v. 11 das Pendant in 3:154f.; im Vergleich zu 8:7ff. wirkt 3:149ff. als ausführlicher (und später) formuliertes Textprodukt.
124 Vgl. zum Wirken Satans auch 8:48; Bell vermerkt (*Commentary*, S. 281), dass wegen des jeweils gleichen Endreims 8:48 und 8:11 zum gleichen Zeitpunkt und von gleicher Hand interpoliert wurden (vgl. dazu auch unten zu 8:48).
125 Vgl. 3:151 als Wir-Rede Gottes; in 33:26 und 59:2: Rede über Gott; vgl. zum Gegenüber von Ich- und Wir-Reden Gottes Pohlmann, *Die Entstehung des Korans*, S. 63–83 („Beobachtungen zu Formen der Gottesrede").
126 Zu *fa-dhuquhu* „kostet es" vgl. 8:50 [Engelrede!]; in 22:9; 3:181 jeweils in eschatologischer Hinsicht: „Strafe des Brennens".
127 Vgl. dazu die Hinweise oben zu 8:2–4.
128 8:7, 11 Anfang; vgl. auch weiterhin v. 17f., 19, 42–44.

lich zur Voraussetzung, dass ausführlichere (und unterschiedliche) Kriegserzählungen kursierten und bekannt waren, also darauf Bezug genommen ist. Dass es sich um Erzählungen handelt, die auf Entwicklungen in Medina im Zeitraum zwischen 622 und 632 n. Chr. anspielen, wie sie erst in späteren muslimischen Erzähltraditionen geschildert sind, lässt sich nicht ausschließen, aber auch nicht beweisen. Es lässt sich allerdings zeigen, dass die traditionellen Versuche, die Textanteile der Sure sukzessiv auf den Zeitraum einer Wirksamkeit Mohammeds in Medina von 622ff. zu beziehen[129], in keinem Fall zu sicheren Einschätzungen führen. Außerdem bleibt es bei diesem Erklärungsmodell bei der Einschätzung der Sure als einer durchweg unsystematisch arrangierten Textkompilation; der traditionelle Erklärungsansatz kann die Hintergründe der jetzigen Textarrangements nicht aufdecken.

Auf die theologisch gewichteten Erinnerungen an Gottes einstigen Beistand in 8:7–9 und 10–14 folgt in v. 15 eine erste von direkt an die Gläubigen („O, die ihr glaubt") adressierten Instruktionen für den Fall künftiger Feindbegegnungen[130]. Damit zählt v. 15f*. zu jenen Elementen der Sure, die mit ihrem speziell kriegsthematischen Aussageanliegen den Kernbestand und die Grundstruktur der Sure[131] ausmachen.

8:15–29: *An die Gläubigen – Mahnung zur Standhaftigkit und Gehorsam gegenüber Gott und dem Gesandten*

8:15 instruiert wie 8:45 die Gläubigen über (taktisches) Verhalten bei Feindberührung und ruft zur Standhaftigkeit auf. Anstelle der in 8:45 abschließenden Mahnung, intensiv (*kathirān*) an Gott zu denken, rückt 8:16 in Anknüpfung an v. 15 die Möglichkeit der Flucht (Feigheit vor dem Feind) in den Blick und droht als Folge für solches Versagen den Zorn Gottes und die Höllenstrafe an. Im Vergleich zu 8:45b liegt in 8:16 eine eschatologische Verschärfung vor, also eine später vorgenommene theologisierende Ergänzung. Der Hinweis auf die Absicht einer Flucht als ein taktisches Zurückweichen in v. 16 bildete möglicherweise die ursprüngliche Weiterführung von v. 15. Die ursprüngliche Textfolge lautete wohl: 8:15 „O die ihr glaubt, wenn ihr auf die, die ungläubig sind, trefft, während sie anrücken, dann kehrt ihnen nicht den Rücken zu, 8:16* außer einer setzt sich ab zum Kampf oder er schließt sich einer Schar an."

8:17f. bietet einen weiteren nachträglichen Hinweis, dass und inwiefern sich Gott selbst bereits früher am Kampf beteiligt hatte (vgl. pauschal 9:25) und man sich bewähren konnte[132]. Allerdings ist unklar, ob diese Aussagen als Anspielun-

---

129 Vgl. die wichtigsten Kommentare.
130 Bell, *Commentary*, S. 273): „This military instruction stands isolated".
131 Vgl. weiterhin besonders v. 19, 20, 24ff., 38f*., 41, 45f., 60f., 65, 70–75*.
132 Zu *bala'* „Prüfung" in v. 17 vgl. z.B. 7:141; 14:6; 37:106; 44:33.

gen auf ein dem Leser oder Hörer aus Kriegserzählungen bekanntes konkretes Kampfgeschehen (mit unerwartet erfolgreichem Ausgang) zu verstehen sind, oder ob hier festgehalten werden soll, dass Kampfkraft und Sieg generell dem Wirken Gottes zu verdanken sind.

In 8:19 steht eine nach einer Niederlage in die Schranken gewiesene Gruppe vor Augen, die in direkter Anrede (Ihr-Adressierung) zur Aufgabe ihrer Feindseligkeiten aufgefordert wird[133], wobei ihr anderenfalls Chancenlosigkeit ihres Vorgehens attestiert wird[134].

8:19 „Wenn ihr nach einer Entscheidung sucht, so ist nunmehr die Entscheidung zu euch gekommen. Und wenn ihr aufhört, so ist es besser für euch. Aber wenn ihr (dazu) zurückkehrt, so kehren wir auch zurück. Und eure Schar wird euch nichts nützen, auch wenn sie zahlreich sein sollte. Und (wisset), dass Gott mit den Gläubigen ist".

Abgesehen von der formelhaften theologischen Floskel am Versende sind keinerlei Anspielungen auf Gott als Hintergrundakteur vermerkt. Der Vers wirkt insgesamt wie die Wiedergabe oder ein Zitat eines ursprünglich an einen aktuellen Feind gerichteten Schreibens mit der Aufforderung zur Kapitulation. Im jetzigen Kontext soll sie belegen, dass einer feindlichen Gegenseite generell dieser Ausweg vor einem Angriff angeboten wird. Zu beachten ist, dass 8:38–40 auf die Thematik von v. 19 zurückkommt und weitere Akzente setzt.

8:20 ist wieder direkt an die Gläubigen gerichtet, wie auch die folgenden Verse bis 8:29 (vgl. die Ihr-Anrede). Die Aufforderung zum Gehorsam gegenüber „Gott und seinem Gesandten" (vgl. 8:1, 46) ist verbunden mit der Warnung, sich vom Gesandten abzukehren. Aus dem bisherigen Kontext muss man schließen, dass sich v. 20 auf Verhaltensweisen bzw. Einstellungen der Gläubigen bei Auseinandersetzungen mit Feinden, in kriegerische Situationen etc. beziehen soll, also als Aufruf zum Befehlsgehorsam im Kriegsfall fungieren soll[135].

Bemerkenswert ist, dass die Forderung, „Gott und seinem Gesandten" zu gehorchen, sonst häufig den Glaubensgehorsam an sich im Blick hat[136], die entsprechende Formulierung aber wortwörtlich in v. 20 (vgl. auch 8:46) auf die Forderung des Befehlsgehorsams im Krieg bezogen ist[137]. Demnach soll der in 8:20 angemahnte Befehlsgehorsam im Krieg dem Glaubensgehorsam entsprechen. Während daraufhin die Verweigerung solchen Gehorsams als Unglaube und Abkehr von Gott gelten muss, kennzeichnen dann Einsatz- und Kampfbereitschaft (vgl. z.B. 8:15, 39, 45), bzw. generell das Engagement auf dem „Weg Gottes", den „wahren Gläubigen" (vgl. so schließlich 8:74).

---

133 Vgl. die Berührungen zwischen 8:19 und 2:192f.
134 Zur Frage ungleicher Kräfteverhältnisse vgl. ferner 8:65f.; 3:13; 2:249Ende.
135 Explizit ist erst wieder in 8:39 von „kämpfen" die Rede, vgl. *qātiluhum*.
136 Vgl. z.B. 5:92; 64:12; 3:31f.
137 Vgl. ähnlich 24:54 im Anschluss an das Thema „Beteiligung an Kriegszügen" in 24:53.

8:21 warnt die Gläubigen, Zusagen zu machen und sie doch nicht einzuhalten, wie das einige von ihnen schon taten[138]. Im Blick sind hier demnach möglicherweise Unzuverlässige und Verweigerer in den eigenen Reihen (vgl. so auch 8:25). 8:22 könnte sich mit dem Tiervergleich wie 25:44[139] auf die Irregehenden und Ungläubigen allgemein beziehen. Das bisherige Aussagegefälle (8:16, 8:20f.) spricht jedoch dafür, dass in v. 21, 22 auf Widerstände (Ungehorsam) innerhalb der koranischen Bewegung im Blick auf kriegerische Auseinandersetzungen angespielt wird[140]. v. 23 soll erklären, warum selbst Gott sich nicht mehr um solche Leute bemüht. Zu beachten ist, dass sich 8:21–23 mit dem Hinweis auf den möglichen Ungehorsam von Glaubenden mit den ausführlichen Stellungnahmen dazu in 9:38ff.[141] berührt. 8:21–23 rücken demnach mögliche Verweigerer unter den Glaubenden in ein schlechtes Licht; sie haben bei Gott keine Zukunft (v. 22), wogegen in 8:72 (vgl. entsprechend 9:20) diejenigen mit ihrem entschiedenen Engagement für den Krieg besonders gewürdigt werden.

8:24 nimmt v. 20 wieder auf und verdeutlicht zusätzlich, dass der Einsatz für Gott und seinen Gesandten letztlich im Endgericht[142] gewichtet wird. Der hier zuständige Verfasser kann so nach der Einschaltung der Aussagen in v. 21–23 wieder auf die ursprüngliche Fortsetzung von v. 20[143] zurückführen[144]. Unklar ist in v. 24, was genau mit li-ma yuhyikum („was euch Leben verleiht") gemeint ist. Der eschatologisch orientierte Kontext (v. 24Ende) und Aussagen wie z.B. 29:64; 6:32 sprechen für einen Hinweis auf „wahres", d.h. ewiges Leben.

Wegen des in 8:25 nicht auf den Kontext abgestimmten Endreims ist dieser Vers als ein an v. 24 angehängter Nachtrag einzustufen. Die Warnung vor einer „Prüfung" (fitna) hat hier offensichtlich das Endgericht vor Augen (wie v. 24Ende). Zusätzlich zu v. 24 soll deutlich werden, dass nicht nur die Frevler in den eigenen Reihen, sondern die bislang Gläubigen generell der (Über)Prüfung Gottes[145] und möglicherweise einer Bestrafung entgegen gehen. Diese Aussage bezieht sich also nicht auf eine konkrete, aktuelle Situation, sie ist hier eine generell theologische Feststellung!

---

138 Vgl. dagegen den Idealfall nach 5:7: „wir hören und gehorchen"; vgl. noch 2:285; jeweils im Blick auf den Glaubensgehorsam.

139 Vgl. auch 7:179; ferner 2:18; 6:39; 17:97; 2:171.

140 Vgl. anders 8:55, wo mit der gleichen Aussage explizit die ungläubigen Feinde charakterisiert sind.

141 Vgl. die Erwägungen unten zu 8:56–58.

142 ilaihi tuhsharuna, vgl. 2:203; ferner z.B. 19:85; 27:83.

143 Vgl. unten zu v. 26f.

144 Zur literarischen Verklammerungstechnik der „Wiederaufnahme" bzw. „Vorwegnahme" von vorgegebenen Formulierungen vgl. Kuhl, „Die ‚Wiederaufnahme' – ein literarkritisches Prinzip?" sowie Pohlmann, Die Entstehung des Korans, S. 50ff., 84f.

145 Vgl. z.B. 29:2–5; 51:13f.

8:26 rückt den Gläubigen die Gefahren einst am Anfang der Glaubensbewegung in den Blick und soll sie mit dem Hinweis auf die damalige Hilfe Gottes und seine Zuwendungen ermutigen, generell auf Gottes Hilfe zu setzen[146]. Die Formulierungen an sich[147] enthalten zwar keinen expliziten Hinweis auf eine einstige Kriegssituation; im jetzigen Kontext soll der Vers aber als Erinnerung dienen, dass die Gemeinde doch von Anfang an kriegerischen Anfeindungen ausgesetzt war.

Die Aussagen in 8:27–29 bildeten die ältere an v. 20 anschließende Fortsetzung. Bemerkenswert ist, dass in v. 27 Untreue gegenüber Gott und dem Propheten gerade den Gläubigen zugetraut ist, wogegen sich 8:58 und 71 auf die Ungläubigen und Feinde beziehen. Die Verpflichtung gegenüber anvertrautem Gut (v. 27) ist häufig in Katalogen frommer Verhaltensweisen erwähnt[148]. Dass Besitz und Kinder eine „Versuchung, Verführung" (*fitna*) darstellen (v. 28), wird auch sonst oft warnend betont; gemeint ist die Versuchung, sich ihretwegen von Gottesfurcht, Gehorsam im Glauben (64:15f.) oder vom Gedenken Gottes (vgl. 63:9) ablenken zu lassen. Auf die Gottesfurcht als Möglichkeit, böse Taten zu tilgen und Vergebung zu bewirken (v.29[149]), verweisen z.B. 39:33–35; 65:5; 5:65.

Da die gesamte Textfolge 8:20–29 mehrfach Hinweise, Aufforderungen und Feststellungen wiedergibt, wie sie auch sonst im koranischen Textgut generell auf das rechte Leben der Gläubigen vor Gott bezogen sind, soll damit hier im weiteren Kontext der kriegsthematisch orientierten Aussagen sukzessiv ergänzend sichergestellt werden, dass sich daran auch der kämpferische Einsatz auf dem Weg Gottes zu orientieren hat. Man kann erwägen, ob solche Textentwicklungen daraus resultieren, dass in der Situation zunehmender kriegerischer Aktionen und Expansion die Gefahr bestand oder befürchtet wurde, bestimmte Grundforderungen koranischen Glaubens würden zu wenig oder (noch) gar nicht berücksichtigt.

So betrachtet müsste man für die sukzessive Ausgestaltung von Sure 8 Autoren veranschlagen, die auf Seiten Militanz propagierender Kreise sukzessiv die selbst empfundenen theologische Defizite des Engagements für militante Zugriffe auf die Welt zu beseitigen suchten. Diese Motivation schloss natürlich nicht aus, dass mit der Gesamtanlage der Sure, wahrscheinlich schon seit ihrer Erstkonzipierung, auch das Interesse verbunden war, den per se eschatologisch orientierten koranischen Glauben auf eine kriegerisch orientierte Existenzweise einzustimmen bzw. dafür zu vereinnahmen, und zwar in einer Weise, dass es Gruppierungen unter den Gläubigen schwer wurde, sich gegenüber dieser aggressiven Glaubenspra-

---

146 Vgl. anders in 8:9, wo an einen Kriegsfall gedacht ist.

147 Vgl. zu den hier verknüpften, eher formelhaften Wendungen z.B. 7:86; 40:64; 17:70.

148 Vgl. z.B. 70:32; 23:8; 4:58; vgl. auch 2:283; vgl. dazu Paret, *Kommentar*, S. 187: „vielleicht sind … Deposita im üblichen Sinn gemeint"; Nöldeke meint (*GdQ* I, S. 187), v. 27 „enthält eine Ermahnung, von der Beute nichts zu entwenden".

149 Was hier mit *furqan* gemeint ist, ist unklar; vgl. dazu die Hinweise unten zu 8:41.

xis abzugrenzen[150]. In Sure 8 signalisiert ja v. 20 (vgl. v. 24), dass Glaubengehorsam gegenüber Gott jetzt eben auch Befehlsgehorsam und Gefolgschaftstreue im Kriegsfall impliziert; das Engagement „auf dem Weg Gottes"[151] soll als Glaubensgehorsam, als „Gottesdienst" gelten. Das heißt zugleich, wie ein später Interpolator in v. 21–23 nachträgt, dass eventuelle Verweigerer des Befehlsgehorsams als Ungläubige gelten. Diese Stoßrichtung seiner Textergänzung ist zugleich ein Indiz dafür, dass es weiterhin solche Gruppen gab, die sich für solche Militanz praktizierende Glaubensrichtungen nicht vereinnahmen ließen.

Zur Grundstruktur einer älteren Version von Sure 8 sind nach allem im Bereich von 8:15–29 lediglich die Verse 8:15 (im Anschluss an v. 9), 16–19*, 20, 27–29* zu rechnen.

Zur Genese von 8:1–29:
Grundtext: 8:1, 7*, 9, 15, 16–19*?, 20, 27–29*
Ergänzungen[152]: 8:1, *v. 5f.*, 7*, 9, *10–14*, 15, 16–19*?, 20, *21–24*, 27–29*

8:30–40: *Über und gegen die Ungläubigen*

8:30 wechselt in die Du-Anrede (vgl. v. 33, 38) und erinnert den Gesandten daran, dass die Ungläubigen ihm gegenüber immer nur planten, ihn unschädlich zu machen. Das Versende entspricht wörtlich 3:54[153] und soll erklären, warum diese Pläne nichts ausrichten konnten.

8:31 (Wir-Rede Gottes) betont, dass die Ungläubigen sich zudem auch Gott bzw. der Verlesung seiner „Verse" gegenüber ablehnend verhalten[154]. Dieser Vorwurf wird auch sonst häufig erhoben, wobei auch die Argumentation der Ungläubigen, ihr Hinweis auf „die Fabeln der Früheren" (*asatiru l-auwwalina*), zitiert wird[155].

8:32 soll dann illustrieren, inwiefern die Ungläubigen die vom Gesandten verkündete „Wahrheit" (der Gerichtsankündigung) als völlig haltlos ansahen. Während sonst in Ausführungen zu den Strafgerichten früherer Zeiten die Ungläubi-

---

150 Vgl. 8:74: „die ausgewandert sind und auf dem Weg Gottes kämpften (*wa-jahadu*) sind die wahren Gläubigen"; zu denen, die sich so nicht engagieren, vgl. z.B. auch die sie betreffenden Vorwürfe in 33:18–20.

151 Zur Übersetzung von *fi sabili llahi* unten Anm. 359 sowie die Hinweise in „III 2.2.3".

152 Genauere Textvergleiche dürften es ermöglichen, zu klären, ob und welche Textergänzungen ein und derselbe Interpolator zu verantworten hat (bzw. welche Textteile erst als Ergänzungen zu bereits vorgegebenen Ergänzungen anzusehen sind); z.B. setzt 8:7b, 8 den Einschub 8:5f. voraus (vgl. dazu oben z.St.); 8:25 und 26 sind nachträglich noch an den Einschub 8:21–24 angehängt worden; 8:2–4 ist eine der spätesten Interpolationen, wenn nicht die späteste überhaupt in Sure 8; vgl. dazu die Hinweise oben zu 8:2–4.

153 Vgl. sonst ähnlich z.B. 27:50; 10:21; 14:46.

154 Vgl. im Kontrast dazu in 8:2 den Hinweis auf das vorbildliche Verhalten der Gläubigen.

155 Vgl. z.B. 68:15; 83:13; 23:83; 27:68; 6:25; vgl. auch 25:5.

gen an die jeweiligen Gesandten die Aufforderung richten, das angedrohte Unheil doch mal eintreten zu lassen[156], hätten hier die aktuellen Ungläubigen sogar Gott selbst aufgefordert, eine Katastrophe wie einst über das Volk Lots[157] herbeizuführen und zu strafen. Offensichtlich will der Verfasser von v. 32 so die außerordentliche Hybris der aktuellen Ungläubigen deutlicher herausstreichen.

Die im Rückgriff auf thematisch und formulierungsmäßig vorgegebene Aussagen kompilierten v. 31–32 sind als generell geltende Kennzeichnung von Ungläubigen[158] ein sekundäres Element zwischen v. 30 und v. 33 (beide Verse jeweils mit Du-Anrede!).

Dass die für die Ungläubigen (v. 30) längst fällige Strafe bislang noch nicht eingetroffen ist, soll 8:33 mit dem Verweis auf das Wirken des Gesandten unter den Ungläubigen und der ihnen damit möglichen Umkehr zum Glauben (festzumachen an der Bitte um Vergebung) erklären[159].

Als berechtigten Grund für ein strafendes Eingreifen Gottes nennt 8:34, dass die Gegenseite den Zutritt zur heiligen Gebetsstätte versperrt[160], sowie, dass es sich bei ihnen nicht um „Gefolgsleute“, um „Freunde“ Gottes handelt[161] (vgl. 10:62f.). Dass hier anders – das Personalsuffix könnte man auch auf die Gebetsstätte beziehen – mit *awliya'* (dann in der Bedeutung von „Beschützer“) lediglich „Wärter“ der Gebetsstätte gemeint sein könnten, ist zwar eine ebenfalls vertretbare Auffassung[162], wirkt jedoch als Argument für Gottes Strafhandeln weniger zwingend als der Vorwurf, kein Gefolgsmann Gottes zu sein.

8:35 verweist zunächst auf merkwürdiges Gebetsverhalten der Gegner „beim Haus“. In der zweiten Vershälfte wird das als Symptom des Unglaubens gewichtet und entsprechend das Verdikt zitiert, „das die Ungläubigen dereinst beim Gericht zu hören bekommen“[163].

Weitere Indizien für Unglauben benennt 8:36. Während die Gläubigen ihren Besitz, ihre Güter (*amwalahum*) „auf dem Weg Gottes“ (d.h. für die „Sache Gottes“ im Krieg) verausgaben[164], ist für die Ungläubigen typisch, dass sie gerade das

---

156   Vgl. 29:29 Lot; 46:22 und 7:70 Hud; 7:77 Salih; 11:32 Noah.

157   Zum Steinregen vom Himmel vgl. 7:84; 27:58; 26:173; 11:82; 15:74; 51:33.

158   Vgl. die oben belegte Nähe zu den sog. „Straflegenden“.

159   Die zweite Vershälfte von 8:33 ist wohl eine nachträgliche Ergänzung; denn diese Aussage impliziert, dass ein Strafgericht solange nicht stattfinden kann, solange die Umkehr zum Glauben (festzumachen an der Bitte um Vergebung) noch möglich ist (und diese Möglichkeit ist erst mit dem Tod auszuschließen).

160   Vgl. dazu 22:25; 48:25; 5:2; 2:217.

161   Das Personalsuffix von *awliya'ahu* bzw. a*wuliya'uhu* bezieht sich auf Gott; vgl. Paret, *Kommentar*, S. 188.

162   Blachére, *Le Coran*, S. 834, läßt die Wahl zwischen „desservants [de la Mosquée Sacrée]“ und „les adeptes d'Allah“ offen.

163   Paret, *Kommentar*, S. 188; vgl. dazu ähnlich z.B. 8:50; 6:30; 3:106; 46:34 jeweils auf das Endgericht bezogen.

164   Vgl. dazu z.B. 8:72; 9:20; 4:95.

Gegenteil praktizieren, nämlich alles einsetzen, um die Teilnahme an der „Sache Gottes" zu unterbinden, die Ausbreitung der „Sache Gottes" zu verhindern (vgl. auch 2:217). Die kriegerische Konfrontation werden sie jedoch verlieren und letztlich in die Hölle fahren (vgl. so auch 3:12).

Das alles hat im nachgetragenen v. 37[165] den Sinn, dass Gott auf diese Weise das Schlechte vom Guten trennen wird[166] und so alles Schlechte in die Hölle kommt.

Während 8:31–32 recht eindeutig als zusätzlich interpolierte Belege für den Unglauben der Gegenseite anzusehen sind, ist eine sichere Einschätzung im Blick auf 8:34–36 schwierig. Zu 8:34f. ist zu beobachten, dass die hier erhobenen Vorwürfe zwar Fehlverhalten im kultischen Bereich als Indiz für Unglauben ansprechen, sich aber nicht wie 8:30, 38f. mit den kriegsbereiten Gegnern befassen. Daher ist nicht auszuschließen, dass 8:34f. von einem Autor stammt, der hier nachträglich einen weiteren Beleg für die Verkommenheit der Ungläubigen interpoliert. Dagegen kann man 8:36 eher zum Grundbestand rechnen[167].

Da 8:31–32 und v. 34f., 37 als zusätzlich interpolierte Belege für den Unglauben der Gegenseite anzusehen sind, bestand die ursprüngliche Textfolge über die Ungläubigen hier im Anschluss an die Ausführungen über die Gläubigen in 8:15–29 (im Grundtext: 8:15, 16–19*?, 20, 27–29*) lediglich aus 8:30, 33, 36*.

Die Textfolge 8:38–40 konzentriert sich auf die Problemstellung, zu welchem Ergebnis der Kampf gegen die Ungläubigen führen soll. Zu beachten sind hier mehrfache Redundanzen und die auffällig wörtliche Übereinstimmung von 8:39 mit 2:193 sowie die thematisch engen Berührungen mit 8:19[168].

In v. 38 sollen die Gegner die Zusage erhalten, ihnen werde alles Vergangene vergeben, wenn sie „aufhören" (in yantahu, vgl. 8:19), also die Feindseligkeiten einstellen. Falls sie aber rückfällig werden (wa-in ya'udu, vgl. 8:19), blühe ihnen gleichsam gesetzmäßig das Unheilsgeschick früherer Generationen[169].

Dagegen besteht 8:39 (vgl. 2:193) auf dem Kampf mit dem doppelten Ziel „bis zum Ende der fitna", also der „Zwietracht"[170], bzw. bis zum Ende von Bürgerkrieg und Chaos[171] und bis die „Religion gänzlich auf Gott gerichtet ist"[172]. Ab-

---

165 v. 37Ende wiederholt das in v. 36Ende schon feststehende Resultat.

166 Vgl. zu diesem Ziel auch 3:179.

167 Vgl. hierzu auch Parets Beobachtungen (Kommentar, S. 188), der zu 8:35 festhält, dieser Vers sei „vielleicht erst nachträglich an dieser Stelle eingefügt worden", und zu 8:36 meint: „Vers 36 scheint mit dem Vorhergehenden nur lose zusammenzuhängen."

168 Vgl. dazu bereits oben die Hinweise in Anm. 98.

169 Vgl. 15:13; 18:55; 35:43; 3:137.

170 Bell, Commentary, z. St., übersetzt mit „dissension"; vgl. auch Firestone, JIHAd, S. 85, für den die Bedeutung „sedition" in Betracht kommt.

171 fitna hier also nicht wie in 8:25 und 28 im Sinn von „Prüfung, Verführung", sondern wie in 8:73.

172 wa-yakuna d-dinu kulluhu li-llahi: Paret übersetzt: „bis nur noch Gott verehrt wird", Bobzin: „der Kult insgesamt dem einen Gott gilt"; Khoury: „bis die Religion gänzlich nur noch Gott gehört".

schließend ist lediglich festgehalten, falls die gegnerische Seite „aufhört"[173], also ihre Angriffe stoppt, werde Gott alles genau beobachten[174]. 8:40 verweist dann mit „wenn sie sich abkehren" (*wa-in tawallaw*) (vgl. v. 38) auf die Möglichkeit einer erneuten Kehrtwendung[175], also einer Wiederaufnahme von Feindseligkeiten; für diesen Fall werden die Kämpfer an Gott als Schirmherrn und Helfer erinnert[176].

Die Textfolge 8:38–40 ist somit kein literarisch einheitlich konzipiertes Textprodukt. Diese Verse kommen am jetzigen Ort auf die Thematik von v. 19 offensichtlich deswegen zurück, weil hier Anweisungen angebracht erschienen, wie mit den zuvor charakterisierten Ungläubigen je nach deren Verhalten zu verfahren ist. Zu diesem Zweck wurde das in 8:19 vorgegebene Thema „Kapitulation der Gegner" in 8:38 noch einmal aufgenommen und spezifiziert. Während 8:19 die Ungläubigen in direkter Anrede lapidar zum Frieden bzw. zur Kapitulation auffordert, ohne irgendwelche Zugeständnisse (Straffreiheit o.ä.) anzudeuten, betont v. 38 die Bereitschaft zur Vergebung (vgl. *yughfar lahum*). Das steht in einer gewissen Korrespondenz zum Hinweis auf die Möglichkeit der Bitte um Vergebung in v. 33. Diese Beobachtung sowie, dass in v. 33 und v. 38 (anders als v. 34–37) jeweils die Du-Anrede betont ist, sprechen dafür, dass beide Verse ursprünglich aufeinander abgestimmt konzipiert waren und als solche Bestandteil einer früheren Version von Sure 8 waren.

8:39 erweist sich als Nachtrag eines Ergänzers, der den Wortlaut von 2:193 kennt und entsprechend hier sicherstellen will, dass der Kampf gegen die Ungläubigen zielgerichtet zu führen ist.

„Und kämpft gegen sie, bis es keine *fitna* (Verfolgung, Zwietracht, Aufruhr) mehr gibt und bis die Religion *gänzlich* auf Gott gerichtet ist. Wenn sie jedoch aufhören, so sieht Gott wohl, was sie tun".

Dass v. 39 abhängig von 2:193 formuliert, also die jüngere Version ist, belegt das gegenüber 2:193 zusätzliche *kulluhu* („gänzlich").

Der Nachtragscharakter von 8:39 ist zudem deutlich daran erkennbar, dass der Ergänzer die literarische Technik der „Wiederaufnahme" von vorgegebenen Formulierungen[177] anwendet[178].

---

173 Vgl. schon 8:38 und 8:19.
174 Theologische Floskel, vgl. z.B. 2:96; 8:72.
175 Damit kann sonst allerdings auch die Abkehr von „Glauben und Rechtleitung" gemeint sein, vgl. 2:137; ferner 3:20; 16:82.
176 Vgl. 3:150; dagegen enthält 22:78 am Ende der Sure die gleiche Zusage an die Gläubigen generell ohne Hinweise auf kriegerische Auseinandersetzungen.
177 Vgl. dazu oben den Hinweis in Anm. 144.
178 Vgl. in 8:39 und 38 jeweils „wenn sie aufhören".

8:41–47: An die Gläubigen – Beuteregelung, Rückblicke auf Gottes Beistand

8:41 informiert die Gläubigen als am Kampf beteiligte über ihre Anteile an der gewonnenen „Beute"[179]. Ein Fünftel der gesamten Beute steht Gott und dem Gesandten zu, der darüber zu Gunsten Bedürftiger[180] verfügt. Mit „der Sohn des Weges" (*wa-bni s-sabili*) ist entweder der „Reisende" oder der „Kämpfer" auf dem Weg Gottes gemeint[181]. Wie die Kriegsteilnehmer mit ihren eigenen Anteilen der Beute verfahren sollen, ist hier nicht geregelt. Allerdings gilt allgemein für die Gläubigen, dass aus dem eigenen Besitz die genannten Bedürftigen zu unterstützen sind[182].

Zu dieser Beute-Regelung wird betont (Wir-Rede Gottes), dass sie auf dem Glauben an Gott und an das, was er seinem Knecht am „Tag des *furqan*" herabgesandt (*ma anzalna*) hat, basiert. Dann aber kommt für *furqan* in diesem Kontext nicht die Bedeutung „Salvation" (so Blachère) oder „Entscheidung" (so Bobzin) oder „Unterscheidung" (so Khoury) in Frage. Vom Kontext her ist „der Tag des *furqan*" der Tag eines Offenbarungsgeschehens, nämlich der Herabsendung (des Korans[183]); und *yauma l-furqan* ist eine auf die Herabsendung (des Korans) bezogene Etikettierung. *furqan* kann hier dann nur den Sinn haben, wie Rubin ihn mit Verweis auf die Bedeutung von *furqan* in nicht qur'anischen arabischen Texten sondiert hat[184]: „The Qur'ān employs it [i.e. *furqan*] mainly to describe revealed scriptures in their capacity as origin of guiding light". Somit kennzeichnet *yauma l-furqān* das hier angesprochene Offenbarungsgeschehen der Herabsendung als einen Tag der „Erhellung" oder „Klarstellung". Die Funktion dieser Hinweise in 8:41 ist klar: Damit ist jegliche Diskussion oder gar Hinterfragung der Beuteregelung ausgeschlossen.

Auffälligerweise folgt im direkten Anschluss an *yauma l-furqan* die Gleichsetzung mit dem „Tag, da die beiden Scharen aufeinandertrafen" (*yauma ltaqa l-jam'ani*). Erinnert wird damit an eine frühere kriegerische Auseinandersetzung[185]. Der zuständige Autor fasst *yauma l-furqan* als einen „Tag der Entscheidung/Unterscheidung", bzw. „der Errettung" auf. Dass *furqan* auch in diesem Sinne verstanden werden kann, hängt mit Einflüssen bzw. Übernahmen aus dem Syrisch-Aramäischen (*purqanā* im Sinn von „Rettung") zusammen. „... the tar-

---

179 *ghanimtum*; zum Thema „Beute" vgl. ferner 59:7; 48:19, 20.
180 Vgl. ähnliche Aufzählungen z.B. in 59:7; 2:177; 4:36.
181 Vgl. dazu unten Anm. 359 sowie Anm. 610.
182 Vgl. z.B. 2:177; 2:215; 24:22; 4:8.
183 Vgl. so auch die enge Zusammenführung von *furqān* und *qur'ān* in 2:185; vgl. ferner 25:1, „in which *furqān* stands for the Qur'ān"; so Rubin, „The Case of *al-Furqan*", S. 425.
184 Vgl. Rubin, a.a.O., S. 433.
185 Vgl. dazu 3:155 und 166f.; dass jeweils an den gleichen Vorgang (welchen?) zu denken ist, ist nicht gesagt.

gumic (Syriac/Aramaic) connotations of the Quranic *furqan* are also present in passages in which *furqan* is related to Moses, and denotes ‚redemption by division or separation'."[186]. Somit ist *yauma ltaqa l-jam'ani* als eine nachgetragene Uminterpretation einzustufen, und zwar mit der Funktion, im Folgenden zu einem weiteren Beispiel (vgl. zuvor 8:7ff., 17, 26) für Gottes einstigen Beistand an einem besonderen Tag kriegerischer Auseinandersetzungen überzuleiten.

Allerdings ist 8:42 nicht die ursprüngliche, an *yauma ltaqa l-jam'ani* („am Tag, da die beiden Scharen aufeinandertrafen") anknüpfende Fortsetzung. Abgesehen vom abweichenden Endreim des Verses sprechen folgende Beobachtungen für eine jüngere Ergänzung: Der Autor von v. 42 hat die Formulierung *li-yaqdiya llāhu amran kana maf'ulan* („damit Gott eine Sache entscheide, die ausgeführt werden sollte") dem ihm bereits vorliegenden v. 44 entnommen, der ursprünglich direkt v. 41 weiterführte[187]. Deutlicher als v. 44 (vgl. dazu unten) und dazu vorweg erläuternd will der Ergänzer von v. 42 für den in v. 41 erwähnten besonderen „Tag" (*yauma l-furqan*) die kriegerische Auseinandersetzung als ein von Gott arrangiertes Geschehen veranschlagen, das klarmachen sollte, wer warum (von den Kämpfern) den Tod fand oder am Leben blieb. Für ihn impliziert *furqan* mit der Bedeutung „Errettung" zugleich auch „Unterscheidung" (vgl. dazu oben Rubin).

Dagegen sollte v. 44 im direkten Anschluss an v. 41 lediglich aufdecken, auf welche Weise Gott selbst das Treffen der beiden Parteien (mit den ihnen von Gott suggerierten Fehleinschätzungen) arrangiert und in seinem Sinn hatte ausgehen lassen. v. 43 ergänzt (noch vor Einschaltung von v. 42) nachträglich im Vorausblick auf v. 44, dass Gott natürlich erst einmal dem Propheten die tatsächliche Anzahl der Feinde vorenthalten habe[188]. In v. 44 sind für die Maßnahmen Gottes keine besonderen Gründe angegeben; deswegen führt v. 43 explizit aus, dass ohne Gottes Eingreifen das ganze Unternehmen an Entmutigung und Streit gescheitert wäre[189].

Die in 8:41–44 unübersehbaren Redundanzen, Wiederanknüpfungen und Akzentverschiebungen sind deutliche Indizien für eine sukzessive Textfortschreibung:

a) Auf 8:41* (noch ohne „am Tag, da die beiden Scharen aufeinandertrafen" *yauma ltaqa l-jam'ani*) folgte ursprünglich v. 45.

b) 8:41 (mit *yauma ltaqā l-jam'ani*); *v. 44*; v. 45.

c) 8:41, *v. 43*, 44, 45.

d) 8:41, *v. 42*, 43, 44, 45.

---

186 So Rubin, a.a.O., S. 433.

187 Vgl. in v. 44 *idhi ltaqaytum* „als ihr aufeinandertraft" als Rückbezug auf *yauma ltaqa l-jam'ani* „am Tag, da die beiden Scharen aufeinandertrafen".- Als ursprüngliche Fortsetzung von 8:41 (noch ohne *yauma ltaqa l-jam'ani*) kommen demnach 8:42–44 nicht in Frage, aber 8:45.

188 Diese Textfolge 8:41, 43, 44 war dem Autor von v. 42 vorgegeben.

189 Vgl. in v. 43 die Berücksichtigung von Formulierungen in v. 46.

Während 8:41b–44 als Rückblick auf Gottes früheres Wirken und Planen in kriegerischen Konstellationen sukzessiv konzipiert sind, fordert v. 45 aktuell zur Standhaftigkeit in Auseinandersetzungen auf. Der Vers berührt sich eng mit v. 15. Beide Aufforderungen haben ihren ursprünglichen „Sitz im Leben" keinesfalls in einer an die versammelte gläubige Gemeinde gerichteten Offenbarungsrede. Sie sind einzustufen als ein wesentliches Aussageelement im Zusammenhang von Vorbereitungen auf aktuell bevorstehende kriegerische Konfrontationen, und zwar direkt an das dafür aufgebotene Truppenkontingent adressiert (im Rahmen der Redegattung „Kampfeinstimmung und Kriegsregeln")[190]. Die Aufforderung in v. 45, intensiv an Gott zu denken, dürfte hier kontextgemäß wie in 33:9 gemeint sein, nämlich: sich auf die frühere Anteilnahme Gottes in Kriegssituationen zu besinnen und daraus Mut zu schöpfen[191]. Entsprechend sollen die nachträglich sukkzessiv eingeschalteten v. 41–44 dem späteren Hörer oder Leser solche Situationen vor Augen rücken.

Die sukzessive Genese der jetzigen Textfolge 8:41–45 resultiert aus dem Anliegen, hier die frühere Vorstufe der Sure mit weiteren theologisch reflektierten Hinweisen auf Gottes früheren Beistand literarisch auszubauen.

Nach den bisherigen Textsondierungen dürfte die Grundstruktur bzw. eine deutlich frühere Vorstufe von Sure 8 im Bereich 8:1–45 auf folgenden Textanteilen basieren: 8:1, 7*, 9, 15, 16–19*?, 20, 27–29*, 30, 33, 36*, 38, 41*, 45.[192]

Wie 8:45 und zumal im direkten Anschluss daran dient 8:46 mit der Aufforderung zum Gehorsam[193] und zur Einigkeit als Appell an die Truppen zur Sicherstellung der Kampfbereitschaft[194]. Diese Einschätzung gilt auch für 8:47. Die Warnung vor Übermut und Angeberei dürfte generell vor kriegerischen Initiativen angebracht gewesen sein und muss sich nicht auf ein konkretes Beispiel zurückbeziehen[195].

8:48–59: *Über das Ende der Ungläubigen*

Es handelt sich um Ausführungen, die zwischen die beiden ursprünglich aufeinander folgenden v. 46f. und v. 60 sukzessiv interpoliert worden sind. Für diese Einschätzung spricht zum Einen, dass v. 46f. und 60 als Anweisungen für an künftigen Kriegssituationen Beteiligte zusammenpassen, und zum Anderen, dass

---

190 Vgl. unten die Hinweise zu weiteren Gattungen truppenorientierter Appelle und Instruktionen.

191 Vgl. anders 62:10, hier impliziert diese Aufforderung das Gebet; vgl. so auch 33:41f.

192 Vgl. dazu weitere Ergebnisse unten vor 8:60.

193 Vgl. sonst schon in 8:1, 20 sowie ähnlich v. 24.

194 Mit *rih* – ursprünglich: Wind – dürfte „Elan" gemeint sein; zu beachten sind die Berührungen mit 8:43; 3:152; 4:59.

195 Vgl. Bell, *The Qurān*, S. 167, zu 8:45–47: „date uncertain".

v. 48–59 überwiegend damit befasst sind, theologisch argumentierend die Ungläubigen als einst und immer Unterlegene weiter abzuqualifizieren.

Folgende Beobachtungen führen zu der Einschätzung, dass 8:48–59 nicht das Ergebnis einer literarisch einheitlichen Konzipierung darstellt:

In v. 48 weicht der Endreim von den Kontextversen ab; das ist auch in v. 52 der Fall. v. 52 und v. 54 bilden eine fast wörtlich übereinstimmende Dublette und entsprechen zudem weitgehend 3:11. 8:55 tauchte bereits ähnlich in 8:22 auf[196]. Auffällig sind auch die wortwörtlichen Übereinstimmungen von 8:51 mit 3:182 (und 22:10), zumal 8:51 ebenfalls wie 3:182 auf die Formulierung „kostet die Strafe des Brennens" folgt (3:181Ende[197]). 8:49 berührt sich mit 33:12.

Eine sichere Rekonstruktion der sukzessiven Genese der jetzt an 8:46f. anschließenden Textfolge v. 48–59 ist schwierig. Immerhin wird man Aussagen wie in 8:49, 55 sowie 59 als eine erste Erweiterung im Anschluss an 8:46f. einstufen können. Als dazu noch später nachgetragen wirken die übrigen Verse, die sukzessiv theologisierend das künftige Geschick der Heuchler und Ungläubigen begründen und bis ins Endgericht vor Augen rücken.

So verweist 8:50 (Du-Anrede[198]) wie 47:27 auf die von den Engeln vollzogene Überführung in die Hölle[199], für die in v. 51 (Ihr-Anrede an die Ungläubigen) die Begründung nachgeliefert wird[200]. Anschließend soll v. 52[201] am Beispiel der Bestrafung Pharaos das Strafhandeln Gottes in der Geschichte belegen. Ein späterer Ergänzer knüpft daran an und stellt in 8:53 klar, dass Gott dabei keineswegs willkürlich vorgeht, sondern auf das jeweilige Verhalten eines Volkes reagiert (vgl. 13:11).

Mit 8:54 nimmt der Ergänzer die Aussage von v. 52 wieder auf[202] und formuliert anders als in v. 52 die Schlussaussagen als Gottesrede (Wir-Rede) mit genaueren Hinweisen auf die Bestrafung Pharaos. Im Vergleich zu v. 52 ist v. 54 eindeutig die „verbesserte" jüngere Version[203].

8:48 mit der „satanologischen" Begründung[204] der in v. 47 monierten Fehlhaltungen ist als jüngstes Aussageelement einzustufen. Der hier zuständige Ergänzer

---

196 8:55 ist im Vergleich zu v. 22 die ältere und vorgegebene Abqualifizierung der Ungläubigen, während v. 22 diese Abqualifizierung auf die unsicheren Kandidaten in den eigenen Reihen anwendet.

197 Vgl. so auch die Abfolge in 22:9Ende, 10.

198 Vgl. ähnlich 34:31, 51; 6:93.

199 Zur Nähe dieser Vorstellungen zu Schilderungen Ephraems des Syrers (um 306–373) vgl. Andrae, *Ursprung* (1926), S. 51.

200 Vgl. so auch wortwörtlich 22:10 und 3:182.

201 8:52 entspricht fast wortwörtlich 3:11; vgl. noch ähnlich 40:22.

202 Zur literarischen Verklammerungstechnik der Wiederaufnahme bzw. Vorwegnahme vgl. oben den Hinweis in Anm. 144.

203 Paret vermerkt zu 8:51–54 (*Kommentar*, S. 191): „Variationen ein und desselben Gedankens".

204 Vgl. ähnlich z.B. 16:63; 27:24; 29:38; 6:43; ferner 15:39.

variiert mit dem Verweis auf die Irreführung der gegnerischen Seite durch Satans falsche Versprechungen die bisherige Hintergrunderklärung für ihre Niederlage. Hatte in 8:43f. Gott den beteiligten Parteien die tatsächlichen Zahlen- bzw. Kräfteverhältnisse verborgen gehalten, um beide Seiten zum Angriff zu motivieren[205], so will der Verfasser von v. 48 zusätzlich die für die Feinde verderbliche Rolle Satans aufdecken. Bell[206] beobachtet: v. 48 „is out of rhyme and has therefore probably been added about the same time as vv.11–14, with which it agrees in rhyme". Dass wie 8:48 auch in v. 11 von Satans Einwirkungen die Rede ist, spricht ebenfalls für die Herleitung (jedenfalls für die Verse 11 und 48) von ein und demselben Interpolator.

Die in v. 56–58 als Du-Anrede formulierten nüchternen Anweisungen rücken die Möglichkeit von Vertragsbruch und Verrat der Ungläubigen in den Blick[207]. Fragen kann man nach de genuinen „Sitz im Leben" solcher Anweisungen zum Thema „Vertragstreue und Verrat". Es könnte sich ursprünglich um eine aktuelle Instruierung eines Truppenführers für den Umgang mit inzwischen unzuverlässigen Vertragspartnern gehandelt haben. Aufgenommen ins koranische Textgut sind diese Regelungen als von Gott dem Gesandten übermittelt und damit als künftig und generell geltend zu lesen.

Die Verklammerung dieser Verse (8:56–58) hinter v. 55 geht der sukzessiven Interpolation von 8:48, 50–54 voraus. Als Grund für die Einschaltung von v. 56–58 ist auch in Betracht zu ziehen, dass damit (Stichwort „Vertrag" ʿahd) eine Verknüpfung zum die Textfolge 9:1–12 bestimmenden Thema „Geltung von Verträgen" (vgl. 9:1, 4, 7 ʿahd) hergestellt werden soll. Möglicherweise ist das ein Indiz dafür, dass auf die dem verantwortlichen Interpolator (von v. 56–58) vorgegebene Version von Sure 8 als Fortsetzung bereits 9:1ff.* folgte.

Die Genese der Textfolge 8:46 bis 60 – die Abfolge der sukzessiven Fortschreibungen:

a) 8:46f., 60 Ursprungsfassung.

b) 8:46f., **49, 55** sowie **59**, 60: Aussagen wie in v. 49, 55 sowie 59 dürften die erste Erweiterung im Anschluss an 8:46f. gewesen sein (Ziel: deutlichere Negativcharakterisierung der Gegner).

c) 8:46f., 49, 55, **56–58**, 59, 60: die Gegner als mögliche Vertragsbrüchige.

d) 8:46f., 49, **50, 51, 52**, 55, 56–58, 59, 60: Verweis auf die eschatologische Gerichtsperspektive, zum Geschick der Ungläubigen in der Vergangenheit – Pharao als Prototyp der Ungläubigen.

---

205 Vgl. zu Erwägungen über Feindstärken auch 8:19; 3:13; 2:249.

206 *Commentary*, S. 281.

207 So im jetzigen Kontext; in 8:27 richtet sich die Mahnung, nicht Verrat zu üben, an die Gläubigen.

e) 8:46f., 49, 50, 51, 52, **53**, **54**, 55, 56–58, 59, 60: Verweis auf Gottes gerechte Strafgerichte.

g) 8:46f., **48**, 49, 50, 51, 52, 53, 54, 55, 56–58, 59, 60: satanologische Sicht.

8:60: *Appell zur Kriegsvorbereitung*

8:60 wird man zum Kernbestand (bzw. zur Ursprungsversion) rechnen. Als Ihr-Anrede richtet sich die Aussage direkt entweder an die Kämpfer, sich mit allen Mitteln auf die Auseinandersetzungen vorzubereiten (*lahum* „für sie" i.e. „die Feinde"), oder an eine Gruppe bzw. Gemeinschaft, die entsprechend den Kämpfern (*lahum*) alle Kriegsmittel zur Verfügung stellen soll. Eine Anweisung dieser Art[208] ist primär nicht als Offenbarungstext für die Aufnahme „im Buch" gedacht gewesen. Ihr „Sitz im Leben" ist die Situation kriegerischer Expansion und die darauf abzustimmenden Rüstungsvorbereitungen. Als Adressat kommt nicht nur die eigene Streitmacht in Frage. Es könnte sich auch um einen Text handeln, wie man in Schreiben an Verbündete oder an anderweitig zu Subsidienleistungen Verpflichtete (Gezwungene?) formulierte[209]. Die Empfehlung oder Forderung „zu spenden", aus eigenem Gut „auszugeben" am Versende, dürfte erst sekundär auf die Unterstützung kriegerischer Unternehmen bezogen worden sein. Genuin ging es dabei um eine Praxis der privaten Frömmigkeit wie Almosengeben, Unterstützung von Witwen, Waisen etc.[210].

Die urprüngliche Fortsetzung von v. 60 dürfte in v. 72–74* vorliegen[211]; denn 8:61 geht über in die Du-Anrede, die sich in den folgenden Ausführungen bis 8:71 an den „Propheten"[212] wendet[213]. Außerdem ist in v. 72 und 74 das Stichwort „auf Gottes Weg" (*fī sabīli llāhi*) aus v. 60 wieder aufgenommen[214].

8:61–71: *Instruktionen für den „Propheten" – über Kriegsgefangene*

Kontextbezogen ist 8:61 (Du-Anrede) an den „Propheten" gerichtet (vgl. v. 64, 65). Das Thema „Frieden" und Friedensangebot wurde ähnlich schon in 8:38–40

---

208 Die jetzige Schlussbemerkung in 8:60 ist wegen der fast wörtlichen Übereinstimmung mit 2:272 auffällig.

209 8:60 erinnert an die in der sog. „Constitution of Medina" den Juden abverlangte Beteiligung an Ausgaben während der Kriegsführung; vgl. , 27 (Zählung nach Lecker, *The „Constitution of Medina"*) bzw. Artikel 24 (Zählung nach Watt, *Muhammad at Medina*).

210 Vgl. z.B. 8:3; 2:215; 2:3; 22:35; 42:38; 13:22; vgl. auch die Formulierung „heimlich und öffentlich ausgeben" in 35:29f.

211 Wieder Ihr-Anrede; vgl. unten die entsprechenden Beobachtungen und Nachweise.

212 Vgl. *yaayyuha n-nabiy* in 8:64, 65, 70.

213 Vgl. dagegen sonst immer nur die Rede vom „Gesandten" *rasul* in 8:1, 13, 20, 24, 27, 41, 46.

214 Vgl. dazu unten z. St.

(Beendigung von Kampfhandlungen) angesprochen[215]. Die Aufforderung zur Friedensbereitschaft in v. 61 wirkt nicht gerade wie eine Schlussfolgerung aus der vorausgehenden Aburteilung der Ungläubigen in 8:48–59. Diese Einschätzung bestätigt die obige Einstufung von v. 48–59 als sukzessiv ausgearbeitete Interpolation. 8:62 betont für den Fall des Verrats seitens der Gegner (vgl. 8:40) Gottes Beistand, worauf fast gleichlautend auch v. 64 hinweist. Übereinstimmungen und Unterschiede zwischen beiden Versen resultieren daraus, dass v. 62 als eine nachträgliche Korrektur zu v. 64 konzipiert ist. Die Aussage in v. 64, dass der Prophet sich wie auf Gott so auch auf seine Gefolgsleute verlassen kann, wurde offensichtlich als theologisch nicht korrekt empfunden[216] und von einem Bearbeiter in v. 62 mit der literarischen Verklammerungstechnik der Vorwegnahme richtig gestellt: Allein auf Gottes Hilfe (vgl. 8:26) ist Verlass, und auf die Gefolgsleute unter den Gläubigen nur deswegen, weil nur Gott deren Zusammenhalt herbeiführen konnte, wie v. 63 ausführlich darlegt.

Ursprünglich folgte also auf 8:61 in v. 62 lediglich der Hinweis auf die Möglichkeit der Täuschung, woran sich in v. 64 die direkte Anrede des Propheten mit dem jetzigen Text anschloss. v. 62b („dann ist Gott dein Genüge ...“ *fa'inna hasbaka ...*) und v. 63 sind nachträglich theologisierende Ergänzung.

Auch in der weiteren an den Propheten gerichteten Textfolge sind nachträglich Korrekturen und Ergänzungen zu beobachten. Während der Prophet in 8:65 die Gläubigen zum Kampf mit der Aussicht anfeuern soll, man könne siegen selbst bei einem Zahlenverhältnis 1 zu 10 zu Gunsten der Feinde, stuft der Verfasser und Ergänzer von v. 66 (als Ihr-Anrede formuliert) eine solche Einschätzung als eine Überforderung ein, die die tatsächlichen eigenen Kräfteverhältnisse nicht zureichend berücksichtigt. Außerdem hängt alles ab von Gottes Erlaubnis. Von wem und in welcher Situation die eigene Kampfkraft so hoch angesetzt wurde, wie das in v. 65 der Fall ist, um die Kämpfer anzufeuern, ist nicht auszumachen. Der ursprüngliche „Sitz im Leben“ einer solchen Einstimmung zum Kampf bzw. Anfeuerung[217] ist aber eindeutig eine Situation, in der vor dem eigentlichen kriegerischen Unternehmen den versammelten Kämpfern die Befürchtungen und Bedenken im Blick auf eine zahlenmäßigen Überlegenheit des Feindes genommen werden sollen. Inwiefern die Einschätzung der eigenen Kampfstärke in v. 65 realistisch oder hybrid war, hing natürlich von Kampf- und Wehrfähigkeit der gegnerischen Seite ab. Schlecht ausgerüstete und unerfahrene, kaum ausgebilde-

---

215 Vgl. dazu auch 4:90f.
216 Vgl. Paret, *Kommentar*, zu 8:64, der bezweifelt, dass Mohammed „seine Gefolgsleute ... auf gleicher Stufe mit Gott als sein ‚Genüge‘“ bezeichnet hätte.
217 Appell an den dem Gegner überlegenen Mut, Kampfeswillen, Entschlossenheit etc.; vgl. 2:249; ferner 8:19.

te, unmotivierte Wehrkräfte hatten oft gegen wesentlich kleinere Kontingente von entschlossenen „Berufskriegern" keine Chance[218].

Die in 8:66 nachgetragene Korrektur mit dem Ziel einer realistischeren Einschätzung von Kräfteverhältnissen im Kriegsfall trägt wahrscheinlich weiter fortgeschrittenen Entwicklungen der kriegerischen Unternehmungen Rechung, als es zu Konfrontationen mit besser organisierten Feindkontingenten kam. Nicht auszuschließen ist, dass der für die jetzige Fassung von v. 66 zuständige Interpolator die Hinweise auf zu berücksichtigende Kräfteverhältnisse (1 zu 2) gar nicht selbst formuliert hat; sie waren möglicherweise bereits vorgegeben und spielten bei Planungen von Kriegszügen eine Rolle, so dass im Blick auf die Spannung zur vorgegebenen Position in v. 65 ein Ausgleich notwendig erschien.

Im jetzigen koranischen Textgut wirkt v. 66 hinter v. 65 eher als eine generelle Warnung vor allzu großer Siegesgewissheit, bzw. als Mahnung, die jeweiligen Kräfteverhältnisse in kriegerischen Situationen abzuwägen.

8:67–71 behandeln die Frage des Umgangs mit Gefangenen. Während v. 67–69 als Ihr-Anrede konzipiert sind, sind v. 70f. wieder wie v. 61–65 direkt an den Propheten gerichtet.

In v. 70 setzt die Aufforderung an den Propheten voraus, dass man Gefangene gemacht hat (vgl.: „in euren Händen"). Aus den Formulierungen des Propheten ist zu schließen, dass Gefangene nach Zahlung von Lösegeld (vgl. „was euch genommen wurde") frei gegeben werden. Aus dem Hinweis, bei einem bestimmten Wohlverhalten könnten Gefangene mit Gottes großzügiger Zuwendung rechnen, lässt sich entnehmen, dass ihre Freilassung außerdem mit der Erwartung (von Zusagen?) verbunden war, den Gläubigen und der Sache Gottes künftig nicht mehr feindlich entgegenstehen zu wollen. Dass solche Freilassungen durchaus als riskant empfunden wurden, deutet v. 71 mit dem Hinweis auf die Möglichkeit des Verrats an (also der Wiederaufnahme von Feindseligkeiten). Somit ist in v. 70f. von Gefangenen die Rede, die schon vor dem endgültigen Niederringen des Feindes dem Propheten in die Hände gefallen waren. Allerdings ist nicht klar, welche konkrete Situation v. 70 im Blick hat.

Diese in 8:70f. angesprochene Praxis (Gefangennahme von Feinden und Freilassung bei Lösegeldzahlung) wird in den vorausgehenden v. 67f. grundsätzlich untersagt. Vor der endgültigen Ausschaltung des Feindes im Land („auf der Erde"?) bedeutet sie geradezu einen Affront gegenüber Gott, weil man dabei nur das Vergängliche, die Glücksgüter des Diesseits[219] im Sinn habe; „the desire for ransom, ʿarad ad-dunya, is condemned"[220].

---

218 Vgl. auch 8:19 und den Hinweis in Sure 2:249Ende sowie dazu unten die Ausführungen in den Abschnitten „II 2.3.5.5 Zu 2:244–252" und „IV 2.1.3.2".

219 ʿarad ad-dunya, vgl. 4:94; 7:169; 24:33.

220 Bell, *Commentary*, 285.

8:68 spielt an auf eine zeitlich vorausgegangene „Vorschrift" (*kitab*) Gottes, nach der die in v. 67 monierte Praxis noch nicht untersagt bzw. als strafwürdig angesehen wurde. Die thematische Nähe zu v. 70[221] spricht dafür, dass der Verfasser von v. 67f. genau die dortige Aussage (8:70) als solche „Vorschrift" im Blick hat und sie nachträglich als außer Kraft gesetzt kennzeichnet[222]; jedenfalls soll die Regelung in v. 70 nach der Interpolation von v. 67 erst nach der endgültigen Ausschaltung der Feinde angewendet werden.

Der Interpolator von v. 67 vertritt die radikale Auffassung, dass vor dem endgültigen Sieg über die Feinde auf der Erde die Gefangennahme von Feinden kein Kriegsziel ist. Ob v. 67 darauf abzielt, dass während der Kämpfe generell gelten sollte, „Gefangene werden nicht gemacht", also Feinden nur in Tötungsabsicht zu begegnen ist, ist nicht klar[223]. „Whether the alternative was to slay them, or to allow them to go free, is not stated"[224].

8:69 gestattet als Speise aus dem Beutegut all das, was erlaubt und gut ist. In 16:114f. (*halalan tayyiban* wie in 8:69) ist festgehalten[225], dass generell als Speise alles erlaubt ist außer Verendetes, Blut, Schweinefleisch und Götzenopferfleisch. 8:69 betont demnach, dass auf Beutezügen die gleichen Speiseverbote wie auch sonst zu beachten sind. Ein Zusammenhang zur Kontextthematik „Umgang mit Gefangenen" ist nicht erkennbar. Man könnte erwägen, ob v. 69 in der Ihr-Anrede und mit dem Stichwort „erbeuten" uprünglich auf 8:41 (Stichwort „erbeuten") folgte.

8:72–75: *Die Gläubigen und ihre Helfer in Kriegssituationen – zu Bündnissen und Vertragsverhältnissen*

Diese Schlussverse enthalten generelle Hinweise zur Frage von Bündnissen und gegenseitiger Hilfeleistung. Sie bestimmen, wer mit wem „auf dem Weg Gottes"[226] zu den „wahren Gläubigen" zählt. Sie sind in der Ihr-Anrede formuliert, dürften allerdings nicht als direkte Weiterführung von v. 66 bis 69 (Ihr-Anrede) konzipiert sein, sondern die diesen Ausführungen[227] vorausgehende Ihr-Anrede von

---

221 Vgl. in v. 68 „was ihr genommen gabt" und in v. 70 „was euch genommen worden ist.
222 Zu *sabaqa* „zeitlich vorausgehen" in v. 68 vgl. ähnlich 10:19; 11:110; 20:129; 41:45; 42:14 „früher ergangenes Wort".
223 Vgl. die Anweisungen dagegen in 47:4.
224 Bell, *Commentary*, 285.
225 Vgl. auch 2:168 in Verbindung mit 2:172f.
226 8:72, 74, vgl. zuletzt v. 60; mit „auf Weg Gottes" *fi sabili llahi* ist hier die kriegerische Auseinandersetzung mit Feinden gemeint (vgl. dazu unten die Hinweise in Anm. 359 und Anm. 610); vgl. auch 8:36, 47.
227 Vgl. zu 8:66–69 oben.

8:60[228] fortsetzen, allerdings ursprünglich nicht in der jetzigen Versfolge 8:72–75. Die ursprüngliche Fortsetzung von 8:60 bildete 8:73[229], 74.

Die auffällig engen wörtlichen Übereinstimmungen der Eingangsformulierungen in 8:72 und 74 (vgl. auch v. 75) sind erklärungsbedürftig.

8:72: „**Gewiss, diejenigen, die glauben und ausgewandert sind**[230] und *mit ihrem Vermögen und ihrer eigenen Person* **um Gottes willen Krieg geführt haben**[231]*, und diejenigen, die Zuflucht gewährt und geholfen haben,* sie sind einer des anderen Schutzherren (od.: „Freunde"). Zu denjenigen aber, die glauben und nicht ausgewandert sind, habt ihr kein Schutzverhältnis (Freundschaftsverhältnis), bis sie auswandern. Wenn sie jedoch um der Religion willen um Hilfe bitten, dann obliegt euch die Hilfe, außer gegen Leute, zwischen euch und denen ein Vertrag besteht. Und was ihr tut, sieht Gott wohl.

8:73 Und diejenigen, die ungläubig sind, sind einer des anderen Schutzherren. Wenn ihr es nicht tut, wird es im Land Aufruhr (*fitna*) und großes Unheil geben.

8:74 *Und diejenigen, die glauben und ausgewandert sind und um Gottes willen Krieg geführt haben, und diejenigen, die Zuflucht gewährt und geholfen haben,* das sind die wahren Gläubigen. Für sie gibt es Vergebung und vortreffliche Versorgung.

8:75 Und diejenigen, die danach geglaubt haben und ausgewandert sind und mit euch zusammen Krieg geführt haben, gehören zu euch …".

Da 8:72 eindeutig genauere Spezifikationen zu den knappen Hinweisen in v. 74 vorausschickt, kann 8:74 nicht als Wiederholung und Ergänzung zu 8:72 fungieren; vielmehr ist umgekehrt 8:72 als Nachtrag eines Ergänzers einzustufen[232], der gegenüber 8:74 (über die „wahren Gläubigen") klarmachen will, dass das Kriegführen um Gottes willen den vollen Einsatz „des eigenen Vermögens und der eigenen Person"[233] verlangt; er vermisst auch wichtige Aussagen zu den möglichen Freundschafts- und Vertragsverhältnissen zwischen „Auswanderern" sowie den sog. „Helfern" und den erst später „Ausgewanderten"[234]. 8:72 mit den speziellen Ausführungen zu Bündnissen und Vertragsfragen hat damit implizit einen in-

---

228 Vgl. dort ebenfalls das Stichwort „auf dem Weg Gottes".

229 Die bislang in der Regel wegen des unklaren Bezugs als rätselhaft eingestufte Aussage (vgl. Paret, *Kommentar*, z.St.) „wenn ihr es nicht tut, wird es im Lande Aufruhr (*fitna*) und großes Unheil geben" in 8:73 bezieht sich zurück auf die Aufforderungen in 8:60.

230 Vgl. dazu (*wahajiru*) die Hinweise unten bei Anm. 238.

231 Bobzin übersetzt: „die … kämpften auf dem Wege Gottes"; vgl. die Hinweise unten in „III 2.2.3".

232 Er arbeitet mit der literarischen Technik der „Vorwegnahme" (8:72a) von vorgegebenen Formulierungen (8:74); vgl. dazu oben den Hinweis in Anm. 144.

233 Vgl. dazu sonst 4:95; 9:20, 44, 81, 88, 111; 49:15

234 Zu im Vergleich zu v. 72 jüngeren Aussagen über „Rangstufen" (*darajatan*) vgl. 4:95f. (s. dazu unten den Abschnitt „II 2.3.2.3".) sowie 57:10; vgl. ferner 9:100.

zwischen militärisch ausgeweiteten Einflussbereich im Blick. Bell[235] bezieht die Angaben in 8:72 auf „a later time, when Islam had spread among the tribes, and the Moslem community in Medinah had entered into alliance with outside tribes". Bell erkennt allerdings nicht, dass die diesen Vers abschließenden Aussagen sich kaum auf eine wie in der islamischen Tradition veranschlagte Konstellation „Mekka und Medina" (im Zeitraum 622–632 n. Chr.) beziehen können[236]. Die Regelungen in 8:72–75 enthalten keinerlei konkrete Anhaltspunkte dafür, dass sie sich auf den Zeitraum und Ereignisse zwischen 622 und 632 beziehen müssen[237]. Zu den hier erwähnten „Auswanderern" bzw. „Ausgewanderten" (*muhajirun, wa-hajaru*) ist mit Hoyland[238] festzuhalten: „Evidently the word had become applied since then to all those who left their homeland to join in the battle against the empires … The word has the meaning, then, of both soldier and settler …"; „… it is the most common word for the conquerors in the seventh century …"[239].

Wie oben zu 8:2–4 bereits vermerkt berührt sich 8:74 eng mit dem Hinweis auf die „wahren Gläubigen" (*al-mu'minuna haqqan*) in 8:4. Anders als 8:74 legt ein später Ergänzer in 8:2–4 zu Beginn der Sure offensichtlich im Vorausblick auf 8:72–74 Wert darauf, dass wahrer Glaube in jedem Fall auf besonderer Frömmigkeit (8:2) sowie Gebet und Spenden basiert[240], also nicht am „Auswandern" (im Sinn von „sich militärisch engagieren"[241]) und „sich auf Gottes Weg abmühen"/„um Gottes willen Krieg führen" (*wa-hajaru wa-jahadū fi sabili llāhi*[242]) fest zu machen ist[243].

---

235 *Commentary*, S. 288.
236 Ob 8:75 vom gleichen Autor wie v. 74 stammt, muss offen bleiben.
237 Vgl. hierzu auch Parets unsicheren Vorschlag (*Kommentar*, S. 192f.), wer eigentlich mit den „Auswanderern" bzw. „Nichtausgewanderten" in 8:72 gemeint sein könnte!
238 Vgl. *In God's Path*, S. 102.
239 Vgl. auch Hoylands Hinweis (*Seeing Islam*, S. 179f.) auf Papyri ERF, Nr. 558 (mit griechischem und arabischem Text, datiert auf 643 v. Chr.), „which is a receipt from the commander of the Arab forces in Egypt to the local inhabitants for goods provided"; die darin verwendete griechische Form *magaritai* „derives from the Arabic *muhājir* …"; vgl. auch schon Wellhausen, *Das arabische Reich*, S. 16: „die Muqātila, d.h. die Kämpfer … wurden … auch die Muhāgira genannt, d.h. die, welche in die grossen Militärdepots auswanderten, von wo aus der Krieg betrieben und geführt wurde".
240 8:3; vgl. ähnlich 22:35.
241 Vgl. dazu oben bei Anm. 238.
242 Vgl. dazu die Hinweise Parets, *Kommentar*, zu 9:73: „Das Verbum *jāhada* … bedeutet oft geradezu ‚kämpfen', ‚Krieg führen', besonders in Verbindung mit dem Ausdruck *fi sabili llāhi*".
243 Vgl. oben die Hinweise zu 8:2–4.- Nagel (vgl. *Mohammed*, S. 323) verkennt die literarische Machart der Eingangsverse von 8:1ff. (wie auch von 8:72–75) und meint, dass Mohammed schon „in den ersten Versen von Sure 8 … von den wahrhaft Gläubigen" spreche, „die ihm gehorcht und sich dem Feldzug angeschlossen hätten, der angeordnet worden sei, damit die Wahrheit obsiege. Und dann spannt Mohammed den Bogen bis zum vorletzten Vers, in dem gleichsam als Fazit, die wahrhaft Gläubigen beschrieben werden".

Nach allem ist die Textfolge 8:60–75 das Ergebnis einer sukzessiven Genese bzw. Fortschreibung. Auszugehen ist von folgenden unterschiedlichen Phasen und Ergänzungstexten:

Die zum Grundbestand zu rechnende Textfolge 8:60, 73, 74[244] (75?) wird mit Hinweisen auf Rolle und Rechte des „Propheten" in kriegerischer Mission ergänzt: 8:60, *61*, *62a**, *64*, *65*, *70*, *71*, 73–75*; daran werden später Korrekturen angebracht: 8:60, 61, 62a*, *62b*, *63*, 64, 65, *66*, 70, 71, *72–75**; weitere Zusätze ergeben: 8:60, 61, 62a*, 62b, 63, 64, 65, 66, *67–69*, 70, 71, 72–75*.

1.1.4 Sure 8:1–75 – Resümee

Die Stoßrichtung von Sure 8 ist eindeutig: Es geht um die Propagierung und theologische Rechtfertigung von militanten Zugriffen auf die Welt. Eine solche Stoßrichtung kollidiert mit der eschatologisch orientierten Grundkonzeption des koranischen Textguts[245] und entsprechend mit der eschatologisch orientierten Weltauffassung der Trägerkreise dieses Textguts, die nicht darauf angelegt war, den Frommen eine kriegerisch orientierte Existenzweise nahezulegen.[246] Sure 8 kommt daher die Funktion zu, die bislang vorgegebene Grundkonzeption koranischer Suren neu auszurichten und die Gläubigen auf eine militante und expansive Weltaneignung einzustimmen. Die aus der Perspektive Militanz propagierender Kreise bzw. der ihnen verbundenen Autoren konzipierten Textprodukte in der Verklammerung im koranischen Kontext sind Indizien dafür, dass sich in einer bestimmten historischen Situation, in einer bestimmten Entwicklungsphase der koranischen Gemeinde, einander divergierende, ja in Kontrastellung zueinander stehende Glaubensrichtungen herausgebildet haben müssen.

Welche Hintergründe können für die am Entstehungsprozess von Sure 8 beteiligten Autoren die ausschlaggebende Rolle gespielt haben, Sure 8 sukzessive so zu gestalten, wie sie in der Endversion jetzt vorliegt? Wie kam es in Sure 8 zu dem auffälligen Nebeneinander von einerseits beachtlichen Textanteilen mit Instruktionen und Anweisungen, die im Blick auf das Geschäft des Krieges konzipiert worden sind, und andererseits von Textpassagen voller theologischer Wertungen und Reflexionen?

---

244 Dass bereits der Autor der Erstversion von Sure 8* Vers 74 eingebracht hat, ist nicht völlig sicher; es ist nicht auszuschließen, dass dieser gegen die Verweigerer gerichtete „Spitzensatz" von einem späteren Bearbeiter stammt, für den *jahada* bereits in der Bedeutung „sich kriegerisch engagieren" gebräuchlich war (Paret übersetzt *wa-jahadu fi sabili llahi* jeweils mit „Krieg führen um Gottes willen", Bobzin mit „auf dem Wege Gottes kämpfen"; vgl. zum Bedeutungswandel von *jahada* die Hinweise unten nach Anm. 605). Wann die Ergänzung 8:72 erfolgte, ist nicht sicher zu entscheiden.

245 Vgl. dazu oben die Hinweise nach Anm. 68.

246 Vgl. dazu ausführlich unten Abschnitt „III Zur eschatologisch orientierten Grundkonzeption des koranischen Textguts".

Um diese Fragen zu klären, war es unumgänglich, die literarische Machart von Sure 8 aufzudecken. Schon die in Sure 8 beobachteten Dubletten, Redundanzen, Wiederanknüpfungen, Variationen und Akzenterschiebungen sowie zum Teil wortwörtlichen Übereinstimmungen mit Versen und Versteilen anderer Suren[247] sind eindeutige Indizien dafür, dass die jetzige Endversion das Resultat eines längeren Entstehungsprozesses sein muss, also kein literarisch einheitlich konzipiertes Textprodukt darstellt.

Zur Frage nach dem Entstehungsprozess von Sure 8, d.h. zur Frage nach den Textanteilen einer zu postulierenden Ursprungsversion wie auch nach diversen und sukzessiven Bearbeitungsphasen lässt sich auf Grund der bisherigen Sondierungen Folgendes festhalten:

Wie auch schon aus dem ersten oben gegebenen Überblick ersichtlich bilden in Sure 8 die speziell kriegsthematisch orientierten Aussagen[248] eine im koranischen Textgut auffällige Textsorte.

Als der ursprüngliche „Sitz im Leben" dieser Textanteile sind nicht „religiöse" Rede, Anweisungen zum rechten Glauben etc. an die Gläubigen bzw. die koranische Rede als „Offenbarungsrede" zu veranschlagen, sondern Anweisung und Instruktion in „Feld- bzw. Heerlagern" angesichts aktueller kriegerischer Auseinandersetzungen und deren Organisation. Die ursprünglichen Adressaten waren Truppenführer und ihre Kampftruppen; und die Übermittlung von solchen Anweisungen und Instruktionen wird z.T. schriftlich erfolgt und verbreitet worden sein[249].

---

247 Vgl. dazu die Hinweise oben in Anm. 98 sowie hinter Anm. 167 und die Ergebnisse der ausführlichen Textanalysen.

248 Vgl. Ermutigung zum Kampf und zur Standhaftigkeit in 8:45, 65; Warnung vor Flucht und Feigheit vor dem Feind in 8:15f.; Erinnerungen an frühere Auseinandersetzungen sowie an göttlichem Beistand im Kampf in 8:7, 9ff., 17, 26, 42–44; Mahnung zur rechtzeitigen Bereitstellung von Kampfkraft in 8:60; das Thema „Kriegsbeute" in 8:1, 41, 69; das Kriegsziel in 8:39a; Friedensbedingungen 8:19, 38, 61; Fragen von Vertragstreue in 8:56f., 72; innere Streitigkeiten in 8:43, 46; der Umgang mit Gefangenen in 8:67, 70; vgl. dazu den Überblick oben unter „II 1.1.1 Vororientierung".

249 Solche Anweisungen in ihrem ursprünglichen „Sitz im Leben" enthielten zwar auch theologische Formeln und Floskeln, doch eher sporadisch (vgl. z.B. in Papyri ERF, Nr. 558 die Einleitung des Dokuments eines „Emirs" über an seine Truppe gelieferte Schafe mit „im Namen Gottes"; vgl. dazu unten Anm. 265) und keinesfalls in der Weise, wie sie jetzt in Sure 8 als „koranische Rede" gekennzeichnet sind. Die jetzt in Sure 8 an zahlreichen Versen angebrachten kommentierenden Formeln (wie z.B. 8:17, 42 und 61 „Gott ist allhörend, allwissend"; 8:19: „Und dass Gott mit den Gläubigen ist"; 8:41: „Und Gott hat zu allem die Macht" u.ä.) sind gedacht als „göttliche Bewertungen des gerade berichteten menschlichen Tuns oder Verweise auf Gottes Allpräsenz und Allmacht"; sie erst bilden „mit der Rückbindung allen Geschehens an den Willen Gottes das Rückgrat der koranischen Rede"; vgl. so Neuwirth zur Bildung von neuen „Schlußklauseln", „die den Text … gewissermaßen theologisch skandieren, indem sie immer wieder Transzendenzverweise in den Text eintragen" (vgl. Neuwirth, KTS, S. 170).

Daraufhin ist nicht auszuschließen, dass die Ursprungsversion von Sure 8 gar nicht ihren ersten „Sitz im Leben" in den Kontexten koranischer Suren, im „Buch", hatte, sondern in den Garnisonen, im Heerlager, als Leitlinie und Handlungsanweisung für die Kämpfer und ihre Anführer.

Die kriegsthematisch orientierten Aussagen wären als Ausgangsbasis für die Erstkonzipierung einer Textfolge zu veranschlagen, die als eine Art Regelwerk für kriegerisches Engagement gelten sollte, und zwar als ein Regelwerk ausgewiesen als auf den Willen Gottes abgestimmt. Erst in einer späteren Reflexionsphase wäre dieses „Regelwerk" weiter theologisch „kommentiert" und ins koranische Textgut interpoliert worden, um so als vom Verkünder vermittelter Offenbarungstext wirken zu können.

Die obigen Beobachtungen zur Machart von Sure 8 schließen jedenfalls die Möglichkeit aus, dass eine wie auch immer theologisch ausgerichtete Textfolge (oder ein koranischer Kerntext) als Ausgangstext vorgelegen haben könnte, in den sukzessiv kriegsthematisch orientierte Aussagen interpoliert wurden.

Der zu postulierende und oben hypothetisch rekonstruierte Grundtext von Sure 8[250] war jedenfalls darauf angelegt, Vorhaben und Praxis militanter Zugriffe auf die Welt theologisch zu rechtfertigen, bzw. die Propagierung solcher Praxis als von höchster Instanz gewollt auszuweisen. Schon diese Stoßrichtung hat offensichtlich Kreise im Blick, deren Frömmigkeitshaltung sich gegen solche Praxis sperrt; und die oben nachgewiesenen sukzessiven Textergänzungen mit weiteren theologischen Wertungen, Reflexionen und Modifikationen spiegeln eine sich länger hinziehende Auseinandersetzung zwischen Befürwortern und Gegnern solcher Propagierung von Militanz.

1.1.5 Zur Genese von Sure 8

Die obigen Sondierungen ergeben: 8:1, 7*, 9, 15, 16–19*?, 20, 27–29*, 30, 33, 36*, 38/40, 41, 45, 46f., 60, 65, 73, 74 mit ihrem speziell kriegsthematischen Aussageanliegen machen Kern und Grundstruktur der Sure aus. Zu den weiteren Textentwicklungen bis hin zur Endfassung der Sure sei auf die obigen Textanalysen sowie auf die unten folgende „Gesamtübersicht" verwiesen.

Schwer zu klären ist, wie und ob die Textanteile mit Du-Anrede in 8:5–6, 12, 17, 30, 33, 38, 43, 50, 56–58, 61–65, 70f. einander zuzuordnen oder auf einander abgestimmt sind. Insgesamt zielen sie darauf ab, Rolle und Rechte des „Gesandten" bzw. „Propheten" als Befehlshaber kriegerischer Aktionen vor Augen zu führen. Möglicherweise waren einige dieser Hinweise auch schon Bestandteile der Erstversion von Sure 8. In Sure 8 gelten jetzt der „Prophet" und der „Gesandte" als eine und dieselbe Person; das immerhin merkwürdige Nebeneinander beider

---

250 Vgl. die Hinweise im nächsten Abschnitt.

Bezeichnungen[251] könnte daraus resultieren, dass in genuin kriegsthematischen Erzählstoffen über Propheten als militärisch engagierte Anführer berichtet war[252] und im Nachherein solches Berichtsmaterial sowie dieser „Titel" vom Autor der Erstversion auch auf den „Gesandten" bezogen wurden[253]. Auffällig ist die Formulierung in 8:67; hier wie auch in 3:161 („es steht keinem Propheten zu ...") scheinen generell an kriegerischen Vorgängen beteiligte Propheten (also nicht allein der „Gesandte") im Blick zu sein.

Gesamtübersicht über die einzelnen sukzessiven Fortschreibungen[254]

Zur Genese von 8:1 bis 29:
Ursprungsfassung: 8:1, 7*, 9, 15, 16–19*?, 20, 27–29*
Ergänzungen:

a)   8:1, *5f.*, 7*, 9, 15, 16–19*?, 20, 27–29*
b)   8:1, 5f., 7*, *7b*, *8*, 9, 15, 16–19*?, 20, *21–24*, 27–29*
c)   8:1, 5f., 7, 8, 9, *10–14*, 15, 16–19*?, 20, 21–24, *25*, *26*, 27–29*
d)   8:1, *2–4*, 5f., 7, 8, 9, 10–14, 15, 16–19*?, 20, 21–24, 25, 26, 27–29*

Zur Genese von 8:30 bis 40:
Ursprungsfassung: 8:30, 33*, (36*),38, 40.
Ergänzungen: 8:30, *31*, *32*, 33*, *34–35?*, 36*, *37*, 38, *39*, 40.

Zur Genese von 8:41 bis 44: Unübersehbaren Redundanzen, Wiederanknüpfungen und Akzenterschiebungen sind deutliche Indizien für eine sukzessive Textfortschreibung:

a)   Ursprungsfassung: Auf 8:41* (noch ohne „am Tag, da die beiden Scharen aufeinandertrafen" *yauma ltaqā l-jamʿani*) folgte ursprünglich v. 45.
b)   8:41 mit „**am Tag, da die beiden Scharen aufeinandertrafen**"; v. **44, 45**.
c)   8:41, **v. 43**, 44, 45.
d)   8:41, **v. 42**, 43, 44, 45.

---

251 Vgl. der „Gesandte" in 8:1, 13, 20, 24, 27, 41, 46; der „Prophet" in 8:64, 65, 67?, 70.
252 Vgl. dazu unten nach Anm. 265.
253 In 3:159–164 scheint der/ein? *Prophet*, der seine Truppen vom Davonlaufen abhalten konnte, sich jedoch vor Veruntreuung hüten soll (3:161), in die Rolle des von Gott geschickten *Gesandten*, der „das Buch und die Weisheit lehrt" (3:164) übergeleitet zu sein.
254 Dass manche Einstufungen nicht mit letzter Sicherheit zu treffen waren, ist zugestanden; eine Versangabe mit * signalisiert, dass kleinere Versanteile Nachträge sein können. Das zeitliche Nach- bzw. Nebeneinander der interpolierten Ergänzungen lässt sich beim Stand der jetzigen Beobachtungen nur in wenigen Fällen genauer bestimmen.

Zur Genese von 8:46 bis 60 – die Abfolge der sukzessiven Fortschreibungen:

a) Ursprungsfassung: 8:46f., 60

b) 8:46f., **49, 55 sowie 59**, 60 (Aussagen wie in v. 49, 55 sowie 59 dürften die erste Erweiterung im Anschluss an 8:46f. gewesen sein (Ziel: deutlichere Negativcharakterisierung der Gegner).

c) 8:46f., 49, 55, **56–58**, 59, 60: die Gegner als mögliche Vertragsbrüchige.

d) 8:46f., 49, **50, 51, 52**, 55, 56–58, 59, 60: Verweis auf die eschatologische Gerichtsperspektive, zum Geschick der Ungläubigen in der Vergangenheit – Pharao als Prototyp der Ungläubigen.

e) 8:46f., 49, 50, 51, 52, **53, 54**, 55, 56–58, 59, 60: Verweis auf Gottes gerechte Strafgerichte.

g) 8:46f., **48**, 49, 50, 51, 52, 53, 54, 55, 56–58, 59, 60: satanologische Sicht.

Zur Genese von 8:60 bis 75

a) Ursprungsfassung: 8:60, 73, 74[255] (75?).

b) Diese Textfolge wird mit Hinweisen auf die Rolle und Rechte des „Propheten" in kriegerischer Mission ergänzt: 8:60, **61, 62a***, **64, 65, 70, 71**, 73–75*.

c) Daran werden später Korrekturen angebracht: 8:60, 61, 62a*, **62b, 63**, 64, 65, **66**, 70, 71, 72–75*.

d) Weitere Zusätze ergeben: 8:60, 61, 62a*, 62b, 63, 64, 65, 66, **67–69**, 70, 71, 72–75*.

Eindeutig zu den jüngsten Textergänzungen zu rechnen sind z.B. 8:2–4 (Gegenposition zu 8:74); 8:11 und 48 (satanologische Sicht); 8:39 (Endziel der Kämpfe: „... bis die Religion gänzlich auf Gott gerichtet" ist); 8:50, 51, 52, 53, 54 (Verweis auf die eschatologische Gerichtsperspektive, zum Geschick der Ungläubigen in der Vergangenheit – Pharao als Prototyp der Ungläubigen; Verweis auf Gottes gerechte Strafgerichte).

1.1.6 Erwägungen zur Frage der historischen Verortung

Die kriegsthematischen Textanteile mit ihren Regelungen wie auch die Sure insgesamt enthalten keinerlei Anhaltspunkte derart, dass man im Blick lediglich auf Sure 8 an ein Agieren eines Gesandten Mohammed und entsprechende Ereignisse im Zeitraum zwischen 622 und 632 n. Chr. im Umfeld von Mekka und Medina denken müsste, wie die traditionelle Verortung vorgibt[256]. Dass mehrfach

---

255 Zu 8:74 vgl. oben die Hinweise in Anm. 244.
256 Vgl. dazu unten die Hinweise in Anm. 267.

Hinweise auf eine bestimmte frühere kriegerische Situation anspielen, signalisiert lediglich, dass dem Autor wie den Hörern und Lesern ausführlichere Berichte oder Erzählungen über entsprechende Ereignisse zugänglich waren[257]. Was sich im Einzelnen wann, wo und warum genau abgespielt hat, ist nicht auszumachen. Will man nicht den dogmatisch ausgerichteten Vorstellungen vom Wirken Mohammeds folgen, wie sie erst in der ersten Hälfte des 9, Jh.s verschriftet vorliegen[258], so wird man die Konzipierung von Militanz propagierenden Texten wie Sure 8 in einem Zusammenhang sehen mit Entwicklungen auf der arabischen Halbinsel nach dem Rückzug der byzantinischen Ordnungsmacht, als in der allgemeinen chaotischen Situation wie auch immer organisierte arabische Verbände mit Aussichten auf Beute und Machtgewinn ausreichend motiviert waren, kriegerisch zu expandieren[259]. Ausschlaggebend waren am Anfang nicht der Wille oder die Pflicht, Glaubensforderungen zu erfüllen. Sobald jedoch und je mehr die koranische Bewegung in solche kriegerische Aktionen hineingezogen wurde oder sich Gruppen zwecks Beutegwinn etc. daran beteiligten, stand man in der koranischen Bewegung vor der Frage, ob und inwiefern solches Verhalten überhaupt mit den bislang (auch bereits verschriftet) vorgegebenen Glaubensauffassungen in Einklang stand oder zu bringen war.

Das Ergebnis der Bemühungen zu einer Lösung dieses Problems aus Sicht der Militanz propagierenden Kreise sind Texte wie Sure 8 und Sure 9 sowie dann die ausführlichen (und auch jüngeren) Passagen wie z.B. in den Suren 2, 3, 4. Es sind Textprodukte von Autoren, die in dieser Zeit expansiver kriegerischer Unternehmen belegen und sicherstellen wollten, dass bereits für den Gesandten/Propheten das Geschäft des Krieges mit dem „wahren Glauben" vereinbar war, ja erst eigentlich den „wahren Gläubigen" (8:74) auszeichnete.

Dass solche wie die in Sure 8 sondierten Anweisungen und Instruktionen zum Geschäft des Krieges auf den Gesandten selbst zurückgehen, ist keineswegs ausgemacht. Gegen die Herleitung der gesamten Sure vom Gesandten/Propheten und Verkünder Mohammed spricht schon ihre literarische Machart. Aber gerade auch ihr Propagieren und Rechtfertigen von militanten Aktionen und das damit zugleich vorgestellte Bild des Gesandten und Propheten als deren theologisch legitim bestimmter Organisator[260] stehen in einem starken Kontrast zu koranischen

---

257 Vgl. dazu oben Anm. 120.
258 Vgl. dazu Hoyland (*In God's Path*, S. 57: „There are enough small cracks in this storyline [presented by later Muslim historians] for us to see that the Arab conquests were not initiated by Muhammad alone, but had begun before him and were being conducted by other leaders in other locations …".
259 Vgl. dazu z.B. Noth, „Früher Islam", S. 57, 62; Hoyland, *In God's Path*, S. 56–65.
260 Zu noch weiter fortgeschrittenen Stadien kriegsideologischer Theologie vgl. besonders Sure 9; 4:71–104.

Textpassagen, die den Gesandten lediglich als Warner[261] vorstellen. Dazu kommt der Gegensatz zu koranischen Aussagen (auch zu solchen in jüngeren Suren, traditionell als „medinensisch" eingeordnet), die auf nichtaggressiven Verhaltensweisen bestehen[262].

Zumal die Hinweise auf Vertragsabschlüsse, Vertragsbedingungen, mögliche Verbündete bzw. deren Unzuverlässigkeit etc.[263] sind Indizien dafür, dass schon in der Zeit (vor?) der Konzipierung der Ursprungsversion von Sure 8 Ressourcen und Möglichkeiten für militante Unternehmen nicht mehr nur im ureigenen Hoheitsbereich genutzt wurden[264]. Die militärische Expansion war bereits in einer Phase, in der bei der Organisation des weiteren Vorgehens jeweils neue Freund/Feindkonstellationen zu berücksichtigen und auszunutzen waren. Dies sowie die Stoßrichtung von Sure 8 und die zu veranschlagenden Textentwicklungen sind starke Argumente gegen die Einschätzung, Sure 8 habe die in der islamischen Tradition konstruierte Ereignisabfolge im Bereich „Mekka und Medina" und entsprechend den Zeitraum 622–632 n. Chr. im Blick.

Im Nachherein wie und wo auch immer festgehaltene kriegsthematische Instruktionen[265] *bona fide* mit dem Gesandten/Propheten der koranischen Botschaft selbst in Verbindung zu bringen und „koranfähig" zu machen, war für die dafür verantwortlichen Autoren deswegen nicht abwegig, weil für die Kriegszeiten und Wirren während des Niedergangs der byzantinischen Herrschaft die Beteiligung von Prophetengestalten an militärischen Aktionen der Araber bekannt war[266]. Mit der Verklammerung solcher Ausführungen ins koranische Textgut und somit der Herleitung vom Gesandten/Propheten konnten nach entsprechender Bearbeitung bestimmte Vorschriften, Maßgaben, Regelungen aus dem Bereich Kriegsführung als autoritative Offenbarungstexte gelten[267].

261 Vgl. z.B. 38:65; 70; 79:45; 7:188; 13:7; 3:20 u.ö.; vgl. dazu unten „III 2.1.1".
262 So z.B. 16:125; 2:109; 5:13; 29:46; 42:15; 50:39; vgl. dazu Hinweise bereits oben in „I 3.2"; vgl. dazu speziell Firestone, *JIHAD*, S. 47ff.; ferner S. 69ff.: „Verses expressing nonmilitant means of propagating or defending the faith"; vgl. auch die auffällig anti-agressive Stimme in 5:28f.
263 Vgl. oben die entsprechenden Textzitate bei Anm. 88.
264 Vgl. Hoyland, *In God's Path*, S. 58: „Extra manpower from local sources is always welcome when an army is operating in regions where it is a small minority, and successful armies will therefore seek to woo possible defectors and recruit willing natives".
265 Solche Texte sind z.B. erhalten in den sog. „Papyri ERF", Nr. 555–558; vgl. dazu z.B. Hoyland, *In God's Path*, S. 100ff.; vgl. auch schon ders., *Seeing Islam*, S. 179f.
266 Vgl. z.B. Musaylima, Tulayha u.a.; vgl. die Hinweise Hoylands, *In God's Path*, S. 36f. mit Anm. 5; vgl. auch Hoyland, a.a.O., S. 65: „… the fact, that there were many prophetic figures active in Arabia in the early seventh century, suggests that we need to think more broadly about the ultimate causes of the Arab conquests".
267 Das starke Interesse daran, Propagierung und Werbung für militante Zugriffe auf die Welt aus dem Munde des Gesandten/Propheten und somit als gottgewollt im koranischen Textgut zu belegen, musste zugleich oder je länger je mehr dazu führen, sicherzustellen, dass

Die für Sure 8 charakteristische Propagierung und Werbung für militante Zugriffe auf die Welt kulminieren schließlich in 8:72–74 in der „Absegnung" kriegerischer Existenz als „wahren Glauben":

> 8:74 „Und diejenigen, die glauben und ausgewandert sind und um Gottes willen Krieg
> geführt haben"[268], und diejenigen, die Zuflucht gewährt und geholfen haben, *das sind die
> wahren Gläubigen.* Für sie gibt es Vergebung und vortreffliche Versorgung."

Dieses Verdikt zum Abschluss der Sure 8, dass diejenigen, „die glauben und
ausgewandert sind und um Gottes willen Krieg geführt haben", als die „wahren
Gläubigen" herausgestrichen sind, war offensichtlich nicht hinnehmbar für den
späteren Autor, der in 8:2–4 bewusst und betont zu Beginn der Sure eine „Rich-
tigstellung" nachgetragen hat. Dieser späte Einschub 8:2–4[269] ist ein Indiz dafür,
dass Stimmen derer nicht zum Schweigen gebracht werden konnten, die sich weigerten, die von der Gegenseite massiv propagierte kriegerische Existenzweise als
Proprium des Glaubens anzuerkennen[270].

Es muss also gegen die sukzessiv theologisch ausgeführte Propagierung, ja,
„Absegnung" kriegerischer Existenz als „wahren Glauben" (8:74) in der koranischen Gemeinde starke Vorbehalte und Widerstände gegeben haben[271].

Schon die Autoren der Erstversion von Sure 8 dürften von ihrem deutlich erkennbaren Ansatz her, kriegerisches Vorgehen etc. als gottgewollt zu propagieren,
sich in Konfrontation mit nichtaggressiven und nichtmilitanten Gruppen bege-
ben haben[272], also gezielt auch gegen das diesen Kreisen Orientierung bietende
Textgut[273] angeschrieben haben.

---

als „Sitz im Leben" für bestimmte Hinweise in Sure 8 (aber auch sonst in den übrigen
Militanz propagierenden Textfolgen) Situationen und Aktionen des Gesandten in Frage
kamen. Die entsprechenden „Traditionen", wie sie erst in den Schriften Ibn Hishams (im
ersten Drittel des 9. Jahrhunderts!) greifbar sind (Wiedergabe der jetzt nicht mehr erhalte-
nen sog. Prophetenbiographie des Ibn Ishaq; vgl. dazu z.B. Bobzins Hinweise in *Mohammed*, S. 35ff.), sind allerdings keinesfalls zuverlässige historische Berichte; sie haben alle
die Funktion, im Leben des Gesandten Gottes als Kriegsherrn die einzelnen „Anlässe der
Offenbarungen" (*asbab annuzul*) zu verankern und vorstellbar zu machen; vgl. zu solchen
„Quellen" Hoyland (*In God's Path*, S. 2): „Our earliest extant Muslim sources date from the
ninth century, and even though their authors were using earlier materials, they inevitably
shaped them in the light of their own world".

268 Vgl. unten die Hinweise in „III 2.2.3".
269 Vgl. hierzu die Hinweise oben bei Anm. 102.
270 Vgl. dazu unten ausführlicher in „IV 3.1 Der sekundäre Einschub 8:2–4 in Sure 8".
271 Vgl. dazu bereits oben zu 8:2–4, 5f. sowie zu 8:22 und 8:72–75*.
272 Vgl. z.B. in 8:5f. den Vermerk über Widerstände unter den „Gläubigen"; vgl. dazu oben bei
      Anm. 111.
273 Vgl. dazu die Ausführungen unten in „III 2.2.2 Charakteristische ‚Frömmigkeitsmerkma-
      le' der Anhänger des Gesandten – Tugendkataloge".

Im Auge zu behalten ist die Möglichkeit, dass sich neben der späten Interpolation 8:2–4 weitere Beispiele für Zurückweisungen militanzfavorisierender Glaubenspositionen sondieren lassen. Dass das koranische Textgut nicht nur in seinen ältesten Passagen, sondern auch bis hin zu jüngeren Textfolgen eschatologisch orientierte Frömmigkeit widerspiegelt, also Autoren und Trägerkreise solcher Texte weiterhin am Entstehungsprozess der koranischen Suren beteiligt gewesen sein müssen, wird unten weiter verfolgt[274]. Auffällig ist immerhin die große Anzahl der katalogartigen Auflistungen von Glaubenshaltungen („Tugendkataloge"), in denen die Forderung eines kriegerischen Engagements „auf dem Weg Gottes" fehlt[275]!

In jedem Fall hat der hier an der Genese und Machart von Sure 8 ablesbare Widerstreit zweier in Glaubensfragen stark divergierender Gruppierungen[276] die Spätphase der Konzipierung koranischen Textguts bis hin zur Endredaktion stark beeinflusst. Das ist auch den im Folgenden sondierten Textkonstellationen zu entnehmen.

1.2 Sure 9

1.2.1 Vororientierung – Hinführung und Problemstellung

Die Aussagen dieser Sure[277] gruppieren sich ungefähr um zwei Themenkomplexe:

In 9:1–37 geht es um die Frage von Vertragstreue und Vertragsungültigkeit und entsprechend um das Verhältnis zu den „Polytheisten" bzw. „Ungläubigen" (9:1–11f.) sowie um die Begründung ihrer Bekämpfung (9:11f.–36).

9:38–127 thematisieren überwiegend Glaubensdefizite und Versagen derjenigen unter den Gläubigen und in ihrem Umfeld, die gegenüber dem Einsatz auf dem „Weg Gottes"[278] zögerlich sind oder sich ganz heraushalten.

Insgesamt wirkt die aus unterschiedlichen Textpassagen zusammengesetzte Sure wie ein Manifest, ja, wie eine Kriegserklärung gegen alle, die sich gegen die Forderung der Bekämpfung der „Ungläubigen" sperren oder ihr nur halbherzig nachkommen. Donner betont[279], Sure 9 „… is generally one of the most compromising and militant in the whole Qur'an".[280]

---

274 Vgl. dazu Kapitel IV.
275 Vgl. unten die Bestandsaufnahme in „III 2.2.2".
276 Vgl. dazu oben bei Anm. 112.
277 129 Verse mit dem jeweiligen Endreim durchweg auf *-un/-in*, selten *im*.
278 Vgl. v. 38 *fī sabīli llāhi*.
279 *Believers*, S. 83.
280 Vgl. auch de Prémares Urteil oben in Anm. 86.

1.2.1.1 Überblick über die Textabfolgen – Zur Frage der Genese und der literarischen Einheitlichkeit

9:1–37 Zum ausgrenzenden Umgang und Kampf mit den „Polytheisten"

> *9:1–16 Aufkündigung von Verträgen mit den Polytheisten und deren Bekämpfung – Ihr-Anrede (v. 1, 2, 4, 5, 7–16) und Du-Anrede (v. 3, 6)*
>
> *9:17–22 Ausschluss der Polytheisten von Gottes Gebetsstätten; die wahren Frommen (v. 18) – Ihr-Anrede*
>
> *9:23–27 An die Gläubigen – Warnung vor falschen Bündnispartnern und dem Abweichen vom Weg Gottes – Gottes frühere Hilfe – Ihr-Anrede – (v. 24 Du-Anrede)*
>
> *9:28–37 An die Gläubigen: Aufforderung zum Kampf gegen die Polytheisten unter Einbeziehung auch von Juden und Christen – Warnung vor Streben nach Reichtum, Aufforderung zum Kampf gegen die Polytheisten – Schutzmonate – Ihr-Anrede*

9:38–127 Gegen Glaubensschwäche und Heuchelei in den Reihen der Gläubigen und unter den Beduinen „auf dem Weg Gottes" / im Kampf um Gottes willen)

> *9:38–41 An die Gläubigen – Ermahnung an die kriegsunwilligen Gläubigen, auf dem Weg Gottes zu kämpfen – Ihr-Anrede*
>
> *9:42–45 Zu den eigentlichen Motiven der Kriegsunwilligen – Du-Anrede*
>
> *9:46–49 Über die „positive" Seite der Nichtbeteiligung von Kriegsunwilligen – Du-Anrede in v. 48*
>
> *9:50–57 Endgültige Absage und Trennung von den Kriegsunwilligen – Du-Anrede*
>
> *9:58–63 Auflistung von Glaubensdefiziten*
>
> *9:64–68 Gegen die Heuchler – Ihr/Du-Anrede*
>
> *9:69–72 Zwischenbemerkung: die Heuchler im Gegensatz zu den Gläubigen – Ihr-Anrede*
>
> *9:73–80 Der Prophet und sein Vorgehen gegen die Heuchler und Ungläubigen – Du-Anrede in v. 73, 80*
>
> *9:81–96 Der Gesandte Gottes gegenüber den kriegsunwilligen Zurückgebliebenen – Du-Anrede v. 81–86, 92, 93*
>
> *9:97–101 Über Heuchler und Gläubige unter den Beduinen – Du-Anrede v. 101*
>
> *9:102–106 Über die reumütigen Sünder (generell oder unter den Beduinen?) – Du-Anrede*
>
> *9:107–110 Die Illegitimität von Gebetsstätten – Du-Anrede*
>
> *9:111–112 Über die Gläubigen als Kämpfer auf Gottes Weg und ihren Lohn – Ihr-Anrede*
>
> *9:113–118 Über den Propheten, seine unzulässige Bitte um Vergebung für die Polytheisten, Gottes erneute gnädige Zuwendung*

9:119–123 An die Gläubigen – Hinweise für den Kampf auf dem Weg Gottes ge-
gen die Ungläubigen – Ihr-Anrede
9:124–127 Über die Bedeutung von herabgesandten Suren

9:128 An die Gläubigen – Hinweis auf den Gesandten aus ihren eigenen Reihen –
Ihr-Anrede
9:129 An den Gesandten – Aufforderung zum Bekenntnis – Du-Anrede

Unstrittig ist, dass diese Textfolgen nicht einheitlich konzipiert worden sind. Für
Bell enthält diese Sure „passages from several different dates", die er den in der
islamischen Tradition vorgestellten Ereignissen im Zeitraum vor der Eroberung
Mekkas zuzuordnen sucht[281]. Wie die sukzessive Ausgestaltung der Sure bis zu
ihrer Endfassung im einzelnen verlaufen ist und wer daran beteiligt war, sind bislang ungeklärte Fragen[282]. Nach Bells Auffassung[283] sind zahlreiche spätere Text-
einträge und Textverschiebungen auf die nachträgliche Berücksichtigung und
Einarbeitung von Aussagen zurückzuführen, die jeweils auf den Rückseiten der
vorgegebenen Textfolgen festgehalten wurden. Paret[284] betont, „daß vieles dunkel
bleibt"; er verzichtet auf „ein ‚critical re-arrangement' der Verse und Versteile"
und beschränkt sich darauf, „etwaige Schwierigkeiten sprachlicher oder sachli-
cher Art aufzudecken".

Die beiden Themenkomplexe 9:1–37 und 9:38–127 wirken wegen ihrer unterschiedlichen Schwerpunkte an sich nicht besonders eng aufeinander abgestimmt.
Das Thema „Bekämpfung des Polytheismus" (9:1–37) spielt in 9:38–127 keine
Rolle. 9:1–37 enthält immerhin in v. 13 Andeutungen und in v. 19–24 Hinweise,
die ähnlich wie 9:38–127 Glaubensdefizite thematisieren[285]. Was beide Surentei-
le mit einander verknüpft, ist die Legitimierung und Propagierung des Engagements (*jahada*) für den heiligen Krieg gegenüber kritischen und ablehnenden
Auffassungen.

---

281 *The Qur'ān, Translated*, S. 171ff.; vgl. so schon Nöldeke, *GdQ* I, S. 222–227; ähnlich Blachère und Paret.
282 Nöldeke, *GdQ* I, 227: „Die Komposition der Sura ist … nicht durchsichtig".
283 Vgl. z.B. *Commentary* I, S. 291.
284 *Kommentar*, S. 193.
285 Vgl. 9:20 zur Sonderstellung der glaubenstreuen „Auswanderer" im heiligen Krieg im
Gegensatz zu den zum Unglauben neigenden Verwandten (vgl. v. 23f.).

1.2.1.2 Zur Position von Sure 9[286] hinter Sure 8

Dass dem Einsatz der Sure in v. 1 nicht wie in all anderen Suren die sog. *basmala* („Im Namen Gottes …") vorausgeschickt ist, wird unterschiedlich erklärt. Man verweist auf den geringen Umfang der vorausgehenden Sure 8 und nimmt an, dass Sure 9 als deren Weiterführung galt, die *basmala* am Anfang von Sure 8 also auch Sure 9 miteinbeziehen sollte. Schwally meint dagegen, dass das Fehlen eher auf ein Schreiberversehen zurückgeht[287]. Nach Bell war die *basmala* deswegen überflüssig, „because the surah itself begins with the statement that it is a proclamation from Allah"[288].

Aus dem Fehlen der *basmala* beim Übergang von Sure 8 zu Sure 9[289] kann man natürlich schließen, dass Sure 9 als Fortsetzung und Weiterführung von Sure 8 gelten soll. Erwägen kann man, ob die Autoren bei Abfassung von Sure 9 bereits Sure 8 (oder eine frühere Version) voraussetzen oder ob Sure 9 (bzw. eine frühere Version) zunächst ohne direkten Bezug auf Sure 8 konzipiert war. Sure 9 als Fortsetzung oder Weiterführung hinter Sure 8 unterzubringen[290], lag offensichtlich deswegen nahe, weil beide Suren jeweils die gleiche Stoßrichtung verfolgen.

In Sure 8 sind immerhin folgende Verknüpfungselemente erkennbar, die auf Sure 9 vorzubereiten scheinen: 8:56–58[291] verweisen auf Vertragsbrüche und die entsprechend fälligen Reaktionen; damit klingt das Thema „Verträge" bzw. „Verträge abschließen" (ʿahd bzw. ʿahada) an, mit dem Sure 9 in v. 1, 4, 7, 12 einsetzt. Die in Sure 8 nachträglich ergänzten v. 20–23 mit dem Hinweis auf den möglichen Ungehorsam von Glaubenden berühren sich mit den ausführlichen Stel-

---

286 Dass die *scriptio inferior* des Koranpalimpsests aus Sanaa (Dam 01 – 27.1; auch als Sanʿāʾ l gekennzeichnet) die Sure 9 enthält, meinen Sadeghi/Goudarzi („Origins of the Qurʾān", S. 8f.) als ein Indiz für die Abfassung dieser Handschrift noch zu Lebzeiten Mohammeds werten zu können: „The manuscript was not written long before the Prophet Muḥammad's death in AD 632, since it contains the ninth *sūra*, which includes some of the last passages he disseminated".

287 So *GdQ* II, S. 80.

288 *Commentary*, S. 291.

289 Zu erwähnen ist, dass auch in der *scriptio inferior* des Koranpalimpsests aus Sanaa (Dam 01 – 27.1; auch als Sanʿāʾ l gekennzeichnet) die *basmala* beim Übergang von Sure 8 zu Sure 9 fehlt; vgl. dazu Sadeghi/Goudarzi, „Origins of the Qurʾān", S. 25f.; vgl. ferner a.a.O., S. 53 mit der Wiedergabe des rekonstruierten Textes „Folio 5 A (Q 8.73–75 – 9.1–7)" sowie die Anm. 157 mit dem Versuch, die Entstehung der Wort- bzw. Konsonantenfolge (Zeilen 7 bis 9 = Q 8:75 bis 9:1–7) zu erklären.

290 Die islamische Tradition bezeugt allerdings auch davon abweichende Anordnungen der Suren, z.B. Sure 9 zwischen Sure 10 und Sure 16; Sure 8 zwischen Sure 24 und Sure 19; vgl. dazu *GdQ* II, S. 39ff. – Die *scriptio inferior* des Koranpalimpsests aus Sanaa (Dam 01 – 27.1) bietet die Abfolge Suren 11; 8; 9; 19; vgl. die Hinweise von Sadeghi/Goudarzi, „Origins of the Qurʾān", S. 24f.

291 Es handelt sich um einen Nachtrag; vgl. dazu die Hinweise oben zu Sure 8 z.St.

lungnahmen dazu in 9:38ff. Auffällig ist auch, dass 8:72Anfang in 9:20 „zitiert" ist[292], jedenfalls so eine Verbindung zwischen beiden Suren hergestellt ist.

1.2.2 Sure 9 – Textanalysen

1.2.2.1 9:1–37 – Zum ausgrenzenden Umgang und Kampf mit den „Polytheisten"[293]

9:1 „Eine Aufkündigung von Seiten Gottes und seines Gesandten an diejenigen von den „Polytheisten[294], mit denen ihr einen Vertrag abgeschlossen habt".

Anders als mit dieser Wiedergabe von *baraʾat mina-llahi* („Aufkündigung")[295] wird auch die Auffassung vertreten[296], dass zu Beginn von v. 1 von einer „Schutz-erklärung" (oder: „Freibrief") Gottes die Rede ist, es sich hier also um eine Aus-sage zu Gunsten von „Polytheisten" handelt[297].

Welche Religionsgmeinschaft hier mit *mushrikun* „Polytheisten" gemeint ist, ist in v. 1–37 nicht explizit ausgeführt[298]. Die traditionelle Auffassung, dass hier die Mekkaner oder „Heiden" mit ihren Göttern im Blick sind, hat an den Aussagen in v. 1–37 selbst keinerlei Anhaltspunkte. In v. 28–31 werden Christen als Polytheis-ten eingestuft. Dass christliche Kreise gemeint sein können, belegen Warnungen an „Leute der Schrift/des Buches" vor *shirk* wie z.B. in 3:64. In 7:194 werden die, die man anstatt Gottes anruft, nur als Diener Gottes (aber lebendige Wesen) ein-gestuft; somit sind hier implizit die Engel in den Blick gerückt[299]. Auf das bereits urgeschichtliche Aufkommen der Verehrung von Gott nebengeordneten Gestal-ten spielt 7:189–194 an.

292　Vgl. dazu unten Anm. 319.
293　Vgl. dazu die Hinweise in Anm. 294.
294　*mushrikun* wird oft auch übersetzt mit „Beigeseller" (so Bobzin, z. St.); vgl. *shirk*: „Bei-gesellung" in dem Sinn, dass neben Gott Teilhaber an Gottes Macht (z.B. Engel) verehrt werden; Blachère übersetzt mit „associateurs"; Sinai („Growth", S. 89, Anm. 72) bevorzugt „associator" anstelle von „polytheist".
295　Vgl. so Paret, Khoury, Bobzin, Bell (*The Qurʾān, Translated*: „renunciation"); vgl. dazu 9:3 *bariʾun*.
296　Mit Verweis auf Sure 54:43, vgl. *baraʾat*.
297　Vgl. dazu Paret, *Kommentar*, S. 194; vgl. auch Blachère (*Le Coran*, S. 1076), der mit „im-munité" übersetzt; Luxenberg (*Die syro-aramäische Lesart des Koran*, S. 109ff.) führt *baraʾa* auf eine Verlesung der ursprünglichen Schreibung *bariya* zurück und erkennt darin die „Wiedergabe von hebräisch … (*berit/briya*) (Abmachung, Bündnis)".
298　Vgl. zur Fragestellung Crone, „Pagan Arabs as God-fearers", S. 154–161.
299　Vgl. z.B. 43:19; 21:26ff.; vgl. auch 3:80 die Warnung, „die Engel und die Propheten zu Her-ren nehmen"; vgl. ferner in 4,172: Christus sowie die Engel „verschmähen es nicht, Gottes Diener zu sein".

In keinem Fall, wie man den Versanfang auch versteht, bilden die auf v. 1 folgenden Aussagen über die Geltung von Verträgen mit Polytheisten (bis v. 13) eine in sich stimmige Textfolge. Bell versucht, die Ursache der Inkongruenzen auf eine in 9:1ff. vorliegende Verschachtelung zweier Dokumente oder Proklamationen zurückzuführen[300].

9:1–16 Aufkündigung von Verträgen mit den Polytheisten und deren Bekämpfung – Ihr-Anrede (v. 1, 2, 4, 5, 7–16) und Du-Anrede (v. 3, 6)

In den Versen 1–12 sind zahlreiche Eventualitäten in Verträgen (Geltung, Fristen, Bedingungen, Ausnahmen, Unwirksamkeitsklauseln etc.) berücksichtigt. Ob die Autoren selbst entsprechende Dokumente zur Hand hatten oder schlicht ihr Wissen von Vertragsabschlüssen literarisch einsetzen, lässt sich nicht klären. Für Anklänge an Vertragsformulierungen kann man nur auf v. 1–3 verweisen. In jedem Fall reagieren die hier verantwortlichen Autoren darauf, dass es Verträge und Abmachungen mit „Polytheisten"[301] gegeben hat. Ihre Ausführungen in v. 1–12 konzentrieren sich durchweg auf die Frage von Geltung und Einhaltung solcher Verträge[302] mit Polytheisten (vgl. v. 1, 3, 4, 5, 6, 7). Da diese Textfolge anschließend in v. 13 bis 36 die intensive Bekämpfung (vgl. v. 13, 14, 29, 36) der Polytheisten (vgl. v. 28, 31, 33, 36) gefordert wird, diese Forderung allerdings implizit voraussetzt, dass Abmachungen und Verträge (Nichtangriffspakte) mit der Gegenseite keine Rolle mehr spielen dürfen, zielt das Aussagegefälle der jetzigen Textfolge 9:1–12 darauf ab, unmissverständlich sicherzustellen, dass es keine Verträge mehr zu beachten gibt, die die Bekämpfung der Polytheisten ausschließen. Dieses für die Ausführungen in 9:13/14 bis 36 wichtige Aussageziel betonen v. 5 und v. 8–10. Dagegen ist in v. 4 und v. 7[303] von noch bestehenden und einzuhaltenden Verträgen die Rede: v. 7 und v. 4 mahnen Vertragstreue, rechtes Verhalten, Einhalten von Fristen an; v. 12 hält fest, dass erst der Vertragsbruch der Gegenseite einen Waffenstillstand aufhebt.

Diese Divergenzen sind entstanden auf Grund von mehreren in tendenziöser Absicht konzipierten Textergänzungen. An der Konzipierung der jetzigen Textfolge 9:1–12 waren unterschiedliche Autoren sukzessiv beteiligt.

Mit den Aussagen in 9:1, 2(?), 4, 7, 12 wird auf eine Situation Bezug genommen, in der noch die Frage anstand, ob und inwieweit bisherige Verträge mit den gegnerischen Polytheisten zu berücksichtigen waren und einem kriegerischen Vorgehen gegen sie entgegenstanden. Die hier zuständigen Autoren führen mit v. 1f.

---

300 Vgl. Bell, *Commentary*, S. 291ff., mit Angaben zu den jeweiligen Versfolgen; vgl. auch Blachère (*Le Coran*, S. 1076f.), der meint, dass 9:3ff. „constituent une sorte du piéce d'archives".
301 Vgl. dazu die Hinweise oben bei Anm. 294.
302 Vgl. *'ahadtum* in v. 1, 4, 7; vgl. *'ahd* in v. 4, 7, 12.
303 Vgl. auch v. 12 sowie v. 1 nach dem Verständnis von Blachère.

in die Problemstellung ein: Es geht um die Beziehungen zu den Polytheisen, mit denen man Verträge geschlossen hat. In jedem Fall, ob man nun *bara'at* in v. 1 im Sinn von „Vertragsaufkündigung" oder mit Blachère als eine Schutzerklärung oder mit Luxenberg als „Bündnis"[304] auffasst, soll v. 4 darauf bezogen klarstellen, dass die eigene Vertragstreue befristet ist und nur den Polytheisten gilt, die sich kooperativ und neutral verhalten. v. 7 bleibt auf dieser Linie, schränkt allerdings ein, dass es nur um den Vertrag gehen kann, der an der „heiligen Kultstätte" abgeschlossen war. Dass Eid- und Vertragsbruch sowie die Verunglimpfung der Religion *casus belli* bedeuten, stellt v. 12 klar[305] und bildet damit die Schnittstelle (zusammen mit v. 13f.) zu den bis v. 36 folgenden Ausführungen über die Hintergründe der Bekämpfung der Polytheisten.

Mit dem Nachtrag in v. 3[306] will der dafür zuständige Autor sicherstellen, dass es (anders als in der vorgegebenen Textfolge) für Gott und seinen Gesandten letztlich keinerlei Vertragsverpflichtungen gegenüber den Polytheisten geben kann. Mit der Zeitangabe „am Tag der großen Wallfahrt" (*yawma l-hajji l-akbari*) soll betont werden, dass die „Bekanntmachung von seiten Gottes und seines Gesandten" größte Verbreitung erreicht hatte; denn von „der großen Wallfahrt" ist deswegen die Rede, „because it coincided with feasts of Jews and Christians, which were probably celebrated together with the Arab *hajj*"[307]. Für die Polytheisten gibt es somit nur die Wahl zwischen Umkehr/Reue oder Gottes Strafe. In v. 8–10 werden sie als völlig vertragsuntreu und unwürdig abqualifiziert. v. 9 dürfte noch später ergänzt sein; dafür spricht nicht nur die Anlehnung an 2:41b, sondern auch die literarische Verklammerungstechnik der Wiederaufnahme von Formulierungen aus v. 8 in v. 10[308].

Wie v. 3 sieht v. 11 für die Polytheisten allein noch eine Chance in ihrer Reue. Indem sie sich ferner an das Gebet halten und die Abgabe/Armensteuer (*zakat*) zahlen, können sie sogar „Brüder in der Religion" werden[309]. Eine wie und wo auch immer mögliche Eigenexistenz als Polytheisten ist ausgeschlossen; es bleibt nur die Übernahme der Religion des Gesandten und der Gläubigen.

---

304 Vgl. oben zu 9:1.
305 Vgl. auch schon 8:55–59.
306 9:3 ist verklammert mit der Wiederaufnahme der Aussage in v. 2Ende („wisst, dass ihr gegen Gott nicht bestehen könnt") und der entsprechenden Ihr-Anrede an die Polytheisten; zur literarischen Verklammerungstechnik der Wiederaufnahme von vorgegebenen Formulierungen vgl. oben den Hinweis in Anm. 144.
307 So Rubin, „Pilgrimage", S. 244.
308 Vgl. *la … illan wa-la dhimmatan* „Bündnis und Schutzzusage" (diese Begriffe im Koran nur hier); zu *dhimma* vgl. jüngst Hoyland („The Earliest Attestation of the *Dhimma*", S. 56f.) über den Beleg von *dhimma* im Sinn von „Schutzzusage Gottes und seines Gesandten" für ein christliches Dorf („people of Nessana") um 680.
309 Zu „Brüder in der Religion und Schutzbefohlene" vgl. 33:5.

Die Interpolation von v. 5 als jüngste „Kommentierung" schafft letzte Klarheit im Blick auf das künftige Schicksal von Polytheisten und gibt Anweisungen, wie mit ihnen umzugehen ist, falls sie sich nicht bekehren.

9:5 „Wenn nun die Schutzmonate abgelaufen sind, dann tötet die Polytheisten, wo immer ihr sie findet, ergreift sie, belagert sie und lauert ihnen auf aus jedem Hinterhalt! Wenn sie sich aber bekehren, das Gebet verrichten und die Armensteuer geben, dann lasst sie ihres Weges ziehen. Gott ist bereit zur Vergebung und barmherzig."

Ist die Schonfrist der „heiligen Monate" (Schutzmonate) abgelaufen[310], dann sind sie des Todes, wo und wie auch immer sie anzutreffen sind (vgl. 2:191; 33:61). Die zweite Vershälfte unterschlägt nicht die in v. 11 angebotene „Chance", nur von „Brüdern" ist nicht die Rede.

9:6 hebt hervor, dass einem um Schutz bittenden Polytheisten generell Schutz zu gewähren ist. Er soll über das Wort Gottes (*kalam*) belehrt und dann an einen sicheren Ort entlassen werden. Ob v. 6 schon als Ergänzung (vgl. Du-Anrede) zur Erstversion anzusehen ist oder als jüngster Nachtrag, ist nicht eindeutig. Dass hier ein Zugeständnis an Polytheisten vorliegt, spricht immerhin eher für einen Verfasser, der v. 5 noch nicht kannte.

9:12 mahnt für den Fall eines Eidbruchs bzw. Vertragsbruchs sowie der Verunglimpfung der Religion, den Kampf aufzunehmen. Kriegsziel ist aber hier nicht die totale Vernichtung; es geht um die Ausschaltung der „Anführer des Unglaubens", womit die Einstellung der feindlichen Machenschaften zu erreichen ist.

9:13 rückt ergänzend in den Blick, dass eine zurückhaltende Einstellung gegenüber den Gegnern, also die Vermeidung des Kampfes, nicht zulässig ist. Dem Fehlverhalten der Gegner[311] könne gar nicht anders als mit Kampf begegnet werden. Wer sich einer notwendigen Konfrontation zu entziehen sucht, macht sich eines defizitären Glaubens verdächtig, nämlich die Menschen mehr zu fürchten als Gott. Der für v. 13 verantwortliche Autor berücksichtigt hier, dass es unter den Gläubigen neben kampfbereiten Gruppierungen auch Kreise gab, die sich verweigern könnten oder es tatsächlich taten oder tun; er weiss also von Auseinandersetzungen innerhalb der koranischen Bewegung über die Frage, ob und inwiefern kriegerische Aktionen erlaubt sind. Damit spielt er vorausweisend auf den im zweiten Teil dieser Sure (9:38–129) im Mittelpunkt stehenden Themenkomplex an, in dem über die ablehnende Haltung zu Kriegen in den Reihen der Gläubigen und Beduinen verhandelt wird und solche Leute wegen ihres Unglaubens völlig abqualifiziert und ausgegrenzt werden. Im ersten Teil von Sure 9 fallen neben v. 13 in der gleichen Funktion nur noch v. 19–24 auf[312].

---

310 Vgl. 9:36f.; zur Frage der Einhaltung der Schutzmonate und Ausnahmen vgl. 2:194, 217.
311 Was mit dem Plan einer Vertreibung des Gesandten gemeint ist, ist unklar.
312 Vgl. dazu unten z. St.

9:14–16: v. 14 mit der an die Kämpfer gerichteten Zusage der Hilfe Gottes und des Sieges folgte ursprünglich (vor der Interpolation von v. 13) direkt im Anschluss an v. 12. Während v. 15 mit den Hinweisen auf die für die Gläubigen entlastenden Auswirkungen eines Sieges möglicherweise noch als genuine Weiterführung zu v. 14 aufgefasst werden kann, ist v. 16 eine spätere Ergänzung. Der zuständige Autor versteht die kriegerischen Auseinandersetzungen als von Gott veranstaltetes oder zugelassenes Prüfverfahren[313], um offenbar werden zu lassen, wer sich im *Jihād* ausschließlich auf Gott, dessen Gesandten und die Gläubigen verlassen hat, also keine falschen Allianzen eingegangen ist.

9:17–22 Ausschluss der Polytheisten von Gottes Gebetsstätten; die wahren Frommen (v. 18) – Ihr-Anrede

Während in 9:1–12 lediglich verhandelt wird, ob und inwiefern Verträge mit Polytheisten einzuhalten sind und ihre mögliche Vertragsuntreue moniert wurde, will der Autor von v. 17f. ihnen den Zugang zu den Kultstätten Gottes (*masajida llahi*) und deren Pflege (vgl. *ya'muru*) untersagen. Was hier genau mit *ya'muru* gemeint ist („sich um Pflege, Instandsetzung kümmern"?), ist unklar. Mit Verweis auf *'imara* im Kontext von v. 19 denkt Bell[314] an „management"; Paret[315] plädiert für „instandhalten", Blachère für „servir"[316]. Unklar ist auch, was der zuständige Verfasser hier mit dem Plural „Gebetsstätten Gottes" (*masajida llahi*) im Blick hat[317].

Ferner ist offen, welche Art von Polytheismus der Autor moniert (nach 9:31 könnten auch Christen gemeint sein); er begnügt sich mit dem pauschalen Vorwurf des von ihnen selbst bezeugten Unglaubens. v. 18 soll offensichtlich mit den aufgelisteten Essentials des koranischen Glaubens signalisieren, woran es solchem Unglauben mangelt, bzw. woraufhin erst Zugang und Pflege der Kultstätten Gottes zugestanden werden.

In jedem Fall ist es Absicht des Autors, die Polytheisten zusätzlich zu den zuvor in 9:1–13 erhobenen Beschuldigungen der Vertragsuntreue konkret mit dem Vorwurf des Unglaubens zu belasten und damit die Kampfansagen gegen sie weiter zu rechtfertigen. Weitere Gründe für die Bekämpfung der Polytheisten sind im Bereich 9:28–37 nachgetragen.

In v. 19 sind nicht die Polytheisten angesprochen, sondern jene Gläubigen, die sich um organisatorische Aufgaben an der heiligen Kult-/Gebetsstätte (*masjid al-haram*) kümmern, aber sich nicht „auf dem Weg Gottes abmühen"/"um Gottes

---

313 Vgl. dazu die Erwägungen unten bei Anm. 451.
314 Vgl. *The Qur'ān, Translated*, S. 175.
315 Vgl. *Übersetzung*, 133f.
316 Vgl. *Le Coran*, S. 1080.
317 Vgl. dazu die Hinweise unten zu 22:40 bei Anm. 456 sowie bei Anm. 785.

willen Krieg führen"[318]. Sie stehen vor Gott nicht mit denen auf einer Rangstufe, die sich voll an kriegerischen Aktionen beteiligen. Welches Ansehen letztere bei Gott haben, rückt der Verfasser in 9:20–22 in den Blick. Er bezieht sich mit v. 20 offensichtlich auf die in 8:72Anfang vorgestellte Glaubenspraxis[319] und ergänzt mit 9:21f., dass allein dieser Glaubensrichtung die von Gott zugesagten Belohnungen im Jenseits zustehen.

9:23–27 An die Gläubigen – Warnung vor falschen Bündnispartnern und dem Abweichen vom Weg Gottes – Gottes frühere Hilfe – Ihr-Anrede – (v. 24 Du-Anrede)

Während 9:19–22 die Glaubensdefizite der allein auf den Dienst an der heiligen Kultstätte fixierten Kreise belegen (im Kontrast zu den „ausgewanderten Gläubigen": v. 20–22), geht es dem Verfasser von v. 24 darum, weitere Hintergründe, sich dem *Jihad* zu verweigern, aufzudecken. Er unterstellt, dass persönliche Beziehungen zu Verwandten und materielle Interessen als wichtiger gelten als Gott und sein Gesandter[320]. Dieser Vorwurf wird sich an andere Kreise richten als an die in v. 19 vorgeführten.

9:23 spezifiziert nachträglich zu v. 24, dass die dortige Warnung vor Nähe und Freundschaft zu Verwandten nur die Ungläubigen unter ihnen im Blick hat.

9:25f. mit der Erinnerung an frühere mit Gottes Hilfe errungene Siege[321] wirken jetzt im Anschluss an die vorausgehenden Verse bis v. 24 recht unvermittelt. Ursprünglich vor den späteren sukzessiven Ergänzungen in v. 17–24, bildeten sie die direkte Fortsetzung von v. 14f. mit der Funktion, eventuelle Bedenken gegenüber der dortigen Aufforderung zum Kampf auszuräumen[322], bzw. den sicheren Sieg so in Aussicht zu stellen. v. 26 erläutert, was man sich unter der Hilfe Gottes vorstellen soll: Sie manifestiert sich als seine Gegenwart in der von ihm den Gläubigen gewährten „Ruhe und Gelassenheit" (*sakinatahu*) [323]. v. 27 wiederholt (vgl. v. 15) den Hinweis auf die Möglichkeit der Reue und damit der Vergebung Gottes.

318 Zu *jahada fi sabili llāhi* vgl. oben Anm. 242 sowie die Hinweise im „Exkurs: Zu Bedeutungsverschiebungen bestimmter ‚Schlüsselbegriffe'" unten bei Anm. 605.

319 Vgl. die engen wortwörtlichen Berührungen in 9:20 mit 8:72 („die glauben und ausgewandert sind und mit ihrem Vermögen und ihrer eigenen Person um Gottes willen Krieg geführt haben"; vgl. ähnlich sonst in 9:41, 81, 88, 111); zu den hier erwähnten „Auswanderern" bzw. „Ausgewanderten" (*muhajirun, wa-hajaru*) vgl. Hoyland, *In God's Path*, S. 102; vgl. oben Anm. 238.

320 Vgl. Mt 10:37.

321 „am Tag von *hunayn*": nach traditioneller Auffassung eine fast verlorene, dann aber doch mit Gottes Hilfe gewonnene Schlacht im Bereich zwischen Mekka und Tā'if um 630 n. Chr.

322 Vgl. ähnlich z.B. 8:9, 26; 3:13; 3:123.

323 Vgl. ähnlich 9:40; zu *sakina* vgl. sonst 48:4, 18, 26; 2:248.

9:28–37 An die Gläubigen: Aufforderung zum Kampf gegen die Polytheisten unter Einbeziehung auch von Juden und Christen – Warnung vor Streben nach Reichtum, Aufforderung zum Kampf gegen die Polytheisten – Schutzmonate – Ihr-Anrede

9:28 befasst sich wieder (vgl. zuletzt v. 17f.) mit den Polytheisten; wegen ihrer Unreinheit (*najas*) dürfen sie sich nur noch in der laufenden Saison der heiligen Kultstätte nähern. Dagegen hatte die jüngere Interpolation v. 17f. vorweg deklariert, dass ihnen wegen ihres Unglaubens generell der Zugang zu allen Gebetsstätten Gottes verwehrt sein sollte.

9:29 korrespondiert mit der Aufforderung an die Gläubigen zum Kampf mit v. 36. Allerdings gilt in v. 36 der Kampf den Polytheisten, in v. 29 darüber hinaus allen, die nicht „die Religion der Wahrheit" praktizieren. v. 29 beschreibt somit gegenüber v. 36 die gegnerische Richtung umfassender. Diese Beobachtung spricht dafür, dass v. 29 eine jüngere Ergänzung ist und die ursprünglich Weiterführung von v. 28 in v. 36 vorliegt[324]. Dass in den Versen 9:30–35 konkret auch von Juden und Christen die Rede ist, ist erst das Ergebnis weiterer Texteingriffe.

In 9:29 fällt auf, dass die zunächst allgemein und umfassend formulierte Stoßrichtung gegen alle „die nicht die Religion der Wahrheit praktizieren" anschließend mit dem Hinweis „von denen, die das Buch erhalten haben" nur auf die entsprechenden Kreise unter den Besitzern des Buches, also Kreise unter Juden und Christen, verengt wird. Für diese nachträgliche Spezifizierung in v. 29 ist ein späterer Bearbeiter verantwortlich[325], der auf diese Weise die Verklammerung der in v. 30–35 gegen Juden und Christen gerichteten Vorwürfe vorbereitet. Auch der abschließende Hinweis auf die zu leistende Kopfsteuer (*jizya*, im Koran nur hier) dürfte „eine spätere redaktionelle Einfügung" sein[326].

Die Formulierung ʿ*an yadin* signalisiert, dass diese Steuer „nach Maßgabe des Vermögens, der Leistungskraft" des Steuerpflichtigen abzugelten ist[327]. Mit Kropp kann man erwägen, ob dieser Versteil nicht „sehr viel besser in die spätere Umayyadenzeit" passt, in die Regierungszeit des Kalifen ‚Abd-al-Malik, „in die die Organisation der islamischen Religion und des islamischen Staats fällt"[328].

Der Nachtrag 9:30–35 im jetzigen Kontext erfolgte, um Juden und Christen (einige Gruppierungen?) explizit als „Polytheisten"/Beigeseller auszuweisen und sie so mit zu bekämpfenden feindlichen Ungläubigen auf die gleiche Stufe zu stellen.

---

324 Vgl. in beiden Versen das Stichwort „Polytheisten" sowie die Hinweise auf jahreszeitliche Regelungen.
325 Auch Bell, Blachère und Paret rechnen hier mit späteren Ergänzungen; vgl. auch Firestone, *JIHAD*, S. 89.
326 Vgl. Kropp, „… und sagen: ‚Er ist ein Ohr!'", vgl. S. 204.
327 Vgl. Kropp, a.a.O., 204; vgl. auch, Rubin, „Koran and Tafsir", S. 140.
328 Kropp, a.a.O., S. 204f.

9:30f. sollen belegen, dass beide Richtungen jeweils von einem „Sohn" Gottes reden. Während den Christen[329] auch sonst im Koran die göttliche Verehrung Christi vorgeworfen wird[330], wird den Juden allein hier die Rede von einem Sohn Gottes unterstellt. Bislang nicht eindeutig geklärt ist, auf Grund welcher Informationen der Autor von v. 30 auf ʿUzayr, also den Juden Esra, verweist. Nach jüdischer Überlieferung ist Esra (griech.: Esdras) der Verfasser wichtiger Schriften[331]. Ihm galt im Judentum deswegen zwar besondere Verehrung; aber damit lässt sich die koranische Aussage nicht erklären. Horovitz denkt an ein Hörensagen von einer jüdischen Sekte mit Vorstellungen von Esras gottähnlicher Bedeutung[332], andere rechnen mit der Berücksichtigung von Unterstellungen aus judenfeindlichen Kreisen[333].

9:31 ergänzt den Vorwurf des Polytheismus mit dem Hinweis auf die jüdischen Schriftgelehrten (vgl. 5:44) und die christlichen Mönche sowie Christus, deren Autorität man sich anstelle Gottes unterordne. Anders als hier und in v. 34 fällt in 5:82 das Urteil zumindest über die Christen und die Mönche sehr positiv aus.

9:32f. entsprechen fast wortwörtlich 61:8f. Dass 9:32f. als die jüngere und von 61:8f. abhängige Version einzustufen ist, wie Bell vermutet[334], ist nicht sicher; denn 9:32f ist mit dem Kontext gut verknüpft[335], was für 61:8f. weniger zutrifft. Die Aussage in 9:33 betont wie die Parallelen dazu in 61:9 und 48:28, dass es um einen prinzipiellen Kampf für die „Religion der Wahrheit" geht.

„Er ist es, der seinen Gesandten mit der Rechtleitung und der Religion der Wahrheit gesandt hat, um ihr die Oberhand über alle Religion zu geben"[336].

Die Bekämpfung der Polytheisten (vgl. v.36Ende) wird hier demnach mit einer Zielvorstellung begründet, die die totale Unterwerfung oder Vernichtung Andersgläubiger impliziert[337].

Zusätzlich zum Polytheismus-Vorwurf als Begründung für die Bekämpfung von Juden und Christen moniert v. 34f., dass zahlreiche jüdische Schriftgelehrte

---

329 Zur Diskussion über die Frage, ob al-naṣara „Nazarener/Nazoräer, also judenchristliche Richtungen, oder aber die Hauptströmungen wie Jakobiten und Nestorianer gemeint sind, vgl. Griffith, „Al-Naṣārā in the Qurʾān".

330 Vgl. z.B. 5:14–17; 5:72.

331 Im 4. Buch Esra (vgl. JSHRZ V, 4, S. 291–412) gilt er am Ende des Buches als „Schreiber der Erkenntnis des Höchsten" (vgl. XIV, 47).

332 Vgl. *Koranische Untersuchungen*, S. 127f.

333 So z.B. Torrey, *The Jewish Foundation of Islam*, S. 302.

334 *Commentary*, S. 300.

335 Vgl. jeweils die gleichen Stichworte „Religion der Wahrheit" und „Gesandter" in 9:29 und v. 33 sowie den Hinweis jeweils auf „Polytheismus" in v. 31Ende und v. 33.

336 Paret übersetzt li-yuzhirahu ʿala ad-dini kullihi mit „um ihr zum Sieg zu verhelfen über alles, was es an Religion gibt"; Bobzin: „um ihr zum Siege zu verhelfen über alle Religion".

337 Vgl. zu dieser Zielvorgabe aus Militanz propagierender Sicht unten die Hinweise nach Anm. 579; vgl. in Abschnitt „IV 3.4" weitere Erwägungen.

und christliche Mönche auf betrügerische Weise das Vermögen der Menschen aufzehren (mit der gleichen Formulierung bezieht sich 4:161 nur auf die Juden). Die Anschuldigung, dass sie damit „von Gottes Weg abhalten", dass sie für sich Gold und Silber horten (vgl. v. 35) und es nicht „auf dem Weg Gottes" ausgeben, impliziert im jetzigen Kontext von 9:29–36, dass der Verfasser eine Situation voraussetzt, in der man Juden und Christen die materielle Unterstützung kriegerischen Vorgehens auf dem „Weg Gottes" nahelegte oder erzwang[338].

9:35 stellt einen direkten Zusammenhang zwischen dem in v. 34 monierten Fehlverhalten und der besonderen Art der zu erwartenden Höllenstrafe her und bildet so den Schluss der mit v. 29 eingeleiteten Interpolation von Aussagen zwecks Abqualifizierung jüdischer und christlicher Kreise als Polytheisten.

Zwischen v. 36f. und den unmittelbar vorausgehenden Versen ist ein wirklicher Sinnzusammenhang nicht erkennbar. Die Ausführungen zur richtigen Zählung der Monate etc. sowie auch die v. 36 abschließende Aufforderung zum Kampf gegen die Polytheisten sind jedoch in ihrer früheren ursprünglichen Position direkt hinter v. 28 (vor Einschaltung von 9:29–35) sehr wohl angebracht gewesen; denn das Thema dort „Ausschluss der Polytheisten von der heiligen Gebetsstätte" für das nächste Jahr war Anlass genug, anschließend klar zu machen, dass der zwölfmonatige Mondkalender mit den vier geschützten Monaten (vgl. 9:2) im „Buch Gottes" (vgl. 8:75; 6:38) festgelegt ist[339], und dass es auch dabei bleiben muss, die vier Blutrache sowie Kriegs- und Beutezüge ausschließenden Monate zu beachten, um sich bei anstehenden kriegerischen Auseinandersetzungen nicht schuldig zu machen (vgl. dazu 2:217). 9:37 ergänzt, dass das jahreszeitliche Verschieben der heiligen Monate oder ihr Umdeklarieren in „profan" etc. gegen Gottes Regelungen verstößt.

1.2.2.2 Zur Genese von 9:1–37 – Überblick

Für die Entstehung der Ursprungsversion der jetzigen Endversion 9:1–37 war als Grundanliegen maßgebend, die Ausgangslage für die Bekämpfung der sog. Polytheisten zu klären sowie deren Bekämpfung als berechtigtes Vorgehen auszuweisen. Die Formulierungen der v. 1f., 4, 7, 12 deuten auf eine Situation hin, in der die Frage anstand, wie mit abgeschlossenen und noch gültigen Waffenstillstandsverträgen zu verfahren sei. Dazu wird festgehalten, dass nur ein Vertragsbruch der Gegenseite (vgl. v. 4, 7, 12) kämpferische Maßnahmen rechtfertigt.

Diese Regelung entsprach in einem späteren Stadium der Auseinandersetzungen offensichtlich nicht mehr der aktuellen Strategie; denn in den v. 3, 5, 8–10

---

338 Vgl. dazu die Erwägungen oben zu 8:60.
339 Es handelt sich hier nicht um das „Buch der Abrechnung" im Endgericht, vgl. 69,19ff.; 83,7.9.20; 84,7.10.

wird nachgetragen, dass Verträge schon immer von der Gegenseite missachtet wurden und auch künftig nicht mehr in Frage kommen. Die Bekämpfung der Gegenseite sollte auf ihre Vernichtung oder ihre Unterwerfung abzielen (v. 5). Somit dürfte 9:1f., 4, 7, 12 der ältere, vorgegebene Ausgangstext gewesen sein[340]. Zum ältesten Textbestand in 9:13–37 wird man v. 14f., 25–27* rechnen, die im Anschluss an den älteren in 9:1f., 4, 7, 12 vorgegebenen Ausgangstext den Kampf als gottgewollt deklarieren und mit dem Verweis auf früheren Beistand Gottes die künftigen Siegesaussichten betonen. Als erste Ergänzung dazu wurden v. 16–18, 28 mit die Polytheisten abqualifizierenden Vermerken interpoliert.

Die Passage 9:29/30–35 wurde ergänzt, um Juden und Christen (bestimmte Gruppierungen?) explizit als „Polytheisten“/Beigeseller auszuweisen und sie so als zu bekämpfende feindliche Ungläubige zu kennzeichnen. Alles zielt auf den Sieg der „wahren Religion“ über alle Religion (9:33!).

Mit den späten Einschüben 9:13 und 9:19–24 und den Hinweisen auf Gruppen von Gläubigen, die sich nicht auf kriegerisches Vorgehen für Gottes Sache einlassen wollen und deren Glaube daher als defizitär gelten muss, wird auf das die Textfolge 9:38–129 beherrschende Thema, nämlich „Gegen Glaubensschwäche und Heuchelei in den Reihen der Gläubigen und Beduinen“, vorbereitet.

1.2.2.3 9:38–127 – Gegen Glaubensschwäche und Heuchelei in den Reihen der Gläubigen und unter den Beduinen im Kampf „auf dem Weg Gottes"

Vororientierung: Schon die literarischen Auffälligkeiten (z.B. Dubletten, Redundanzen, imhaltliche Umakzentuierungen) sprechen dafür, dass an der Abfassung der gesamten Textfolge sukzessiv mehrere Autoren beteiligt waren. Insgesamt ging es darum, die Nachweise für die Glaubensdefizite jener Gruppierungen beizubringen, die sich weigern, sich für den Kampf gegen Polytheisten bzw. Ungläubige zu engagieren.

9:38–41 An die Gläubigen – Ermahnung an die kriegsunwilligen Gläubigen, auf dem Weg Gottes zu kämpfen – Ihr-Anrede

9:38 ist explizit an die Gläubigen gerichtet; die entsprechende Anrede „O die ihr glaubt“ wird sonst im gesamten Textbereich von 9:38 bis 129 nur noch in v. 119 und 123 verwendet[341]. Der Verfasser von v. 38 moniert offensichtlich, dass es unter den Gläubigen an Bereitschaft fehlt, sich für den „Weg Gottes“ zur Verfügung zu stellen. Die von ihm vermuteten Hintergründe erinnern an die Vorwürfe in

---

340   Vgl. anders Sinai („Literary Growth“, S. 89–103, 111–113) in seinem jüngst erarbeiteten „redactional model for Q9:1–13".

341   In 9:1–37 nur in v. 23, 28, 34; vgl. zuvor in 8:15, 20, 24, 27, 29, 45.

9:24[342], wo unterstellt wird, dass nur die besondere Wertschätzung des diesseitigen Lebens, also Reichtum, Familie etc. der Grund sein kann, die Verpflichtung auf den „Weg Gottes" als Last zu empfinden. Der in v. 38 geäußerte Verdacht, dass man die von Gott in Aussicht gestellte jenseitige Welt (*akhirat*) gering achte[343], warnt die Angesprochenen implizit vor der Gefahr des Unglaubens. Entsprechend rückt v. 39 als Warnung die mögliche strafende Reaktion Gottes in den Blick[344]. v. 41 als direkte Weiterführung[345] von v. 39 stellt klar: Es bleibt wegen der möglichen negativen Reaktion Gottes dabei, dass die Gläubigen sich auch künftig mit „eigenem Vermögen und dem Einsatz der eigenen Person"[346] für den „Weg Gottes" engagieren (*wa-jahidu*) sollen[347].

9:42–45 Zu den eigentlichen Motiven der Kriegsunwilligen – Du-Anrede

Nach den zuvor direkt angesprochenen Gläubigen, die vor der Gefahr des Unglaubens gewarnt werden, bzw. die sich dem impliziten Vorwurf des Unglaubens nur entziehen können, indem sie auf den Weg Gottes „ausrücken" (9:38f., 41), folgt in v. 42ff. der Blick auf diejenigen, die nicht mit den Gläubigen „hinausziehen" bzw. hinausgezogen waren[348].

Dem Wechsel in die Du-Anrede, der Art der Vorwürfe sowie der Abqualifizierung als Lügner in v. 42 ist zunächst nur zu entnehmen, dass hier nicht von den zuvor direkt angesprochenen gläubigen Kämpfern die Rede ist. Ob es sich um einen Kern von Drückebergern unter der kämpfenden Truppe handelt oder um Kreise, die für den Kampf erst noch gewonnen werden sollten, ist schwer zu entscheiden.

Die wahrscheinlich später interpolierten v. 43–45 spielen auf Verhandlungen an, in denen die Teilnahme an Kriegszügen gefordert wird; v. 43 moniert, dass früher

---

342 Vgl. auch 8:28; 9:55, 85.

343 Vgl. auch die Hinweise z.B. in 43:35; 3:185; 57:20.

344 Vgl. die Berührungen mit 47:38Ende.

345 9:40 ist als spätere Interpolation einzustufen (vgl. Bell, *Commentary*, S. 302: „V.40 is quite out of connection here"). Ähnliche Anspielungen auf eine einstige Bedrohung des Gesandten seitens der Ungläubigen bieten z.B. in 60:1; 8:30 (vgl. dazu 17:76f. mit dem Hinweis auf das übliche Geschick aller Gesandten). In 9:40 soll der Hinweis auf Gottes einst dem Gesandten gewährte Hilfe den Gläubigen versichern, dass die Ungläubigen die Unterlegenen sein werden. Der Interpolator hat sich in der zweiten Vershälfte bei der Beschreibung der Hilfe Gottes für den Gesandten offensichtlich aus 9:26 (fast wortwörtlich übernommen) bedient.

346 Vgl. dazu oben bei Anm. 319 die Hinweise zu 9:20.

347 In einer gewissen Korrespondenz zu 9:38f., 41 will der Verfasser von 9:111 die Gläubigen zum Engagement für den *Jihad* motivieren, indem er nicht auf die Strafe Gottes verweist, sondern auf die großartige Belohnung mit dem Paradies, das sie sich so erkaufen (vgl. so auch 4:74; 61:10–12; 3:195; ferner 2:216).

348 Vgl. das Stichwort *kharaja* in 9:42, 46, 47.

Absagen akzeptiert und Freistellungen gewährt wurden (v. 43). Die Du-Anrede zielt im jetzigen koranischen Kontext auf den Gesandten. Allerdings klingt v. 43 eher wie eine Art Abmahnung an einen Truppenführer, der in solchen Verhandlungen (zur Rekrutierung von Hilfstruppen, vielleicht sogar in neu gewonnenen Einflussbereichen?) nicht konsequent auf Teilnahme am Krieg bestanden habe.

9:43: „Gott verzeihe dir! Warum hast du sie freigestellt, bevor sich dir diejenigen klar gezeigt haben, die wahrhaftig sind, und du die Lügner kennst?"

9:44f. wirken wie der nachträgliche Kommentar zu v. 43: Die eigentlichen Gläubigen sind daran erkennbar, dass man mit ihnen erst gar nicht verhandeln muss; ihre Glaubensauffassung impliziert die Teilnahme am *Jihad*, und sie kommen der Forderung von v. 41 selbstverständlich nach. Alle anderen geben mit ihren Bedenken und ihrem Zögern zu erkennen, dass es am richtigen Glauben mangelt (v. 45).

9:46–49 *Über die „positive" Seite der Nichtbeteiligung von Kriegsunwilligen – Du-Anrede in v. 48*

9:46 dürfte die ursprünglich direkte Weiterführung von v. 42 sein; der Schwur derer, die nicht hinausgezogen waren (v. 42), wird hier als Lüge entlarvt. Zusätzlich wird auch noch Gott ins Spiel gebracht: Gott selbst habe sie schließlich zurückgehalten. Der den Vers abschließende Vermerk, dass solche Leute bei denen bleiben können, die zu Hause „sitzen"[349], bei „les inaptes au service militaire"[350], ist kaum als Gottesrede, sondern wohl als spöttischer, abqualifizierender Kommentar gedacht.

v. 47 (Ihr-Anrede) an die gläubigen Kämpfer gerichtet hebt hervor, dass eine Beteiligung von solchen Leute nur Irritationen und Uneinigkeit bis hin zum gewünschten Chaos[351] in ihren Reihen zur Folge gehabt hätte.

v. 48. erinnert daran, dass schon früher solche Leute Chaos (*fitna*) gewollt und die Anliegen des Gesandten (Du-Anrede) durcheinander gebracht hätten; erst eine Ordre Gottes habe die Befehlslage geklärt. An welche konkrete Situation der Autor denkt, ist nicht feststellbar. Sicher ist auch nicht, dass die Du-Anrede ursprünglich auf den Gesandten zielte.

Die Fortsetzung der Du-Anrede von v. 48 liest man in v. 50. Da v. 50 und v. 48 auch über das Stichwort ‚*amr* („Sache, Angelegenheit") mit einander verknüpft sind, ist v. 49 als spätere Interpolation einzustufen. Dafür spricht auch, dass *fitna* („Versuchung") hier nicht dieselbe Bedeutung haben kann wie in v. 47f. Der Interpolator will zudem sicherstellen, dass solche Verweigerer als „Ungläubige" (*kafiruna*) gelten.

---

349   *qaʿada* „daheim bleiben"; vgl. dazu auch 9:81, 83, 86, 90; 5:24; 4:95; 3:168.
350   Vgl. Blachère, *Le Coran*, S. 1088.
351   Paret übersetzt hier *fitna* mit „Verwirrung"; vgl. anders Blachère, S. 1089: „en cherchant (*à faire naitre*) la tentation (*de désobéir*)".

9:50–57 Endgültige Absage und Trennung von den Kriegsunwilligen – Du-Anrede

v. 50–52 beziehen sich auf eine Situation, in der die kriegerischen Auseinandersetzungen noch im Gange sind und die letzte Entscheidung noch nicht gefallen ist. Die die Teilnahme am Kampf verweigernden Gruppierungen reagieren auf die Erfolge des Propheten besorgt, wogegen Rückschläge und Misserfolge für sie einen Freiraum eröffnen, die eigenen Angelegenheiten wie früher selbst regeln zu können[352]. Wie auch zuvor in v. 40–49 ist völlig offen, auf welche Situation in den Jahrzehnten der expansiven Bemühungen und Bewegungen diese Verse anspielen.

Mit v. 51 soll festgehalten werden, dass für die Gläubigen alles, wie Gott es festgeschrieben hat[353], ablaufen wird. v. 52 signalisiert der Gegenseite die unaufgebbare Entschlossenheit zum Kampf: Sie soll wissen, dass die Kämpfer nichts anderes interessiert als der Sieg oder das Paradies („eines von zweierlei Gutem"). Allerdings läßt v. 52 nicht erkennen, ob diese Botschaft hier an die gerichtet ist, die sich der Teilnahme am Krieg verweigern, oder ob hier die Kriegsgegner selbst angesprochen sind[354].

v. 53f. richtet sich wieder an die Verweigerer. Indem sie hier für unwürdig erklärt werden, sich an Spenden[355] zu beteiligen, weil sie nicht an Gott und seinen Gesandten „glauben" (vgl. *kafaru*), im Beten nachlässig sind etc. (v. 54), erfolgt ihre weitere Abwertung. Auf welche konkrete Situation hier angespielt wird, bleibt unklar.

v. 55 entspricht fast wörtlich v. 85[356]. Die als Du-Anrede formulierte Aussage richtet sich gegen etwaigen Neid auf Besitz und Kinderreichtum und deklariert die Fixierung auf solche Güter als Unglauben[357]. v. 55 argumentiert ähnlich wie 9:24. Allerdings ergibt sich aus der Gegenüberstellung beider Aussagen, dass in v. 55 kaum an den Gesandten selbst als Adressat gedacht ist, sondern an den vielleicht schwankenden, verführbaren Kämpfer.

---

352 Zu v. 50 vgl. ähnlich 3:120.
353 Vgl. ähnlich z.B. 57:22.
354 Vgl. die direkte Anrede der Kriegsgegner in 8:19.
355 Im jetzigen Kontext dürfte an Spenden für die kriegerischen Unternehmungen gedacht sein; vgl. so z.B. 57:10; 9:34; 8:60; 2:195, 261, 262 (jeweils *nafaqa* IV im Zusammenhang mit „auf dem Weg Gottes"). Sonst finden sich die meisten Belege für „spenden, ausgeben" (*nafaqa* IV) im Kontext von Aussagen zu allgemein frommem Verhalten; vgl. z.B. 2:3; 267; 8:3; 22:35; 42:38; 13:22; 14:31; 35:29 („heimlich und öffentlich"); 32:16; 4:39: „ausgeben von dem, womit wir sie versorgt haben"; vgl. auch 25:67 im Kontext von 25:63ff.; 2:267 „aus dem Erworbenen"; 2:215 mit Angaben zu den Empfängern; 2:219 „aus dem Überschuß"; sonst noch 2:264; 3:92; 36:47.
356 In der *scriptio inferior* des Koranpalimpsests aus Sanaa [Dam 01 – 27.1] ist 9:85 nicht bezeugt; vgl. dazu Sadeghi/Goudarzi, „Origins of the Qur'ān", S. 23 und 61.
357 Vgl. so auch 3:10; 8:28 spricht von „Versuchung" (*fitna*).

9:56 (Ihr-Anrede) ist von Leuten die Rede, die sich trotz ihres Schwurs (vgl. 9:42), dass man zusammengehöre, abspalten[358], auf die man also nicht zählen kann. 9:57 soll dann anzeigen, dass solche Leute im Kriegsfall jegliche Fluchtmöglichkeit wahrnehmen würden, also in jedem Fall verzichtbar wären.

9:58–63 Auflistung von Glaubensdefiziten

v. 58–60 mit den speziellen Hinweisen auf das Verhalten dieser Leute, wenn es um die „Verteilung von Almosen" (ṣadaqat) geht, sowie v. 61, der ihr gegen den Propheten gerichtetes Agieren moniert, wirken wie ein Einschub zwischen den Aussagen in v. 56f. und v. 62f. (jeweils Ihr-Anrede), die sich thematisch („sie schwören …") eng aufeinander beziehen.

Ähnlich wie v. 56f. verweist v. 62f. auf eine Gruppierung, der es um die Akzeptanz bei den hier Angesprochenen geht. Während ihnen in v. 56 entgegengehalten wird, dass man trotz ihres Schwurs nicht auf sie zählen kann, hebt v. 62 hervor, dass sie sich nicht um Akzeptanz bei Gott und seinem Gesandten bemühen. Der für v. 62 zuständige Autor unterstellt also zusätzlich, dass es am defizitären Glauben liegt, sich dem Engagement für den Kampf zu entziehen. Die Unzuverlässigkeit und das Lavieren zwischen den Fronten resultiert aus der Abkehr von Gott, kann folglich als ein direktes Zuwiderhandeln gegen Gott und seinen Gesandten gewertet werden; das führt nach v. 63 ins Feuer der Hölle". Diese Argumentation ist im Vergleich zu v. 56f. theologisch aufgeladen und wird somit kaum vom gleichen Autor stammen, der v. 56f. formuliert hat. Der Autor von 9:62f. ist zugleich der Autor und Interpolator von 9:58–61*, der diese Aussagen hinter 9:56f. einschaltet und mit 9:62 (Stichwort „schwören") wieder an 9:56f. anknüpft.

Die interpolierten v. 58ff. wenden sich gegen diejenigen, die eigensüchtig die Verteilung der freiwillig gespendeten Almosen (ṣadaqat) kritisieren; v. 60 belehrt, welchen Personengruppen diese Mittel zukommen sollen[359]. Der Sachverhalt, dass das Thema „Almosen" hier zwischen v. 56f. und v. 62f. verhandelt wird und dass sich auch 9:75–79 sowie noch einmal 9:103f. dazu äußern, kann als ein weiteres Indiz für die Einstufung von v. 58–60 als späteren Einschub gewertet werden. Er dient hinter v. 56f. dazu, die hier vor Augen stehenden Kreise zusätzlich als Nörgler und Neider abzuqualifizieren und zu verdeutlichen, dass sie sich so in gegen „Gott und seinen Gesandten" (v. 59) stellen.

v. 61 ergänzt die bisherige Auflistung aller möglichen negativ einzuschätzenden Gruppierungen mit dem Verweis auf Leute, die den „Propheten" herabwürdigen

---

358 So mit Blachère, S. 1091 zu yafraqūna: „qui font sécession".

359 fī sabīli llāhi wa-bni s-sabīli in 9:60 (üblicherweise wiedergegeben mit „auf dem Weg Gottes und für den Sohn des Weges") übersetzt Puin (Der Diwan, S. 54–57) mit „für den Kampf und für den Kämpfer"; vgl. hierzu auch unten nach Anm. 610.

bzw. „kränken"[360]. Auffällig ist das Versende, indem anstelle des „Propheten" wieder vom „Gesandten"[361] die Rede ist (vgl. 7:157f.).

Zwischenbemerkung zur Genese von 9:38–63

Bemerkenswert ist, dass die Aussagen in v. 56 und v. 62 ähnlich noch einmal in v. 95f. auftauchen (jeweils „sie schwören …"); auch hier geht es dem Kontext zufolge um die Kreise, die sich von den Kämpfern auf dem „Weg Gottes" fernhalten (vgl. v. 81–94*), aber ihr Einvernehmen mit ihnen beschwören. Diesen drei Textstellen (v. 96 wie auch v. 56 und v. 62f.) ist anscheinend jeweils die Funktion einer literarischen Schnittstelle zugedacht; denn es fällt auf, dass daran anschließend jeweils Textfolgen zu einem neuen Thema angefügt sind: Auf v. 56 folgen in v. 58–60 Ausführungen über die Verteilung der Almosen (ṣadaqāt), auf v. 62f. über die „Heuchler" (v. 64–68)[362], auf v. 96 über die Rolle der Beduinen (v. 97–101).

Berücksichtigt man weiterhin, dass und inwiefern einige Themen mehrfach angesprochen sind[363] und auch Dubletten auffallen[364], so kann hier bereits zu den Textentwicklungen, die zur jetzigen Endversion von 9:38–129 geführt haben, Folgendes festgehalten werden: Es bleibt zwar dabei, dass, wie bereits mehrfach vermerkt, von einer einheitlichen Komposition der Textfolgen in Sure 9 keine Rede sein kann. Das bedeutet jedoch nicht, dass von einem völlig ungeordneten und unvermittelten, zufälligen Neben- und Nacheinander der Aussagen auszugehen ist. Es sind eindeutige literarisch gezielt eingebrachte Strukturierungsmerkmale erkennbar, die auf mehrere Bearbeitungs- und Ergänzungsphasen hinweisen. Das in 9:38–123 erkennbare Grundmuster eines Nebeneinanders oder Gegeneinanders von auf der einen Seite zu kriegerischen Aktionen auf dem Weg Gottes (*Jihad*) bereiten und darauf angesprochenen „Gläubigen"[365] und auf der anderen Seite zögerlichen (vgl. v. 38) und sich sogar abseits haltenden Kreisen[366] wird suk-

---

360 Vgl. 33:57: „die Gott und seinen Gesandten kränken"; in 33:69 ist Mose im Blick.- Worauf in 9:61 die Formulierung „er ist (ein) Ohr" anspielt, ist nicht eindeutig zu klären. Ist gemeint: „er bekommt alles mit" im Sinn von „ihm wird alles zugetragen (so Bell, *Commentary I*, S. 307), oder „er hört jeden leichtgläubig an"? Kropp („… und sagen: ‚Er ist ein Ohr!'", vgl. S. 202) hält es für „wahrscheinlich, daß gemeint ist: Einer, der hört, was andere nicht hören, der Außergewöhnliches, aber auch Abstruses als übernatürliche Wahrnehmung zu hören glaubt".

361 Vom „Propheten" *nabiy* ist sonst nur noch in 9:73, 113, 117 die Rede, vom „Gesandten" *rasul* oder „seinem Gesandten" in 9:1, 2, 7, 13, 24, 26, 29, 33, 59, 62, 63, 74, 81, 84, 86, 88, 91, 94, 97, 105, 107, 120, 128; vgl. zum Nebeneinander von „Gesandter" und „Prophet" oben Anm. 251.

362 Vgl. dazu auch 9:73, 77.

363 Vgl. „Vergebung" in v. 80 mit v. 113; „Almosen" in v. 58–60; v. 75, 79; v. 103.

364 v. 55 fast wörtlich in v. 85; v. 87 fast wörtlich in v. 93b; v. 94 z.T. wörtlich in v. 105.

365 Vgl. v. 41; v. 119–123*.

366 Vgl. z.B. v. 46, 56, 81ff*.

zessiv angereichert mit neu konzipierten Textfolgen, die vorgegebene Aussagen berücksichtigen und daran anschließen. Darin werden weitere Gruppierungen vorgeführt und charakterisiert, die auf Grund ihrer Einstellungen und Verhaltensweisen die Beteiligung am *Jihad* verweigerten oder sogar mit dem Vorwurf der Heuchelei und des Unglaubens belegt werden.

9:64–68 Gegen die Heuchler – Ihr/Du-Anrede

Diese Textfolge konzentriert sich auf Gruppierungen, die als „Heuchler" (*munafiqun*) vorgestellt werden[367]. Während es zuvor in 9:38ff. hauptsächlich um die Frage geht, wer sich warum nicht für den *Jihad* „auf dem Weg Gottes" engagiert und sich abseits stellt, heben die gegen die „Heuchler" gerichteten Vorwürfe hervor, dass sie Aversionen gegen aktuell offenbarte Suren haben, dass sie „Gott, seine Zeichen und seinen Gesandten" ins Lächerliche gezogen haben und das dann nur als Plauderei verstanden wissen wollten (v. 64f.; vgl. 4:140), dass sie wieder in den Unglauben zurückgefallen sind (v. 66), dass sie anders als die Gläubigen (vgl. v. 71) das Verwerfliche gebieten und das Rechte verbieten, dass sie Hilfsleistungen zurückhalten (v. 67). Den Heuchlern wie den Ungläubigen bleibt am Ende nur die Hölle (v. 68). Dieses Urteil wird in v. 73 wiederholt und dient in der Aufforderung an den Propheten, gegen die Ungläubigen und Heuchler hart vorzugehen, als Begründung.

9:69–72 Zwischenbemerkung: die Heuchler im Gegensatz zu den Gläubigen – Ihr-Anrede

v. 69–72 sind als ein nachträglicher Einschub erkennbar[368]. In Ergänzung zu dem bereits feststehenden eschatologischen Ausblick („das Feuer der Hölle") in v. 68 verweist der Interpolator in v. 69 die Heuchler (Ihr-Anrede) auf frühere Gruppierungen hin, die genauso wie sie agiert und geredet hatten[369] und denen am Ende alles fehlschlägt. v. 70 erinnert an die früheren Untergangsgeschicke, wie sie in den bekannten „Straflegenden"[370] aufgelistet sind. In v. 71f. legt der Interpolator

---

367 Vgl. zu den „Heuchlern" sonst im Koran z.B. 3:167; 4:138–146; 4:88f.; 63:1–8; zum Begriff *munafiqun* vgl. Nöldeke, *GdQ* I, 88, Anm. 5: „entlehnt aus abbessinischem *menafeq*", dort in der Bedeutung „Zweifler"; vgl. so auch Horovitz, *Koranische Untersuchungen*, S. 64; es können also auch Leute gemeint sein, die noch im Zweifel sind, noch nicht völlig überzeugt sind; vgl. auch Firestone, *JIHAD*, S. 78f.

368 Vgl. die literarische Bearbeitungstechnik der Wiederaufnahme von Aussagen aus v. 68 in v. 73.

369 Vgl. den Rückbezug auf v. 65.

370 Vgl. dazu Textfolgen wie z.B. in den Suren 7:59ff., 11:25ff., 26:105ff. u.ö.

besonders Wert darauf, die frommen Praktiken der Gläubigen[371] und deren von Gott versprochenes Endgeschick im Paradies in Gegenstellung zu bringen zu den Ausagen über die Heuchler in v. 67f.[372]. Somit sind die Ausführungen zwischen 9:68 und 9:73[373] eindeutig als ein literarisch auf den vorgegebenen Kontext abgestimmtes, sekundär konzipiertes und interpoliertes Textprodukt einzustufen. Der Autor will sicherstellen, dass und wie man die wirklichen Gläubigen von den Heuchlern unterscheiden kann.

9:73–80 Der Prophet und sein Vorgehen gegen die Heuchler und Ungläubigen –
Du-Anrede in v. 73, 80

Der umfangreiche v. 74 greift noch mal den schon in v. 66 festgestellten Rückfall aus dem Glauben in den Unglauben auf und gibt als Grund dafür ein Vorhaben an, das allerdings erfolglos blieb[374], gesteht dann den Heuchlern immerhin doch die Möglichkeit der Umkehr zu. Diese Möglichkeit ist weder in v. 68 noch in v. 73 und auch nicht in v. 80 erwähnt. Diese Spannung ist entstanden, weil mit v. 74 ein späterer Interpolator auch für diesen Extremfall der Abkehr vom Glauben die Möglichkeit der Umkehr bzw. der Reue nicht ausgeschlossen haben will[375].

Die jetzt daran anschließenden v. 75f. tragen nach, dass einige von ihnen sich verpflichtet hatten, Almosen zu geben, falls Gott ihnen seine Huld gewähre (und sie reich mache, vgl. v. 74), dass sie diese Verpflichtung aber nicht einhielten. v. 77 konstatiert daraufhin, dass somit ihre Grundhaltung („in ihren Herzen") auf Heuchelei festgelegt war. Die entsprechende Formulierung ist nicht eindeutig; sie könnte auch signalisieren, dass Gott selbst sie der Heuchelei ausgeliefert hat[376].

Die ganze Passage (v. 75–79)[377] dürfte als ein Versuch gedacht sein, Divergenzen zwischen den Aussagen in v. 74 und v. 80 auszugleichen und zu erklären, warum einerseits in v. 74 noch nach dem Abfall vom Glauben in den Unglauben die Möglichkeit der Umkehr zugestanden ist, andererseits aber in v. 80 der Unglaube

---

371 v. 71 betont eingangs besonders, dass Gläubige „einander beistehen"; der Ausdruck *auliyāʾ* (singl. *wali*) „schließt Freundschaft und Pflicht zur Hilfeleistung in sich ein" (Paret, *Kommentar*, S. 207); vgl. dazu 8:72.

372 Vgl. die gewählten Formulierungen in v. 72, die v. 68 korrespondieren.

373 v. 73 entspricht wörtlich 66:9; Nöldeke vermerkt dazu (GdQ I, 218): „V. 9, der allein in dieser Sura ausdrücklich der Zweifler (*munāfiqun*) gedenkt …" und „vor Sur. 9,75, aber nicht vor Sur. 66, 10 notwendig ist, … scheint seine ursprüngliche Stelle in Sur. 9 zu haben."

374 Worauf hier angespielt wird, ist ebenso unklar wie, was mit dem „Wort des Unglaubens" gemeint ist.

375 Vgl. ähnlich z.B. 4:145f.; 2:160.

376 Vgl. ähnlich z.B. in 2:10.

377 Zu v. 78 vgl. ähnlich z.B. 43:80; 58:7.

gegenüber Gott und seinem Gesandten niemals vergeben werden könne[378]: v. 80 bezieht sich jetzt auf die auf Heuchelei Fixierten, für die sich Vergebungsbitten erübrigen (vgl. 63:5f.).

Der ursprüngliche Kern der jetzigen Textfolge 9:64–80 über die „Heuchler" bestand aus 9:64–68, 80; ein erster Ergänzer interpolierte v. 69–72 mit v. 73 als Wiederaufnahme der Aussagen in v. 68; an dieser Aussagenfolge nahm dann der Interpolator v. 74 eine leichte Akzentverschiebung vor, woraufhin noch v. 75–79 nachgetragen wurden.

9:81–96 Der Gesandte Gottes gegenüber den kriegsunwilligen Zurückgebliebenen – Du-Anrede v. 81–86, 92, 93

In 9:81–89 ist die Rede von Kreisen, „die sitzen bleiben"[379]. Es handelt sich um diejenigen, die sich gegen das Engagement für den Kampf auf dem Weg Gottes gesperrt hatten, also zurückgelassen wurden und daheim blieben (v. 81). Darauf beziehen sich auch noch die v. 91–96; denn v. 90 mit der Aussage über die Beduinen (*a'rab*) ist als sekundärer Einschub zu werten[380]. Die gesamte Passage ist nicht von lediglich einer Hand konzipiert worden.

Bemerkenswert ist auch, dass das Stichwort „sitzen bleiben"[381] bereits in 9:46 fällt[382] und in 9:42–49 die gleiche Thematik wie in 9:81ff.[383] verhandelt ist. Daraufhin kann man erwägen, ob die jetzige Textanordnung nicht erst das Ergebnis von Fortschreibungen einer älteren, vorgebenen Textfolge ist, in der 9:83–88 die direkte Fortsetzung von 9:42–47f. bildeten.

Auf die in v. 81 einsetzende Kritik am Disengagement dieser Leute verbunden mit der versteckten Drohung des Höllenfeuers folgen an den Gesandten gerichtete Anweisungen, solche Leute auszugrenzen, sie am Kampf nicht zu beteiligen (v. 83), ihren Frevlerstatus nach ihrem Tod zu berücksichtigen (v. 84). v. 85 wirkt hier anders als die Parallversion in v. 55 recht unvermittelt; es dürfte sich um einen späteren Einschub handeln[384], der die in v. 86 erwähnten „Wohlhabenden" im Blick hat.

v. 86 enthält den Vorwurf, dass sie sich selbst dann vor einem gemeinsamen Engagement, also dem Kampf zusammen mit dem Gesandten, drücken wollen, wenn die Aufforderung dazu in einer neuen Sure erfolgt. Als abfällige und spötti-

---

378 Ob in v. 80 mit der Zahl *siebzig* eine bewusste Gegenposition zur Aussage in Mt 18:22 beabsichtigt ist, ist nicht sicher.
379 Vgl. das Stichwort *qa'ada* in v. 81, 83, 86.
380 Vgl. zu den Beduinen die Textfolge in 9:97ff.
381 *qa'ada*; vgl. 3:168; 4:95; ferner 5:24.
382 Vgl. dazu oben bei Anm. 349.
383 Zu beachten ist die Rückverknüpfung von v. 83 „hinausziehen *kharaja* mit v. 42, 46, 47.
384 Vgl. oben die Hinweise zu v. 55.

sche Bemerkung rückt v. 87 vor Augen, dass sich solche angesehenen Leute (vgl. v. 86) dann zu denen gesellen, die wie Frauen und Kinder deswegen zurückbleiben müssen (vgl. v. 46), weil sie gar nicht in der Lage sind, zu kämpfen. v. 88f. kann dann in Korrespondenz und zugleich im Kontrast zu den Aussagen in v. 81[385] hervorheben, dass eben ganz anders der Gesandte mit den Seinen den bewaffneten Kampf führt und als entsprechenden Lohn das Paradies erwarten darf[386]. Ursprünglich folgte auf v. 9:87–89 die erste Vershälfte von v. 93 mit der Stichwortanbindung an v. 86[387], um daraufhinzuweisen, dass man gegen das Verhalten der Reichen vorgehen könne. v. 91–92 sind deutlich nachträglich eingeschoben worden, um vor v. 93 diejenigen zu benennen, die wegen ihrer Krankheit oder Armut (v. 91) oder fehlender Transportmöglichkeiten[388] anders als die wirklichen Drückeberger als entlastet gelten können. Auch hier hat der Interpolator die literarische Technik der „Wiederaufnahme" eingesetzt; nach dem Einschub von v. 91f. entspricht deswegen in v. 93 die zweite Vershälfte fast wörtlich v. 87.

Der völlig unvermittelte Hinweis auf die Beduinen in v. 90 ist wohl noch später nachgetragen worden. Nach Durchsicht der Textfolge über die Beduinen in v. 97–101 (bzw. bis v. 106) verweist ein späterer Bearbeiter direkt im Anschluss an v. 81–89 darauf, dass es auch unter diesen daheim gebliebene Drückeberger (vgl. *wa-qaʿada*) gab. v. 94 wirkt wie ein Nachtrag im Rückblick auf die v. 83 festgehaltene grundsätzliche Absage, die Drückeberger an künftigen Aktionen zu beteiligen: Auch ihre Entschuldigung änderte nichts an diesem Beschluß. Die Aussage der zweiten Vershälfte von v. 94 stimmt fast wortwörtlich mit v. 105 überein[389]. Den Abschluss der Textfolge v. 93–96 markiert v. 96[390]. v. 95 wirkt wie eine nachträglich auf die in v. 96 Genannten bezogene zusätzliche Abqualifizierung: sie sind „unrein" *(rijs* „Schmutz").

9:97–101 Über Heuchler und Gläubige unter den Beduinen – Du-Anrede v. 101

v. 97 setzt ein mit generellen Vorbehalten gegenüber Beduinen[391]; sie gelten als eher ungläubig und heuchlerisch und legen keinen Wert auf die Kenntnis der dem Gesandten von Gott übermittelten Verordnungen. Während v. 98 auf die-

385 Vgl. die wörtlichen Anknüpfungen.
386 Vgl. dagegen die zwischen beiden Gruppierungen vermittelnde Einschätzung in 4:95; im Unterschied zu 9:81–88 liest man in 4:95, dass im Vergleich zu den für den Weg Gottes Engagierten die daran Unbeteiligten („die sitzen bleiben") zwar nicht die gleiche Wertschätzung, aber doch auch „das Beste" (Paret ergänzt „das Paradies") verdienen, hier also die scharfe Ausgrenzung aufgehoben wird; s. dazu unten „II 2.3.2.3".
387 Vgl. *adhina X* „um Erlaubnis, Dispens bitten".
388 Zu 9:92 vgl. die *story* in Ibn Ishaqs Prophetenbiographie, in Rotters Übersetzung S. 238f.
389 Vgl. auch die Entsprechungen mit 62:8.
390 Vgl. dazu oben die Hinweise zu v. 62.
391 Vgl. dazu sonst noch 49:14–17; 48:11, 16.

jenigen unter ihnen hinweist, die zwar spenden, aber nicht aus Überzeugung, sondern weil die derzeitigen Machtverhältnisse das erzwingen, hebt dann v. 99 hervor, dass andere sich doch aus Glaubensüberzeugung freiwillig an Spenden[392] beteiligen, was dann zusammen mit dem Segensgebet des Gesandten (vgl. 9:103) dazu beiträgt, dass Gott solchen Leuten seine Barmherzigkeit gewährt[393].

v. 100 mit den Verheißungen für die *muhajirun* ("Auswanderer"[394]) und *ansar* ("Helfer"[395]) wirkt wie ein nachträglicher Einschub; denn in v. 101 ist explizit wieder von den Beduinen die Rede[396]. Gründe für die Interpolation an dieser Stelle sind nicht erkennbar. Auf die "Auswanderer" und "Helfer" kommt erst wieder v. 117 zu sprechen. Immerhin könnte das Anliegen des Interpolators gewesen sein, hier im weiten Vorausblick auf die kritischen Anspielungen in v.117 (Reue wegen einer problematischen Situation) sicherzustellen, dass Gott aber generell diesen Gruppen "der Auswanderer" und "Helfer" wohlgesonnen ist.

In v. 101 werden Kreise unter den Beduinen und unter den Bewohnern der "Stadt" einander gleichgestellt, indem beiden Heuchelei vorgeworfen wird[397]. Dass mit *al-madina* hier die Stadt "Medina" (= Yathrib) gemeint ist, ist nicht sicher[398].

9:102–106 Über die reumütigen Sünder (generell oder unter den Beduinen?) – Du-Anrede

Ob die anschließenden Verse bis 9:106 zu Ausnahmen Stellung nehmen, indem denjenigen unter den Beduinen, die bereuen und Almosen geben werden und für die sich der Gesandte einsetzt, die Wiederzuwendung Gottes zugsagt wird, oder ob hier von anderen[399], sonstigen Leuten die Rede ist, ist unklar.

9:107–110 Die Illegitimität von Gebetsstätten – Du-Anrede

Diese Verse monieren ein völlig anderes Fehlverhalten; hier ist von Kreisen die Rede, die durch die Übernahme einer Kult-/Gebetsstätte (*masjidan*) Schaden, Unglauben und Spaltung unter den Gläubigen bewirkt hatten. Zudem blieb so den früheren Feinden Gottes und seines Gesandten eine Art Beobachtungs- oder

---

392 Vgl. dazu oben zu 9:53f.
393 Vgl. zu dieser Formulierung z.B. 45:30; 21:86 u.ö.
394 Vgl. dazu die Hinweise oben bei Anm. 238.
395 Vgl. 8:72, 74f.
396 Der Ergänzer wendet die literarische Technik der "Wiederaufnahme" von vorgegebenen Formulierungen bzw. Themen an; vgl. dazu oben den Hinweis in Anm. 144.
397 Vgl. anders die Einschätzung in v. 120.
398 Vgl. Reynolds, *Subtext*, S. 199, n. 713: „The Qur'an's use of *al-madina* [‚the city'; see Q 9:101, 120; 33:60; 63:8] is too general to assume that it is a proper name"; vgl. hier auch unten zu v. 120.
399 Vgl. 9:102 und 106 jeweils: „und andere …"

Warnposten erhalten[400]. Möglicherweise ist hier von einer Kultstätte die Rede (als Beispielfall), die im Zuge der Machterweiterung auf dem „Weg Gottes" christlichen Glaubensgemeinschaften entzogen oder mitbenutzt wurde[401], woraufhin es zu Irritationen und Diskussionen kam[402]. v. 108ff. betonen dann, dass nur Eigengründungen legitime Kult- bzw. Gebetsstätten sein können.

Die Konzpierung dieser Verse dürfte auf einen Interpolator zurückgehen, der hier zusätzlich zu den bisher aufgelisteten Entwicklungen von Glaubensuntreue, Abspaltung etc. auf ein weiteres Beispiel für die Gefährdung der Einheit des Glaubens und der Gläubigen im Kontext der expansiven Eroberungen warnend hinweisen will.

9:111–112 Über die Gläubigen als Kämpfer auf Gottes Weg und ihren Lohn –
Ihr-Anrede

Ohne erkennbare Anknüpfung an die vorausgehenden v. 107–110 betont der Autor von v. 111, dass Gott das totale Engagement der Gläubigen[403] für den Kampf auf dem Weg Gottes wie ein Handelsangebot ansieht, wofür er ihnen als Gegengabe das Paradies garantiert (vgl. ähnlich 4:74).

9:111 „Gott hat den Gläubigen ihre Person und ihr Vermögen dafür abgekauft, dass ihnen der (Paradies)garten gehört: Sie kämpfen auf dem Weg Gottes (um Gottes willen), und so töten sie und werden sie getötet; ein Versprechen bindend für ihn, in Wahrheit (?) in der Tora, dem Evangelium und dem Koran. Und wer ist treuer in seiner Abmachung als Gott? So freut euch über euren Handel, den ihr mit ihm abgeschlossen habt; denn das ist der großartige Erfolg".

Der Hinweis, dass von einem bindenden Versprechen Gottes (nicht nur im Koran) auch bereits in der Tora und im Evangelium die Rede ist (sollen damit auch Juden und Christen motiviert werden?), lässt offen, an welche konkreten Vorgänge oder Texte zu denken ist[404]. Die Nennung von Tora und Evangelium neben dem Koran impliziert, dass hier *qur'an* als eigenständiges Schrifttum im Blick ist.

9:112 wirkt bruchstückhaft und nicht wie die direkte Weiterführung von v. 111. Die Auflistung der wesentlichen frommen Verhaltensweisen Gott gegenüber dürfte als eine Ergänzung zu v. 111 gedacht sein, die signalisieren soll, dass sol-

---

400 Die genaue Bedeutung von *irṣadan* ist nicht geklärt; vgl. die unterschiedliche Wiedergabe der Kommentatoren und Übersetzer: Paret: „Stützpunkt"; Blachère: „pour faire le guet(?)"; Bell: „to provide a lurking-place".

401 Vgl. dazu z.B. Donners Hinweise (*Believers*, S. 115, 250).

402 Vgl. hier auch die Hinweise unten zu 22:40 bei Anm. 456.

403 Vgl. den Verweis auf „die eigene Person und ihr Vermögen"; vgl. „mit ihrem Vermögen und ihrer eigenen Person" in 8:72; 9:20, 41, 81, 88.

404 Mk 8:34ff. und Parallelen?

chen Frommen auch ohne ihre Beteiligung am heiligen Krieg das Paradies sicher ist[405]. Eine solche nachgetragene Klarstellung könnte auf jene Kreise zurückgehen, die Vorbehalte gegenüber der Propagierung lediglich kriegerischer Existenzweise als „wahren Glauben" hatten[406].

9:113–118 Über den Propheten, seine unzulässige Bitte um Vergebung für die Polytheisten, Gottes erneute gnädige Zuwendung

v. 113–118 mit den Anspielungen auf ein Fehlverhalten des *Propheten* und der Gläubigen[407] sowie der „Auswanderer und Helfer"[408] sind ein weiterer Nachtrag. Über das, was sich tatsächlich zugetragen hat, und auch darüber, ob es sich um den Propheten und seine Leute direkt betreffende Ereignisse handelt, oder ob hier (v. 117f.) Übertragungen aus wie auch immer umlaufenden Kriegsstories im Spiel sind, lässt sich nur spekulieren. Es soll jedenfalls angedeutet werden, dass auch der Prophet selbst und seine Glaubenskämpfer fehlgeleitet sein konnten.

Die Verse 113–116 befassen sich zudem mit der generell für alle Gläubigen wichtigen Frage, nämlich, ob solche Fürbitten für Verwandte, die als Polytheisten galten, zulässig sind. Da die Hinweise auf Abrahams Bitte um Vergebung für seinen Vater in anderen Suren[409] diese Auffassung nahelegen konnten, stellt v. 114 (implizit auf diese Hinweise bezogen) fest, dass und warum man sich nicht auf Abraham berufen kann.

Vor der Interpolation von v. 113–118 wären dann die Aussagen in v. 111 über Gottes Garantie des Paradieses direkt auf die explizit in v. 119–123 an die Gläubigen gerichteten Aufforderungen zur Gottesfurcht und zum Kampf gegen die Ungläubigen ausgerichtet gewesen[410].

9:119–123 An die Gläubigen – Hinweise für den Kampf auf dem Weg Gottes gegen die Ungläubigen – Ihr-Anrede

9:120 soll klarstellen, dass auch die Bewohner von *al-madina* sowie die Beduinen (vgl. 9:101) Heeresfolge hinter dem Gesandten Gottes zu leisten haben, und ferner, dass nicht erst der Tod der Kämpfer (vgl. so v. 111), sondern auch sonst

---

405 Vgl. so auch Paret (*Kommentar*, S. 213).
406 Vgl. dazu oben nach Anm. 102 die Einschätzung von 8:2–4 als theologische/dogmatische „Klarstellung" zu 8:72–75*; vgl. ferner unten den Abschnitt „IV 3.1 Der sekundäre Einschub 8:2–4 in Sure 8".
407 v. 113 Verbot der Fürbitte um Gottes Vergebung für die Polytheisten in der eigenen Verwandtschaft; vgl. auch v. 80.
408 v. 117; vgl. zu den sogenannten „Auswanderern" oben die Hinweise bei Anm. 238.
409 Vgl. 19:47; 26:86; 60:4; 14:41.
410 Vgl. jeweils die Ihr-Anrede in v. 111 sowie in v. 119 und 123.

die Strapazen im Krieg wie auch Erfolge gegen die Ungläubigen („auf dem Wege Gottes") von Gott gutgeschrieben werden; auch Spenden und Marschbewegungen sollen einbezogen sein (v. 121).[411].

v. 122 ordnet an, dass die Gläubigen bei militärischen Unternehmen ihre Truppenkontingente aufteilen und nur bestimmte Abteilungen „ausrücken"[412]. Mit dieser Anweisung soll erreicht werden, dass die zurückbleibenden Abteilungen weiter über ihre Religion belehrt werden können und so wiederum ihr Wissen an die Zurückkehrenden weitergeben können[413].

v. 123 richtet sich direkt (vgl. zuvor v. 119) an die Gläubigen:

„O die ihr glaubt, kämpft gegen diejenigen, die in eurer Nähe sind von den Ungläubigen. Sie sollen in euch Härte vorfinden. Und wisset, dass Gott mit den Gottesfürchtigen ist."

Diese explizite Anrede sowie der Befehl zum Kampf korrespondiert den Versen 38, 39 und 41 zu Beginn dieses Surenteils 9:38–129. Darin werden die Gläubigen (ebenfalls explizit, v. 38) zunächst auf ihr Zögern angesprochen, zum heiligen Krieg auszurücken. Nach dem Hinweis auf die drohende Strafe Gottes (v. 39) ergeht in v. 41 der unmissverständliche Befehl, auszurücken und sich ganz *mit eigenem Vermögen und der eigenen Person* für den heiligen Krieg zu engagieren.

Ging es dem Verfasser der einleitenden Verse 9:38f. 41 darum, unter den Gläubigen das Engagement für den heiligen Krieg zu stärken, ja, der Gefahr eines möglicherweise schwindenden Engagements (v.38) entgegenzuwirken, so kommt am Ende der Sure v. 123 darauf zurück und betont abschließend, dass der Kampf gegen die Ungläubigen mit aller Härte weitergehen muss.

Dass in v. 123 von Ungläubigen „in der Nähe" die Rede ist[414], muss sich keineswegs, wie muslimische Kommentatoren meinen, auf die nähere Umgebung von Medina[415] beziehen; es kann sich genauso gut um eine Generalanweisung handeln, nämlich überall sukzessiv im expansiven heiligen Krieg kompromisslos gegen Ungläubige vorzugehen, wo auch immer man auf sie stößt (vgl. ähnlich 9:5).

Nach allem haben folglich die Textpassagen zwischen 9:38, 39, 41 und 9:123 die Funktion, die Kreise von Bedenkenträgern gegenüber einem Engagement für den heiligen Krieg, die Zögerlichen, die Unentschiedenen, die Widerständler in den eigenen Reihen wie auch im näheren Umfeld (Beduinen) dergestalt abzu-

---

411 Diese Ausführungen auf die Stadt „Medina" (Yathrib) zu beziehen, ist nicht zwingend (vgl. oben den Hinweis zu v. 101). Es könnte hier durchaus allgemein an „Stadt und Land" gedacht sein.

412 Zu *nafara* vgl. sonst noch 4:71; 9:38f., 41, und 81, jeweils eindeutig im militärischen Sinn.

413 Die Deutung Parets („Sure 9, 122", S. 234), dass dieser Vers ursprünglich darauf zielte, den Übertritt ganzer Beduinenstämme zum Islam besser zu organisieren, d.h. in Gruppen zuzulassen, weil „im Gemeinwesen von Medina ein Massenzuzug beduinischer Konvertiten unerwünscht" war, ist konstruiert und abwegig.

414 Blachère übersetzt: „dans votre voisinage".

415 Bell, *Commentary*, S. 323, hat „tribes in the neighbourhood of Medinah" im Blick.

qualifizieren (Vorwurf von Glaubensschwäche, Oberflächlichkeit des Glaubens, Unglauben, Geiz, Wortbruch, Feigheit, Drückebergerei, Apostasie etc.), dass am Ende allein die Glaubenskämpfer als die wirklichen Gläubigen gelten (vgl. so explizit noch 9:44, 88, 100, 111).

9:124–127 Über die Bedeutung von herabgesandten Suren

Diese Textfolge rückt in den Blick, dass die Bedeutung von aktuell herabgesandten Suren bei einigen Gläubigen in Frage gestellt wird[416].

Zunächst werden in v. 124 Kreise zitiert, die aktuellen wie künftigen Suren absprechen, den Glauben zu stärken.

9:124 „Und wenn eine Sure herabgesandt wird, dann gibt es von ihnen welche, die sagen: ‚Wen von euch hat diese den Glauben vermehrt?' Was nun diejenigen angeht, die glauben, so hat sie ihnen den Glauben vermehrt, und sie sind darüber erfreut."

Über konkrete Inhalte solcher Suren verlautet zwar nichts; doch könnte implizit wegen des vorausgehenden Kontexts (vgl. zumal v. 86) auf Suren angespielt sein, die das Engagement für den heiligen Krieg als eine Sache des Glaubens propagieren[417]. In diesem Fall belegt der Verfasser von v. 124 mit dem Zitat („die sagen: ‚Wen von euch …'") , dass die Glaubenshaltung einer bestimmten Gruppe von Gläubigen einem solchen Engagement widersprach und dass man deswegen Suren solchen Inhalts als völlig irrelevant für eine Intensivierung/Stärkung des Glaubens (vgl. zadathum imanan) ablehnte[418].

In den folgenden Versen wird diese Gruppe weiter abqualifiziert; sie enden als Ungläubige[419]; v. 127 malt vor Augen, wie sie einer aktuellen Verkündigungssituation aus dem Wege zu gehen suchen.

Gegen Ende der Sure 9 dürften diese Verse im Rückblick auf die vorausgehenden Textfolgen als Mahnung gedacht sein, die Forderung des Engagements für den heiligen Krieg als von höchster Warte immer aktuell sanktioniert ernstzunehmen und sich abzugrenzen von jenem Kreis, der sich dagegen sperrt.

---

416 Von Reaktionen auf aktuell herabgesandte Suren handeln 9:64 und 86, vgl. auch 47:20.

417 Vgl. Bell, Commentary, p: 323: „we may suspect that it [Sure] was one containing an exhortation to war, cf. XLVII:22".

418 Vgl. die Formulierung zadathum imanan auch in 8:2; hier ist es die Verlesung der „Verse" Gottes (āyatuhu), die Stärkung des Glaubens bewirkt; es reicht also in 8:2 anders als in 9:124 die Orientierung an den vorliegenden, abrufbaren Verkündigungstexten Gottes; zur Sonderstellung von 8:2–4 vgl. oben z.St. sowie unten den Abschnitt „IV 3.1 Der sekundäre Einschub 8:2–4 in Sure 8".

419 v. 125; über die Angaben von v. 126 kann man nur spekulieren.

9:128 An die Gläubigen – Hinweis auf den Gesandten aus ihren eigenen Reihen –
Ihr-Anrede
9:129 An den Gesandten – Aufforderung zum Bekenntnis – Du-Anrede

Für beide Verse ist eine direkte Verknüpfung weder untereinander noch mit den vorausgehenden Aussagen erkennbar. Daher gelten in einigen frühen islamischen Kommentaren diese Hinweise auf den „Gesandten" als Aussagerelikte aus mekkanischer Zeit, die hier erst im Zuge der Endredaktion des koranischen Textguts ihren Platz gefunden hätten. Man darf allerdings nicht übersehen, dass diese Verse hier eine bestimmte Funktion haben: Zuletzt soll gelten: Es bleibt dabei, einmal (v. 128 als Ihr-Anrede wie v. 121), dass für die Gläubigen auch in Bedrängnis der um sie besorgte Gesandte zuständig ist; zum anderen, dass der Gesandte selbst (Ich-Rede des Gesandten in v. 129) auch in schwierigen Situationen des heiligen Krieges (vgl. ähnlich 8:20, 40) sich des Beistands von höchster Warte sicher sein kann[420].

1.2.3 Resümee

Dass für die Sure 9 eine komplizierte und längere Entstehungsgeschichte zu veranschlagen ist, lässt sich zeigen und ist nicht zu bestreiten. Trotzdem handelt es sich bei Sure 9 nicht um lediglich zufällig aneinander gereihte Textpassagen und Verse. Denn dass für die Entstehung der Sure und ihre weitere Fortschreibungsgeschichte ein klarer und konstanter Gestaltungswille ausschlaggebend gewesen ist, belegen die in direkten Anreden formulierten Aufforderungen zum Kampf sowohl in 9:1–37[421] als auch in 9:38–129[422] und die darauf abgestimmten Hinweise, dass Gott die Glaubenskämpfer entsprechend belohnen wird (vgl. 9:20, 88f., 100, 111).

Es ist deutlich, dass hier aus der Sicht derer formuliert und gewertet wird, die militantes Vorgehen gegen Unglauben und abweichende Glaubensauffassungen befürworten und als von Gott gewollt propagieren. Diese Textanteile zählen zur Grundstruktur der Sure. Darauf abgestimmt sind die Texte, die die Position von

---

420 Vgl. die Berührung mit 8:62, 64.

421 Vgl. 9:12: „Wenn sie (die ‚Polytheisten') ihre Eide aber nach Vertragsabschluss brechen und eure Religion schmähen, dann kämpft gegen die Anführer des Unglaubens – für sie gibt es keine Eide – auf dass sie aufhören mögen"; vgl. auch 9:14; 9:29; in 9:36 heißt es den Vers abschließend: „… Und kämpft gegen die Polytheisten allesamt, wie sie gegen euch allesamt kämpfen …".

422 Vgl. 9:38: „O die ihr glaubt, was ist mit euch, dass, wenn zu euch gesagt wird: ‚Rückt aus auf dem Weg Gottes!', ihr euch schwer zur Erde sinken lasst … 9:41 Rückt aus, leicht oder schwer und müht euch mit eurem Vermögen und eurer eigenen Person auf dem Weg Gottes ab. Das ist besser für euch …"; vgl. gegen Ende der Sure in 9:123: „O die ihr glaubt, kämpft gegen diejenigen, die in eurer Nähe sind von den Ungläubigen! Sie sollen in euch Härte vorfinden …".

Gruppierungen abqualifizieren, die sich aus kriegerischen Auseinandersetzungen heraushalten.

Die Ausführlichkeit und Intensität der Versuche, solchen Kreisen Glaubensschwäche, Oberflächlichkeit des Glaubens, Feigheit, Unzuverlässigkeit, Geiz etc. zu unterstellen und ihnen die Rechtgläubigkeit abzusprechen[423], sind deutliche Indizien dafür, dass es den Autoren sukzessiv darum ging, ihre eigene Position, ihre aggressive Glaubenshaltung als den „wahren Glauben" hervorzuheben und die entsprechenden, inzwischen durchgeführten sowie geplanten militanten Aktionen als „schriftgemäß" auszuweisen und somit mehrheitsfähig zu machen. Ziel war es, sich gegenüber einer Frömmigkeitsrichtung durchzusetzen, die nicht zu solch aggressiven Verhaltensweisen neigte[424] und die sich für ihre Position auf die bislang geltende Grundbotschaft des koranischen Textguts berufen konnte.

Eine der jüngsten Textfolgen ist 9:30–35, deren Autor in v. 33 mit dem Hinweis, dass es um einen prinzipiellen Kampf für den Sieg der „Religion der Wahrheit" über „alle Religion" (vgl. 61:9; 48:28 sowie 8:39) gehe, für die Kämpfer das Endziel allen militanten Agierens in den Blick zu rückt[425].

Oben wurde betont, dass in den meisten Suren und Textfolgen die Ausführungen über die rechte Frömmigkeitshaltung und -praxis keineswegs auch eine kriegerisch orientierte Existenzweise einbeziehen oder gar befürworten. Die eschatologisch orientierte Grundkonzeption des koranischen Textguts und die eschatologich orientierte Weltauffassung der entsprechenden Trägerkreise ist nicht darauf angelegt, diesen Gläubigen eine kriegerisch orientierte Existenzweise nahezulegen und sie auf eine militante und expansive Weltaneignung einzustimmen.[426]. Demnach beziehen sich Textkonzipierungen wie in Sure 8 und 9[427] auf eine historische Konfliktsituation zwischen unterschiedlichen Glaubensauffassungen[428] innerhalb der islamischen Bewegung. Damit steht man vor der Frage nach den Ursprüngen dieser Konfliktsituation.

Weitere Einsichten darf man sich von Sondierungen zu den übrigen Militanz propagierenden Textpassagen im Koran versprechen.

---

423   Vgl. z.B. oben nach Anm. 358 die Hinweise auf die zahlreichen sukzessiv vorgenommenen Textergänzungen.

424   Vgl. zu solchen Stimmen im Koran z.B. 16:125; 2:109; 5:13; 29:46; 42:15; 50:39; vgl. Firestone, *JIHAD*, S. 47ff., ferner S. 69ff.

425   Vgl. dazu oben nach Anm. 328.

426   Vgl. unten die Ausführungen in „III Zur eschatologisch orientierten Grundkonzeption des koranischen Textguts".

427   Zu weiteren entsprechenden Textpassagen vgl. die Hinweise unten nach Anm. 429.

428   Vgl. dazu z.B. oben die Beobachtungen zu 8:72–74 und 8:2–4 sowie die entsprechenden Schlussfolgerungen.

2. Sonstige Militanz favorisierende Textanteile im gesamten Koran

2.1 Überblick und Auswertung

Während die Konzipierung der Suren 8 und 9 von den verantwortlichen Autoren jeweils von vornherein auf Kriegsthematik und Militanzpropagierung angelegt war[429], sind sonst kriegsthematisch auffällige Textpassagen im Koran überwiegend als nachträglich in vorgegebene Suren interpolierte Textprodukte einzustufen[430]. In den meisten Fällen ist der Befund klar, weil sich hier zeigen lässt, dass kriegsthematisch orientierte Textanteile[431] nicht mit dem Aussageanliegen des unmittelbaren Kontexts sowie auch der sonstigen Sure korrespondieren und zudem das bei Interpolationen praktizierte Verfahren erkennbar ist, den Interpolationstext mittels der literarischen Wiederanknüpfung an vorausgehende Aussagen zu verklammern[432].

2.2 Auffällig interpolierte Kurztexte[433]

2.2.1 Zu Sure 73:20

Dieser umfangreiche Vers am Schluss der Sure ist eine Ergänzung zu den Eingangsversen 73:1–6 (über einzuhaltende nächtliche Gebetszeiten), der nachträglich unter anderen auch denen, *„die auf dem Weg Gottes kämpfen"* (yuqatiluna), Erleichterungen zugesteht[434]. Dass hier auch die Kämpfer mitberücksichtigt sind, ist

---

429 Außerdem wirken die Suren 48, 59, 60, 61, 63 als komplette Produkte Militanz propagierender Autoren.

430 Zu beachten sind Firestones Einschätzung und Hinweise (*JIHAD*, S. 47): „The major challenge for understanding their meaning lies in the problem of verse relationships and the fact that the contexts of many pronouncements remain uncertain … The insertion of such verses sometimes confuses the meaning and relationship of the verses into which they had been inserted. Some qur'anic statements may or may not even refer to war, depending on how one views their context, but are nevertheless considered by post-qur'anic tradition as articulating divine pronouncements on the subject …".

431 Erkennbar an der Aufforderung zum Krieg etc.; Verweise auf „sich abmühen" *jahada* „auf dem Weg Gottes", *Jihad*-Themen; „spenden …".

432 Vgl. dazu oben Anm. 144.

433 Generell ist festzuhalten, dass in kürzeren Suren nur selten militanzorientierte Interpolationen vorliegen; wahrscheinlich waren solche älteren Suren bereits derart „festgeschrieben", dass daraufhin Änderungen und Ergänzungen nicht mehr ohne weiteres angebracht werden konnten.

434 Vgl. dazu Neuwirth, *Der Koran Band 1, Frühmekkanische Suren*, S. 350: „Die Sure ist eine Einheit, lediglich der Schlußvers (V. 20) stellt eine in Medina hinzugefügte Abmilderung des Auftrags zur Vigil in v. 1 dar."

wahrscheinlich sogar erst das Ergebnis eines sekundären Zusatzes in diesem Vers selbst. Für diese Einschätzung spricht, dass die speziellen Hinweise auf die Kranken bis hin zu den Kämpfern hier mittels der literarische Technik der „Wiederaufnahme" vorausgehender Aussagen verklammert sind: Die Aufforderung „So lest nun (rezitiert), was euch vom Qur'an leicht fällt", wird nach dem Zusatz „Er weiß, dass es unter euch Kranke geben wird und andere, die im Lande umherreisen und nach Gottes Huld trachten, und andere, die um Gottes willen („auf dem Weg Gottes") kämpfen" wiederholt: „So lest nun (rezitiert) davon, was euch leicht fällt".

Dem Autor der ursprünglichen Version des Verses 20 (ohne den Hinweis auf die Kämpfer) geht es lediglich um einen Kommentar zu den Gebetshinweisen zu Beginn der Sure[435]. Ein späterer hat offensichtlich neben den in 73:20 aufgeführten frommen Handlungen einen Hinweis auf den Kampf „auf dem Weg Gottes" vermisst[436]. Seine Ergänzung signalisiert in jedem Fall, dass seine Glaubenshaltung und die seiner Gruppierung das kriegerische Engagement auf dem Weg Gottes miteinbezieht; es geht ihm um die Gleichstellung solcher Kämpfer mit den Gläubigen sowie darum, dass ihnen dieselben religiösen Pflichten obliegen.

An eine Sonderstellung unter den Gläubigen, wie sie in den Suren 8 und 9 den für kriegerische Aktionen Engagierten zugeschrieben wird, ist hier in 73:20 allerdings nicht gedacht.

2.2.2 Zu Sure 57:10f.

Während in 57:9 davon die Rede ist, dass Gott die Gläubigen „aus den Finsternissen ins Licht hinausbringt", setzt der Autor von 57:10f. abrupt ein mit einer völlig anderen Thematik:

„Und was ist mit euch, dass ihr nicht auf dem Weg Gottes Spenden geben wollt, wo doch das Erbe der Himmel und der Erde Gott gehört. Nicht gleich sind diejenigen von euch, die vor dem Erfolg Spenden gegeben und gekämpft haben. Diese haben eine höhere Rangstufe als diejenigen, die erst nachher Spenden ausgegeben und gekämpft haben. 11 Allen aber hat Gott das Beste versprochen. Und Gott ist dessen, was ihr tut, kundig. Wer ist es denn, der Gott ein gutes Darlehen gibt? So wird er es ihm vervielfachen; und für ihn wird es vortrefflichen Lohn geben".

Im Anschluss daran kommt 57:12f. wieder auf das Thema „Licht" für die Gläubigen zu sprechen: „Am Tag[437], da du siehst, wie den gläubigen Männern und den gläubigen Frauen ihr Licht vorauseilt …".

---

435 Vgl. Andrae, *Ursprung*, (1926), S. 191: „ein sehr interessanter Kommentar … aus medinensischer Zeit".

436 Die im vorausgehenden Vers 19 verwendete Formulierung „wer nun will, nimmt einen *Weg zu seinem Herrn*" (*ila rabbihi sabilan*) könnte dazu das Stichwort geliefert haben.

437 Gemeint ist der Gerichtstag.

In der gesamten Sure 57 spielen kriegsthematische Aussagen sonst keine Rolle. Dennoch hält es der Verfasser (bzw. Interpolator) von 57:10 offensichtlich für wichtig, hier auf die besondere Rangstufe derer zu verweisen, die „auf dem Weg Gottes Spenden gegeben und gekämpft haben". Sie sind denjenigen übergeordnet, die sich erst nach dem Erfolg (Sieg?) entsprechend engagieren. Eingangs des Verses sind Kreise im Blick, die sich offensichtlich erst *post festum*, wenn überhaupt, beteiligen.

57:10f. ist eindeutig nachträglich interpoliert; denn die beiden Verse unterbrechen jetzt die Ausführungen zum Thema „Licht" in 57:9 und 57:12ff. Der Interpolator knüpft an die Formulierung in 57:7 „Die von euch, die glauben und Spenden geben, für die wird es großen Lohn geben" an. Er will festgeschrieben wissen, dass zum Glauben auch das Spenden für den kämpferischen Einsatz auf dem Weg Gottes wie der Kampf selbst zählt. Die Interpolation von 57:10f. direkt zwischen 57:9 und 12 könnte zwar auf den ersten Blick als willkürlich wirken, dürfte aber doch wohlüberlegt vorgenommen sein; denn der Autor hat in 57:10Ende, 11 die eschatologische Perspektive, „das Beste", und d.h. das Paradies, als „vortrefflichen Lohn" im Blick. Mit der Verklammerung dieser Aussagen zumal vor dem Hinweis auf den Gerichtstag in 57:12 stellt er klar, dass die für den kriegerischen Einsatz Engagierten eben zu denen zählen, denen am Gerichtstag „ihr Licht vorauseilt".

Der Hinweis auf unterschiedliche „Rangstufen" einerseits und der Vermerk andererseits, dass „Gott allen aber das Beste versprochen" habe, berühren sich mit der Erwähnung von „Rangstufen" in 4:95. In beiden Fällen wird betont, dass Gott alle trotz unterschiedlicher Engagements mit dem Paradies belohnt. Während der Autor von 57:10 klarstellen will, dass auch mit einer verspäteten Entscheidung für das Kämpfen immerhin noch eine, wenn auch niedrigere, Rangstufe bei Gott erlangt werden kann, stellt der Autor von 4:95[438] sogar für diejenigen, die in 9:46 und 81–90 als die „daheim Gebliebenen"[439] abqualifiziert wurden, doch eine, wenn auch niedrigere, „Rangstufe" bei Gott in Aussicht.

2.2.3 Zu Sure 49:15

49:14: „Die Beduinen sagen. ‚Wir glauben'. Sag: ‚Ihr glaubt nicht, sondern sagt: Wir haben den Islam angenommen!. Denn der Glaube ist noch nicht in eure Herzen eingegangen. Wenn ihr aber Gott und seinem Gesandten gehorcht, verringert er euch nichts von euren Werken. Gewiss, Gott ist vergebend, barmherzig.'

49:15 Die Gläubigen sind diejenigen, die an Gott und seinen Gesandten glauben und hierauf nicht zweifeln und mit ihrem Vermögen und mit ihrer eigenen Person um Gottes willen Krieg führen (*wa-jahadu biamwalihim waanfusihim fi sabili llahi*). Das sind die Wahrhaftigen.

---

438 Vgl. dazu unten die Ausführungen in „II 2.3.2.3".
439 Vgl. *qaiduna* = „die sitzen bleiben"; vgl. dazu oben Anm. 349.

49:16 Sag: ‚Wollt ihr Gott über eure Religion belehren, wo Gott weiß, was in den Himmeln und auf der Erde ist …"

In Sure 49 ist zwar mehrfach von Spannungen und Reibereien unter den Gläubigen die Rede (vgl. v. 9, 11, 14); aber nichts deutet daraufhin, dass das mit unterschiedlichen Einstellungen zur Frage kriegerischer Aktionen zusammenhängt. Daher ist 49:15 als Einschub eines Interpolators verdächtig[440], der im Nachherein zu den Ausführungen über die Glaubensdefizite der Beduinen in v. 14 hervorheben will, was den eigentlichen Glauben ausmacht[441] nämlich, sich ganz *mit eigenem Vermögen und der eigenen Person* für die Sache Gottes zu engagieren (*wa-jahadu bi'amwalihim wa'anfusihim fi sabili llahi*). Das erinnert an die Sichtweisen der Autoren von 4:95; 8:72; 9:20, 44, 81, 88, 111; 61:11.

2.2.4 Zu Sure 47:4, 20, 35

Abgesehen von 47:4 und 20 (vgl. noch v. 35) kann man im sonstigen Aussagegefälle der Sure nirgends Hinweise dafür finden, dass an kriegerisch ausgetragene Konflikte zwischen Gläubigen und Ungläubigen gedacht sein könnte.

Mit seiner Aufforderung, die Ungläubigen niederzukämpfen, gefangen zu nehmen etc., ist 47:4 wegen seines Inhalts und seines Umfangs im Vergleich zu den Kontextversen und der Art seiner Verklammerung im jetzigen Kontext[442] als Nachtrag einzustufen. Der verantwortliche Interpolator will es offensichtlich nicht lediglich bei den im Kontext vorgegebenen Ausführungen zu den „Ungläubigen" bewenden lassen, dass sie irgendwann im Höllenfeuer (vgl.47:12) landen; sie sollen als Feinde jetzt schon bekriegt werden.

Die erste Vershälfte mit dem Hinweis, wie mit Gefangenen umzugehen sei, erinnert an 8:67[443]!

47:4a „Wenn ihr auf diejenigen trefft, die ungläubig sind, dann haut auf den Nacken[444], bis dass ihr sie ganz niedergekämpft habt. Dann legt sie in Fesseln; danach entweder Gnade oder Lösegeld, – bis der Krieg seine Lasten ablegt. So ist es."

Die zweite Vershälfte 47:4 wirkt nicht wie die direkte Weiterführung der vorausgehenden Aufforderungen:

---

440 49:16 setzt die Ihr-Anrede von 49:14 fort!
441 Die engen wörtlichen Berührungen zwischen 49:15 und 61:11 könnten ein Indiz dafür sein, dass der Interpolator sich an 61:11 orientiert, also die insgesamt von Militanzpropaganda geprägte Sure 61 vor Augen hatte.
442 Vgl. die Wiederaufnahme von v. 2Ende „und er bringt ihre Sache in Ordnung" in v. 5Ende.
443 Vgl. dazu die Ausführungen oben nach Anm. 218.
444 Vgl. ähnliche Anweisungen in 8:12Ende.

47:4b: „Und wenn Gott wollte, würde er sich (selbst) gegen sie helfen[445]; aber er will damit die einen von euch durch die anderen prüfen. Und denjenigen, die auf dem Weg Gottes getötet werden, wird er ihre Werke nicht fehlgehen lassen".

Der hier zuständige Autor ergänzt nachträglich eine generell geltende theologische Aussage. Indem er Autor zunächst betont, dass Gott sich wohl selbst helfen könne, gibt er zu, dass Gott zur Durchsetzung seiner Anliegen keine Helfer braucht; der Verweis darauf, dass die Kämpfer als Helfer Gottes wirken können und sollen, leuchtet also nicht als eine Motivierung zum Kampf ein, wie das noch in 47:7 propagiert war: „O die ihr glaubt, wenn ihr Gott helft, hilft er euch und festigt eure Füße"[446]. Dieser Schwachstelle soll offensichtlich die anschließende Belehrung abhelfen, kriegerisches Engagement im Auftrag Gottes bleibe deswegen angesagt, weil sich gerade auf diesem Wege die Glaubensstandhaftigkeit bis zur Todesbereitschaft beweisen müsse[447].

Was Gott genau mit der Prüfung der Gläubigen erreichen will, erschließt sich aus der Schlussbemerkung, dass Gott sich derer annimmt, „die auf dem Weg Gottes getötet werden". Demnach sollen die Gläubigen in den Kämpfen geprüft werden, ob sie bereit sind, sich für Gott auch konsequent auf Kosten der eigenen Person[448], also des eigenen Lebens einzusetzen. Diese Auffassung vertritt auch der Autor von 3:152b; für ihn dient der Kampf als Prüfung Gottes dazu, diejenigen, „die das Diesseits" wollen, von denen zu unterscheiden, „die das Jenseits wollen" (also den Tod riskieren können).

Anders versteht der Autor von 9:16 (spätere Ergänzung[449]) die kriegerischen Auseinandersetzungen als von Gott zugelassene Prüfverfahren, um zu erkennen[450]), wer sich im *Jihād* ausschließlich auf Gott, dessen Gesandten und die Gläubigen verlassen hat, also keine falschen Allianzen eingegangen ist[451].

47:20: „Und diejenigen, die glauben, sagen: ‚Warum wurde keine Sure herabgesandt?' Wenn aber eine eindeutige Sure herabgesandt wird und darin der Kampf erwähnt wird,

---

445   So Parets wörtliche Übersetzung von *la-ntaṣara min-hum*; vgl. dazu in 47:7 die Aussage „O die ihr glaubt, wenn ihr Gott helft, hilft er euch (*in tanṣuru llaha yanṣurkum*) und festigt eure Füße".

446   Vgl. ferner 22:40.

447   Vgl. ferner zu 47:4b unten den Abschnitt „IV 2.1.2.1" bei Anm. 751.

448   Vgl. dazu oben die Textbelege nach Anm. 441.

449   Vgl. dazu oben vor Anm. 313.

450   Vgl. ähnlich 3:142, ferner 3:140.

451   Vgl. ähnlich 3:166f. mit dem Hinweis auf eine Kriegssituation als Möglichkeit, bestimmte Kreise als „Heuchler" zu decouvrieren; vgl. dazu unten bei Anm. 556.- Zu sonstigen Hinweisen auf Prüfungen (*bala*) Gottes ohne kriegsthematischen Kontext vgl. z.B. 16:92; 21:35; 18:7; 11:7; 67:2; 5:48.

siehst du diejenigen, in deren Herzen Krankheit ist, auf dich schauen, wie einer schaut, der vor dem Tod ohnmächtig wird".

Dieser Vers enthält den Hinweis auf eine Gruppierung von Gläubigen, die mit der Möglichkeit von Kämpfen konfrontiert daraufhin wie in Todesangst geraten reagieren würde, m.a.W. sich als in keiner Weise einsatzfähig für Kämpfe verweigert. Die Formulierungen des hier zuständiges Autors erinnern an Einschätzungen der Autoren von 8:6 und 33:18f. (vgl. auch 4:77). Zusätzlich zu zahlreichen sonstigen Hinweisen zum Unterschied zwischen Ungläubigen und Gläubigen wird vermerkt, dass auch die bei einigen Gläubigen übliche Weigerung, zu kämpfen, als Glaubensdefizit gilt.

Eine stringente Verknüpfung von 47:20 mit dem Kontext ist nicht erkennbar; nach 47:18f. mit dem Verweis auf die mögliche Nähe des Endgerichts („… dass die Stunde plötzlich kommt") und mit der Aufforderung, um Vergebung zu bitten, kommt 47:20 recht abrupt[452].

47:35 warnt vor voreiligen Friedensschlüssen, wo doch der Endsieg garantiert ist.

2.2.5 Zu Sure 22:38–40 und 22:58f.

22:38–40: „Gewiss, Gott verteidigt diejenigen, die glauben. Gewiss, Gott liebt keinen, der verräterisch ist und undankbar. 39 Erlaubnis gibt es für die, die kämpfen[453], weil ihnen Unrecht zugefügt wurde, und Gott hat gewiss die Macht ihnen zu helfen, 40 (denen) die zu Unrecht aus ihren Wohnstätten vertrieben wurden, nur weil sie sagen: ‚Unser Herr ist Gott'. Und wenn Gott nicht die einen Menschen durch die anderen abgewehrt hätte, so wären fürwahr Klausen, Kirchen, Bethäuser und Gebetsstätten (*masajiduna*) zerstört worden, in denen der Name Gottes so oft erwähnt wird. Und Gott wird sicher dem helfen, der ihm hilft. Gewiss, Gott ist stark und mächtig."

Diese Verse 22:38–40 mit Anspielungen auf kriegerische Situationen (Erlaubnis zum Kämpfen, Gottes Hilfe etc.) kommen nach den vorausgehenden kultisch-rituellen Anweisungen überraschend. Sie sind als Einschub einzustufen; denn zu 22:37Ende „… und verkünde frohe Botschaft den Gutes Tuenden" (*muhsinina*) bildete ursprünglich 22:41 die Fortsetzung mit „die …, das Gebet verrichten, die Almosensteuer entrichten …"[454]. Dem Interpolator geht es darum, kriegerische Aktionen zu rechtfertigen und die entsprechend Engagierten auch als Recht-

---

452 Ob der Autor von 47:20 auch noch 47:21–23 verfasst hat oder hier die Weiterführung von 47:19 vorliegt, ist unklar.

453 Diese Lesart ist der Lesart „… die bekämpft werden" vorzuziehen.

454 Zur Weiterführung des Hinweises auf die „Gutes Tuenden" vgl. ähnlich 31:3–5: „… 3 eine Rechtleitung und Barmherzigkeit für die Gutes Tuenden (*muhsinina*), die das Gebet verrichten, die Almosensteuer geben …".

geleitete Gottes (hinter 22:37) zu klassifizieren und als „Helfer" Gottes vorzustellen[455].

Der Hinweis auf unterschiedliche Kultstätten (Klausen, Kirchen, Bethäuser neben *masajida*), worin „des Namens Gottes oft gedacht wird", sowie auf die Gefahr ihrer Zerstörung, hat möglicherweise Auseinandersetzungen bereits im palästinischen Bereich im Blick; denn diese Auflistung wie auch der Plural *masajida llahi* („Kultstätten Gottes"[456]) und auch die auffällige Formulierung in 7:29 „bei jeder Kult/Gebetsstätte" *inda kuli masjidin* (so auch 7:31)[457] könnten darauf hindeuten, dass inzwischen (abgesehen von Mekka und Medina?) weitere „Kult-/ Gebetsstätten" eingerichtet oder sogar von jüdischen oder christlichen Glaubensgemeinschaften übernommen[458] in muslimischer Hand waren[459], so dass hier also die schließlich forciert einsetzende Ausweitung des islamischen Machtbereichs im Blick wäre.

Mit 22:58–61 betont der hier verantwortliche Interpolator, dass die, die im Kampf getötet werden, von Gott bestens versorgt werden[460], also zu denen zu zählen sind (22:56), „die glauben und rechtschaffene Werke tun" und „in den Gärten der Wonne" (22:56) sein werden.

2.2.6 Zu Sure 5:20–26 und 5:33–35 sowie 5:52–54

Abgesehen von diesen drei Textpassagen werden in dieser Sure (v. 1–120) sonst nirgends kriegsthematische Fragen berührt.

Für die Textfolge 5:20–26 ist weder eine direkte Verknüpfung zu den vorausgehenden noch zu den anschließenden Versen erkennbar. Erinnert wird hier an jene Situation, als Mose sich mit Leuten aus seinem Volk auseinandersetzen muss, die sich weigerten, sich den Zugang zum Land zu erkämpfen[461].

5:24: „Sie sagten: ‚O Mose, gewiss werden wir es (das Land) niemals betreten, solange sie darin sind. Geh doch du und dein Herr hin und kämpft! Wir werden hier sitzen bleiben".

---

455 22:40 „… *wa-la-yanṣuranna llahu man yanṣuruhu*; vgl. dazu oben die Ausführungen zu 47:4b nach Anm. 445.

456 Vgl. zum Plural „Kultstätten" (*masajida llahi*) im Koran 72:18; 9:17f.; 2:114.

457 Vgl. dazu Bells Vermerk (*Commentary*, S. 225), diese Wendung „seems to refer to sanctuaries in general, as we can hardly suppose many Moslem places of worship to Allah alone".

458 Vgl. dazu die Hinweise Hoylands, *Seeing Islam*, S. 564f.; vgl. auch Dye, „Lieux saints communs", S. 114f; vgl. auch Badawi, *Aramaic Gospel Traditions,* S. 70: „… the standard word for house of worship or church in the Qur'ān is *masjid* …, which comes from (Christian?) Aramaic *masgêd*".

459 Vgl. auch die Hinweise oben zu 9:107–109 nach Anm. 399.

460 Vgl. ähnlich 3:195; 4:74.

461 Vgl. dazu Num Kap. 13/14.

Dass der hier zuständige Autor den Gegnern Moses gezielt die Worte in den Mund legt (5:24) „Wir werden hier sitzen bleiben" (*,inna hahuna qaʿiduna*)[462], lässt erkennen, dass er dabei die Kreise unter seinen zeitgenössischen Gläubigen vor Augen hatte, die in aktuellen kriegerischen Auseinandersetzungen ebenfalls „sitzen blieben", sich also militantem Vorgehen verweigerten[463]. Seine Interpolation soll bewirken, dass die sog. „Sitzenbleiber" seiner Zeit gleichzusetzen sind mit denjenigen, die einst dem Gesandten Mose und damit Gott den Gehorsam verweigerten. M.a.W.: Wie einst diejenigen, die Mose den Gehorsam verweigert und „sitzen" blieben, vor Gott als „Volk von Frevlern" abqualifiziert galten, so steht es auch mit den aktuellen Verweigerern. Wie damals gilt auch aktuell solches Verhalten als verdammenswert. Der für 5:20–26 verantwortliche Autor argumentiert also mit seinen Kenntnissen von biblischen Erzählungen in oder nach Num 13/14[464]. Offensichtlich war es diesem Autor wichtig, mit dem Rückverweis auf eine Episode in der ihm zugänglichen Mosegeschichte den Verweigerern gegenüber belegen zu können, dass es in bestimmten Situationen gegen den Willen Gottes verstieß, nicht selbst zu kämpfen[465].

In 5:33–35 wird versichert, dass Feinde, die auf Krieg gegen Gott und seinen Gesandten aus sind und Unheil auf der Erde anrichten, ein schlimmes Ende zu erwarten haben. Ungeklärt ist, wie die gesamte Textfolge 5:20–35 entstanden sein könnte.

Die wenig konkreten Hinweise in 5:52–54 dürften Gruppen unter den Gläubigen im Blick haben, die die Konfrontation im Kampf vermeiden wollen, die dann im Vergleich zu den für den Kampf auf Gottes Weg Engagierten (*yujahiduna fi sabili llahi*) als die von der Religion Gottes abgefallen dastehen (vgl. 5:54Anfang). Die Wiederaufnahme des Themas „die wahren Freunde, Schutzherren" aus 5:51 in 5:55ff. ist ein Indiz dafür, dass 5:52–54 eine spätere Interpolation darstellt.

Fazit zu 5:20ff., 52–54: Für den oder die für diese Texte zuständigen Bearbeiter können die bei kriegerischen Aktionen abseits Stehenden nicht mehr unter die wirklich Rechtgläubigen gezählt werden. Bemerkenswert ist, dass der Autor von 5:20–26 biblische *stories* zur Absicherung seiner Position und als Argumentationshilfe gegen die Verweigerer („die sitzen bleiben") einsetzt[466]. Im Vergleich dazu wirkt die Position des Autors von 4:95 (vgl. dazu unten z. St.) gegenüber solchen Verweigerern verbindlicher bzw. versöhnlicher[467].

---

462 Die biblische Erzählung selbst enthält keinen direkten Anhaltspunkt, die dem Autor von 5:20–26 die Formulierung „wir werden hier sitzen bleiben" (*qaʿiduna*) nahe gelegt hätte; nach Num 14:1–10 plante das Volk sogar, nach Ägypten zurückzukehren.

463 Vgl. dazu ausführlicher oben zu Sure 9:81ff. nach Anm. 379.

464 Vgl. dazu Speyer *Die biblischen Erzählungen*, S. 337–340.

465 Vgl. weitere Erwägungen unten nach Anm. 760.

466 Vgl. ähnlich die Berücksichtigung biblischer Erzählungen bei der Textkonzipierung in 2:246–252 mit den Anspielungen auf Saul, David und Goliath; vgl. dazu weiter unten bei Anm. 586 und Anm. 763.

467 Vgl. hierzu auch die Ausführungen oben zu 8:72ff.

2.3 Umfangreichere Textpassagen

2.3.1 Zu Sure 33:9–27 und 33:60–62

Sure 33:1–73 befasst sich in den Passagen 33:1–6 und 33:28–40, 49–59 überwiegend mit Fragen, die den Stand der Gattinnen und Frauen des Propheten und die Einstellungen ihnen gegenüber betreffen. Sonst verweisen 33:41–48 auf den Propheten als Warner etc. und „lichtspendende Leuchte". Die Schlusspassage 33:63–73 rückt das Endgericht in den Blick und warnt und mahnt entsprechend.

Im Vergleich zu diesen Themen wirken die kriegsthematisch orientierten Textfolgen 33:9–27 sowie 33:60–62 mit Todesdrohungen gegen Unruhestifter „in der Stadt" auffällig. Dazu kommt, dass 33:9–27 den Zusammenhang der Ausführungen zu den „Gattinnen des Propheten" zwischen 33:1–6 und 33:28ff. unterbricht, also als erst nachträglich hier verklammert gelten muss[468].

Der für 33:9–27 verantwortliche Autor will daran erinnern, dass Gott in kritischen Kriegszeiten den Kämpfern hilfreich zur Seite stand (vgl. 33:9–11 und 25–27). Es geht ihm ferner um den Nachweis, dass im Vergleich zu den Gläubigen, die sich für kriegerische Aktionen engagieren, die Ängstlichen unter den Gläubigen, die Unentschlossenen etc., die sich verweigern (33:12–24) und als Heuchler bezeichnet werden (33:12, 24), gar nicht zu denen zählen können, die glauben (33:19Ende).

33:18 „Gott kennt wohl diejenigen von euch, die behindern[469] und die zu ihren Brüdern[470] sagen: ‚Kommt her zu uns!' Und sie lassen sich nur wenig auf Gewalt ein[471], 33:19 und sind dabei euch gegenüber habsüchtig. Wenn aber die Angst sich einstellt, siehst du, wie sie dich mit kreisenden Augen anschauen wie einer, der vor dem Tod ohnmächtig wird. Wenn dann die Angst gewichen ist, verletzen sie euch mit scharfen Zungen … Jene haben nicht geglaubt (sind nicht gläubig), und Gott macht ihre Werke hinfällig".

Welche konkreten Vorgänge der Autor vor Augen hat oder auf welche umlaufenden *stories* bzw. Ereignisse er anspielt, lässt sich nicht klären. Nach der traditionellen islamischen Koraninterpretation soll sich die Passage 33:9–27 auf Ereignisse beziehen, die sich im Zusammenhang mit dem sog. „Grabenkrieg" um Medina abgespielt hätten[472]; aber dazu gibt es in den Ausführungen in 33:9–27

---

468 Nöldeke (GdQ I, S. 208) betont: „Die Anordnung der einzelnen Teile dieser Sure entbehrt eines sachlichen Prinzipes".
469 Paret übersetzt: „die Quertreiber sind, die …".
470 Vgl. 3:168.
471 Die Wiedergabe mit „sie lassen sich nur wenig auf den Kampf ein" oder mit „doch kommen sie nur selten zum Kampf" (Bobzin) oder mit „sie nehmen nur in geringem Umfang am Kampf teil" (Paret) ist nicht ganz korrekt; gemeint ist eher „sie neigen nur selten zu Gewalt" (*ba's* = „Stärke", zu *ba's* in 4:84 vermerkt Paret: „aggressive Gewalt").
472 Vgl. Parets Hinweis (*Kommentar*, S. 398).

keinerlei konkrete Hinweise; und dass sich in den überlieferten *stories* über den „Grabenkrieg"[473] tatsächlich Aussagen und Impulse aus 33:9–27 widerspiegeln, ist nicht zu sehen.

Dass der Autor dieser Passage kriegsbezogene Vorgänge mit dem Propheten in Verbindung bringt, resultiert aus seinem Anliegen, im koranischen Textgut im Nachherein die Belege dafür zu liefern, dass Gott und sein Gesandter das kriegerische Engagement auf dem Weg Gottes als Praktizierung des „wahren Glaubens" angesehen haben.

In 33:60–62 ist noch einmal von Heuchlern die Rede; hier wird nur lapidar moniert, dass sie für Unruhe „in der Stadt"[474] sorgen; deswegen sollen sie vernichtet werden (33:61).

33:60 „Wenn die Heuchler und diejenigen, in deren Herzen Krankheit ist, und diejenigen, die in der Stadt beunruhigende Gerüchte verbreiten, nicht aufhören, werden wir dich ganz gewiss gegen sie antreiben. Hierauf werden sie nur noch kurze Zeit deine Nachbarn sein. 33:61 Verfluchte. Wo immer sie angetroffen werden, werden sie ergriffen und gnadenlos getötet."

Über die „Heuchler" hatte der Autor von 33:9–27 zuvor in der Textfolge v. 12–24 umfassender informiert und deren Fehlhaltungen im Umfeld von *Yathrib* (33:13) angezeigt. Zudem gelten sie ihm als ursprünglich Gläubige[475]. Insgesamt wirkt die Version 33:9–27 wie eine Zusammenstellung von nachträglich eingeschobenen Hintergrundinformationen, die im Vergleich zu den knappen Hinweisen dann in 33:60–62 ausführlicher die Gläubigen davor warnen, auf die Seite der Heuchler abzuleiten und das kriegerische Engagement Gott zu verweigern. In 33:60–61 geht es im Grunde nur um die Klarstellung, dass Unruhestifter in einer (bestimmten?) Stadt zu liquidieren sind. 33:62 entspricht wörtlich 48:23 und versichert, das entspreche dem schon immer üblichen von Gott sanktionierten Verfahren.

Der Textcharakter dieser Passage 33:60–62 an sich spricht dafür, dass diese Anweisungen nicht erst für eine Verklammerung im koranischen Textgut konzipiert worden sind; sie klingen wie eine Antwort auf die Anfrage, wie mit bestimmten Oppositionellen „in der Stadt" zu verfahren sei. Im ursprünglichen „Sitz im Leben" dieses Textes muss der Angesprochene noch gar nicht der Gesandte oder Prophet gewesen sein. Handelt es sich um einen Auszug aus einem Schreiben eines höheren Befehlshabers an einen Besatzungskommandanten einer militärisch eingenommenen und verwalteten Stadt?

Zur Erklärung der auffälligen Verklammerung dieser Verse hinter 33:59 (mit Anweisungen an den Propheten im Blick auf seine Gattinnen) und vor 33:63 (mit dem Hinweis auf die mögliche Nähe des Endgerichts): Der Interpolator könnte

---

473 Vgl. dazu z.B. Ibn Ishaq, *Das Leben des Propheten*, in Rotters Übersetzung, S. 165ff.
474 *fi-l-madinati*; zum Wirken von „Heuchlern in der Stadt" vgl. 9:101.
475 Aber: „sie haben nicht (wirklich) geglaubt" (33:19).

die ihm wie auch immer zugängliche Textfolge 33:60–62 so verstanden haben, dass mit den hier neben den Heuchlern erwähnten Leuten, „in deren Herzen Krankheit war", diejenigen gemeint waren, vor denen in 33:32 die Frauen des Propheten gewarnt wurden. Auf der Suche nach einer Interpolationsmöglichkeit lag es nahe, diese Verse hinter den letzten Anweisungen des Propheten an seine Gattinnen in 33:59 unterzubringen. Zugleich waren damit die zuvor in 33:58 Erwähnten, die Frauen Leid zufügen und verleumden, in 33:60 als diejenigen gekennzeichnent, „in deren Herzen Krankheit ist".

2.3.2 Zu Sure 4:71–104

2.3.2.1 Vororientierung zu Sure 4:1–176

Die Textverhältnisse dieser Sure sind durchweg wenig durchsichtig und schließen aus, dass die Sure einheitlich von ein und derselben Hand konzipiert worden sein könnte. Schon deswegen ist eine zutreffende Einschätzung der umfangreichen kriegsthematisch orientierten Ausführungen in 4:71–104[476] erschwert. Dazu kommt, dass die Abfassung auch dieser Textfolge selbst kaum auf nur einen Autor zurückgeführt werden kann[477].

Dass 4:71–104 innerhalb von Sure 4 eine Sondergröße darstellen, wird zumal daran deutlich, dass in den vorausgehenden wie auch anschließenden Textpassagen[478] der Sure der Themenbereich „Kampf und Krieg" keine Rolle spielt.

In 4:1–35 geht es um Fragen des Umgangs mit Waisen, um Erbrecht, das Verhältnis zwischen Männern und Frauen, Heirats- und Scheidungsrecht. Zu beachten ist, dass die Sure mit der Anrede „O ihr Menschen" einsetzt (so auch wieder in 4:170, 174; die Gläubigen sind in 4:19, 29 angeredet).

4:36–43 enthält Mahnungen zu sozialem Verhalten und Regeln für das Gebet.

4:44–58 setzt sich kritisch mit den sog. Schriftbesitzern auseinander.

4:59–70 konzentrieren sich auf Fragen der Autorität des Gesandten und enthalten die doppelte Aufforderung in v. 59 und v. 69 zum Gehorsam Gott und dem Gesandten gegenüber. Dabei hat diese Passage Streitigkeiten unter den Gläubigen im Blick (4:59[479]) und verweist auf Kreise unter den Gläubigen, deren Glaube als defizitär (vgl. v. 60f., 65) gelten muss.

---

476 Offen bleiben muss hier, ob auch 4:66–70* aus Militanz propagierender Sicht konzipiert ist (nachträglich vorgeschaltet?).

477 Vgl. dazu die Hinweise unten im Abschnitt „2.3.2.2".

478 Eine Ausnahme bildet lediglich 4:141 mit Hinweisen auf Heuchler (vgl. die Kontextaussagen über Heuchler), die in Kriegssituation ihr Fähnlein nach dem Wind ausrichten.

479 4:59 erwähnt anders als 4:69 (vgl. auch 4:64) auffälligerweise neben Gott und dem Gesandten als eine weitere Instanz „die Befehlshaber" (die „die Befehlsgewalt haben"; vgl. so auch 4:83), denen ebenfalls Gehorsam zu schulden ist; mit Verweis auf 4:83 kann man er-

4:105–115 mit der Du-Anrede an den Gesandten in v. 105–107 und 113 betont die Herabsendung des „Buches" an den Gesandten (4:105 und 113) und dessen Aufgabe als Richter (vgl. 4:65) sowie die Folgen der Abkehr von dessen Rechtleitung (4:115).

4:116–121 ist als nachträglicher Einschub über die Irreführungen Satans[480] einzustufen.

4:122–126 leitet in v. 123 über zu den „Leuten der Schrift"; die ursprüngliche Weiterführung in 4:131ff. unterbricht der Einschub in 4:127–130 über den Umgang mit Frauen[481].

4:131–136 verweist die Gläubigen auf „das Buch, das er seinem Gesandten offenbart und die Schrift, die er zuvor herabgesandt hat" (4:136 und 4:131).

4:137–149 äußern sich über die abgefallenen Gläubigen und Heuchler sowie die Ungläubigen.

4:150–170 betonen die Rolle und Bedeutung von Gottes Gesandten und Propheten (vgl. 4:150, 152, 155, 163, 164f., 170) mit Ergänzungen über Fehlverhalten von den „Leuten der Schrift" gegenüber dem Gesandten (4:153) und generell (4:153–162*).

4:171f. an „die Leute der Schrift" ist ein später Einschub. Dass 4:174 wie eine teilweise Wiederholung von 4:170 wirkt oder umgekehrt 4:170 wie eine Vorwegnahme von 4:174, ist auf das literarische Verklammerungsverfahren des hier verantwortlichen Interpolators zurückzuführen; einer von den beiden mit „O ihr Menschen" eingeleiteten Verse 170 und 174f. fungierte ursprünglich als Abschluss zu den vorausgehenden Ausführungen[482] (und wahrscheinlich der Sure insgesamt).

Im Blick auf diese knapp skizzierte Themenfolge scheint jedenfalls nicht von vornherein klar, inwiefern ein Kampf und Krieg thematisierender Komplex wie 4:71–104 stimmig dazugehört. Es gibt keinerlei Anhaltspunkte dafür, dass eine erste Version der Sure auf die Einbeziehung von kriegsorientierten Ausführungen angelegt gewesen sein könnte.

Zudem sprechen folgende Beobachtungen dafür, dass 4:71–104 erst nachträglich zwischen 4:65 und 4:105 interpoliert wurde, also nicht eine auf die übrigen Passagen der Sure abgestimmte Textfolge[483] darstellt.

Wie in 4:65 (Du-Anrede) dem Hinweis auf den Gesandten als den, der zwischen ihnen richten wird, und der Wiederaufnahme bzw. Fortsetzung dieses Themas in 4:105[484] (Du-Anrede) zu entnehmen ist, war eine ursprüngliche Textfolge 4:1–65/4:105ff. vorgegeben. Dieser Textzusammenhang wurde durch die Inter-

---

wägen, ob 4:59 wie 4:83 aus Militanz propagierender Sicht formuliert ist (vgl. zum Thema „Streit unter den Kämpfern" 8:43 und; 3:152).

480　4:121 knüpft wieder an das Ende von 4:115 an (Stichwort „Hölle").

481　4:131 kommt auf 4:126 zurück.

482　4:176 gilt als späte Ergänzung (vgl. Paret, *Kommentar*, z. St.); vgl. 4:12

483　Zu 4:66–70 vgl. oben Anm. 476.

484　Vgl. dazu ähnlich 5:48, 49.

polation von 4:71–104* (möglicherweise zunächst in einer im Vergleich zur jetzigen Textfolge früheren Version) auseinandergerissen.

Kaum zu klären ist, ob die für die Konzipierung von 4:71–104* zuständigen Autoren ihr Textprodukt von vornherein mit der Absicht für die Verklammerung in Sure 4 konzipiert hatten oder für diesen Textkomplex erst im Nachherein einen passenden Ort schließlich in dieser Sure entdeckten. Sicher ist in jedem Fall, dass die Autoren diese Texte und damit ihr eigenes spezifischen Aussaganliegen gezielt in dieser Sure unterbringen wollten, und das offensichtlich deswegen, weil nach ihrer Überzeugung dergleichen in der vorgegebenen Sure fehlte. Die Aussagerichtung dieser Sure war in ihren Augen erst komplett und stimmig, wenn sie erkennbar auch die positive Einstellung zu einer militant durchgeführten Aneignung der Welt anzeigte. Das nicht weniger wichtige Anliegen war natürlich, dass damit zugleich die Propagierung von Militanz und die entsprechende Praxis als koranisch legitimiert ausgewiesen gelten musste.

Die Hinweise auf Streitigkeiten unter den Gläubigen und auf Glaubensdefizite in 4:59–65[485] dürften der Grund gewesen sein, gerade hier anschließend auf Spannungen und Auseinandersetzungen einzugehen, die sich auf Grund konträrer Haltungen gegenüber einer Beteiligung an kriegerischen Aktionen unter den Gläubigen ergeben hatten[486]. Hinter 4:59–65 konnten die Interpolatoren deutlicher machen, dass Ungehorsam gegenüber dem Gesandten in Sachen des Krieges (vgl. 4:80ff.) nichts anderes ist als Ungehorsam Gott gegenüber in Sachen des Glaubens (vgl. 4:59, 64, 69).

2.3.2.2 Sure 4:71–104 – Analysen

Die gesamte Textfolge 4:71–104 ist nicht aus einem Guss.

4:71 setzt hinter 4:49–70 (Thema: Gehorsam gegenüber Gott und dem Gesandten) abrupt ein mit einer Anweisung an die Gläubigen, bei kriegerischen Aktionen[487] vorsichtig und umsichtig vorzugehen („auf der Hut" zu sein); das klingt wie ein „Tagesbefehl" im Feldlager an die Truppe im Blick auf eine geplantes Unternehmen[488]. Der Vers dient jetzt als „Aufhänger", in 4:72ff. die für den Autor wichtige Problematik verhandeln zu können, dass unter den Gläubigen eine Gruppe von Zögerlichen oder Verweigern ist, die die „Vorschrift zum Kampf" (v. 77) hinterfragen, sich also von den Glaubenskämpfern absetzen (4:72–77). Dazu kommen Klarstellungen im Blick auf die Frage des Gehorsams dem Ge-

---

485 Vgl. auch die Berührungen zwischen 4:60 und 4:76 („falsche Götter" *taghut*); vgl. dazu 2:256; 5:60; 16:36; 39:17; vgl. ferner das Stichwort „Heuchler" in 4:61 und die Ausführungen dazu in 4:88ff.
486 Zur Position von 4:66–70 vgl. oben den Hinweis in Anm. 476.
487 Vgl. zur Aufforderung „rückt aus" 9:83, 41.
488 Vgl. zu ähnlichen Texten oben die Erwägungen nach Anm. 248.

sandten und Gott gegenüber (4:80ff.). 4:88–91 handeln von sog. „Heuchlern", die nicht vertrauenswürdig sind, bevor sie „auf dem Weg Gottes auswandern" (v. 90). Es folgen weitere diverse Klarstellungen, wie in bestimmten Kriegssituationen zu verfahren ist, bis hin zu den Anweisungen zur Gebetspraxis unter Waffen in Kampfgebieten in 4:102f.[489].

Das literarische „Wachstum" der gesamten Passage 4:71–104 kann hier nicht im Einzelnen sondiert werden. Immerhin lässt sich für die jetzt vorliegende Endversion von 4:71–104 an einigen Beispielen zeigen, dass einige Textanteile als spätere, sogar mehrstufige Nachträge einzustufen sind, so z.b. 4:88–94.

Während sich 4:71–87 darauf bezieht, dass es unter den *Gläubigen* neben den Kämpfern auch Kreise gab, die Kriegszügen reserviert gegenüberstehen oder sich erst gar nicht beteiligen, und dann in 4:95ff. diese Konstellation[490] wieder angesprochen ist, behandeln die Autoren der Textfolge 4:88–91.92–94 ganz andere Problemstellungen, nämlich wie die Beziehungen zu den *Ungläubigen* (vgl. 4:89a) zu gestalten sind, bzw. welche Voraussetzungen gegeben sein müssen, um im Bereich anderer Völker (vgl. v. 90f.) Abkommen zu treffen, und welche Regeln dann zu beachten sind (vgl. 4:92–94[491]).

4:88 „Was ist mit euch, dass ihr den Heuchlern gegenüber zwei Parteien seid, wo sie doch Gott wegen dessen, was sie verdient haben, umgekehrt hat? Wollt ihr denn rechtleiten, wen Gott in die Irre gehen lässt? …

4:89 Sie möchten gern, dass ihr ungläubig werdet, so wie sie ungläubig sind, so dass ihr gleich wäret. Nehmt euch daher von ihnen keine Freunde, bevor sie nicht auf dem Weg Gottes auswandern. Wenden sie sich jedoch ab, *so ergreift sie und tötet sie, wo immer ihr sie* findet und nehmt euch von ihnen weder Freund noch Helfer,

4:90 außer denjenigen, die zu einem Volk gelangen, zwischen dem und euch ein Abkommen besteht oder die zu euch gekommen sind, weil ihre Brüste beklommen sind, gegen euch zu kämpfen oder gegen ihr Volk zu kämpfen. Wenn Gott gewollt hätte, hätte er ihnen Gewalt über euch gegeben, und dann hätten sie gegen euch wahrlich gekämpft. Wenn sie sich jedoch von euch fernhalten und dann nicht gegen euch kämpfen, sondern Frieden anbieten, so schafft euch Gott gegen sie keinen Weg. 91 Ihr werdet andere finden, die vor euch Sicherheit und vor ihrem Volk Sicherheit wollen. Jedesmal, wenn sie in Versuchung gebracht werden, werden sie darin zu Fall gebracht. Wenn sie sich nicht von euch fernhalten und euch nicht Frieden anbieten und nicht ihre Hände zurückhalten, *so ergreift sie und tötet sie, wo immer ihr sie* trefft.

Über solche haben wir euch deutliche Gewalt verliehen."

---

489 Die Aufforderung in 4:102Ende, immer „auf der Hut" zu sein, könnte ein gezielter Rückbezug auf den Eingangsvers 4:71 (vgl. jeweils *khudu hidrakum)* sein.
490 Vgl. dazu die Ausführungen unten im Abschnitt „2.3.2.3".
491 Ob diese Verse bereits die genuine Fortsetzung von 4:91 bildeten, kann hier offen bleiben.

Die Wiederaufnahme der Aussage aus 4:89 *„so ergreift sie und tötet sie ..."* in 4:91Ende dürfte ein Indiz dafür sein, dass 4:90f. hier erst nachträglich ergänzt ist, um zum einen auf Ausnahmen hinzuweisen (v. 90) und zum anderen die Art der Heuchelei zu konkretisieren (v. 91).

Die Autoren von 4:88–91 weisen daraufhin, dass man im Bereich anderer Völker oder Verbände unter möglichen Verbündeten mit zwischen den Fronten taktierenden Heuchlern rechnen muss und gegen solche einhellig Stellung beziehen soll. Mit „Heuchler" sind hier also nicht Kreise unter den Gläubigen selbst gemeint[492] oder die unentschiedenen oder zögerlichen Gläubigen[493]. Es geht in 4:88–89 darum, dass als Vertragswürdige bzw. Verbündete in einem Volk nur diejenigen in Frage kommen, die „auswandern", d.h. die sich entschieden haben, sich an den Kriegszügen der Glaubenskämpfer zu beteiligen[494]. Für den Fall jedoch, dass sie sich (wieder?) abwenden, sind sie als Feinde zu behandeln und zu liquidieren.

In 4:90 wird über die Ausnahmefälle informiert, über mögliche Überläufer aus einem Volk sowie all diejenigen, die in der Nähe und in der Ferne dem Kampf entsagen und Frieden anbieten; sie bleiben unbehelligt. Da aber, so 4:91, nicht auszuschließen ist, dass andere ihr friedliches Verhalten wieder aufgeben, gilt für diese, dass sie beseitigt werden müssen.

Dass die hier aus Militanz propagierender Sicht formulierte, nachträglich interpolierte Textfolge 4:88–91[495] sich auf geschichtliche Ereignisfolgen zwischen „Mekka und Medina" im Zeitrahmen bis zu Mohammeds Tod beziehen muss, wie die traditionelle Auslegung mit Verweis auf die erst im ersten Drittel des 9. Jahrhunderts verschrifteten *stories* über Mohammed als Kriegsherrn annimmt, kann man den Ausführungen selbst nicht entnehmen. Vielmehr passen hier gerade die Einzelbestimmungen, die das Verhältnis zwischen den gläubigen Kämpfern und Ungläubigen im Bereich eines Volkes regeln sollen, überhaupt nicht auf Gegebenheiten in Mekka und Medina seit 622, wie sie in der islamischen Tradition als historisch gegeben veranschlagt werden. Der Anlass für solche Regeln waren vielmehr Meinungsverschiedenheiten unter Gläubigen (4:88) über die Möglichkeit von freundschaftlichen Kontakten zu den Ungläubigen anderer Völker, die inzwischen in den Einflussbereich der muslimischen Kriegsführung geraten waren. Interessant ist, dass als Bedingung für Freundschaften mit ihnen nicht gefordert ist, dass sie gläubig sind oder werden[496], sondern dass sie sich an kriegerischen Ak-

---

492 Vgl. so 4:137ff.
493 Vgl. so 8:72 „die glauben und nicht ausgewandert sind".
494 Wie bereits oben dargelegt, sind mit den „Auswanderern" die gemeint (so mit Wellhausen), „welche in die grossen Militärdepots auswanderten, von wo aus der Krieg betrieben und geführt wurde"; vgl. dazu oben nach Anm. 238.
495 An der Konzipierung der Textfolge, wie sie jetzt vorliegt, waren sukzessiv mehrere Autoren beteiligt (vgl. oben den Hinweis auf die Wiederaufnahme der Aussage aus 4:89 in 4:91Ende.
496 Vgl. so z.B. 4:139, 144.

tionen beteiligen[497]. Ein solches Verhalten reicht demnach in „besetzten" Räumen als Garantie, dass man sich eindeutig auf die Seite der Besatzer geschlagen hat[498]. Die von den zuständigen Autoren angezeigte Problemstellung deutet auf eine bereits fortgeschrittene Phase expansiver Eroberungen und Zugriffe[499].

Auf die innergemeindlichen religiösen Spannungen, die die Propagierung und Realisierung militanter Weltaneignung unter den Gläubigen auslöste, müssen die Autoren von 4:88–94 nicht eingehen, weil davon ja im vorausgehenden Kontext die Rede war[500] und auch anschließend in 4:95ff. dazu Stellung genommen wird.

Oben war vermerkt, dass die ursprüngliche Fortsetzung der Aussagen in 4:71–87, die auf Gruppen unter den Gläubigen anspielen, die sich nicht am Kampf beteiligen wollen (v. 75), die sich zurückstellen lassen möchten (v. 77), in 4:95 vorliegen dürfte; denn dieser Vers hat offensichtlich vor Augen, dass sich die Gläubigen keineswegs einmütig an kriegerischen Aktionen engagieren wollten.

2.3.2.3 Sure 4:95 in textvergleichender Gegenüberstellung mit 9:41–49 und 9:81–90 sowie 8:72–75

4:95: „Nicht gleich sind diejenigen[501] unter den Gläubigen, die *sitzen/daheim bleiben* – außer denen, die eine Schädigung haben – *denen, die mit ihrem Vermögen und in eigener Person um Gottes willen Krieg geführt haben*"[502]. Gott hat denjenigen, die mit ihrem Vermögen und der eigenen Person Krieg führen, eine Rangstufe (*darajatan*) über denen gegeben, die *sitzen/daheim bleiben* (*qaʿiduna*). Aber allen hat Gott das Beste versprochen. Doch hat Gott die Kriegführenden (*mujahidun*) gegenüber denen, die *sitzen/daheim bleiben*, mit großartigem Lohn bevorzugt, 96 mit Rangstufen (*darajatin*) von ihm und Vergebung und Erbarmen. Gott ist barmherzig und bereit zu vergeben".

4:95 bezieht sich auf die zuvor schon in 4:72ff. wie auch in anderen Suren (vgl. z.B. 9:42ff.) angesprochene Konstellation unter den Gläubigen, dass bestimmte Krei-

---

497 Vgl. in 4:89 die Bedingung „auszuwandern"; vgl. dazu die Hinweise oben bei Anm. 494.

498 Vgl. dagegen anders die Forderung in 9:11. Zu prüfen wäre bei einem Vergleich zwischen den Ausführungen über die Gestaltung von Kontakten zu „Andersgläubigen" in 4:88ff. und in 9:1–37, ob und welche Textanteile hier jeweils ältere bzw. jüngere Einschätzungen widerspiegeln.

499 4:94 moniert rücksichtsloses, willkürliches Verhalten, um sich zu bereichern; der Hinweis, dass Gott „reichliche Beute" garantiert, signalisiert wohl auch, dass die Expansionsmöglichkeiten günstig sind.

500 In 4:72f., 75–77*, 81, 83 88 ist z.B. noch erkennbar, dass zur Frage solcher Kriege die Gläubigen geteilter Meinung waren.

501 Vgl. 57:10; vgl. oben vor Anm. 437.

502 So Parets Übersetzung von *wa l-mujahiduna fi sabili llahi biʾamwalihim waʾanfusihim*; Bobzin übersetzt: „die ... auf dem Wege Gottes kämpfen"; vgl. dazu schon oben Anm. 359 sowie unten Anm. 610.

se den Forderungen der Militanz propagierenden Richtung nicht nachkommen wollen. Es geht hier um die Frage, wie das Verhalten der sog. *qaʿiduna*, der Kreise „unter den Gläubigen", die „sitzen bleiben, daheim bleiben"[503], in den Augen Gottes gewichtet wird im Vergleich zu denen, „die glauben und ausgewandert sind und sich auf dem Weg Gottes *mit ihrem Vermögen und ihrer eigenen Person*" an kriegerischen Aktionen beteiligen (*wa-jahadu*)"[504].

Ein Vergleich mit sonstigen Texten, in denen von den „Daheimgebliebenen" die Rede ist, sowie anschließend mit den Ausführungen in 8:72–75 erhellt Folgendes:

4:95 und 9:41–49 sowie 9:81–90

Die Textfolge 9:41–49 richtet den Blick auf die Kreise, die der Aufforderung in 9:41 nicht folgten, „mit ihrem Vermögen und mit ihrer eigenen Person um Gottes willen Krieg zu führen", die also nicht entsprechend mit den Gläubigen „hinausziehen" bzw. hinausgezogen waren[505]. Die hier abschätzig Vorgeführten werden in 9:46 als solche gebrandmarkt, „die daheim bleiben/sitzen bleiben". In 9:42 wird solchen Leuten Lüge vorgeworfen, in 9:45 Unglaube. Die für diese Abfolge verantwortlichen Autoren ziehen hier also eine klare Trennungslinie: Solche Leute landen in der Hölle (9:49).

Diese klare Trennungslinie zwischen den „daheim/sitzen bleibenden" und denen, die „mit ihrem Vermögen und mit ihrer eigenen Person um Gottes willen Krieg zu führen" (9:81) ist auch in der Textfolge 9:81–90, 93–96 erkennbar[506].

4:95 und 8:72–75

In 8:72 ist von denen die Rede, „*die glauben und ausgewandert sind und mit ihrem Vermögen und in eigener Person um Gottes willen Krieg geführt haben*"[507], sowie Zuflucht und Hilfe gewährt haben. Der hier zuständige Autor differenziert zwischen eben diesen und denjenigen, die, obwohl Gläubige, „*nicht ausgewandert*" sind (*wa-lam yuhajiru*). Während zu den ersteren ein Freundschaftsverhältnis besteht, ist das letzteren verwehrt, bis auch sie „auswandern"[508]. In 8:72 geht es also darum, die Bedingungen klarzustellen, die erfüllt sein müssen, um einander als „Freunde" (*waliy*) (Gefolgsleute, Schutzherren) gelten zu können. Das „Auswandern" (inklusive Teilnahme an kriegerischen Aktivitäten) ist *conditio sine qua non*.

503 Vgl. zu *qaʿada* und Derivaten sonst 5:24; 3:168; 9:46, 81, 83, 86, 90.

504 Vgl. zu dieser Formulierung 9:20; sie ist sonst belegt ohne „die glauben und ausgewandert sind" in 9:41, 44, 81, [88], 111; 8:72; 49:15; 61:11.

505 Vgl. das Stichwort *kharaja* in 9:42, 46, 47.

506 Es sind „Frevler", vgl. 9:84, 96; sie sind „ungläubig", vgl. v. 85, 90; sie sind Abschaum, landen in der Hölle, vgl. v. 95.

507 So Parets Übersetzung; vgl. oben Anm. 502.

508 Vgl. zu *hajaru* sowie *muhajirun* u.ä. Hoyland oben in Anm. 238 und Anm. 494.

8:74 betont, dass nur diejenigen, die ausgewandert sind, zu den wahren Gläubigen zählen können:

„Und diejenigen, *die glauben und ausgewandert sind und um Gottes willen Krieg geführt haben*, und diejenigen, die Zuflucht gewährt und geholfen haben, *das sind die wahren Gläubigen. Für sie gibt es Vergebung und vortreffliche Versorgung.*"

Fazit: Im Unterschied zu den Äußerungen über die „daheim/sitzen Bleibenden" (bzw. Nicht-Ausgewanderten) in 9:41–49 sowie 9:81–90 und 8:72–75 geht es also dem Autor von 4:95 darum, klarzustellen, dass letztlich *Gott* deren Haltung im Vergleich zu denen bewertet, *„die mit ihrem Vermögen und in eigener Person um Gottes willen Krieg geführt haben".*

Seine Ausführungen sollen als Letztentscheid der höchsten Instanz gelten: Im Vergleich zu den für den Weg Gottes Engagierten genießen die daran Unbeteiligten („die sitzen bleiben") bei Gott zwar nicht die gleiche Wertschätzung, verdienen aber doch auch „das Beste"[509]. 4:95 beurteilt nicht wie 8:72ff. konkret situationsbezogen ein bestimmtes Verhalten, sondern rückt die ewigkeitsbezogenen Folgen in den Blick. Die in älteren Textfolgen betonte scharfe Ausgrenzung ist hier also aufgehoben, zumindest abgemildert.

Der Autor von 4:95 dürfte hier in einer späteren Phase der Frontstellung zwischen beiden Frömmigkeitsrichtungen zu vermitteln suchen. Deutlich urteilt er anders als z.B. der Autor von 8:74[510]; denn dieser erzeugt einen enormen Druck auf alle Zögerlichen und Verweigerer, indem er allein die in kriegerischen Auseinandersetzungen Engagierten als die „wahren Gläubigen" auszeichnet.

Resümee zu Sure 4:71–104: Die bisherigen Sondierungen ergeben[511], dass an der Konzipierung der Militanz thematisierenden Passage 4:71–104 mehrere Autoren beteiligt waren. Besonders zu beachten ist die Stimme in 4:95, die den Militanz ablehnenden Kreisen entgegen kommt; als Gläubige stehen sie zwar nicht auf der gleichen Rangstufe wie die Militanten in den Augen Gottes; aber immerhin wird ihnen letztlich das Paradies nicht vorenthalten.

---

509 Paret, *Kommentar*, z.St., ergänzt „das Paradies".
510 Vgl. dazu oben die Hinweise bei Anm. 103.
511 Auf eine erschöpfende Analyse der gesamten Passage mit weiteren vergleichenden Textgegenüberstellungen zu sonstigen Militanz thematisierenden Korantexten muss hier leider verzichtet werden.

2.3.3 Sure 48:1–29 und die Suren 59, 60, 61

2.3.3.1 48:1–29

48:1 setzt ein mit dem Hinweis auf einen von Gott ermöglichten „klaren Erfolg"; was genau gemeint ist, ist nicht gesagt. Dem Angeredeten (Du-Anrede) wird lediglich bedeutet (48:2–3), dass Gott ihm damit seine Gunst und Hilfe beweise. 48:4–9 handelt vom Unterschied zwischen den Gläubigen und den Heuchlern sowie Polytheisten („Beigesellern").

Auch in 48:10–14 ist explizit nichts Kriegsthematisches verhandelt. Angesprochen sind die Beduinen, die sich irgendeinem Unternehmen des Gesandten verweigerten[512]. Erst indem es in 48:15 heißt „wenn ihr aufbrecht, um Beute zu machen", ist klar, dass von kriegerischen Aktionen die Rede ist[513].

Worum es in 48:11f. genau geht, ist nur zu verstehen, wenn man die Ausführungen in Sure 9:81–101 oder die entsprechenden *stories* über schwankende Einstellungen der Beduinen zur Beteiligung an kriegerischen Aktionen vor Augen hat. Im Vergleich zu 48:11f. enthalten 9:90, (94)97–101, 120 differenzierte Ausführungen zu den Beduinen und ihrer Einstellung zu kriegerischen Aktionen. Betont wird, dass einige gelogen haben und ungläubig sind, dass es Heuchler gibt, dass aber auch einige gläubig sind und spenden, dass Gott ihr Engagement auf dem Weg Gottes entgelten wird.

In 48:16 werden die Beduinen zum Kampf aufgefordert gegen ein mächtiges Volk, und zwar, ohne Gründe dafür anzugeben, aber mit dem Hinweis auf Aussicht auf „schönen Lohn".[514] 48:18–20 betont, Gott habe für die Gläubigen den Erfolg sichergestellt und viel Beute[515] gewährt. Erst in 48:22 erfährt man, dass es gegen die Ungläubigen ging, dass es aber erst gar nicht zum Kampf kam, und dass jene sowieso keine Chance gehabt hätten.

48:24–28 handelt von Auseinandersetzungen zwischen den Gläubigen und den Ungläubigen um die „geschützte/heilige Gebetsstätte" (vgl. 48:25, 27[516]).

Auffällig ist in Sure 48, dass zwar aufgefordert wird, zu kämpfen (48:16), dass von „Beute machen" die Rede ist, dass aber der sonst in einschlägig Militanz propagierenden Texten spezifisch theologische „Überbau", das Etikett „*Jihad* auf dem Weg Gottes", fehlt[517] und ebensowenig betont wird, dass Gott das Engagement

---

512 Zur Beurteilung der Beduinen in 48:11 vgl. ähnlich 9:90; zu 48:12 vgl. ähnlich 9:98; vgl. sonst zu Beduinen 9:97–103; 49:14–17.

513 Zu 48:15 vgl. ähnlich 9:83.

514 Zu dem nachgetragenen Vers 48:17 vgl. 9:91f. (ebenfalls spätere Ergänzung).

515 Zum Thema „Beute" vgl. sonst 4:94; 8:41, 69.

516 Vgl. dazu ähnlich 8:34; 22:25; 2:191, 217.- 5:2 urteilt über die gegnerische Seite verbindlicher.

517 Vgl. sonst die Formulierung „auf dem Weg Gottes (um Gottes willen) Krieg führen mit eigenen Vermögen und der eigenen Person" in 9:41, 44, 81, [88], 111; 8:72; 4:95; 49:15;

im Kampf mit dem Paradies bzw. mit Leben bei Gott entgelten wird[518] wird. Statt dessen geht es um Gottes Gewährung von Erfolg und Beute (48:16–22).

Zum Anliegen des Autors/der Autoren[519]: Stellt man die Aussagen zusammen, die sich auf den Gesandten beziehen, so wird das Anliegen der für Sure 48 verantwortlichen Autoren erkennbar. Es soll das Bild des Gesandten in den Blick gerückt werden, dem Gott Erfolg verliehen hat (48:1), den Gott „den geraden Weg leitet" (48:2), den Gott als Zeugen, Verkünder froher Botschaft und Warner gesandt hat" (48:8). Wer diesem Gesandten huldigt, den Treueid leistet, der huldigt Gott und leistet ihm den Treueid (48:10). Mit dieser Aussage bezieht sich der Autor vorweg auf die Szene, die in 48:18 erwähnt wird, wonach Gläubige dem Gesandten den Treueid „unter dem Baum" leisteten. 48:18 ist wegen der konkreten Angabe „unter dem Baum" als eine Reminiszenz an einen tatsächlichen Vorgang erkennbar. Von 48:10 her gelesen soll demnach deutlich werden, welche eigentliche Dimension diesem Treueid „unter dem Baum" zukommt: Der Treueid gegenüber dem Gesandten war der Treueid gegenüber Gott selbst. Und Gott selbst belohnt entsprechende Treue gegenüber dem Gesandten und damit zugleich ihm gegenüber mit Erfolgen und Beute[520] (48:18Ende ff.).

Im Kontrast zu den Gläubigen stehen die treulosen Beduinen, die in 48:11ff. vorgeführt und schließlich in 48:16 dazu aufgerufen sind, sich im Kampf zu bewähren.

Fazit: Ohne auf weitere Besonderheiten[521] von Sure 48 einzugehen[522], kann festgehalten werden: Dem Autor ist hauptsächlich an dem Nachweis gelegen, dass Gehorsam und Treue gegenüber dem *Gesandten als Kriegsherrn* zugleich als Gehorsam und Treue Gott gegenüber gelten.

61:11; vgl. auch 9:20; auch die Formel „kämpfen auf dem Weg Gottes" (*qatala fi sabili llahi;* vgl. 2:190, 244; 3:13, 167; 4:74–76, 84; 9:111; 61:4; 73:20) taucht nicht auf.

518   Vgl. 9:111; 4:74; 61:10–12; 3:195; ferner 2:216, 244f.

519   48:5–7 ist wegen der Wiederaufnahme von 48:4Ende in 48:7 als späterer Einschub erkennbar.

520   Dass Gott das Engagement im Kampf mit dem Paradies bzw. mit Leben bei Gott entgelten werde, heben erst spätere Autoren hervor (vgl. 9:111; 4:74; 61:10–12; 3:195; ferner 2:216, 244f.).

521   Auffällig und als Indizien der kompilatorischen Machart dieser Sure zu werten sind die nicht wenigen Aussagen, die identisch oder nahezu identisch sind mit Versen oder Versteilen anderer Suren: 48:6a = 33:73a; 48:8 = 33:45; 48:17a= 24:61a; 48:17b = 4:13; 48:23 = 33:62/38Ende; 48:28 = 61:9; 9:33; 48:29Ende = 5:9.

522   Auffällig wirkt der umfangreiche Abschlussvers 48:29, mit dem der zuständige Autor sicherstellt, dass Mohammed dieser Gesandte Gottes (vgl. 48:12f., 17, 26ff.) ist; in 33:40 heißt es ausführlicher: „Mohammed ist nicht der Vater von einem eurer Männer, sondern der Gesandte Gottes und das Siegel der Propheten"; „Mohammed" als Name des Gesandten Gottes oder des Propheten ist sonst nur noch in 47:2; 3:144 vermerkt. Damit steht man vor dem merkwürdigen Befund, dass dieser Name abgesehen von militanzhaltigen Suren und Passagen sonst nirgends im Koran eine Rolle spielt. Warum wird nur in diesen Zusammenhängen betont, dass Gottes Gesandter mit Mohammed identisch ist?

2.3.3.2 Die Suren 59, 60, 61

Sure 59:1–24

Diese Sure spricht mehrfach kriegsthematische Sachverhalte an. Es heißt in 59:2, Gott habe „diejenigen von den Leuten der Schrift, die ungläubig sind" (59:2f.), vertrieben; an den Zerstörungen ihrer Häuser hätten sich die Gläubigen beteiligt. Auf welche konkreten Ereignisse der hier zuständige Autor Bezug nimmt oder an welche *stories* er erinnert, ist hier ebensowenig auszumachen wie in den Hinweisen in 33:26f. auf ein ähnliches Vorgehen Gottes gegen „Leute der Schrift"[523]. Unklar ist auch, welche Adressaten (Ihr-Anrede) hier belehrt werden.

Ob und wie sich die Angaben in 59:5–9 über das widerrechtliche Umhauen von Palmenbeständen sowie über die Verwendung von besonderen Beutegewinnen auf die in 59:2f. angesprochene Konstellation beziehen soll, ist unklar. 59:6ff. dürfte eher als generell geltende Anweisung gedacht sein: Im Bereich kampflos eingenommener Städte oder Regionen stand die Entscheidung über Requirierungen und Abgabenleistungen sowie deren Verwendung und Verteilung allein der obersten Führung zu; die kämpfenden Truppen konnten hier keine Ansprüche erheben.

59:11–14 enthält Einschätzungen der gegnerischen Kräfteverhältnisse mit dem Fazit: Nur die befestigten Städte sind ein Problem; sonst sind die Gegner untereinander uneins.

Welche Region (vgl. „Städte" in 59:7 und 14) und welche konkrete Kriegsphase hier jeweils im Blick ist, ist dem Leser oder Hörer je später je mehr unklar. Es dürften hier Anteile einer ursprünglich an Truppenführer oder an die Truppe selbst gerichteten militärischen Lagebeurteilung verarbeitet sein, in der es darum ging, auf die Chancen und die Strategie für weiteres Vorgehen zu verweisen. Beide Seiten wussten, wovon die Rede war. Ursprünglicher „Sitz im Leben" solcher Instruktionen ist die Situation kriegerischer Expansion und die darauf abzustimmenden Rüstungsvorbereitungen in „Feld- bzw. Heerlagern"[524]; im Blick scheint eine frühe Phase der Expansion gewesen zu sein, da befestigte Städte noch Probleme machen konnten, beim Vordringen auf dem flachen Lande aber wenig Widerstand zu erwarten war.

Anhaltspunkte, die darauf hindeuten könnten, hier gehe es um Auseinandersetzungen im Bereich „Mekka und Medina", lassen sich nicht ausmachen.

Auffällig ist, dass sich 59:18–24 als Schlussteil der Sure ausschließlich auf Hinweise auf das rechte Verhältnis der Gläubigen zu Gott und auf Gott als den alleinigen Gott etc. konzentriert und hier die „Gläubigen" explizit (59:18) angeredet sind, wogegen bis 59:17 fast durchweg diverse Angelegenheiten und Auswirkun-

---

523 Vgl. zu Sure 33 oben die Hinweise nach Anm. 468.
524 Vgl. oben bei und nach Anm. 248 die Hinweise auf ähnliche in Sure 8 enthaltene Instruktionen.

gen kriegerischer Unternehmungen vorgestellt werden. Die Frage, ob die Sure von vornherein so, wie sie jetzt vorliegt, als ein Produkt aus Militanz propagierender Hand geplant war, also unter Einbeziehung der Aussagen in 59:18–24, oder ob diese Textfolge erst von anderer Seite als eine Art theologisches Resümee nachgetragen wurde, lässt sich nicht eindeutig entscheiden[525].

In jedem Fall geht es dem Autor (oder den Autoren) darum, mit der Einarbeitung von kriegsthematischen Textfolgen in koranisches Textgut militantes Agieren als vom Verkünder autorisiert und somit als Glaubensauftrag auszuweisen. Dass er sich mit seiner Auffassung im Konflikt mit anderen Glaubensrichtungen weiß, ist hier nicht zu erkennen; das muss nicht heißen, dass es diesen Konflikt nicht gab.

Sure 60:1–13

In erster Linie soll vor falschen Bundesgenossen gewarnt sowie klargestellt werden, wer warum als Feind einzustufen war (v. 1–7, 8f., 13). Der Autor dürfte unsichere und unterschiedliche Einschätzungen unter den gläubigen Kämpfern (Ihr-Anrede in 60:1, 10, 13) im Blick gehabt haben. Hinweise auf Zweifler, Drückeberger, Heuchler etc. in den eigenen Reihen wie in den Suren 8 und 9 fehlen völlig. 60:8f. verweist auf zurückliegende Kämpfe.

In 60:7 heißt es: „Vielleicht bewirkt Gott zwischen euch und zwischen denjenigen, mit den ihr verfeindet seid, Zuneigung. Und Gott ist allmächtig. Und Gott ist vergebend und barmherzig". Ob eine solche Aussage dem Autor von Klarstellungen wie in 60:1 und 9 zuzutrauen ist, kann man bezweifeln. Äußert sich hier eine Stimme aus friedfertigen Kreisen, die sich theologisch argumentierend[526] dagegen verwahrt, Gottes Wirken vorzugreifen, und sich damit von der Ideologie militanter Endlösungen (Unterwerfung der „Anderen" oder Vernichtung") distanziert?

---

525 Vom Erstautor der Textfolge 59:1–17 dürfte der Schlussteil 59:18–24 kaum stammen; es bleibt dann unklar, ob der Interpolator, der 59:1–17* im Koran unterbringen wollte, den Schlussteil ergänzte, oder ob nach der Aufnahme im Koran ein späterer diese Verse anfügte. Vielleicht war eine solche kriegsthematisch ausgerichtete Textfolge 59:1–17* ursprünglich gar nicht für die Aufnahme in koranisches Textgut gedacht, sondern mit dem Ziel konzipiert, in den Garnisonen, im Heerlager etc. für einige theologische „Orientierung" im Kriegshandwerk (vgl. abgesehen von der Einleitung 59:1–4 die Hinweise in 59:5–6, 10, 13, 17) zu sorgen (vgl. oben die Erwägungen zur Ursprungsversion von Sure 8 nach Anm. 248 und unten bei Anm. 599). Erst daraufhin geriet man immer mehr in eine Frontstellung zu eschatologisch orientierten Frömmigkeitsrichtungen, d.h. zu den Trägerkreisen des koranischen Textguts, in dem der Gesandte Gottes zum unverfälschten Glauben an Gott aufgerufen hatte, aber eben nicht als Organisator und militanter Führer von Eroberungskriegen vorgestellt war (vgl. dazu unten die Ausführungen in „III 2.1.1 Der Gesandte – ‚nichts als ein Warner‘, ‚ein Mahner‘, ‚ein Frohbote‘").

526 Gott ist die allein entscheidende Instanz! – Vgl. hier auch die Erwägungen zu 47:4b unten im Abschnitt „IV 2.1.2.1" nach Anm. 749.

Sure 61:1–14

61:2f. kritisiert Unzuverlässigkeiten der Gläubigen, um anschließend (v. 4) für die Einigkeit der Kämpfer auf dem Weg Gottes zu werben. Die Verse 61:9, 10–12 ermahnen die Gläubigen, sich ganz *mit eigenem Vermögen und der eigenen Person* für die Sache Gottes zu engagieren und verweisen auf die dafür von Gott in Aussicht gestellte Belohnung (vgl. ähnlich 9:111). 61:5–8 und 14 befassen sich mit Mose, Jesus und dem Gesandten Gottes. Der Autor hebt mit dieser Reihung die besondere Bedeutung des aktuellen Gesandten hervor sowie, dass mit ihm endlich die „Religion der Wahrheit" zum Ziel kommt (61:9).

Während die Aussagen in 61:8f. fast wörtlich entsprechend in 9:32f. im Gesamtkontext von 9:1–37 als Zielvorgabe allen Kämpfens (9:29 und 36) fungieren[527], ist in der Textfolge Sure 61 nicht eindeutig, ob 61:8f. als Weiterführung bzw. Resümee zu 61:6f. gedacht ist oder auf die anschließenden Hinweise auf den Lohn für das Kämpfen ausgerichtet ist. 61:14 als Beschluss der Sure soll signalisieren, dass, wie einst Jesu Jünger als Helfer Gottes über ihre Feinde die Oberhand bekamen, so auch diejenigen siegen werden, die sich unter dem aktuellen Gesandten als Helfer Gottes einsetzen.

Der Aufbau der Sure sowie die die zahlreichen engen Berührungen bzw. Textentsprechungen mit vorgegebenen koranischen Aussagen[528] sprechen dafür, dass der hier zuständige Autor seine Botschaft überwiegend im Rückgriff auf vorgegebene koranische Aussageelemente kompilatorisch konzipiert hat; so war seine Botschaft als schriftgemäß ausgewiesen.

2.3.4 Zu Sure 3 und den kriegsthematisch orientierten Passagen 3:12–13; 3:111–112; 3:121–128; 3:139–174; 3:195

2.3.4.1 Zu Sure 3:1–200 – Überblick und Vororientierung

Sure 3:1–200 enthält kriegsthematisch orientierte Ausführungen in folgenden Abschnitten: 3:12–13; 3:111–112; 3:121–128; 3:149–173; 3:195[529]. Nöldeke[530] versucht im Rückgriff auf Berichte der islamischen Tradition die Abfassung der durchaus unterschiedlichen Textpassagen auf bestimmte „historische" Konstellationen, Situationen und Aktionen Mohammeds in medinensischer Zeit zu beziehen, wobei zugestanden wird, dass Nachrichten „nicht auf einer begleitenden Tradition, sondern auf schulmäßiger Schriftauslegung" beruhen könnten (S. 192)

---

527 Vgl. dazu die Hinweise unten nach Anm. 579.

528 61:6 und 14 beziehen sich auf 3:48–52; 61:8–9 entsprechen fast durchweg wörtlich 9:32–33; zu 61:11 vgl. 49:15 und 9:111.

529 Diese Ausführungen zusammengenommen machen ca. 30% des Gesamtumfangs der Sure aus.

530 GdQ I, S. 189–194.

bzw. „allzu leicht durch Interpretation zu gewinnen" waren (S. 193). Hinweise zur Frage einer Ursprungsversion der Sure wie auch zu möglichen Textentwicklungen bis zu Endgestalt fehlen. Klar ist, dass die Textfolgen nicht einheitlich von einer Hand konzipiert worden sind und mit diversen Einschüben und Ergänzungen zu rechnen ist.

Zu Inhalt und Aufbau von Sure 3
Hinter 3:1–32 markiert in 3:33 der plötzliche Hinweis auf die besondere Bedeutung von „Adam, Noah, der Sippe Abrahams sowie Imrams vor den Weltenbewohnern" eine Zäsur; die Ausführungen in 3:33ff. konzentrieren sich auf ein neues Thema.

Ein gemeinsames Band zwischen beiden Textfolgen erkennt man jedoch, wenn man auf die Grundanliegen beider Textfolgen achtet. 3:3f. betont am Anfang der Sure den Wert auch der *Tora* und des *Evangeliums* als Rechtleitung; die Ausführungen in 3:33ff. sind daraufhin konzipiert, aufzudecken, dass und inwiefern es Jesus' Aufgabe war, *Tora und Evangelium* zu lehren (3:48) und zu bestätigen, was von der *Tora* vor ihm war (3:50)[531]. In 3:64 soll dann der Gesandte die „Leute der Schrift"[532], also Juden wie Christen, auffordern, sich mit den Gläubigen dahingehend zu verständigen, dass sie niemanden außer Gott dienen; 3:65–68 wird dann auf die Bedeutung Abrahams[533] im Vergleich zu *Tora und Evangelium* verwiesen. Bis 3:115 geht es um die richtige Gewichtung von *Tora und Evangelium* im Vergleich zur Botschaft des Gesandten bzw. des ihm offenbarten *Buches* (3:3; vgl. ferner 3:84), und zwar mit kritischem Blick auf das Gegenüber unterschiedlicher Gruppierungen unter den „Leuten der Schrift"[534].

An der Ausgestaltung der beiden Textfolgen 3:1–32 und 3:33–115 dürften sukzessiv mehrere Autoren beteiligt gewesen sein[535]; darauf muss hier jedoch nicht eingegangen werden. Für die hier gestellte Frage nach dem Verhältnis der Militanz propagierenden Textanteile in Sure 3 zu den Kontexten im Bereich 3:1–115 genügt der Nachweis, dass das Anliegen der Kontexte und ihrer Autoren nirgends eine Einbeziehung des Themas „militärisches Engagement für Gott" (so in 3:(11)12–13 und in 3:111f.) impliziert.

Für die Textfolgen in 3:116–200 bringt der folgende Überblick das gleiche Ergebnis. In 3:116–120 ist von Ungläubigen die Rede, denen die in 3:118 direkt an-

---

531 Vgl. dazu Pohlmann, *Die Entstehung des Korans*, S. 188: „Insgesamt ist 3,35–51 offenkundig ein in Kenntnis der Textfolgen 19,2–15.16–33.34–36 sowie 5,110 und unter Verwendung dortiger Formulierungen kompilatorisch erstelltes Textprodukt."
532 Vgl. die gehäuften Hinweise auf die „Leute der Schrift" o.ä.: 3:19, 20, 23, 64, 65, 69, 70, 71, 72, 75, 98, 99, 100, 110, 113, 186, 187, 199.
533 Vgl. ferner 3:95–97.
534 Vgl. die entsprechenden Hinweise in 3:69, 72, 75, 100, 110, 113–115, 199.
535 Vgl. z.B. 3:110 im Verhältnis zu 3:104.

geredeten Gläubigen nicht vertrauen sollen. Erst in 3:119 ist klar, dass hier die Ungläubigen unter den „Leuten der Schrift"[536] gemeint sind[537]. Der folgende Abschnitt 3:121–128 (Du-Anrede in 3:121, 124, 128) enthält Anspielungen auf einstige Kampfsituationen[538]. 3:130–138 richten sich mit diversen Mahnungen zum rechten Verhalten wieder an die Gläubigen. 3:130 mit der unvermittelten Warnung an die Gläubigen (Ihr-Anrede) vor ungerechten Zinsen kann kaum die ursprüngliche Fortsetzung von 3:128f. gewesen sein.

Ebensowenig wie die Textfolge 3:130–138 auf eine Weiterführung mit Aussagen zu kriegsorientierten Themen angelegt ist, wie sie jetzt in den Passagen in 3:139–175 enthalten sind, findet man anschließend in 3:176*ff. Anhaltspunkte dafür, dass die Autoren dieser restlichen Ausführungen der Sure solche Themen im Blick hatten und berückichtigen wollten.

2.3.4.2 Zu 3:12–13 – Die Position im Kontext und Anliegen

Die beiden Verse wirken im jetzigen Kontext wie ein Fremdkörper. Auch wenn man nicht völlig sicher sein kann, dass die Textfolge 3:1–10/11, 14–18 einheitlich konzipiert worden ist[539], so ist doch klar, dass diese Verse miteinander verknüpft und aufeinander abgestimmt sind, bzw. gegen einander versetzt sind. Es geht um „Rechtleitung" und darum, was die Gläubigen im Eschaton vor dem „Feuer" bewahrt (3:8f.; 3:15f.), sowie dass die Ungläubigen eben nichts vor diesem „Feuer" rettet (3:10[540]).

Der Verfasser und Interpolator von 3:12f. ergänzt dazu[541], dass die Ungläubigen nicht erst im Eschaton, sondern schon in dieser Welt zu den Verlierern zu zählen sind: Der Sieg der Gläubigen über die Ungläubigen ist ausgemacht; das ist daraus zu schließen, dass Gottes hilfreicher Beistand ja schon in einem früheren Kampf gegen sie zu erfahren war, wie 3:13 betont.

Der Hinweis in 3:13 auf die Einschätzung von Zahlen- bzw. Kräfteverhältnissen beim Aufeinandertreffen der feindlichen Parteien erinnert an 8:43f. Ob und in welcher Weise hier Rückbezüge oder Abhängigkeiten zu veranschlagen sind, ist kaum noch zu klären.

---

536 Vgl. zum Vorwurf ihrer Falschaussage „wir glauben" z.B. auch 2:76; 5:41, 61.
537 Vgl. zuvor in 3:113–115 die Hinweise auf die Gläubigen unter den Leuten der Schrift.
538 Die mit *idh* („damals als") eingeleiteten verkürzten Zeitsätze (vgl. dazu Parets Vorwort zu seiner Übersetzung, S. 7) in 3:121, 122, 124 (vgl. z.B. auch 8:7; 9:11 und 12) signalisieren jeweils, dass man sich an ein wichtiges Ereignis der Vergangenheit erinnern soll.
539 Zu beachten ist z.B., dass 3:16 die ursprüngliche Weiterführung der Gebetsrufe in 3:8f. gewesen sein könnte. Ob die ursprüngliche Fortsetzung von 3:10 in 3:11, 14ff. vorlag oder in 3:14ff., ist schwer zu entscheiden.
540 Zu 3:10 vgl. die fast wörtlich entsprechende Aussage in 3:116; vgl. ähnlich 3:91.
541 Vgl. die wörtlichen Übereinstimmungen zwischen 3:12 und 8:36!

In jedem Fall vertritt der für 3:12f. zuständige Interpolator die Auffassung, dass, wie an einem vergangenen Beispiel deutlich geworden, Gott solche Kämpfe gegen die Ungläubigen steuert und entscheidet und Beistand leistet[542]; er will klarstellen, dass schon vor dem Endgericht die Spreu vom Weizen getrennt wird.

2.3.4.3 Zu 3:111–112 – Die Position im Kontext und Anliegen

Während 3:12–13 kriegerisches Vorgehen gegen die Ungläubigen allgemein anspricht, sieht sich der für 3:111–112 verantwortliche Autor und Interpolator veranlasst, speziell auf die in Sure 3 mehrfach vermerkte Differenzierung zwischen Gläubigen und Frevlern unter den Leuten der Schrift[543] einzugehen. Er stellt klar, dass die Ungläubigen und Frevler auch als Mehrheit (vgl. 3:110) unter den Leuten der Schrift[544] im Fall einer kriegerischen Konfrontation nichts gegen die „beste Gemeinschaft, die für die Menschen hervorgebracht worden ist" (3:110Anfang), ausrichten können (3:111). Sie erfahren Erniedrigung und Elend (3:112) im Gegensatz zu den Gläubigen unter den Leuten der Schrift, die als Rechtschaffene etc. (3:113–115, 199) dastehen[545].

2.3.4.4 Zu 3:121–128 – Die Position im Kontext und Anliegen

Der vorausgehende Kontext in 3:113–120 stellt unmissverständlich klar, dass die Gläubigen sich von den Ungläubigen fernhalten sollen (3:118) und dass man sich von ihnen getäuscht fühlen muss (3:119f.).

Unvermittelt direkt anschließend folgt in 3:121 eine Erinnerung an eine Situation[546], da der Gesandte (Du-Anrede) den Gläubigen Anweisungen für den Kampf gegeben habe. Dabei begnügt sich der zuständige Interpolator mit lediglich knappen Andeutungen (so auch in 3:122 und 124), meint also Kenntnis der

---

542　Unklar ist, ob in 3:13 als Subjekt von *yarawnahum* („sie sahen sie") die Gläubigen oder die Ungläubigen anzusetzen sind; für Paret (Komm. z.St.) sind es die Gläubigen, die den Gegner doppelt so stark wie sie selbst einschätzten. In 8:66 sichert Gott den Gläubigen zu, dass sie auch dann noch siegen werden, wenn sie nur halb so stark wie der Gegner sind (vgl. auch 2:249, ferner 3:165). Es ist allerdings nicht auszuschließen, dass der Autor hier an die Ungläubigen denkt, die von Gott getäuscht die Gläubigen in doppelter Stärke sahen und umkehrten oder aufgaben; vgl. 8:44, wo aufgedeckt werden soll, auf welche Weise Gott selbst – auf dem Wege der von ihm suggerierten Fehleinschätzungen – ein Treffen von zwei Parteien arrangiert und in seinem Sinn hatte ausgehen lassen; 8:43 betont, dass Gott einmal dem Propheten die tatsächliche Anzahl der Feinde vorenthalten habe.

543　Vgl. die Hinweise in 3:69, 72, 75, 100, 110, 113–115, 199.

544　Gemeint sind hier die Juden; vgl. den Vorwurf in 3:112 „weil sie die Propheten töteten (zu 3:112 vgl. ähnlich 2:61).

545　Dagegen weiß der Verfasser von 9:29–34 nichts von Gläubigen unter den Leuten der Schrift; vgl. zu 9:29ff. oben bei Anm. 324.

546　Zu solchen verkürzten Zeitsätzen wie 3:121 vgl. oben Anm. 538.

entsprechenden umlaufenden *stories* voraussetzen zu können. Wichtig ist dem Autor hier demnach lediglich, mit den Hinweisen auf früheren auch wunderhaften Beistand Gottes im Kampf die Gläubigen zu vergewissern, dass jeweils die Hilfe Gottes den Sieg im Kampf gegen die Ungläubigen garantiert. 3:126 klingt geradezu programmatisch[547].

Zu beachten sind die Berührungen von 3:123–126 mit 8:9–12! Die Hinweise auf Gottes Unterstützung mit seinen Engeln in 3:124–125 sowie die anschließende Betonung in 3:126, dass der Sieg allein von Gott komme, erinnern an 8:9–10. 3:126 entspricht zudem wörtlich 8:10. Da der Autor von 3:121–128 zudem die Angaben über die Anzahl der Engel gegenüber 8:9 stark anhebt, spricht einiges dafür, dass er sich bei der Konzipierung seines Textes an 8:9–10 orientierte.

Völlig unvermittelt folgt in 3:130 eine Warnung vor unrechter Zinsnahme; auch die weiteren Mahnungen bis 3:138 kommen als genuine Weiterführung der kriegsthematisch orientierten Passage 3:121 bis 128 nicht in Frage; diese direkt an die Gläubigen gerichteten Aussagen (Ihr-Anrede) dürften ursprünglich Ausführungen ergänzt haben, wie sie in 3:102ff. an die Gläubigen adressiert vorliegen.

Da in 3:139–174 ebenfalls wie in 3:121–128 kriegsthematisch orientierte Aussagen vorliegen, ist zu erwägen ob und inwiefern diese beiden Textfolgen einen ursprünglichen Zusammenhang gebildet haben. Für diese Annahme spricht zumal die Aussage in 3:139[548], die wie das genuine Bindeglied zwischen 3:121–128 und 3:140ff. wirkt[549]. Zudem stellt 3:121–128 mit dem Rückverweis auf früheren Beistand Gottes gleichsam programmatisch vor 3:139/140ff. sicher, dass Gott die Standhaften und Gottesfürchtigen zum Siege führe (3:125f.), und zwar trotz der in 3:140ff. aufgedeckten Schwächen und Mißerfolge der Gläubigen, nämlich, dass man Niederlagen erfahren hatte (3:140, 172[550]), dass die Gläubigen den Mut verloren hatten (3:152), dass einige sich abkehrten (3:155), dass einige sich verweigerten (3:156, 168), dass einige heuchelten (3:167).

Auf Grund dieser Beobachtungen ist dann die Annahme naheliegend, dass für die jetzigen Textverklammerungen einmal des Abschnitts 3:121–28 und zum anderen der Passage 3:140ff. nicht unterschiedliche Autoren verantwortlich gewesen sind, sondern ein Interpolator, der auf einen ihm vorgegebenen kriegsthematisch orientierten umfassenderen Textkomplex (3:121–128 und 3:140ff.*) zurückgreifen konnte[551]. Hinter den Darlegungen über das Verhältnis zu den Un-

---

547 Vgl. 8:10!

548 Vgl. 47:35!

549 Vgl. Parets Hinweis (*Kommentar*, S. 81): Vers 139 „hängt mit den Versen 121–129 enger zusammen als mit dem unmittelbar vorausgehenden Abschnitt 130–138."

550 Vgl. dazu den Hinweis Parets (*Kommentar*, z.St.), dass hier *qarḥ* (eigentlich: „Wunde") die Bedeutung „Schlappe" habe.

551 Allerdings ist zu prüfen, ob und wo er den ihm vorgegebenen Text redaktionell bearbeitet haben könnte; verdächtig in dieser Richtung ist 3:155 als vorausgeschickte Hintergrunderläuterung zu 3:166.

gläubigen in 3:116–120 wollte er zunächst mit der Textfolge 3:121–128 betonen, inwiefern der Sieg im Kampf gegen die Ungläubigen auf Grund jeweils der Hilfe Gottes garantiert ist.

Dass Autor und Interpolator identisch gewesen sein könnten, 3:121–128 also erst von einem Autor in der Absicht konzipiert wurde, diese Textfolge im jetzigen Kontext unterzubringen, ist weniger wahrscheinlich; denn in in diesem Fall fragt man sich, warum es dem Autor nicht gelungen ist, seinen Text geschickter auf den vorgesehenen Kontext abzustimmen.

2.3.4.5 Zu 3:139–174 – Zum Anliegen und zur Position im Kontext

Auf die ermunternde Mahnung in 3:139 folgt in 3:140 ein Verweis auf Niederlagen der Gläubigen; deren Hintergründe werden damit erklärt, dass Gott auf diesem Wege erkennen kann, wer wirklich standhaft im Glauben ist und den *Jihad* auf sich nimmt (3:140–142, 146f.). Der Autor versucht so die Frage zu beantworten, warum Gott Niederlagen der Gläubigen überhaupt zulässt[552]. Nach den Hinweisen in 3:143–145, dass der Tod einen jeden ja nur trifft, wie das von Gott vorbestimmt wird (vgl. 3:154) und dass davon auch Mohammmed nicht ausgenommen ist (3:144[553]), wird das Thema „Prüfung der Glaubenden" dann weiter in 3:152–155 verfolgt, um abschließend festzuhalten, dass das Versagen einiger im Kampf auf das Wirken Satans zurückgehe, ihnen Gott aber jetzt vergeben habe (v. 155).

3:156–158 warnt die Gläubigen davor, sich wie die Ungläubigen aus Angst vor dem Tod vor Kämpfen zu drücken, und verweist (3:158) auf die Zukunft bei Gott nach dem Tod. Diese Themenstellung taucht noch einmal in 3:168ff. auf. Dagegen befasst sich die Textfolge 3:159–164 mit der Rolle des *Propheten*, der seine Truppen vom Davonlaufen abhalten konnte, sich jedoch vor Veruntreuung hüten soll (3:161), bzw. mit der Rolle des von Gott geschickten *Gesandten*, der „das Buch und die Weisheit lehrt" (3:164)[554].

3:166 spielt offensichtlich auf die gleiche Situation an, von der schon in 3:155 die Rede war[555]. Der Autor von 3:155 bringt im Vorausblick auf 3:166 mit dem Verweis auf das Wirken Satans zusätzliches „Hintergrundwissen" an, während der Autor von 3:166 lediglich betont, dass der unglückliche Ausgang der kriegerischen Konfrontation von Gott deswegen zugelassen wurde, „damit er die Gläubigen erkenne"[556]. 3:167 ergänzt, dass es um die Identifizierung der „Heuchler" unter den Gläubigen gehe, die sich mit Ausreden vor dem Kampf gedrückt hatten:

---

552 Vgl. ähnlich 47:4b; s. dazu oben bei Anm. 445.
553 Vgl. dazu 21:34f.; vgl. auch die Hinweise unten nach Anm. 669.
554 Vgl. 5:110 und 3:48 auf Jesus bezogen.
555 Vgl. jeweils den Hinweis „da die beiden Heere aufeinandertrafen".
556 Vgl. ähnlich bereits 3:140.

3:167: „und damit er (Gott) diejenigen kennt, die heucheln, zu denen gesagt wurde: ‚Kommt her und kämpft auf dem Weg Gottes oder wehrt ab‘, worauf sie sagen: ‚Wenn wir von einem Kampf wüssten, dann würden wir euch folgen‘. Sie waren dem Unglauben an jenem Tag näher als dem Glauben. Sie sagen mit ihren Mündern, was nicht in ihren Herzen ist …“.[557]

Dagegen[558] hat 3:168 Kreise unter den Gläubigen im Blick, die für eine Vermeidung der Auseinandersetzung plädiert hatten, sich auch daran nicht beteiligt hatten und deswegen beklagen, dass es Tote gegeben hatte.

3:168: „Diejenigen, die von ihren Brüdern[559] sagten, während sie selbst daheim sitzen blieben[560]: ‚Wenn sie uns gehorcht hätten, wären sie nicht getötet worden‘. Sag: ‚So wehrt doch den Tod von euch selbst ab, wenn ihr wahrhaftig seid‘.

Diese werden „abgefertigt“ mit einem Hinweis, konsequenterweise müssten sie bei ihrer Einstellung generell den Tod zu vermeiden suchen; m.a.W.: „Was wollt ihr? Wir müssen ja alle sterben“. 3:169 hält der Sorge vor dem Tod im Kampf entgegen, dass gerade dieses Geschick gar nicht den wirklichen Tod bedeute, sondern das Leben und die Versorgung bei Gott. Die weiteren Darlegungen laufen darauf hinaus, dass es gerade solche Kämpfer sind, die, komme, was da wolle, furchtlos und auf Gott vertrauend letztlich Gottes Gnade und Huld erfahren werden (3:170–174). Der Nachtrag in 3:175 verweist ähnlich wie 3:155 auf das Hintergrundwirken Satans.

Der bisher verhandelte besondere Status der Kämpfer ist anschließend in 3:176–184 kein Thema mehr; diese Verse befassen sich mit den Ungläubigen und dem Sachverhalt, dass und warum diese nicht bereits jetzt, sondern erst im Jenseits für ihre Einstellung zur Rechenschaft gezogen werden (vgl. 3:176, 178, 180 und 181) und betonen, dass der Glaube an Gott und seinen Gesandten entscheidend ist (3:179–184).

3:185–188 hebt anschließend hervor, dass jeden der Tod trifft; und erst am „Tag der Auferstehung“ werde einem jeden je nach Bewährung der verdiente Lohn – „das Feuer“ oder „der Garten“ – zugeteilt.

3:189/190–194 rückt die frommen Beter in den Blick; der Gebetstext in 3:191–194 korrespondiert den Gebetsrufen zu Beginn der Sure in 3:8f. (vgl. noch 3:16). Hier wie dort sind die Beter auf ihr Geschick am „Tag der Auferstehung“ (3:194) fixiert und in Sorge vor den Höllenfeuer (3:16, 191).

---

557 Für Noth (*Heiliger Krieg*, S. 33) drückt 3:166f. „den Gedanken aus, daß sich der wahrhaft Gläubige erst durch seine Teilnahme am Kampf zu erkennen gebe“; darauf (wie auch noch auf 9:81ff.) bezogen heißt es anschließend (a.a.O., S. 34): „War damit der Kampf zum integrierenden Bestandteil der Rechtgläubigkeit erklärt? Es ist nicht daran zu zweifeln“.

558 Paret (*Kommentar*, S. 86) vermutet „zwischen Vers 167 und Vers 168 eine Zäsur“.

559 Vgl. 3:156; 33:18.

560 Vgl. zum Vorwurf „sie waren daheim sitzen geblieben“ oben die Ausführungen in „II 2.3.2.3“.

2.3.4.6 Zu 3:195

3:195 fungiert hinter den Gebetsrufen in 3:191–194 als Antwort Gottes:

„Da erhörte sie ihr Herr: ‚Ich lasse keine Tat, die einer von euch tut, verloren gehen, männlich oder weiblich, … Denen also, die ausgewandert und aus ihren Wohnstätten vertrieben worden sind und die Leid erlitten auf meinem Weg und gekämpft haben und getötet wurden, werde ich ihre bösen Taten tilgen und sie ganz gewiss in Gärten eingehen lassen, durcheilt von Bächen, als Belohnung von Gott'. Und Gott, bei ihm gibt es die gute Belohnung."

Gottes allgemeine an die Beter gerichtete Zusage (Ihr-Anrede[561]) zu Beginn des Verses wird dann auffälligerweise speziell auf diejenigen bezogen, „die ausgewandert sind und aus ihren Wohnstätten vertrieben worden sind und denen auf meinem Weg Leid zugefügt worden ist, und die gekämpft haben und getötet worden sind". Diese Engführung der Zusagen auf die Kämpfer ist nicht auf die vorausgehenden allgemeinen Gebetsrufe abgestimmt. Dafür ist ein Ergänzer verantwortlich, der in der Zusage Gottes an die Beter in 3:195 gegen Ende der Sure einen Hinweis auf den besonderen Status der Kämpfer auf dem Weg Gottes vermisste.

Die restlichen Verse bleiben dabei: Die „Hölle" für die Ungläubigen (v. 196f.) und die „Gärten" für die Gottesfürchtigen (v. 98). 3:199 äußert sich wie 3:113–115 positiv zu bestimmten „Leuten der Schrift", betont also, dass die negative Einschätzung von 3:187 Ausnahmen nicht ausschließt.

2.3.4.7 Resümee zu den militanzorientierten Textanteilen in Sure 3

Aus den Beobachtungen zu Inhalt und Aufbau der Sure sowie jeweils zu Position und Anliegen der militanzorientierten Textanteile (3:12–13; 3:111–112; 3:121–128; 3:139–173; 3:195) in ihren Kontexten sind folgende Rückschlüsse zu ziehen:
Sämtliche Textpassagen sind als nachträgliche Interpolationen einzustufen. Eindeutige Indizien für die Annahme, dass das Aussageanliegen der Sure 3 von vornherein auf die Einbeziehung kriegsorientierter Thematik angelegt gewesen sein könnte, sind nicht auszumachen; im Gegenteil, im Blick auf die jeweiligen Verknüpfungen mit den jetzigen Kontexten kann man erkennen, dass solche literarisch und thematisch durchweg abrupten Übergänge nicht anders als auf die Eingriffe der Interpolatoren zurückgehen.

Zwar ist letztlich kaum mit Sicherheit die Frage zu klären, ob diese interpolierten Textanteile von den Interpolatoren selbst erst zum Zweck der Aufnahme in vorgegebenes koranisches Textgut konzipiert wurden oder ob zwischen den ursprünglichen Autoren und den späteren Interpolatoren zu differenzieren ist. Im

---

561 Vgl. die Korrespondenz mit der Bitte in 3:193 „tilge unsere bösen Taten".

Fall der umfangreicheren Passage 3:139–175 sowie 3:121–128 sprechen immerhin einige Indizien dafür, dass der Interpolator hier auf vorgebene kriegsthematisch orientierte Texte zurückgreifen konnte, die ähnlich wie gewisse Textanteile oder die Ursprungsversionen der beiden Sure 8 und 9 zunächst eine Eigen- bzw. Sonderexistenz in Militanz propagierenden Tradentenkreisen (neben dem eigentlich koranischen Textgut) geführt haben[562].

Das Hauptanliegen des Autors in 3:139–175 besteht offensichtlich darin, die Kämpfe und die damit verbundenen Geschicke damit zu rechtfertigen, dass Gott auf diesem Wege erfahren will[563], wer wirklich standhaft im Glauben ist und den *Jihad* konsequent auf sich nimmt (3:140–142, 146f., 152–155). Dazu ergänzt er, dass letztlich dazu die Bereitschaft zum „Tod im Kampf" gehört (3:156–158, 168ff.); gerade der Tod im Kampf führt direkt zu Gott:

3:158 „Und wenn ihr sterbt oder getötet werdet, so werdet ihr zu Gott versammelt werden".

3:169[564] „Und meine ja nicht, die auf dem Weg Gottes getötet worden sind, seien tot. Nein, sie sind lebendig bei ihrem Herrn und werden versorgt 170 und sind froh über das, was Gott ihnen gewährt …".

Beide Themen („Gott prüft die Gläubigen" und „der Tod im Kampf") werden in den anderen kriegsthematisch orientierten Passagen nur kurz berührt[565]. Somit ist die Annahme nicht abwegig, dass deswegen der Autor von 3:139–175 anhand dieser beiden Themen deutlicher darlegen will, inwiefern gerade die Kämpfer Standhaftigkeit im Glauben beweisen. Zumal die Passagen 3:156ff. und 3:166ff. laufen darauf hinaus, dass der Tod eines Gläubigen im Kampf als dem von Gott auferlegten Prüfverfahren den eindeutigen Nachweis für Standfestigkeit des Glaubens liefert und entsprechend mit dem „Leben bei Gott" (vgl. 3:158, 169!) belohnt wird. Das bedeutet implizit die Motivierung zum Märtyrertod, den Tod um solchen Lohnes willen zu riskieren oder zu suchen. Die wirklichen Glaubens-

---

562 Vgl. dazu auch oben die Hinweise zu Sure 59 nach Anm. 522.
563 Vgl. die Stichworte „erkennen" (*wa-li-ya'lama* 3:140, 166) und „prüfen" (*li-yabtaliyakum* 3:152, 154).
564 Vgl. ähnlich 2:154; s. dazu unten „II 2.3.5.2 Zu 2:154 – Die Position im Kontext und Anliegen".
565 In Sure 8 ist der „Tod im Kampf" kein Thema; in 9:16 ist kurz davon die Rede, Gott suche „diejenigen zu kennen, die von euch sich abgemüht haben" (*jahadu minkum*); 33:11 betont kontextbezogen lediglich die Prüfung der Gläubigen in einer Kampfsituation; 47:4–6: Gottes Prüfung führt diejenigen, die auf „dem Weg Gottes getötet werden", ins Paradies.- Zum „Tod im Kampf" wird sonst lediglich betont, dass Gott ihn belohnt; in 3:195 und 9:111 ist der Lohn das Paradies (der „Garten"); in 4:74 und 100 bleibt der Lohn unspezifiziert; 22:58 spricht von „schöner Versorgung" (vgl. 3:169).

helden vor Gott können nur die sein, die sich der kriegerischen Existenzweise verschrieben haben.

2.3.5 Zu Sure 2:1–286 – Die kriegsthematisch orientierten Passagen in 2:154; 190–193; 216–218; 244–253; 261f.(?)[566]

2.3.5.1 Vororientierung – Inhalt und Aufbau von Sure 2

Nöldeke[567] versucht die diversen Teile der Sure auf unterschiedliche Zeiträume der Wirksamkeit Mohammeds in Medina zu datieren; es sei aber auch mit einigen Versen aus mekkanischer Zeit zu rechnen[568]. Generell gilt nach Nöldeke für die Texte aus medinischer Zeit, „daß unverhältnismäßig viel medinische Einzeloffenbarungen zu einer Sure vereinigt wurden, weshalb die medinischen Suren jetzt die längsten … sind" (a.a.O., S. 172). Nagel meint: „Je weiter man gegen das Ende von Sure 2 gelangt, desto schmerzlicher vermißt man einen roten Faden"[569]

Inhalt und Aufbau
Nach den Hinweisen in 2:2–5 auf die Bedeutung des „Buches" als „Rechtleitung" für diejenigen, die glauben, im Gegensatz zu denen, die ungläubig sind (2:6–20), und nach den Mahnungen an alle Menschen, Gott zu dienen (2:21) und nicht vom Glauben abzufallen (2:28), kann man in 2:30 bis 123 eine Textfolge erkennen, „die als heilsgeschichtliche Erzählung in Vers 30 mit der Erschaffung des Menschen begonnen hat und eine Linie bis zum Auseinanderbrechen der Religionen zeigt". Man kann darin einen „durchgehenden Argumentationsgang" wahrnehmen, der aufzeigen soll, „daß das ‚Volk Israel' seit der Schöpfung immer wieder von Gott abgefallen sei und in seiner Gespaltenheit in Judentum und Christentum keinen Anspruch auf die alleinige Wahrheit … erheben könne"[570].

Daran schließt sich von 2:124–141 eine Passage an über die besondere Rolle Abrahams als Vorbild (2:124), über Abrahams und Ismaels Wirken am „Haus" (2:125–127) sowie über die Glaubensweise Abrahams in Abgrenzung zu Juden und Christen. 2:142–152 handeln von der Änderung der Gebetsrichtung.

In 2:153–162 werden die Gläubigen auf künftige Prüfungen angesprochen und diejenigen, die die Rechtleitung unterschlagen, verflucht. Auffällig ist 2:154, in dem die auf dem „Weg Gottes" Getöteten als lebendig gelten.

---

566 Diese Passagen zusammengenommen machen ca. 7,5% des Gesamtumfangs der Sure aus.
567 GdQ I, S. 173–185.
568 Vgl. S. 178: „V. 158–162 sind mekkanisch"; S. 180: „V. 196b … bis 198 Ende".
569 Vgl. *Mohammed*, S. 295.
570 So Schmitz, Das Spannungsverhältnis zwischen Judentum und Christentum (2010), 220.- Dass die jetzt vorliegende Textfolge nicht insgesamt in einem Zuge konzipiert worden ist, signalisieren diverse Nebenthemen und Einschübe.

2:163–167 betont die Einzigkeit Gottes, seine Schöpfermacht sowie den Widersinn des Unglaubens.

Nach der Warnung vor Satans Wirken in 2:168–171 erhalten die direkt angeredeten Gläubigen in 2:172ff. diverse Anweisungen: Auf Speisege- und -verbote folgt ein Katalog von Angaben zur wahren Frömmigkeit (2:177[571]); nach den Vorschriften zur Wiedervergeltung ist von Auflagen zu Vermächtnissen die Rede (2:180ff.); 2:183–187 enthält Fastenregelungen; 2:189 antwortet auf die Frage nach der Bedeutung der Neumonde und erwähnt die festgesetzten Zeiten für die Pilgerfahrt; das Thema „Wiedervergeltung" spielt dann wieder in 2:194 eine Rolle; auf die „Pilgerfahrt" kommt 2:196 zurück. Zwischengeschaltet wirken die Verse 2:190–193, 195(?), die recht unvermittelt zum „Kampf" auf „Gottes Weg" und zum Töten von Gegnern auffordern[572].

2:196–203 befassen sich mit Einzelpunkten der Pilgerfahrt. 2:204–214 verweisen auf die Verlockungen des „diesseitigen Lebens" (2:204) und die Folgen für den „Tag der Auferstehung" (2:212, 214).

Während in 2:215 das Thema „spenden" angesprochen wird und 2:219Ende darauf wörtlich zurückkommt, hebt die Textfolge 2:216–218 hervor: „Vorgeschrieben ist euch zu kämpfen …" etc.

Die Aussagen in 2:220–241 enthalten diverse Regelungen, die das Verhältnis zu Waisen oder die Frauen betreffen (z.B. Reinheitsfragen der Frauen, Scheidungsangelegenheiten, Stillzeiten, Abfindungen bei Scheidungen).

In 2:(243?)244–251(252f.?) folgt überraschend eine kriegsthematisch orientierte Passage[573]. Dagegen mahnt 2:254 die Glaubenden, zu „spenden", und verweist auf die Folgen im Endgericht. Die Bedeutung des „Spendens" und der „Almosen" wird dann in 2:261–274 ausführlich verhandelt[574]. Im Anschluss daran folgen in 2:275–283 Vorschriften für Zinsen und Geldangelegenheiten.

Am Schluss der Sure 2:284f. ist von Gottes Größe und Macht die Rede sowie vom Gesandten und den Gläubigen und den Essentials ihres Glaubens. Weder hier noch in den Wir-Reden der Beter in 2:286 wird irgendwie angedeutet, dass der Glaube auch kriegerisches Engagement impliziert. Die die Sure anschließende Bitte in 2:286 „Hilf uns gegen das Volk der Ungläubigen" ist in 2:250 und 3:147 Kämpfern in den Mund gelegt, jeweils ergänzt mit „festige unsere Füße" (vgl. auch 8:12).

---

571 *jahada* etc. fehlt!
572 Vgl dazu unten bei Anm. 576.
573 Vgl. dazu ausführlich unten bei Anm. 586.
574 Die Verse 2:255–260 enthalten neben der Hervorhebung der Einzigheit Gottes und seiner Macht Erzählgut zu Abraham (2:258–260), ohne dass ein direkter Bezug zum Kontext erkennbar ist.

2.3.5.2 Zu 2:154 – Die Position im Kontext und Anliegen

2:154 „Und sagt nicht von denen, die getötet werden auf dem Weg Gottes, sie seien tot. Vielmehr sind sie lebendig, aber ihr nehmt es nicht wahr".

Die den Zusammenhang der Textfolge 2:153, 155 unterbrechende Forderung in 2:154, die im Kampf Getöteten nicht als tot einzustufen, wirkt wie eine spätere Ergänzung im Blick auf 2:155, wo unter den benannten Belastungen und Prüfungen der Gläubigen ein Hinweis auf Todesgefahr und Getötetwerden „auf dem Weg Gottes" fehlt, also vermisst wurde. Als darauf bezogene Klarstellung ist demnach die Interpolation von Vers 2:154 gedacht, wobei der Interpolator fast wörtlich 3:169[575] entsprechend formuliert hat und damit zugleich den besonderen Status der im Kampf „Gefallenen" hervorheben kann.

2.3.5.3 Zu 2:190–195 – Die Position im Kontext und Anliegen

2:190 „Und kämpft auf dem Weg Gottes gegen diejenigen, die gegen euch kämpfen, doch übertretet nicht. Gott liebt nicht die Übertreter. 2:191 Und tötet sie, wo immer ihr auf sie trefft, und vertreibt sie, von wo sie euch vertrieben haben; denn *fitna* (Verfolgung, Zwietracht, Aufruhr, Versuchung?) ist schlimmer als Töten! Kämpft jedoch nicht gegen sie bei der geschützten Gebetsstätte, bis sie dort gegen euch kämpfen. Wenn sie aber gegen euch kämpfen, dann tötet sie. Genauso ist der Lohn der Ungläubigen. 2:192 Wenn sie aber aufhören, so ist Gott vergebend und barmherzig. 2:193 Und kämpft gegen sie, bis es keine *fitna* (Verfolgung, Zwietracht, Aufruhr, Versuchung?) mehr gibt und bis die Religion (allein) Gottes ist[576]. Wenn sie jedoch aufhören, dann darf es kein feindseliges Verhalten mehr geben, außer gegen die Frevler. 2:194 Der Schutzmonat ... 2:195 Und spendet auf dem Weg Gottes[577] ..."

2:190–195 ist eindeutig ein Einschub; er unterbricht die die kultisch-rituellen Anweisungen zum Fasten (2:183–188) sowie zur Pilgerfahrt (2:189 mit der Weiterführung in 2:196ff.).

Vielleicht war der Hinweis auf die „Neumonde" und die Pilgerfahrt in 2:189 für den Interpolator Anlass genug, zuvor die Bekämpfung von Feinden anzumahnen und dabei im Blick auf die in 2:196ff. erwähnte Pilgerfahrt auf die Bedingung für eine mögliche Waffenruhe im Bereich der „geschützten Gebetsstätte" zu verweisen. Außerdem erreicht der Interpolator gerade hinter der Forderung der Gottesfurcht in 2:189, dass diese auch den Kampf „auf dem Weg Gottes" beinhaltet.

---

575   Vgl. dazu die Hinweise oben vor Anm. 564.
576   Vgl. die diversen Übersetzungen von *wa-yakuna d-dinu li-llahi*; z.B. Paret: „... bis nur noch Gott verehrt wird"; Bobzin: „... bis ... die Verehrung Gott gilt"; Khoury: „... bis die Religion nur noch Gott gehört".
577   D.h. „für den Kampf".

Auffällig sind einige engere Berührungen mit anderen kriegsthematisch geprägten Textfolgen: 2:191 klingt deutlich an an 4:89; die Aussage „denn *fitna* (Verfolgung, Zwietracht, Aufruhr, Versuchung?) ist schwerwiegender als Töten" ist in 2:217 wieder aufgenommen. 2:193 ist fast wortgleich identisch mit 8:39[578].

Insgesamt wirkt 2:190–195 nicht wie in einem Guss entworfen, sondern wie eine Kompilation[579]. Um welche Feinde es sich handelt, bleibt dunkel; von „Ungläubigen" ist nicht die Rede, jedenfalls nicht explizit. Das Hauptanliegen des Interpolators dürfte die Festschreibung der in 2:193 formulierten Zielvorgabe allen Kämpfens sein: „… bis die Religion (allein) Gottes ist".

Das gleiche Ziel wird mit anderen Worten nach der Aufforderung zum Kampf in 9:29 („gegen die, die nicht … die Religion der Wahrheit befolgen") in 9:33 vorgegeben:

„Er ist es, der seinen Gesandten mit der Rechtleitung und der Religion der Wahrheit gesandt hat, um ihr die Oberhand über alle Religion zu geben"[580].

Es geht in 9:33 wie in den Parallelen dazu in 61:9 und 48:28[581] um den Sieg der „wahren Religion" „über alle Religion"; alle drei Belege sind Spitzenaussagen in kriegsthematisch orientierten Textpassagen[582]

2.3.5.4 Zu 2:216–218 – Die Position im Kontext und Anliegen

2:216 „Vorgeschrieben ist euch zu kämpfen[583], obwohl es euch zuwider ist. Aber vielleicht ist euch etwas zuwider, während es gut für euch ist … 2:217 Sie fragen dich nach dem Schutzmonat, danach, in ihm zu kämpfen. Sag: ‚In ihm zu kämpfen ist schwerwiegend. Aber von Gottes Weg abzuhalten – und ihn zu verleugnen – und von der geschützten Gebetsstätte, und deren Anwohner von ihr zu vertreiben, ist schwerwiegender bei Gott. Und *fitna* (Verfolgung, Zwietracht, Aufruhr, Versuchung?) ist schwerwiegender als Töten. Und sie werden nicht eher aufhören gegen euch zu kämpfen, bis sie euch von eurer Religion abbringen, wenn sie (es) können. Wer aber unter euch sich von seiner Religion abkehrt und dann als Ungläubiger stirbt – das sind diejenigen, deren Werke im Diesseits und im Jenseits hinfällig sind; das sind die Insassen des (Höllen)feuers. Ewig werden sie

---

578 Vgl. zu 8:39 oben vor Anm. 177.

579 Vgl. Firestone (JIHAD, S. 85): „The confusion lends strong support to the suggestion that unrelated verses treating war were sometimes joined together in the editing process."

580 Paret übersetzt *li-yuzhirahu ʿala d-dini kullihi* mit „um ihr zum Sieg zu verhelfen über alles, was es an Religion gibt"; Bobzin: „um ihr zum Siege zu verhelfen über alle Religion".

581 Vgl. auch die 9:33 (= 61:9) entsprechenden Formulierungen in der Inschrift am Jerusalemer Felsendom (Nordtor, vgl. dazu Oleg Grabar, *The Shape of the Holy. Early Islamic Jerusalem*, S. 61, 186).

582 Vgl. zu Sure 48 oben „II 2.3.3.1".

583 Zu „vorgeschrieben ist euch zu kämpfen" vgl. 2:246; 4:77; s.a. 47:20.

darin bleiben. 218 Diejenigen, die glauben, und diejenigen, die auswandern und um Gottes willen Krieg führen[584], sie hoffen auf das Erbarmen Gottes ..."

Für die Einstufung dieser Aussagen als späteren Einschub spricht, dass zuvor 2:215 auf die Frage eingeht, was und wem zu „spenden" ist, und danach in 2:219 die gleiche Frage noch einmal aufgegriffen wird; die Passage 2:216–218 ist hier eingearbeitet mittels der literarischen Technik der Wiederaufnahme vorausgehender Formulierungen[585]. Zu beachten sind die Anklänge an die vorausgehenden Aussagen in 2:191–193. Sie erklären sich, wenn man erkennt, dass 2:191–193 als eine im Vorausblick auf 2:216–218 nachgetragene Klarstellung konzipiert ist. Während in 2:217 das Kämpfen damit als unausweichlich begründet wird, dass eben der Gegner sonst solange agiert, „bis sie euch von eurer Religion abgekehrt haben ...", argumentiert der Interpolator von 2:190ff. mit dem Ziel allen Kampfes, nämlich, „bis die „Religion auf Gott gerichtet ist" (wa-yakuna d-dinu li-llahi): Nicht um die Verteidigung der eigenen Position geht es (v. 217), sondern um Ausbreitung und Durchsetzung der „Religion Gottes" (v. 193).

2.3.5.5 Zu 2:244–252 – Die Position im Kontext und Anliegen

Nach den Ausführungen zur Stellung der Frauen, zu Scheidungsangelegenheiten, Stillzeit, Versorgung etc. in 2:227–241 kommen die Aufforderung in 2:244, auf dem Weg Gottes zu kämpfen, sowie die Weiterführung mit den Reminiszenzen aus den biblischen „Samuel – Saul – David – Goliath – Geschichten" (2:246–251) recht unvermittelt. Ebensowenig abgestimmt sind diese auffällig umfangreichen und ganz eindeutig aus Militanz propagierender Sicht konzipierten Verse 2:244–253 auf die in 2:254ff. anschließenden Themen.

Mit der Erinnerung an die „Samuel – Saul – David – Goliath – Geschichten" und die damals für die „Kinder Israels" von Gott arrangierten Erfolge will der Autor die Entwicklungen in der Gegenwart beleuchten und entsprechend „einordnen". Seine Erzählversion[586] betont, dass auch damals nach Moses Tod kämpferisches Vorgehen „vorgeschrieben" war (2:246), ferner, dass nach dem Tod des Gesandten Mose Gott einen „König" malik erwählt und ihm seine Herrschaft anvertraut hatte (2:247), der dann trotz seiner geringen Schar (2:249) gegen die Übermacht Goliaths wegen ihrer von Gott verliehenen Standhaftigkeit den Sieg

---

584 So Parets Übersetzung; zur Wiedergabe von wa-jahadu fi sabili llahi ... vgl. oben Anm. 242 sowie unten die Hinweise in „III 2.2.3".

585 Vgl. dazu oben den Hinweis in Anm. 144.

586 Vgl. zu 2:246–251 insgesamt Speyer, Die biblischen Erzählungen, S. 264–271.- Ob der umfangreiche Vers 2:253 vom gleichen Autor wie 2:244ff. stammt oder nachträglich interpoliert wurde, mag hier offen bleiben.

über das ungläubige Volk davongetragen hatte, woraufhin Gott David als dem Sieger über Goliath die Herrschaft anvertraute und ihn mit Weisheit ausstattete[587].

Die Hervorhebung, dass trotz einer „geringen Schar" der Sieg gelingen kann und auch gelang, ist auf einen Autor zurückzuführen, der sich gegen Bedenkenträger wendet, die mit Verweis auf ungünstig erscheinende Kräfteverhältnisse vor bestimmten Kriegsvorhaben warnen. Der Autor hat also Diskussionen darüber vor Augen, bei welchen Zahlenstärken der Kampf noch aussichtsreich sein kann[588].

Die Frage, ob der Interpolator auch der Autor dieser Textfolge gewesen ist, oder ob er auf vorgegebene Ausführungen zurückgreifen konnte, ist schwer zu entscheiden. Erst eine genaue Analyse könnte erhellen, welches Aussageanliegen der Autor damit verfolgt, dass er in 2:246–248 derart das Königtum Sauls betont und auf die „Bundeslade" und zumal ihren Inhalt[589] als „Zeichen seiner Herrschaft" verweist[590].

2.3.5.6. Zu 2:261f.

2:261f. weist auf die Belohnung hin, die Gott denjenigen gewährt, „die ihr Vermögen auf dem Weg Gottes („um Gottes willen") spenden". Das „Spenden des eigenen Vermögens" ist auch in 2:264, 265, 274 thematisiert; in der Textfolge 2:264–274 fehlt aber abgesehen von v. 273 jeweils dazu der Hinweis „auf dem Weg Gottes"; und auch sonst erinnert hier nichts an Kriegsgeschäfte. Anders als 2:264ff. spricht somit 2:261f. mit „spenden auf dem Weg Gottes" wie auch sonst[591] gezielt vom Spenden eigenen Vermögens speziell als Engagement für die Kriegsführung. Es handelt sich eindeutig um eine nachgetragene Ergänzung zu 2:264ff., weil dort diese Funktion des Spendens vermisst wurde. Für diese Einschätzung spricht auch, dass der Interpolator in 2:264 vorgegebenen Formulierungen aufgegriffen hat.

---

587 Dieser Rückverweis auf diesen einstigen Beistand Gottes wirkt wie eine „Interpretation" bzw. Konkretisierung zu den Angaben in 3:146f. (vgl. die Abfolge von 3:146f. mit 2:249f. und die wörtlichen Berührungen zwischen 3:147 und 2:250).

588 Vgl. zu Erwägungen über Feindstärken auch 8:19, 43, 65f.; 3:13; 2:249.

589 Vgl. dazu Speyer, S. 368: nach jüdischen Traditionen (Baba-batra 14a) lagen in der „Bundeslade" „das Gesetzbuch und u.a. auch die zerbrochenen Gesetzestafeln. An Ähnliches mag Mohammed gedacht haben, wenn er sagt, daß in der Lade ein Überrest von dem lag, was die Familien Musas und Haruns zurückgelassen hatten".

590 Vgl. immerhin weitergehende Beobachtungen und Erwägungen unten in Abschnitt „IV 2.1.3.2" nach Anm. 763.

591 Vgl. z.B. in 57:10; 9:34; 8:60; 2:195 jeweils *nafaqa* IV im Zusammenhang mit „auf dem Weg Gottes" in kriegsthematischen Kontexten.

3. Resümee zu den Überblicken und Textanalysen

3.1 Zu den Arrangements der Textfolgen in den jetzigen koranischen Kontexten

Die obige Bestandsaufname der Militanz propagierenden Textfolgen ergibt zunächst, dass es sich dabei lediglich um einen Anteil von etwa 10% des gesamten koranischen Textgutes handelt.

Die beiden umfangreichen Suren 8 und 9 sowie die kürzeren Suren 48 und 59 bis 61 sind jeweils gänzlich militanzorientiert konzipiert; in den Suren 2 bis 4 sowie 33 und 48 sind jeweils längere Passagen als nachträgliche Interpolationen zu beobachten; sonst finden sich militanzorientierte Hinweise vereinzelt interpoliert in den Suren 5, 22, 47, 49, 57 und 73, jeweils auf nur wenige Verse beschränkt.

Die überwiegende Mehrzahl der koranischen Textpassagen enthält demnach keinerlei Indizien[592] für ein Anliegen, kriegerisches Vorgehen gegen Gegner welcher Art auch immer anzumahnen und damit zusammenhängende Sachverhalte und Probleme in den Blick zu rücken.

Die Frage, warum die Interpolatoren für ihr Anliegen nur auf bestimmte Suren zugriffen und auf andere nicht, ist nicht eindeutig zu klären. Man kann immerhin beobachten, dass sie für Einschübe größeren Umfangs bei ihrer Auswahl umfangreichere Suren bevorzugten. Der auffällige Zugriff gerade auf die Suren 2 bis 4 dürfte nicht nur damit zusammenhängen, dass darin bestimmte Themen häufiger eine Verknüpfung mit den eigenen Ausführungen nahelegen konnten; die Interpolationen Militanz propagierender Textanteile könnten gerade in diesen ersten Suren des Korans bewusst und gezielt auch deswegen vorgenommen worden sein, weil diese Thematik daraufhin die koranische Botschaft im gesamten weiteren „Buch" mitprägte.

Literarische Anknüpfungsmöglichkeiten für Einschübe boten z.B. Suren, die Ausführungen zum Thema „Spenden" enthielten. Hinweise auf die allgemeine Frömmigkeitspraxis des Spendens[593] z.B. waren leicht zu ergänzen mit Aufforderungen zu einem entsprechende Engagement „auf dem Weg Gottes"[594], d.h. für den „Krieg um Gottes willen". Ferner boten sich Textstellen an, deren Gegenüberstellung von Gläubigen und Ungläubigen[595] eine Frontstellung signalisierten, in der sich militante Glaubenseinstellungen wiedererkannten.

Die Art und Weise, wie und wo die Autoren und Interpolatoren ihre Militanz propagierenden Textfolgen mit koranischem Textgut literarisch verklammert haben, lässt nirgends erkennen, dass die ihnen vorgegebenen koranischen Texte

---

592 Vgl. aber Firestones Hinweis oben in Anm. 430.
593 Vgl. dazu oben Anm. 355.
594 Vgl. z.B. 2:215–219; 2:261–272.
595 Vgl. z.B. 3:10–15.

bereits selbst Militanz rechtfertigende Fortschreibungen bzw. Ergänzungen impliziert hätten.

In kürzeren Suren sind nur in wenigen Fällen militanzorientierte Interpolationen zu verzeichnen. Wahrscheinlich waren solche älteren Suren bereits derart „festgeschrieben", dass daraufhin Änderungen und Ergänzungen nicht mehr ohne weiteres angebracht werden konnten.

Charakteristisch für die Vornahme von Textergänzungen ist in den meisten Fällen die literarische Verklammerungstechnik der „Wiederaufnahme" (oder auch der „Vorwegnahme") von im zu bearbeitenden Text vorgegebenen Formulierungen[596].

Die Beobachtungen zu den Militanz propagierenden Textanteilen in ihrem Verhältnis zu ihren jetzigen umfassenden und engeren Kontexten führen zu dem Schluss, dass diese Textkonstellationen das Ergebnis sukzessiver literarischer Überarbeitungen darstellen. Es muss eine Reihe und eine Abfolge von Autoren gewesen sein, die ihre spezifischen Auffassungen in ihnen zugängliches koranisches Textgut zu verankern bzw. als korantheologisch legitimiert vorzustellen suchten. Die Entstehungs- bzw. Konzipierungprozesse der gesamten Militanz rechtfertigenden Textfolgen haben sich demnach über einen längeren Zeitraum hingezogen. Das ist an der Machart der Suren 8 und 9, aber auch an anderen umfangreichen Textpassagen wie z.B. in Sure 4 ablesbar. Die beobachteten literarischen Auffälligkeiten wie Dubletten, Redundanzen, Wiederanknüpfungen, Variationen und inhaltlichen Umakzentuierungen lassen sich nicht anders erklären, als dass unterschiedliche Hände sukzessiv an der Genese dieser Texte beteiligt waren.[597]

Nicht eindeutig zu klären ist, ob diese Autoren ihre Textprodukte in allen Fällen von vornherein für eine Verklammerung in den bereits vorgegebenen Surenbestand konzipierten.

Zumindest die für solche kriegsthematisch ausgerichteten Suren wie z.B. Sure 8 und 9 zu postulierenden Ursprungsversionen[598] könnten zunächst eine Eigenexistenz in Militanz propagierenden Kreisen (unabhängig vom koranischen Textgut und ohne Bezug darauf) geführt haben, also ihren ersten „Sitz im Leben" als eine Art Regelwerk für das Kriegshandwerk mit Leitlinien und Handlungsanweisungen für die Kämpfer und ihre Anführer in den Garnisonen, im Heerlager gehabt haben, und zwar ausgewiesen als auf den Willen Gottes abgestimmt[599]. Die hierfür verantwortlichen Erstautoren konzipierten solche Texte im Auftrag der Heeresleitung in den Garnisonen.[600]

Erst in einer späteren Reflexionsphase wären solche Texte als „Richtigstellungen" an den bis dahin antimilitanten Grundorientierungen der koranischen

---

596 Vgl. dazu oben den Hinweis in Anm. 144.
597 Vgl. z.B. die Hinweise oben nach Anm. 254.
598 Vgl. dazu oben die Hinweise zu Sure 8 nach Anm. 247 und zu Sure 9 nach Anm. 339.
599 Vgl. dazu die Hinweise in Anm. 249.
600 Vgl. dazu oben Anm. 265.

Überlieferung gezielt interpoliert und sukzessiv weiter theologisch „kommentiert" worden.

Schon die literarische Machart der Militanz propagierenden Passagen, dass eben unterschiedliche Hände sukzessiv an der Genese dieser Texte beteiligt waren, schließt ihre Herleitung von dem in frühen wie in späten Textfolgen als Warner und Verkünder vor Augen stehenden „Gesandten" Gottes aus.

Kurz: Die jetzigen Textkonstellationen im Koran sind nach allem das Ergebnis sukzessiver literarischer Überarbeitungen seitens unterschiedlicher Autoren und Interpolatoren, die in der Endphase der Konzipierung des koranischen Textguts als „Buch" vorgenommen wurden. Als Bestandteile dann des koranischen Textguts und damit als vom Gesandten herzuleitende Offenbarungen unhinterfragbar und für die koranische Gemeinde verbindlich sollen sie sicherstellen, dass das Kriegshandwerk unter Gottes Willen und Leitung den Gläubigen als Pflicht auferlegt ist, ja gerade die Erfüllung dieser Pflicht „die wahren Gläubigen" (vgl. 8:74) ausmacht.

3.2 Die Positionierung der „Kämpfer" als die „wahren Gläubigen"

Die Befürworter von Militanz bemühten sich je länger je mehr in erster Linie darum, ihre Position und den Status der Kämpfenden gegenüber ablehnenden (gleichsam „altgläubigen") Kreisen als wahren Glauben auszuweisen. Damit geht einher, der gegnerischen Seite Glaubensdefizite vorzuwerfen und sie als in den Augen Gottes völlig abqualifiziert zu kennzeichnen.

So wird z.B. das in 9:38–123 vorgeführte Gegeneinander von auf der einen Seite zu kriegerischen Aktionen auf dem Weg Gottes (*Jihad*) bereiten und darauf angesprochenen „Gläubigen"[601] und auf der anderen Seite zögerlichen (vgl. 9:38) und sich abseits haltenden Kreisen[602] sukzessiv mit neu konzipierten Texteinträgen weiter zugespitzt. Darin werden zum Einen diejenigen, die die Beteiligung am *Jihad* verweigerten, zunehmend mit dem Vorwurf der Heuchelei, der Glaubensschwäche, ja des Unglaubens belegt[603]. Mehrfach ist zudem von Kreisen die Rede, die abschätzig als solche gebrandmarkt werden, „die daheim bleiben/sitzen bleiben", weil sie der Aufforderung nicht folgten, „mit ihrem Vermögen und mit ihrer eigenen Person um Gottes willen Krieg zu führen", die also nicht entsprechend mit den Gläubigen „hinausziehen" bzw. hinausgezogen waren. In 9:41–49 wird

---

601   Vgl. 9:41, 119–123*.
602   Vgl. z.B. 9:46, 56, 81ff*.
603   Vgl. zu Einzelheiten oben die Ausführungen zu Sure 9 jeweils z.St. („II 1.2.2.3 9:38–127 – Gegen Glaubensschwäche und Heuchelei …"); vgl. ferner die Hinweise zu 33:18–20 (oben nach Anm. 468) sowie zu 3:167f. (oben nach Anm. 556) und zu 5:52–54 (oben nach Anm. 465).

solchen Leuten Unglaube vorgeworfen. Die hier verantwortlichen Autoren ziehen also eine klare Trennungslinie: Solche Kreise landen in der Hölle (9:49)[604].

Den Verunglimpfungen und Herabsetzungen der Verweigerer von Militanz korrespondieren intensive, unterschiedliche Bemühungen, im koranischen Textgut militantes Engagement als Gott wohlgefälliges, ja von Gott auferlegtes Werk des Glaubens zu kennzeichnen und einen besonderen Status der Kämpfer und der Militanz propagierenden Kreise in den Augen Gottes sicherzustellen.

Solches Anliegen war auch die Ursache dafür, dass in den Militanz propagierenden Texten bestimmte Begriffe und Formulierungen (z.B. *jahada* „sich bemühen" o.ä.; *sabil allahi* „Gottes Weg") im Vergleich zu ihrem sonstigen Vorkommen im koranischen Textgute einen neuen Sinn zugeschrieben bekamen. Das Geschäft des Krieges wird so zu einer religiösen Angelegenheit deklariert.

Exkurs: Zu Bedeutungsverschiebungen bestimmter „Schlüsselbegriffe"
(z.B. jahada *„sich bemühen" o.ä.;* sabil allahi *„Gottes Weg";*
„Gehorsamsforderungen"; nafaqa IV *„spenden")*

jahada ist in Militanz propagierenden Textfolgen nicht in seiner ursprünglichen Bedeutung verwendet. In Textstellen wie z.B. 2:218; 4:95; 8:72, 74; 9:19, 41, 81; 49:15; 60:1; 61:11 signalisiert *jahada*[605] in Verbindung mit *fi sabili llahi* („auf Gottes Weg") eindeutig militantes Vorgehen. Doch auch ohne Verknüpfung mit *fi sabili llahi*, aber im Kontext von Kriegsthematik, hat *jahada* die Bedeutung „sich kriegerisch einsetzen"[606].

Dass *jahada* ebenso wie *fi sabili llahi* („auf Gottes Weg") in den Militanz propagierenden Passagen nicht in ihren jeweils ursprünglichen Bedeutungen gemeint sein kann, belegt der Vergleich mit folgenden Aussagen:

29:6: „Und wer sich abmüht (*wa-man jahada*), der müht sich nur für sich selbst ab (*yujahidu li-nafsihi*); denn Gott ist auf die Weltenbewohner nicht angewiesen".

29:8 (vgl. 31:15): „… Wenn sie (die Eltern) sich aber darum bemühen *jahadaka*, dass du mir beigesellst, wovon du keine Wissen hast, dann gehorche ihnen nicht …".

29:69: „… die sich um unseretwillen abmühen (*jahadu fina*), werden wir gewiss unsere Wege (*subulana*) leiten"[607].

604 Die gleiche Thematik wird noch einmal in 9:81–86 verhandelt (vgl. dazu die Ausführungen oben bei Anm. 379); diejenigen, die sich gegen das Engagement für den Kampf auf dem Weg Gottes gesperrt hatten, also zurückgelassen wurden und „daheim blieben" (vgl. das Stichwort *qaʿada* in 9:81, 83, 86), sind „Frevler", sie sind „ungläubig".
605 Vgl. auch z.B. *mujahiduna* (4:95) o.ä.
606 Vgl. z.B. 16:110; 47:31; 3:142; 9:73 (par. 66:9); 9:86; vgl. oben bei Anm. 242 Parets Hinweis.
607 Vgl. 29:12 die Rede der Ungläubigen: „…. folgt unserem Weg …".

25:52 „So gehorche nicht den Ungläubigen und mühe dich damit gegen sie ab mit großem Einsatz".

22:78: „Und müht euch für Gott ab (*wajahidu fi llahi*[608]), wie es recht ist, sich für ihn zu bemühen ... So verrichtet das Gebet, entrichtet die Almosensteuer und haltet an Gott fest ...".

Fazit: Der Begriff *jahada* o.ä. ist offensichtlich nicht von vornherein und schon immer auf kriegerisches Engagement und kriegerische Aktionen bezogen gewesen[609]. Das ist erst der Fall in späteren Militanz propagierenden Textfolgen und den darin belegten Verknüpfungen von *jahada* mit der Formel *fi sabili llahi*.

Für die Formel *sabil allahi*[610] lässt sich ebenfalls nachweisen, dass ihre Verwendung in kriegsthematischen Kontexten[611] mit der Umdeutung ihres ursprünglichen Sinnes verbunden war.

Zum Bedeutungswandel von *sabili llahi*: 14:3 weist auf die „Ungläubigen" in 14:2 zurück, als „Diejenigen, die das diesseitige Leben mehr lieben als das Jenseits und von Gottes Weg („*an sabili llahi*)[612] abhalten und ihn krumm wünschen[613]; sie sind weit abgeirrt".

3:99: „O Leute der Schrift, warum haltet ihr die, die glauben, von Gottes Weg ab („*an sabili llahi*), indem ihr danach trachtet, ihn krumm zu machen ..."

4:160: „Dann wegen des Frevels derer, die dem Judentum angehören ... und weil sie oft von Gottes Weg abgehalten haben".

---

608 Vgl. ähnlich 29:69.
609 Vgl. hierzu auch Neuwirths Bemerkungen (*KTS*, S. 548f.): „Das Kämpferideal ist nicht heilsgeschichtlich verankert, es wird mit keinem der früheren Gesandten verbunden. Es ist weiterhin bemerkenswert, daß sich der im Koran neu eingeführte Begriff *djihad* zunächst gar nicht militärisch versteht, sondern anfangs ein asketisches Ideal der Selbstbeherrschung, ... wohl im Sinne des spiritualisierten *athlôn*, ‚Wettkampf, Anstrengung, Kampf' (vgl. 2 Tim 2,5) reflektiert ... Die Konnotation der Selbstüberwindung haftet dem Begriff auch weiter an, als er zur Bezeichnung des militärischen Kampfes geworden ist ...".
610 Vgl. zu „auf dem Weg Gottes (um Gottes willen) Krieg führen mit eigenen Vermögen und der eigenen Person" 9:20, 41, 44, 81, [88], 111; 8:72; 4:95; 49:15; 61:11; zur Formel „kämpfen auf dem Weg Gottes" (*qātala fi sabili llahi*) vgl. 2:190, 244; 3:13, 167; 4:74–76, 84; 9:111; 61:4; 73:20.
611 Paret übersetzt *wa-jahadu fi sabili llahi* jeweils mit „Krieg führen um Gottes willen", Bobzin mit „auf dem Wege Gottes kämpfen"; vgl. ferner Puin, *Der Diwan*, S. 43–57; Puin übersetzt *fi sabili llāhi wa-bni s-sabili* in 9:60 mit „für den Kampf und für den Kämpfer", vgl. S. 54–57.
612 14:1 betont „den Weg des Allmächtigen und Lobenswürdigen" („*ila sirati l'azizi*), vgl. 34:6; 22:24.
613 Vgl. 7:45; 11:19.

In 47:1, 32, 34 ist von Ungläubigen die Rede, „die von Gottes Weg abhalten" (*'an sabili llahi*; vgl. 16:88, 94). Dass hier kriegerisches Vorgehen im Blick ist, ergibt sich nur, wenn man Aussagen wie 47:4, 20 berücksichtigt. Allerdings sind diese Textanteile in Sure 47 möglicherweise spätere Nachträge.

29:69: „Diejenigen aber, die sich um unseretwillen abmühen (*jahadu fina*; vgl. 22:78: *fi llahi*), „werden wir gewiss unsere Wege (*subulana*) leiten".

31:6: „Und unter den Menschen gibt es manchen, der zerstreuende Unterhaltung erkauft, um von Gottes Weg ohne Wissen abirren zu lassen (vgl. ähnlich 22:9; 14:30) und sich über ihn lustig zu machen …".

6:116f.: „Und wenn du der Mehrheit auf der Erde gehorchst, werden sie dich von Gottes Weg weg in die Irre führen (vgl. 10:88; 39:8; 22:9) … 117 Gewiss, dein Herr weiss sehr wohl, wer von seinem (Gottes) Weg abirrt, und er kennt die Rechtgeleiteten" (vgl. 68:7; 16:125).

76:29 „Gewiss, dies ist eine Erinnerung; wer nun will, nimmt zu seinem Herrn einen Weg (*sabilan*; vgl. ähnlich 73:19).

27:24: „… Und der Satan … hat sie dann vom Weg (‚*an sabili*) abgehalten (vgl. 29:38; 43:37f.), so dass sie nicht rechtgeleitet sind".

38:26 „O David … So richte zwischen den Menschen der Wahrheit entsprechend und folge nicht der Neigung, auf dass sie dich nicht von Gottes Weg abirren lässt (*fa-yudillaka ‚an sabili llahi*); denn für diejenigen, die von Gottes Weg abirren, wird es schwere Strafe geben …".

68:7: „Gewiss, dein Herr weiss sehr wohl, wer von seinem Weg (‚*an sabilihi*) abirrt, und er kennt sehr wohl die Rechtgeleiteten" (vgl. 53:30).

Diese Beispiele, die eindeutig an die jüdisch/christlichen Auffassungen vom „Weg Gottes" (vgl. *odos theou*) erinnern[614], belegen unzweifelhaft, dass die Formel *sabil allahi* ursprünglich eine Gott zugewandte Haltung, eine auf Gott ausgerichtete Einstellung, einen auf Gott hin orientierten Wandel thematisierte und in keiner Weise von Gott verordnete kriegerische Zugriffe auf Land und Leute im Blick hatte.
Die Übernahme dieser Formel zum Zweck der Kennzeichnung kriegerischen Engagements und entsprechender Aktionen als auf Gott bezogen bewirkte, dass

---

614 Vgl. z.B. Mt 22:16: im Sinn von „der von Gott geforderte Wandel" (vgl. ThWNT V, S. 91); Acta 18:25, 26; Hebr 3:10; Ps 25:9; Ps 27:11 (Lxx 26:11); Ps 37(36):34; Ps 51(50):13; Ps 86(85):11 „leite mich Herr, deinen Weg …"; Bar 3:13 „Wärst du auf Gottes Weg gewandelt …".

Kriegführen und dessen Ziele als religiös motiviertes Anliegen etikettiert waren und als Sache Gottes propagiert werden konnten.

Ähnlich steht es mit der Forderung „und gehorcht Gott und gehorcht dem Gesandten", die ursprünglich auf den Glaubensgehorsam zielt, wie folgende Beispiele belegen.

In 64:12[615] heißt es: „Und gehorcht Gott und gehorcht dem Gesandten. Wenn ihr euch jedoch abkehrt, so obliegt unserem Gesandten nur die deutliche Übermittlung (der Botschaft)."

3:31f. mahnt[616]: „Sag: ‚Wenn ihr Gott liebt, dann folgt mir. So liebt euch Gott und vergibt euch eure Sünden. Gott ist allvergebend und barmherzig'. 3:32 Sag: ‚Gehorcht Gott und dem Gesandten'. Doch wenn sie sich abkehren, so liebt Gott die Ungläubigen nicht."

5:92: „Und gehorcht Gott und gehorcht dem Gesandten und seht euch vor. Doch wenn ihr euch abkehrt, so wisst, so obliegt unserem Gesandten nur die deutliche Übermittlung".

Hier hat die Forderung, „Gott und seinem Gesandten" zu gehorchen, den Glaubensgehorsam an sich im Blick[617].

Die Autoren in Sure 8 (vgl. 8:1, 20, 46) wie auch in einigen weiteren Militanz propagierenden Kontexten[618] mahnen jedoch mit der Formel „und gehorcht Gott und seinem Gesandten" Befehlsgehorsam in Kriegsangelegenheiten an und bewirken auf diese Weise, dass Gehorsam im Kriegsgeschäft als Glaubensgehorsam Gott gegenüber zu verstehen ist[619].

Zielte ursprünglich die Spendentätigkeit als Frömmigkeitspraxis der Gläubigen[620] auf die Unterstützung von Bedürftigen[621], so halten dagegen zahlreiche kriegsthematisch orientierte Textpassagen das Aufbringen von Spenden im Zusammenhang kriegerischer Aktionen für wichtig; so heißt es z.B. in 8:60[622]:

---

615 64:9f. handelt vom Endgericht („Tag der Versammlung").
616 3:30 verweist zuvor auf das Endgericht.
617 Vgl. z.B. auch 33:71; 4:13f.
618 Vgl. ähnlich 24:54 im Anschluss an das in 24:53 nachträglich interpolierte Thema „Beteiligung an Kriegszügen"; vgl. auch 4:59; dem Autor von Sure 48 ist hauptsächlich an dem Nachweis gelegen (vgl. dazu oben in „II 2.3.3.1"), dass Gehorsam und Treue gegenüber dem *Gesandten als Kriegsherrn* zugleich als Gehorsam und Treue Gott gegenüber gelten (vgl.48:17).
619 Vgl. dazu bereits die Hinweise oben nach Anm. 136.
620 Vgl. zu „spenden, ausgeben" (*nafaqa* IV) z.B. 2:3, 254, 264, 267, 270, 272; 8:3; 22:35; 42:38; 13:22; 14:31; 35:29: „heimlich und öffentlich"; 32:16; 4:39: „ausgeben von dem, womit wir sie versorgt haben"; vgl. auch 25:67 im Kontext von 25:63ff.; 2:267 „aus dem Erworbenen"; 2:219 „aus dem Überschuß"; sonst noch 2:264; 3:92; 36:47 u.a.
621 Vgl. so explizit 2:215.
622 Vgl. sonst z.B. 57:10; 9:53f., 98f., 121; 2:215, 219, 273; in 2:195, 261, 262 jeweils *nafaqa* IV im Zusammenhang mit „auf dem Weg Gottes".

„Und rüstet für sie, was ihr an Machtmitteln und Pferden vermögt, um damit den Feinden Gottes und euren Feinden Angst zu machen, sowie anderen außer ihnen, die ihr nicht kennt; Gott aber kennt sie. Und was immer ihr auf Gottes Weg („um Gottes willen") spendet (*tunfiqu*), wird euch in vollem Maß zukommen, und es wird euch kein Unrecht zugefügt".

Fazit: Diese Umdeutungen bewirken nicht nur, dass Geschäfte des Krieges wie Angelegenheiten des Glaubens gewichtet werden; die Folge davon ist auch, dass diejenigen, die sich diesen neuen und zusätzlichen Angelegenheiten des Glaubens nicht verweigern, also die Kämpfer, gegenüber allen anderen sich ihres besonderen Ranges vor Gott sicher sein dürfen.

3.2 Die Positionierung der „Kämpfer" als die „wahren Gläubigen"
– Fortsetzung –

Mehrfach werden die Kämpfer als Helfer Gottes eingestuft bzw. die Beteiligung am Kampf damit begründet, dass man so Gott helfe[623]; als solche sind sie vor den normalen Gläubigen ausgezeichnet, um so zum Kampf als zu einem Kampf für Gott zu motivieren (22:38–40; 47:7; 61:14).

Mit der Forderung, „auf dem Weg Gottes (um Gottes willen) Krieg zu führen mit eigenem Vermögen und der eigenen Person", wie auch zu „kämpfen auf dem Weg Gottes", ist zugleich die Zusage verbunden, dass die, die sich total darauf einlassen, bei Gott eine gewichtigere Rangstufe[624] einnehmen werden.

Die Bemühungen um den Nachweis eines von Gott den Kämpfern zugedachten Sonderstatus kulminieren in einigen jüngeren Textanteilen der Militanzpropganda in der Feststellung, dass der Tod eines Gläubigen im Kampf mit dem „Leben bei Gott" belohnt wird. So heißt es z.B. in dem nachträglich interpolierten Vers 2:154: „Und sagt nicht von denen, die getötet werden auf dem Weg Gottes, sie seien tot. Vielmehr sind sie lebendig, aber ihr nehmt es nicht wahr"[625].

Die Autoren der Passagen 3:152ff. und 3:166ff. wollen darauf hinaus[626], dass der Kampf als ein von Gott den Gläubigen auferlegtes Prüfverfahren anzusehen ist und der Tod eines Gläubigen als der eindeutige Nachweis für Standfestigkeit des Glaubens gilt[627]; gerade der Tod im Kampf führt direkt zu Gott[628].

---

623 Vgl. dazu die Hinweise oben in Abschnitt „II 2.2.5".
624 Vgl. dazu 9:20; 57:10; zu 4:95f. vgl. oben die Hinweise nach Anm. 501
625 Vgl. dazu oben die Hinweise nach Anm. 574.
626 Vgl. dazu oben „II 2.3.4.5".
627 Der für 9:16 zuständige Autor verstand die kriegerischen Auseinandersetzungen als von Gott zugelassenes Prüfverfahren, um zu erfahren, wer sich im *Jihād* ausschließlich auf Gott, dessen Gesandten und die Gläubigen verlassen hat, also keine falschen Allianzen eingegangen ist; vgl. auch 3:166f. mit dem Hinweis auf eine Kriegssituation als Möglichkeit, dass Gott so „die Gläubigen erkenne", bzw. bestimmte Kreise als Heuchler ausmache.
628 Vgl. die Hinweise oben nach Anm. 563.

3:169 betont gegenüber den in 3:168 abqualifizierten Gläubigen, die zu Hause „sitzen bleiben", weil sie Angst vor dem Tod haben:

„Und meine ja nicht, diejenigen, die um Gottes willen getötet worden sind, seien tot. Nein, vielmehr sind sie lebendig, werden bei ihrem Herrn wohl versorgt".

Mehrfach wird hervorgehoben, dass Gott gerade das totale Engagement der Gläubigen mit „ihrem Vermögen und der eigenen Person" für den heiligen Krieg wie ein Handelsangebot ansieht, wofür er ihnen als Gegengabe das Paradies garantiert (vgl. z.B. 9:111; 4:74, 100; 61:10ff.). Je größer der „Einsatz" um so höher der Gewinn!

9:111: „Gott hat den Gläubigen ihre eigene Person und ihr Vermögen[629] dafür abgekauft, dass ihnen der (Paradies)garten gehört: Sie kämpfen auf dem Weg Gottes (um Gottes willen), und so töten sie und werden sie getötet; ein Versprechen bindend für ihn, in Wahrheit (?) in der Tora, dem Evangelium und dem Koran. Und wer ist treuer in seiner Abmachung als Gott? So freut euch über euren Handel, den ihr mit ihm abgeschlossen habt; denn das ist der großartige Erfolg".

Folgerungen: Nicht nur die literarische Machart der Texte, sondern gerade auch die unterschiedlichen Bemühungen um die besondere Positionierung der „Kämpfer" als die „wahren Gläubigen" im Gegenüber zu den Militanz Verweigernden belegen klar: Die Konzipierung der Textfolgen ist einer Reihe und Abfolge von Autoren zu verdanken, die über eine längere Zeitspanne ihre Position in der Auseinandersetzung mit der koranischen Gemeinde und den bis dahin geltenden im koranischen Textgut verschrifteten Glaubensauffassungen auszubauen und abzusichern suchten. Daraufhin stellt sich die Aufgabe, die bisherigen Ergebnisse noch einmal systematischer zu sortieren, um so den Ursprüngen und unterschiedlichen Phasen der Militanzpropaganda in ihrer Abfolge auf die Spur zu kommen sowie Hinweise auf das Profil der jeweils verantwortlichen Autoren zu gewinnen.

Zuvor soll jedoch anhand des folgenden umfassenden Überblicks über die einschlägigen Texte die eschatologisch orientierte Grundkonzeption des koranischen Textguts vorgestellt und so die in den Militanz propagierenden Textanteilen vertretene Contraposition verdeutlicht werden.

---

629 Zu „ihrem Vermögen und der eigenen Person" vgl. 9:20, 41, 81, 88.

III. Zur eschatologisch orientierten Grundkonzeption[630] des koranischen Textguts gegenüber dem Anliegen Militanz propagierender Textpassagen

1. Eschatologische (Nah)erwartung des Endgerichts

Folgende Textpassagen belegen unzweifelhaft, dass der Verkünder dieser Aussagen wie die entsprechenden Tradentenkeise von der Nähe des Endgerichts überzeugt waren, jedenfalls mit der Möglichkeit gerechnet haben, dass sie selbst noch mit dem Weltende/-untergang und dem damit verbundenen Tag des Gerichts konfrontiert würden[631].

1.1 Überblick und Sondierungen der Textbelege

1.1.1 Zur Frage „der Nähe" des Tags der „Entscheidung", der „Strafe", des „Gerichts", des „Tages" etc.)

In Sure 78:17ff. ist vom „Tag der Entscheidung"[632] die Rede als dem „Tag, da ins Horn geblasen wird[633] und ihr in Scharen herkommt und da der Himmel geöffnet und dann zu Toren wird ... „. Die Sure abschließend heißt es dann (eindeutig auf das Endgericht bezogen):

78:39 „Das ist der wahrhaftige Tag. Wer nun will, nimmt zu seinem Herrn Einkehr. 78:40 Wir warnen euch ja vor naher (*qariban*) Strafe, am Tag, da einer schauen wird, was seine Hände früher getan haben, und der Ungläubige sagen wird: ‚O weh mir, wäre ich doch Erde".

---

630 Vgl. dazu die immer noch wichtigen Hinweise Casanovas in *Mohammed et la fin du monde*, z.B. S. 12f., 31ff. u.ö. – Auf Ausführungen zu jüdischen und christlichen eschatologischen Vorstellungskomplexen und deren mögliche Berührungen mit der koranischen Eschatologie kann hier verzichtet werden; vgl. dazu Andrae, *Der Ursprung des Islams und das Christentum* (1926), „III. Die Eschatologische Frömmigkeit Muhammeds", S. 59–206.

631 Vgl. dazu Andrae, *Ursprung* (1926), S. 60: „Aus der Gerichtsverkündigung Muhammeds, besonders der ältesten gewinnt man den bestimmten Eindruck, dass er den jüngsten Tag als unmittelbar bevorstehend gedacht hat" (S. 60); vgl. auch Andrae, a.a.O., S. 84: „Diese überragende Bedeutung des Gerichtsglaubens tritt schon dadurch hervor, dass auffallend oft der Glaube an das Jenseits, an das Gericht neben dem Gottesglauben steht als das entscheidende Merkmal der Frömmigkeit überhaupt".

632 *yaumu l-faṣli*; vgl. dazu ferner z.B. 44:40; 77:13f., 38; 37:21.

633 Vgl. so auch z.B. 36:51; 27:87; 23:101; 20:102; 18:99; 6:73 u.ö.

Sure 70:1 greift die Frage auf „nach einer Strafe, die hereinbrechen wird". Es ist eine Strafe 70:2 „für die Ungläubigen, die niemand abwehren kann"; dazu heißt es in 70:6: „Gewiss, sie sehen sie weit entfernt, 70:7 wir aber sehen sie nahe (*qariban*)"; 70:8ff. rückt den entsprechenden Tag in den Blick, da der Himmel und die Berge ihre Gestalt verlieren werden.

Die Gewissheit, dass „die Stunde", das Gericht kommen wird, artikuliert sich in Texten wie z.B. 51:1–6 „… und das Gericht wird gewiss hereinbrechen[634]". Auf die „Wann-Frage" dann in 51:12 („Sie fragen: ,Wann wird denn der Tag des Gerichts sein?'") folgt als Antwort in 51:13: „Am Tag, da sie im Feuer geprüft werden".

36:48 hält fest:

„Und sie sagen: ,Wann wird dieses Versprechen eintreten, wenn ihr wahrhaftig seid?' 36:49 Sie haben nur einen einzigen Schrei zu erwarten, der sie ergreift, während sie noch miteinander streiten".

Sure 21:1 betont:

„Nahegerückt (*iqtaraba*)[635] ist den Menschen ihre Abrechnung, doch sie sind ahnungslos abgewandt".

Nachdem in Sure 21:104 das Zusammenfalten des Himmels und das Ende der ersten Schöpfung angekündigt ist, betont 21:109 gegen Ende der Sure in der Prophetenrede:

„Wenn sie sich abkehren, dann sag: Ich habe euch gleichermaßen angekündigt, und ich weiß nicht, ob das nahe ist (*a-qaribun*)) oder fernliegt, was euch versprochen wird[636].

Ähnlich heißt es nach dem Hinweis auf „das Feuer der Hölle" in 72:23 dann in 72:25

„Sag: ,Ich weiß nicht, ob das, was euch versprochen worden ist, nahe ist (*a-qaribun*), oder ob mein Herr dem eine Frist setzt'".

Vor den Hinweisen auf das Ende der Ungläubigen im „Höllenbrand" etc. in 33:64–68 hält 33:63 fest:

„Es fragen dich die Menschen nach der Stunde. Sprich: ,Das Wissen über sie ist bei Gott'. Und was weißt du schon? Vielleicht ist die Stunde nahe" (*qariban*).

In 27:65 ist von der Auferweckung die Rede. Auf die Frage der Skeptiker in 27:71 „Und sie sagen: ,Wann wird dieses Versprechen eintreten, wenn ihr wahrhaftig seid?'" folgt in 27:72

---

634 Vgl. ferner 52:1–7; 56:1f.; 77:1–7.
635 Vgl. 54:1 *iqtarabati s-sa'atu*; 7:185.
636 Vgl. noch 21:97: „und das wahre Versprechen, das nahegerückt ist (*wa-qtaraba*) …"

„Sag: ‚Vielleicht ist dicht hinter euch einiges von dem, was ihr zu beschleunigen wünscht‘“. Auf die gleiche Anfrage in 21:38 lautet die Antwort in 21:40:

„Nein. Es wird ganz plötzlich über sie kommen und sie verblüffen. Dann werden sie es nicht abwenden können, und es wird ihnen kein Aufschub gewährt“.

In 7:187 liest man:

„Sie fragen dich nach der Stunde (vgl. 79:42), für wann sie feststeht. Sprich: ‚Das Wissen über sie ist bei meinem Herrn. Nur er wird sie zu ihrer Zeit erscheinen lassen. Schwer lastet sie in den Himmeln und auf der Erde. Sie wird nur plötzlich[637] über euch kommen. Sie fragen dich, als ob du gut unterrichtet über sie seiest. Sag: ‚Das Wissen darüber ist nur bei Gott. Aber die meisten Menschen wissen nicht.‘“[638].

Zuvor heißt es in 7:185:

„Haben sie sich denn nicht im Reich der Himmel und der Erde umgeschaut und was Gott an Dingen geschaffen hat, und, dass ihre Frist vielleicht *nahegerückt* ist (*qad iqtaraba*)? An welche Aussage nach dieser wollen sie denn glauben?“

Sure 42:16–22 handelt von Meinungsverschiedenheiten über die Nähe des Endgerichts. 42:17 heißt es dazu:

„Gott ist es, der das Buch mit der Wahrheit herabgesandt hat, und die Waage. Und was lässt dich wissen?[639] Vielleicht ist die Stunde nahe (*qaribun*). 42:18 Diejenigen, die nicht an sie glauben, wünschen sie zu beschleunigen. diejenigen aber, die glauben, sind besorgt wegen ihr und wissen, dass sie Wirklichkeit ist. Doch eben diejenigen, die über die Stunde streiten, befinden sich wahrlich in tiefem Irrtum“.

In Sure 16:77 ist festgehalten:

---

637 Zu „plötzlich“ (*baghtatan*) vgl. 12:107; 43:66; 47:18; 26:202; 39:55 und 29:53 (Strafe); 21:40; 22:55; 6:31, 47. Nicht jeweils eindeutig ist, ob „jetzt bald plötzlich“ oder generell „wann auch immer“ dann „plötzlich“ gemeint ist. Im Fall von 21:40 spricht der Kontext (v. 38–41) dafür, dass an ein baldiges Gericht gedacht ist (vgl. auch 39:55). Demgegenüber betont zuvor 21:34: „… Wenn du nun stirbst, werden sie dann ewig leben?“; damit ist signalisiert, dass zwar das Endgericht bis zum Ableben des Verkünders nicht eingetroffen sein mag, aber jeder danach weiterhin mit dem Endgericht rechnen muss und in jedem Fall nach seinem eigenen Tod damit konfrontiert wird.

638 Der Vermerk in 7:187 „Nur er wird sie zu ihrer Zeit erscheinen lassen. Schwer lastet sie in den Himmeln und auf der Erde. Sie (die Stunde) wird plötzlich über euch kommen“ ist eine nachträgliche Interpolation, hier eingearbeitet mittels der literarischen Technik der Wiederaufnahme (vgl. zu Beginn des Verses „Sie fragen dich … das Wissen darüber ist nur bei meinem Herrn“ sowie entsprechend das Versende „sag: ‚Das Wissen über sie ist nur bei Gott …‘“).

639 Paret übersetzt: „wer weiß, vielleicht …“

„Und Gott gehört das Verborgene der Himmel und der Erde. Und die Angelegenheit der Stunde ist wie ein Augenblick oder sie ist (noch) näher (*aqrabu*). Gewiss, Gott hat zu allem die Macht."[640].

Sure 17:51 zitiert diejenigen, die eine Auferweckung aus Knochen und Überresten in einer neuen Schöpfung (vgl. 17:49) in Frage stellen und sich dann erkundigen:

„… ‚wer wird uns zurückbringen?' Sag: ‚Derjenige, der euch das erste Mal erschaffen hat'. Dann werden sie vor dir die Köpfe schütteln und sagen: ‚Wann wird das sein?' Sag: ‚Vielleicht ist es nahe (*qariban*)'".

Sure 40:18 heißt es: „Und warne sie vor dem Tag der nahe bevorstehenden (näherkommenden) Stunde" (bzw. des Gerichts)[641].

Auf ablehnende Reaktionen der Adressaten lautet die Antwort z.B. in 52:31: „Wartet ab! Gewiss, ich gehöre mit euch zu denen, die abwarten".

In 10:102 heißt es: „Haben sie denn etwas anderes zu erwarten, als was den Tagen (d.h. „Strafgerichten") derer gleicht, die vor ihnen dahingegangen sind? Sag: ‚So wartet ab. Ich bin mit euch einer von denen, die abwarten'. 10:103 Dann werden wir unsere Gesandten und diejenigen, die glauben, erretten …".

32:25 thematisiert den „Tag der Auferstehung"; in 32:28–30 heißt es:

„Und sie sagen: ‚Wann wird diese Entscheidung (*hadha l-fatchu*) eintreten, wenn ihr wahrhaftig seid?' Sag: ‚Am Tag der Entscheidung wird denjenigen, die ungläubig waren, ihr Glaube nichts nützen, noch wird ihnen Aufschub gewährt. So wende dich ab von ihnen und warte ab; sie warten ebenfalls ab'"[642].

1.1.2 Der „Tag der Auferstehung/Auferweckung"

Dass in zahlreichen Textfolgen zum Thema „Jüngstes Gericht" auch den aktuell Angesprochenen die Wiedererweckung bzw. „Auferstehung" am „Jüngsten Tag" bzw. zum Gericht angekündigt wird, signalisiert natürlich, dass die hier verantwortlichen Autoren den Vollzug des Endgerichts auch erst nach dem Tod der Adressaten in Betracht ziehen. Jedenfalls tragen sie der Möglichkeit Rechnung, dass sich das Eintreten des Jüngsten Gerichts auch verzögern könnte. Die Rede vom

---

640 Der Vers liest sich wie eine Kombination von 54:1 „Näher ist die Stunde gekommen …" und 54:50 „Und unsere Angelegenheit ist nur ein Einziges, wie ein Augenblick".

641 Zur Wiedergabe von *yawma azifati* vgl. Bobzin, Der Koran, 2010, S. 735: „ein Deckname für die unmittelbar bevorstehende endzeitliche Katastrophe"; vgl. 53:57 *azifati l-azifatu*: „Es steht bevor die immer näher kommende (Stunde)"; Paret überetzt: „Die Katastrophe, die zu erwarten ist, steht nahe bevor".

642 Zum Topos „warten" vgl. ferner 6:158; 11:122; 10:20; 20:135.

„Tag der Auferstehung", bzw. vom „Tag der Auferweckung" einzuführen, wurde zwingend erforderlich, sofern es je länger je mehr Todesfälle in der Gemeinde gab und nur so inzwischen Verstorbene in das Endgerichtsverfahren einzubeziehen waren, also die Verstorbenen mit denen, die „jener Tag" aus dem Leben reißen würde, gleichgestellt waren. Damit war jedoch keineswegs ausgeschlossen, dass dieser „Tag" (der Weltuntergang) sehr wohl „plötzlich"[643] und „bald" eintreten konnte. So ist auch in den Textpassagen über „jenen Tag", „den Tag des Endgerichts" etc. wie über den „Tag der Auferstehung" nirgends von vorausgehenden Geschichtsperioden, von etwa zuvor zu bestehenden Endzeitnöten, Machtentwicklungen, Zwangsläufigkeiten historischer Bewegungen und Abläufen („Wehen der Endzeit") die Rede, wie das in apokalyptisch geprägten Vorstellungshorizonten der Fall ist[644]. Dass der überaus häufig genannte „Tag der Auferstehung"[645] auch als nahe bevorstehend gedacht oder empfunden werden konnte (vgl. z.B. 17:49–51), auch wenn dazu explizit nichts vermerkt ist, ist also zu beachten[646].

1.2 Fazit

Nach allem kann zur Frage der eschatologischen Grundkonzeption des Korans und zum Kontrast mit dem Anliegen Militanz propagierender Textpassagen zunächst Folgendes festgehalten werden:

1. Zahlreiche Textpassagen aus der Frühphase der koranischen Gemeinde belegen, dass deren Verkünder wie dessen Anhänger der Überzeugung waren, dass der von Gott herbeigeführte Weltuntergang und das damit verbundene Endgericht an der Menschheit nahe bevorsteht[647]. Diese Überzeugung impliziert eine Frömmigkeitspraxis der Distanz zur Welt jedenfalls derart, dass darin keinesfalls noch an eine Aneignung und Neu- bzw. Umordnung der Welt gedacht sein kann, wie sie von Militanz propagierenden Kreisen praktiziert wird.

2. Explizit ist in den sonstigen Texten zum Thema Endgericht nicht mehr von dessen Nähe die Rede. Es ist ihnen aber unzweifelhaft zu entnehmen, dass die

---

643 Vgl. dazu oben Anm. 637.

644 Vgl. dazu unten bei Anm. 648.

645 Vgl. z.B. 75:1, 6; 32:25; 39:31, 47, 60, 67; 25:69; 23:16; 22:17, 69; 21:47; 20:100, 124; 19:95; 18:105; 17:13, 97; 16:25–27, 124; 10:60; 7:32; 6:12; 5:14, 36, 64; 4:87, 109, 141, 159; 3:77, 180, 185, 194; 2:85, 212.

646 Das gilt natürlich auch für die Hinweise auf den „Tag der Drohung" 50:20, den „Tag des Herauskommens" (aus der Erde) 50:42, den „Tag des Gerichts": 51:12; 37:20; den „Tag der Entscheidung" (*fasl*) 44:40; 37:21; 78:17; 77:13f., 38; den „Jüngsten Tag": 4:162 u.ö.

647 Textbelege für die Naherwartung des Endgerichts sind allerdings keineswegs lediglich in den traditionell als älter eingestuften Suren belegt; vgl. z.B. 33:63; 7:185–188; s.a. David Cook, *Studies*, S. 4: „… that the End would come in their own lifetimes. This was a tendency that continued to exist throughout the early centuries of Islam …".

eschatologische Orientierung bzw. Fixierung auf das Endgericht, auf den jüngsten Tag, den Tag der Auferstehung etc. im Verlauf der weiteren Korangenese wie auch der weiteren Gemeindebildung als der Grundpfeiler koranischen Glaubens gilt und darauf bezogen die Frömmigkeitspraxis der Gläubigen bestimmt war.

3. Die in späteren Texten enthaltenen Vermerke zum Tag der Auferstehung, zur Frage des Endgerichts etc. lassen deutlich erkennen, dass von einer Berechenbarkeit des Termins, von noch absehbaren, also einplanbaren Zeitspannen, wie sie in apokalyptischen Geschichtsentwürfen vorgestellt werden können[648], nirgends die Rede ist und auch implizit in dieser Richtung nichts anklingt.

Das Jüngste Gericht ist angekündigt und steht bevor; Gott allein weiß den Termin und bestimmt ihn[649]. Das Ende, die Stunde etc. kann plötzlich kommen; es kann nur davor gewarnt werden, der Verkünder und seine Adressaten sind im Wartezustand.

Dass in dieser Stetserwartung ein Mitwirken oder Hinwirken der Gläubigen bis zu diesem Zeitpunkt von Gott mit der Begründung gefordert sein könnte, wie in 47:7 „O die ihr glaubt, wenn ihr Gott helft, hilft er euch und festigt eure Füße" und in 22:40 „… Gott wird ganz gewiss denen helfen, die ihm helfen. Gott ist wahrlich stark und mächtig"[650], dürfte in den Augen der eschatologisch orientierten Frommen eine völlig abwegige Vorstellung gewesen sein[651]. Gerade der Verweis auf Gottes überlegene Macht und damit auf die Möglichkeit, bis zum Endgericht doch Gott selbst das Feld zu überlassen und nicht selbst das Heft in die Hand zu nehmen, dürfte von Seiten der eschatologisch orientierten Frömmigkeit gegenüber militanten Gläubigen das Argument zur Rechtfertigung der eigenen Zurückhaltung gewesen sein[652].

War es angesichts des bevorstehenden, aber zeitlich nicht berechenbaren Weltgerichts für die Gläubigen völlig undenkbar, dass sie im Wartestand auf Gottes

---

648 Vgl. z.B. den „Fahrplan" in syrBar XXXVI bis XL (vgl. in JSHRZ V, 2, S. 144–147).

649 Vgl. dazu Shoemaker, *The Death of a Prophet*, S. 167: „just because the exact timing of the Hour was known to God alone does not mean that Muhammad saw it as anything other than threateningly imminent".

650 Beide Aussagen sind wichtig in Militanz propagierenden Kontexten; vgl. oben zu 47:7 die Hinweise in „II 2.2.4" und zu 22:40 in „II 2.2.5."

651 Vgl. oben die Ausführungen zu 47:4 in Abschnitt „II 2.2.4" und unten in Abschnit IV 2.1.2.1.

652 Zu beachten ist in diesem Kontext auch Sure 110, für deren Entstehung nicht wie üblich nach den Vorgaben der islamischen Tradition sowie auch Nöldekes Einschätzung (vgl. GdQ I, S. 219f.) die letzten Jahre Mohammeds in Frage kommen; Sure 110 arikuliert nicht „die zuversichtliche Gewißheit, daß die Völker in Haufen der wahren Religion (*al-din*) zuströmen werden". Dieser Text ist vielmehr als Zeugnis eschatologischer Naherwartung des „Jüngsten Gerichts" einzustufen; 110:1 spricht das künftige von Gott eingeleitete Endgericht an; in 110:2 „und du siehst die Menschen *fi dini llāhi* in Scharen eintreten" ist nicht von der „Religion Gottes", sondern vom „Gericht Gottes" die Rede; und in 110:3 wird die auf eschatologische Erwartungen abgestimmte gottesdienstliche Frömmigkeitspraxis der Gemeinde abgerufen. Zur ausführlichen Begründung dieser Neueinschätzung von Sure 110 und weiteren Folgerungen vgl. Pohlmann, „Koransure 110".

Gericht ihm eine Hilfe sein müssten oder könnten, und ferner, dass die Organisation weltlicher Sicherheiten wie Besitz und Macht dann Schutz bedeuten oder ein Bestehen vor Gott bewirken könnten, so dürfte die entsprechende Frömmigkeitshaltung auch kaum der Nährboden für die Organisation militanter Aneignung bzw. Unterwerfung der Welt gewesen sein[653].

Ein Eingehen auf die Position der militanten Aneignung der Welt hätte für die eschatologisch orientierte Frömmigkeit bedeutet, bis zur Erreichung des Endziels militanten Agierens (vgl. 8:39; 9:33 und die Parallelstellen 61:9 und 48:28) die Erwartung und Hoffnung auf das angekündigte, aber noch ausstehende endzeitliche Gerichtshandeln Gottes zu Gunsten der Frommen zurückzustellen und sich mit den Geschäften der diesseitigen Welt zu arrangieren.

Nach allem kann als unstrittig gelten, dass im Verlauf der Gemeindebildung und ihrer weiteren Geschichte die Naherwartung des Endgerichts (bzw. die Erwartung des möglicherweise nahen Endgerichts als Stetserwartung[654] ein den Glauben fundamental bestimmendes Proprium gebildet haben muss. Daraufhin ist zu erwarten, dass im Koran darauf abgestimmte religiöse Forderungen und Auflagen für eine fromme Glaubenspraxis enthalten sind, die charakteristische Einstellungen und Auffassungen militanter Kreise nicht widerspiegeln.

Im Folgenden soll daher sondiert werden, wo sich im koranischen Textgut weitere Einzelheiten zur genaueren Charakterisierung der eschatologisch orientierten Frömmigkeitshaltung ausmachen lassen.

2. Eschatologische (Nah)erwartung des Endgerichts und die Frage der entsprechenden Frömmigkeitspraxis

Oben war bereits dargelegt worden, dass die Botschaft vom bevorstehenden Weltuntergang und damit verbunden des Endgerichts die Option ausschließt, auf militantem Wege „Einfluss- und Machterweiterungen" zu organisieren[655].

---

653 Dass im Koran die Überzeugung von einem jederzeit möglichen Anbrechen des Weltgerichts prägend ist, könnte auch dafür ausschlaggebend gewesen sein, nirgends in den Texten die Möglichkeit eines Nachfolgers des Gesandten in Betracht zu ziehen (vgl. so auch David Cook, *Studies*, S. 4, n. 6).

654 Vgl. ähnlich die sog. Paränesen in der *Zehnwochenapokalypse* in äthHen (Kap. 92.94–104; vgl. dazu Karlheinz Müller, „Apokalyptik/Apokalypsen III, S. 221f.: „Die Naherwartung ist endgültig in eine Stetserwartung überführt …"); vgl. z.B. auch die lukanische Parusieerwartung, die als Stetsbereitschaft mit dem plötzlichen Kommen des „Herrn" rechnet (vgl. Act 1:6f.) und somit die Nähe der Parusie nicht ausschließt.

655 Andrae geht auf die Frage nicht ein, ob und inwiefern die eschatologisch orientierte Frömmigkeit, zumal als Naherwartung des Gerichts, mit Militanz, Kampf, Töten, Beutemachen, Kriegsstrategien und -zielen etc. zu vereinbaren ist; er sieht hier offensichtlich kein Problem; vgl. seine Ausführungen in *Ursprung* (1926), III., Abschnitt „10. Die sittlichen und religiösen Pflichten", S. 175ff.; er verweist in wenigen Zeilen lediglich darauf, dass, wie

In zahlreichen Textprodukten militanter Kreise wird, wie oben vermerkt, häufig moniert, dass bestimmte Gruppierungen den Aufforderungen, diese Option zu teilen, nicht nachkommen wollten und sich unter Vorwänden und mit Ausreden vor einem militärischen Engagement gedrückt hätten[656]. Solche Vorwürfe zielen eindeutig auf eine tendenziöse Abqualifizierung dieser Gruppierungen. Einer derartigen Vorgehensweise wird man allerdings nicht abnehmen können, dass die tatsächlichen Motive solcher Verweigerer von Militanz im Blick waren und genannt sind. Die so betont zu Ungunsten der Verweigerer konzipierten Aussagen werfen die Frage auf, welche Selbsteinschätzungen und tatsächlichen Motive dieser Gruppierungen im koranischen Textgut von den Autoren der Militanz propagierenden Textpassagen unterschlagen wurden.

2.1 Der nichtmilitante Gesandte

Der folgende Überblick informiert zunächst weiterhin über jene zahlreichen Textanteile des Korans, die die Überzeugung des Verkünders wie seiner Gemeinde widerspiegeln, dass er als Garant der Botschaft vom möglicherweise nahen Weltgericht galt und dass er die entsprechend eschatologisch orientierte Frömmigkeitshaltung anmahnte.

2.1.1 Der Gesandte – „nichts als ein Warner", „ein Frohbote/Freudenbote"

2:119: „Gewiss, wir haben dich mit der Wahrheit gesandt als Frohboten und als Warner (*baschiran wa-nadhiran*). Und du wirst nicht nach den Insassen des Höllenbrandes gefragt werden. 2:120 Weder die Juden noch die Christen werden mit dir zufrieden sein, bis du ihrem Bekenntnis folgst. Sag: ‚Gottes Rechtleitung – das ist die Rechtleitung.' Wenn du jedoch ihren Neigungen folgst nach dem, was dir an Wissen zugekommen ist, so wirst du vor Gott weder Schutzherrn noch Helfer haben."

5:19: „O Leute der Schrift, unser Gesandter ist nunmehr zu euch gekommen, um euch nach einer Unterbrechungszeit der Gesandten Klarheit zu geben, damit ihr (nicht etwa) sagt: ‚Zu uns ist kein Frohbote und kein Warner gekommen'. Nun ist ja ein Frohbote und ein Warner zu euch gekommen."

---

auch sonst im Koran „das religiöse Verhältnis als ein für den Menschen vorteilhafter Handel dargestellt wird" (mit Verweis auf „ähnliche Anschauungen … in der Frömmigkeit der syrischen Kirchen"), so bedeute ebenso der Streit auf dem Weg Gottes „eine *tijara*, ein Geschäft" (Verweis auf 61:10–11; vgl. a.a.O., S. 180).

656 Vgl. z.B. 4:77; 8:72; 9:19ff., 38, 56, 64ff., 86 u.ö.; vgl. dazu oben die Hinweise nach Anm. 358 und im „Resümee" zu Sure 9.

7:184: „Denken sie denn nicht nach? Ihr Gefährte leidet nicht an Besessenheit; er ist nur ein deutlicher Warner (*nadhirun mubinun*). 7:185 Haben sie sich denn nicht im Reich der Himmel und der Erde umgeschaut und was Gott an Dingen erschaffen hat und, dass ihre Frist vielleicht nahegerückt ist? An welche Aussage nach dieser wollen sie denn glauben? … 7:187[657]: „Sie fragen dich nach der Stunde, für wann sie feststeht. Sag: ‚Das Wissen darüber ist nur bei meinem Herrn …‘ 7:188: Sag: ‚Ich vermag mir selbst weder Nutzen noch Schaden (zu bringen) … Ich bin nur ein Warner und Frohbote für Leute, die glauben‘“.

11:2: „Ihr sollt nur Gott dienen. Gewiss, ich bin euch von ihm ein Warner und Frohbote -, 11:3 und: ‚Bittet euren Herrn um Vergebung, hierauf wendet euch ihm in Reue zu … und er wird jedem, der voll Huld ist, seine Huld gewähren‘. Wenn sie sich jedoch abkehren, – ‚Gewiss, ich fürchte für euch die Strafe eines schweren Tages‘“.

11:12: „Vielleicht möchtest du einen Teil von dem, was dir eingegeben wird, auslassen … Jedoch, du bist nur ein Warner (*nadhirun*). Und Gott ist Sachwalter (*wakil*) über alles“.

13:7: „Diejenigen, die ungläubig sind, sagen: ‚Wenn doch ein Zeichen von seinem Herrn auf ihn herabgesandt würde!‘ Du bist aber nur ein Überbringer von Warnungen (*mundhir*). Und jedes Volk hat einen, der rechtleitet“.

15:88: „Richte ja nicht deine Augen auf das, was wir einzelnen zur Nutznießung gegeben haben. Und sei nicht traurig ihretwegen. Und senke deinen Flügel für die Gläubigen. 15:89 Und sag: ‚Ich bin ja der deutliche Warner‘“ (*al-nadhiru l-mubinu*).

17:105: „Mit der Wahrheit haben wir ihn (d.h. den Koran) hinabgesandt, und mit der Wahrheit ist er hinabgekommen. Und wir haben dich nur als Verkünder froher Botschaft und als Warner (*nadhiran*) gesandt. 17:106 Und einen Qur'an, den wir unterteilt haben, damit du ihn den Menschen mit Bedacht vorträgst …“.

22:48: „Und wie vielen Städten, die Unrecht taten, gewährte ich Aufschub! Hierauf ergriff ich sie. Und zu mir ist der Ausgang. 22:49 „Sag: ‚O ihr Menschen, ich bin euch nur ein deutlicher Warner (*nadhirun mubinun*)‘“.

25:1: „Segensreich ist derjenige, der seinem Diener die Klarstellung offenbart hat, damit er für die Weltenbewohner ein Warner (*nadhiran*) sei, 25:2 Er, dem die Herrschaft der Himmel und der Erde gehört …“.

25:55: „Aber sie dienen anstatt Gottes, was ihnen weder nützt noch schadet. Und der Ungläubige leistet stets Beistand gegen seinen Herrn. 25:56 Und wir haben dich nur als Verkünder froher Botschaft und als Warner gesandt. 25:57 Sag: ‚Ich verlange von euch keinen Lohn dafür …‘. 25:58 Und verlasse dich auf den Lebendigen. Der nicht stirbt, und lobpreise ihn …“.

657 Vgl. dazu oben bei Anm. 637.

26:192: „Und er (der Koran) ist gewiss eine Offenbarung des Herrn der Weltenbewohner, 26:193 herabgekommen ist mit ihm der zuverlässige Geist, 26:194 auf dein Herz, damit du zu den Überbringern von Warnung (*mina l-mundhirina*) gehörst, 26:195 in deutlicher arabischer Sprache".

27:92: „… Wer sich nun rechtleiten lässt, der ist nur zu seinem eigenen Vorteil rechtge-leitet. Und wenn einer irregeht, dann sag: ‚Ich gehöre ja nur zu den Überbringern von Warnungen' (*ana mina l-mundhirina*)".

29:50: „Und sie sagen: ‚Wenn doch Zeichen von seinem Herrn auf ihn herabgesandt würden!' Sag: ‚Über die Zeichen verfügt Gott. Und ich bin nur ein deutlicher Warner'" (*nadhirun mubinun*).

32:3: „Oder sagen sie: ‚Er hat es sich ersonnen'? Nein! Vielmehr ist es die Wahrheit von deinem Herrn, damit du ein Volk warnst, zu dem noch kein Warner vor dir gekommen ist, auf dass sie rechtgeleitet werden mögen".

33:45: „O Prophet, wir haben dich gesandt als Zeugen, als Verkünder froher Botschaft und als Warner 33:46 und als einen, der zu Gott mit seiner Erlaubnis ruft und als licht-spendende Leuchte. 33:47 Und verkünde den Gläubigen, dass es für sie von Gott große Huld geben wird. 33:48 Und gehorche nicht den Ungläubigen und den Heuchlern; beachte nicht die Beleidigungen, die sie dir zufügen, und verlasse dich auf Gott. Und Gott genügt als Sachwalter".

34:28: „Wir haben dich für die Menschen allesamt als Frohboten und Warner (*nadhirun*) gesandt. Aber die meisten Menschen wissen nicht. 34:29 Und sie sagen: ‚Wann wird dieses Versprechen (diese Verheißung) eintreten, wenn ihr wahrhaftig seid?' 34:30 Sag: ‚Für euch ist als Zeitpunkt ein Tag bestimmt, von dem ihr weder um eine Stunde hinausschieben noch vorverlegen könnt'".

34:46: „Sag: ‚Ich ermahne euch nur zu einem: dass ihr euch zu zweit und einzeln um Got-tes willen hinstellt und hierauf nachdenkt. Euer Gefährte leidet nicht an Besessenheit. Er ist euch nur ein Warner (*nadhirun*) vor einer strengen Strafe'".

35:23: „Du bis nur ein Warner" (*nadhirun*). 35:24 Wir haben dich mit der Wahrheit ge-sandt als Frohboten und Warner (*nadhiran*). Und es gibt keine Gemeinschaft, in der nicht ein Warner vorangegangen ist".

38:65: „Sag: ‚Ich bin nur ein Überbringer von Warnungen (*mundhir*), und keinen Gott gibt es außer Gott, dem Einen, dem Allbezwinger, 38:66 dem Herrn der Himmel und der Erde und …' 38:67 Sag: ‚Es ist eine gewaltige Kunde, 38:68 von der ihr euch abwendet … 38:70 Mir wird nur eingegeben, dass ich ein deutlicher Warner (*nadhirun mubinun*) bin."[658].

---

658 Zu den Hintergründen der Entstehung der jetzigen Textfolge 38:65–88 vgl. Pohlmann, *Die Entstehung des Korans*, S. 93f., 116.

46:9: „Sag: ‚Ich bin kein Neubeginn unter den Gesandten, und ich weiß nicht, was mit mir, und auch nicht, was mit euch geschehen wird. Ich folge nur dem, was mir eingegeben wird, und ich bin nur ein deutlicher Warner" (*nadhirun mubinun*).

48:8: „Wir haben dich gesandt als Zeugen, als Verkünder froher Botschaft und als Warner, 48:9 damit ihr an Gott und seinen Gesandten glaubt, ihm beisteht und ihn hochachtet und ihn preist morgens und abends".

51:50: „So flüchtet zu Gott. Gewiss, ich bin euch von ihm ein deutlicher Warner. 51:51 Und setzt neben Gott keinen anderen Gott. Gewiss, ich bin euch von ihm ein deutlicher Warner (*nadhirun mubinun*)".

53:56: „Das ist ein Warner[659] wie die früheren Warner. 53:57 Es steht bevor die immer näher kommende (Stunde), niemand außer Gott kann sie beheben".

67:24: „Sag: ‚Er ist es, der euch auf der Erde hat anwachsen lassen, und zu ihm werdet ihr versammelt werden'. 67:25 Und sie sagen: ‚Wann wird dieses Versprechen eintreten, wenn ihr wahrhaftig seid?'[660] 67:26 Sag: ‚Gott allein weiß Bescheid. Und ich bin nur ein deutlicher Warner'" (*nadhirun mubinun*).

79:42 „Sie fragen dich nach der Stunde, wann sie feststehen wird. 79:43 Was hast du über sie zu erwähnen? 79:44 Zu deinem Herrn ist ihr Endziel. 79:45 Du bist nur ein Überbringer von Warnungen (*mundhir*) für jemanden, der sie fürchtet".

Besonders zu beachten ist, dass in mehreren Textpassagen der Gesandte als Warner nicht nur für seine Landsleute gilt: In 22:49 heißt es: „Sag: ‚O ihr *Menschen*, ich bin euch nur ein deutlicher Warner". Denjenigen, die sich dagegen verwahren, droht der „Höllenbrand" (22:51; vgl. auch 22:55); von Maßnahmen der Bekämpfung solcher Leute verlautet hier nichts. Ähnlich ist der Fall in Sure 25. 25:1 setzt ein mit „Segensreich ist er, der auf seinen Diener die Offenbarung[661] herniedersandte, damit er für die *Weltenbewohner* ein Warner (*nadhiran*) sei". Auch hier ist in den weiteren Versen im Blick auf die Ungläubigen nur von der eschatologischen Bestrafung mit dem Höllenbrand die Rede (vgl. 25:11).

In 5:19 sind die „Leute der Schrift" (Juden und/oder Christen) angeredet: „O Leute der Schrift, unser Gesandter ist nunmehr zu euch gekommen … , damit ihr (nicht etwa) sagt: ‚Zu uns ist kein Frohbote und kein Warner gekommen'. Nun ist ja ein Frohbote und Warner zu euch gekommen. Und Gott hat zu allem Macht".[662]

Diese in älteren wie in jüngeren Suren durchweg betonten Festlegungen des Gesandten auf seine Aufgabe lediglich als „Warner" und „Frohbote" stehen in

---

659 Oder: „Das ist eine Warnung …".
660 Vgl. 34:29.
661 Vgl. dazu oben die Hinweise zu *furqan* bei Anm. 183.
662 Vgl. ferner z.B. 34:28ff.; 2:119ff.

einem unüberbrückbaren Widerspruch zum Bild des militanten Propheten, wie er in den oben angeführten Passagen vorgestellt ist; denn nirgends findet sich ein Hinweis derart, dass der Gesandte im Fall von Ablehnungen seiner Botschaft und Warnungen, zumal unter dem „Volk der Schrift", auch selbst das Heft gegen solche Leute in die Hand nehmen sollte.

2.1.2 Der Gesandte als „Ermahner"

Häufig wird der Gesandte auch als „Ermahner" angesprochen und aufgefordert zu „ermahnen"; auch hier wird nirgends angedeutet, dass er gegen diejenigen, die nicht ansprechbar sind oder sich abkehren, selbst vorgehen und solche Leute mit Gewalt zur Raison bringen oder unterwerfen sollte.

6:70 „Und lass diejenigen, die ihre Religion zum Gegenstand des Spiels und der Zerstreuung nehmen und die das diesseitige Leben täuscht! Und ermahne damit (*wa-dhakkir bihi*) – dass eine Seele für das, was sie begangen hat, verpfändet (?) wird …".

50:45 „Wir wissen sehr wohl, was sie sagen, und du bist nicht über sie als Gewalthaber (*jabbar*); so ermahne (*fa-dhakkir*) mit dem Qur'an (jeden), wer meine Androhung fürchtet"[663].

87:9: „So ermahne (*fa-dhakkir*), wenn die Ermahnung nützt. 87:10 Bedenken wird der, der gottesfürchtig ist. Meiden aber wird es der Unseligste, 87:11 der dem größten Feuer ausgesetzt sein wird".

88:21: „So ermahne[664]; du bist nur ein Ermahner (*mudhakkirun*); 88:22: „Du bist keiner, der über sie Gewalt hat".

2.1.3 Der Gesandte – weder „Hüter" (hafiz) noch Sachwalter (wakil) der Adressaten seiner Botschaft

Zudem wird der Gesandte in zahlreichen Aussagen[665] darauf festgelegt, dass er nicht als „Hüter" (*hafiz*) und auch nicht als Sachwalter (*wakil*) der Adressaten seiner Botschaft fungiert, sondern allein als Übermittler der Botschaft.

6:65: „Sag: ,Er hat die Macht dazu, euch eine Strafe von oben oder unter euren Füßen zu schicken …' 6:66 Aber dein Volk erklärt es für Lüge, obwohl es die Wahrheit ist. Sag: ,Ich bin nicht Sachwalter (*wakil*) über euch[666]. 6:67 Jede Nachricht hat ihren festen Ort. Und ihr werdet es noch erfahren'".

---

663 Vgl. zuvor v. 44: „Am Tag, da die Erde … sich aufspalten wird …" (Verweis auf das Weltende).
664 Zuvor ist in 88:8ff. von „jenem Tag" die Rede.
665 Die folgenden Beispiele sind nur eine Auswahl!
666 Bobzin übersetzt: „ich trage nicht die Verantwortung für euch".

6:104: „Zu euch sind nunmehr einsichtbringende Zeichen von eurem Herrn gekommen. Wer einsichtig wird, der ist es zu seinem eigenen Vorteil, und wer blind ist, der ist es zu seinem eigenen Nachteil[667]. Und ich bin nicht Hüter (*hafiz*) über euch … 6:107 Wenn Gott gewollt hätte, hätten sie nicht beigesellt. Und wir haben dich nicht zum Hüter (*hafizan*) über sie gemacht, und du bist nicht Sachwalter (*wakil*) über sie".

17:54 „Euer Herr kennt euch sehr wohl; wenn er will, erbarmt er sich eurer, oder wenn er will, straft er euch. Und wir haben dich nicht als Sachwalter (*wakil*) über sie gesandt."

39:41: „Gewiss, wir haben für die Menschen das Buch mit der Wahrheit auf dich herabgesandt. Wer sich nun rechtleiten lässt, der (tut das) zu seinem eigenen Vorteil; und wer in die Irre geht, der geht nur zu seinem eigenen Nachteil in die Irre. Und du bist nicht Sachwalter (*wakil*) über sie".

42:6: „Über diejenigen, die sich statt seiner (Gottes) Schutzherren nehmen, ist Gott Hüter (*hafiz*), und du bist nicht Sachwalter (*wakil*) über sie."

42:48: „Wenn sie sich nun abwenden, so haben wir dich nicht als Hüter (*hafiz*) über sie gesandt. Dir obliegt nur die Übermittlung (Botschaft) …".

Dass der Gesandte es bei der Übermittlung der Botschaft bewenden lassen soll, auch wenn sich die Adressaten abwenden, bezieht sich z.B. in 5:92; 5:99; 64:12 auf die Gläubigen, kann aber auch im Blick auf Juden und Christen (Schriftbesitzer) gelten.

3:19 verweist auf diejenigen, „denen die Schrift gegeben wurde". Darauf folgt in 3:20:

„Und wenn sie mit dir streiten, dann sag: ‚Ich habe mein Gesicht Gott ergeben, und wer mir folgt!' Und sag zu jenen, denen die Schrift gegeben wurde, und zu den Unkundigen: ‚Seid ihr (Gott) ergeben?' Wenn sie (ihm) ergeben sind, dann sind sie rechtgeleitet. Kehren sie sich aber ab, so obliegt dir nur die Übermittlung[668] (der Botschaft). Und Gott erkennt die Diener."

Ebenfalls auf die Schriftbesitzer bezogen (vgl. 13:36) heißt es in 13:40: „Ob wir dich nun einen Teil dessen, was wir ihnen androhen, sehen lassen oder ob wir dich (zuvor) abberufen[669], so obliegt dir die Übermittlung (der Botschaft), und uns obliegt die Abrechnung."

Obwohl hier (3:19f. und 13:36, 40) jeweils angedeutet ist, dass es zwischen dem Gesandten und Juden und/oder Christen mindesten zu Meinungsverschieden-

---

667 Vgl. ähnlich 10:108.
668 Vgl. so auch 16:82.
669 Vgl. ähnlich 43:41f.; 23:93–95.

heiten kommen könne oder kam, fehlt jeglicher Hinweis, darauf aggressiv zu reagieren und Sanktionen einzuleiten[670].

Auch Textaussagen wie 10:46; 40:77 bleiben bei dem Bild eines Gesandten, dem
keinerlei machtpolitisches Vorgehen zugestanden ist; selbst für den Fall seines
vorzeitigen Todes werden keine Maßnahmen weiteren Vorgehens angedacht.

In 10:45 ist vom „Tag, da er (Gott) sie versammelt" die Rede. Anschließend betont 10:46:

„Ob wir dich einen Teil dessen, was wir ihnen androhen, sehen lassen oder dich vorher
abberufen, zu uns ist ihre Rückkehr. Hierauf ist Gott Zeuge über das, was sie tun".

40:70–76 verweist auf das Geschick derer die ins Höllenfeuer kommen werden;
40:77 wendet sich an den Gesandten:

„Sei standhaft. Gewiss, Gottes Versprechen ist wahr. Ob wir dich einen Teil dessen, was
wir ihnen androhen, sehen lassen oder dich vorher abberufen, zu uns werden sie zurückgebracht".

Diese Texte widerspiegeln auffälligerweise Erwägungen, ob das Eintreffen oder
die Herbeiführung des Gerichts sich möglicherweise erledigt hat, sofern der Gesandte vorher gestorben ist. In jedem Fall soll sicher gestellt werden: Unabhängig
vom Geschick des Verkünders bleibt seine Verkündigung in Kraft.[671].

Diesem in zahlreichen frühen bis späten Suren eindeutigen Insistieren auf einen
Gesandten lediglich in der Rolle eines „Warners", eines „Frohboten", eines „Mahners", dem kein Mandat als „Hüter" (Aufseher) und „Sachwalter" (Verantwort-
licher) seiner Adressaten mit entsprechenden Machtbefugnissen zugestanden ist,
entsprechen zudem mehrfach Anweisungen, wie auf Ablehnung und Konflikt-
fälle zu reagieren ist.

---

670 Suren 3 und 13 gelten als jüngere Suren, traditionell als „medinensisch" eingeordnet.
671 Resultieren diese Passagen aus einer aktuellen Sorge, dass der Verkünder sterben könnte,
    und was dann? Oder handelt es sich um eine Reaktion auf den tatsächlichen Tod des Ge-
    sandten, als sich die die Frage stellte, ob über die Übermittlung der Botschaft hinaus im
    Blick z.B. auf das „Volk der Schrift" (vgl. 13:36–40) mehr zu arrangieren war.- Zur Dis-
    kussion über die Frage von Anspielungen auf den Tod des Gesandten im Koran (vgl. 3:144
    sowie 10:46; 13:40; 40:77) vgl. Shoemaker, *The Death of a Prophet*, S. 178ff.

2.1.4 Der Gesandte – seine Verpflichtung auf nichtmilitantes Verhalten gegenüber Gegnern

In 15:85 heißt es nach den vorausgehenden Hinweisen auf früheres Gerichtswirken Gottes:

„Wir haben die Himmel und die Erde und was dazwischen ist nur in Wahrheit erschaffen. Gewiss, die Stunde (des Gerichts) wird sicher kommen. Übe deshalb schöne Nachsicht[672].

Zu „Verzeihen und Nachsicht" ist der Gesandte auch in 5:13 aufgefordert, und zwar den Juden (5:12) gegenüber und trotz der schlechten Erfahrungen mit ihnen:

„Dafür, dass sie ihr Abkommen brachen, haben wir sie verflucht und ihre Herzen hart gemacht. Sie verdrehen den Sinn der Worte, und sie haben einen Teil von dem vergessen, womit sie ermahnt worden waren. Und du wirst immer wieder Verrat von ihnen erfahren – bis auf wenige von ihnen. Aber verzeihe ihnen und übe Nachsicht[673]. Gewiss, Gott liebt die, die Gutes tun".

Weitere Beispiele: 33:48 „Und gehorche nicht den Ungläubigen und den Heuchlern; beachte nicht die Beleidigungen, die sie dir zufügen, und verlasse dich auf Gott. Und Gott genügt als Sachwalter (*wakil*)".

31:23: „Und wer ungläubig ist, dessen Unglaube braucht dich nicht traurig zu machen. Zu uns wird ihre Rückkehr sein, dann werden wir ihnen kundtun, was sie taten. Gott weiß Bescheid …"

41:34: „Nicht gleich sind die gute Tat und die schlechte Tat. Wehre mit einer Tat ab, die besser ist[674], dann wird derjenige, zwischen dem und dir Feindschaft besteht so, als wäre er ein warmherziger Freund".[675]

---

672 Dazu betont Paret (*Kommentar*, z.St.): „Der Passus fordert nicht eigentlich zur Vergebung … auf, sondern mehr nur zur geduldigen Zurückhaltung in der Auseinandersetzung mit den Gegnern, die solange unbelehrbar sind, bis sie das göttliche Strafgericht unmittelbar vor sich sehen."

673 In 2:109 sind es die Gläubigen, die trotz schlechter Erfahrungen mit den „Leuten der Schrift" diesen gegenüber mit Nachsicht und Verzeihen reagieren sollen; vgl. ferner 43:89; 45:14.

674 Vgl. ähnlich 23:96.

675 Die Adressierung solcher Hinweise und Mahnungen ist oft nicht eindeutig; vor Augen stehen kann der Verkünder selbst; es ist aber auch möglich, dass die Du-Anrede auf Gemeindeglieder zielt; vgl. noch 10:109: „… und gedulde dich, bis Gott richtet"; vgl. ähnlich 7:87.

16:125 „Rufe zum Weg deines Herrn mit Weisheit und schöner Ermahnung und streite mit ihnen in bester Weise[676]. Gewiss, dein Herr kennt sehr wohl, wer von Seinem Weg abirrt, und Er kennt sehr wohl die Rechtgeleiteten"[677].

Fazit: Die hier in breiter Auswahl beigebrachten Belege rücken einen Gesandten und Verkünder in den Blick, der von Gott lediglich befugt ist, warnend auf das bevorstehende Weltgericht zu verweisen[678] und daraufhin aufkommende Konflikte auf friedlichem Wege zu beheben. Für die Lösung von letztlich wie auch immer unaufhebbaren Spannungen ist nicht er zuständig, sondern Gott selbst als Letztinstanz verantwortlich[679].

Somit stehen diese Festlegungen und Auflagen für den Gesandten in der Rolle des Warners, Mahners etc.[680] in einem unaufhebbaren Kontrast zu Texten mit der Propagierung und Rechtfertigung von militanten Aktionen und zum damit zugleich vorgestellten Bild des Gesandten als deren theologisch legitim bestimmter Organisator[681]. Dieser Sachverhalt ist ein schwerwiegender Einwand gegen die Auffassung, dass sich in solchen kontrastierenden Textpassagen ein und dieselbe Person bzw. sich ein und derselbe Trägerkreis artikuliert.

2.2 Die nichtmilitanten Gläubigen

2.2.1 *„Das diesseitige Leben – nur Spiel und Zerstreuung"*

Der Forderung, sich auf die Möglichkeit eines plötzlichen Weltendes und Endgerichts einzustellen, korrespondieren mehrfach Warnungen, sich an den Verlockungen und Gütern des derzeitigen Lebens bzw. der diesseitigen Welt zu orientieren.

Nach den eschatologisch orientierten Aussagen über die Gläubigen und ihren Lohn in 57:11–19[682] moniert 57:20:

---

676 Vgl. ähnlich 29:46 an die Gemeinde gerichtet.

677 16:125 ist als Einschub (vgl. Firestone, a.a.O., S. 71: „sandwiched") einzustufen, der Meinungsverschiedenheiten im Blick hat, aber ohne aggressiven Beiklang auf Einvernehmen bzw. Konfliktvermeidung zielt (so auch Firestone, a.a.O., S. 71).

678 Die entsprechenden Belege finden sich auch in traditionell als „medinensisch" eingestuften Suren; vgl. z.B. 13:7; 22:49.

679 Vgl. z.B. 42:15 „… Gott wird uns zusammenbringen"; vgl. ähnlich 34:26; 10:109 fordert auf: „Und folge dem, was dir eingegeben wird.; und sei geduldig, bis Gott richtet; er ist der Beste derer, die richten".

680 Vgl. Abschnitt „III 2.1".

681 Vgl. nur die zahlreichen Aussagen in dieser Richtung in Sure 8.

682 Zu 57:10 vgl. die Hinweise oben in Abschnitt „II 2.2.2".

„Wisst, dass das diesseitige Leben nur Spiel und Zerstreuung ist, Schmuck und gegen-
seitige Prahlerei nach Wettstreit und nach noch mehr Besitz und Kindern. Es ist wie das
Gleichnis von Regen, dessen Pflanzenwuchs den Ungläubigen gefällt. Hierauf aber trock-
net er aus, und da siehst du ihn gelb werden. Hierauf wird es zu zermalmten Zeug. Im
Jenseits aber gibt es strenge Strafe und Vergebung von Gott und Wohlgefallen. Und das
diesseitige Leben ist nur ein trügerischer Genuss"[683].

53:29 mahnt: „Lass nun ab von jemandem, der sich von unserer Ermahnung abkehrt und nur das diesseitige Leben will."

29:64 hält fest: „Das diesseitige Leben ist nur Zerstreuung und Spiel" (vgl. auch
47:36).

In 6:31 heißt es:

„Verloren sind diejenigen, die die Begegnung mit Gott für Lüge erklären, so dass, wenn
die Stunde plötzlich über sie kommt, sie sagen: ‚Ach, was für ein Jammer für uns, dass wir
sie nicht beachtet haben …'". Darauf folgt in 6:32: „Das diesseitige Leben ist nur Spiel und
Zerstreuung. Die jenseitige Wohnstätte ist für diejenigen, die gottesfürchtig sind, wahrlich
besser. Begreift ihr denn nicht?".

3:14 gibt zu bedenken: „Ausgeschmückt wurde für die Menschen die Liebe zu den Be-
gierden, nach Frauen, Söhnen, aufgehäuften Mengen von Gold und Silber, Rassepferden,
Vieh und Saatfeldern. Das ist der Genuss im diesseitigen Leben. Doch bei Gott ist die
schöne Heimstatt."

Zu berücksichtigen sind auch die Aussagen, die auf das eschatologische Richten
Gottes verweisen und davor warnen, auf weltliche Güter wie Reichtum an Vermögen wie auch auf Kinderreichtum sowie eigene Macht zu bauen:

3:9f. „Unser Herr, du wirst die Menschen zu einem Tag versammeln, an dem es keinen
Zweifel gibt. Gott bricht nicht, was er versprochen hat. 3:10 Gewiss, denjenigen, die ungläubig sind, werden weder ihr Besitz noch ihre Kinder vor Gott etwas nützen. Sie sind es,
die Brennstoff des Feuers werden"[684].

Dagegen wird betont, auf welche fromme Verhaltensweisen es letztlich ankommt
wie z.B. seinen Besitz herzugeben, „um sich zu läutern" (vgl. 92:18), um Arme,
Waisen und Gefangene zu speisen (76:8).

In 90:12–17 heißt es:

90:12 „Was lässt dich wissen, was der steile Weg ist?
13 die Freilassung eines Sklaven
14 oder zu speisen am Tag der Hungersnot

---

683 Vgl. auch 10:24f; s. dazu unten vor Anm. 715.
684 Vgl. 3:116; 58:17; 34:37; ferner z.B. 111:2; 104:1–3; 92:11; 69:28f.; 64:15; 63:9.

15 eine Waise, die einem nahe ist,
16 oder einen Armen, der dem Boden nahe ist.[685]
17 Und dass man hierauf zu denjenigen gehört, die glauben, einander die Standhaftigkeit eindringlich empfehlen und einander die Barmherzigkeit eindringlich empfehlen".[686]

2.2.2 Charakteristische „Frömmigkeitsmerkmale"[687] der Anhänger des Gesandten – „Tugendkataloge"

Mit den oben aufgelisteten Aussagen über Aufgaben und Stellung des Gesandten („Warner" etc.), die nirgends an einen von höchster Warte abgesegnet agierenden Organisator militanter Aktionen und Lenker auf Expansion angelegter Kampfhandlungen[688] erinnern, konvergieren zahlreiche Textpassagen, die die fundamentalen, die Anhänger des Gesandten kennzeichnenden Frömmigkeitsmerkmale betonen[689].

Die umfangeiche Sure 2 ist eingeleitet als eine „Schrift" (*kitab*) für diejenigen, „die … drei wesentliche islamische Grundpflichten erfüllen"[690].

2:2–5: „Dies ist die Schrift, an der es keinen Zweifel gibt, eine Rechtleitung für die Gottesfürchtigen,
3 die an das Verborgene glauben und das Gebet verrichten und von dem, womit wir sie versorgt haben, spenden
4 und die an das glauben, was auf dich herabgesandt wurde und was vor dir herabgesandt wurde, und die vom Jenseits überzeugt sind.
5 Jene folgen nach einer Rechtleitung von ihrem Herrn, und sie sind es, denen es wohl ergeht."

Ähnlich knapp und formelhaft heißt es in 27:1–3:

„Dies sind die Zeichen (Verse) des Qur'ans und einer deutlichen Schrift
2 als Rechtleitung und Frohbotschaft für die Gläubigen,
3 die das Gebet verrichten, die Almosensteuer geben und vom Jenseits überzeugt sind".

Auch 31:2–5 ist kurz gefasst:

---

685 Vgl. 4:36.
686 Vgl. ferner z.B. 17:23–26.
687 Paret spricht im Blick auf 23:1–11; 70:22–35; 51:15–19 u.a. von „Aufzählungen islamischer Tugenden" (*Kommentar*, S. 353); Neuwirth verwendet die Bezeichnung „Tugendkatalog" (vgl. z.B. *KTS*, S. 704; *Der Koran*, Band 2/1, S. 287f.
688 Vgl. dazu besonders die Suren 8 und 9.
689 Vgl. auch die nur knappen Hinweise auf Frömmigkeitstugenden in sehr frühen Textpassagen wie in 92:5–7; 90:13–16; 87:14f. ebenso wie die Hinweise auf deren Fehlen z.B. in 89:18–20; 83:29–33; 74:43–47; 75:31–33, die im Folgenden außer Betracht bleiben.
690 Vgl. Neuwirth, *KTS*, S. 193.

„Dies sind die Zeichen (Verse) der weisen Schrift, 3 eine Rechtleitung und Barmherzigkeit für die Gutes Tuenden,
4 die das Gebet verrichten, die Almosensteuer geben und vom Jenseits überzeugt sind.
5 Sie verfahren nach der Rechtleitung von ihrem Herrn, und das sind diejenigen, denen es wohl ergeht."

In Sure 70:19–21[691] wird zunächst festgestellt:

„Gewiss, der Mensch ist als kleinmütig erschaffen.
20 Wenn ihm Schlechtes widerfährt, ist er sehr mutlos;
21 und wenn ihm Gutes widerfährt, ein stetiger Verweigerer."

Darauf folgt in 70:22–35 ein „Tugendkatalog"; es handelt sich um einen späteren Zusatz[692] zum Verhalten der Frommen:

„Nur nicht (oder: „Anders") die Betenden,
23 diejenigen, die in ihrem Gebet beharrlich sind
24 und die ein festgesetztes Recht an ihrem Besitz
25 dem Bettler und dem Bedürftigen zugestehen
26 und die den Tag des Gerichts für wahr halten
27 und diejenigen, die wegen der Strafe ihres Herren besorgt sind,
28 – denn gewiss, vor der Strafe ihres Herrn ist niemand sicher –
29 und diejenigen, die ihre Scham hüten …
30 außer gegenüber ihren Gattinnen oder was ihre rechte Hand besitzt (an Sklavinnen); denn darin sind sie nicht zu tadeln. 31 Wer aber darüber hinaus begehrt, das sind die Übertreter.[693]
32 und diejenigen, die auf die ihnen anvertrauten Güter und ihre Verpflichtung achtgeben,
33 und diejenigen, die zu ihren Zeugnissen stehen,
34 und diejenigen, die ihr Gebet einhalten,
35 die werden in Gärten sein, geehrt".

Die hier betonten Frömmigkeitsmerkmale – Gebetsobservanz, Glaube an das letzte Gericht und soziale Verhaltensregeln – werden ähnlich in weiteren „Tugendkatalogen" oder entsprechenden Auflistungen hervorgehoben; nirgends klingt an, dass der eigene Glaube aggresssiv zu propagieren sei.

---

691 Zu Sure 70 insgesamt vgl. Neuwirth, *Der Koran*, Band 1, S. 431–451.
692 Vgl. zur Begründung Neuwirth, a.a.O., S. 435: Er „enthält einzelne soziale Verhaltensregeln, die für die sonst eschatologisch orientierte Rede zu detailliert sind"; vgl. dazu auch Neuwirth, *Der Koran*, Band 2/1, S. 510
693 Die Verse 30 u. 31 (vgl. ähnlich 23:6–7) dürften „innerhalb des Zusatzes … noch einmal später hinzugekommen sein" (so Neuwirth, *Der Koran*, Band 1, S. 435; nach Neuwirth, ebd., dürfte die „Erwähnung von Sklavinnenbesitz auf Medina verweisen"); vgl. bereits Nöldekes Hinweise (GdQ I, S. 106) auf die Nähe dieser Verse zu 23:1–11.

Der „Tugendkatalog" 51:15–19[694] setzt ein mit dem Verweis auf die „Gottes-fürchtigen" im Paradies („in Gärten und an Quellen") und verweist dann auf das frühere Verhalten der Frommen:

17 „Nur ein wenig pflegten sie in der Nacht zu schlafen,
18 und im letzten Teil der Nacht pflegten sie um Vergebung zu bitten,
19 und an ihrem Besitz hatte Anrecht der Bettler und der Bedürftige".

32:15–19 „Nur diejenigen glauben an unsere Zeichen, die, wenn sie damit ermahnt wer-den, ehrerbietig niederfallen und ihren Herrn lobpreisen und sich nicht hochmütig ver-halten.
16 Sie halten sich von den Schlafstätten zurück, sie rufen ihren Herrn in Furcht und Be-gehren an und von dem, womit wir sie versorgt haben, spenden sie.
17 Und keine Seele weiß, welche Freuden im Verborgenen für sie vorgesehen sind als Lohn für das, was sie getan haben.
18 Ist denn jemand, der gläubig ist, wie einer, der ein Frevler ist? Sie sind nicht gleich.
19 Was nun diejenigen angeht, die glauben und rechtschaffene Werke tun, so wird es für sie Gärten geben …".

23:1–11 handelt von denen, die das Paradies erben (23:11):

1 „Den Gläubigen wird es ja wohl ergehen,
2 denjenigen, die in ihrem Gebet demütig sind,
3 und denjenigen, die sich von unbedachter Rede abwenden,
4 und denjenigen, die der Almosensteuer nachkommen,
5 und denjenigen, die ihre Scham hüten.[695]
8 und denjenigen, die auf die ihnen anvertrauten Güter und ihre Verpflichtung achtgeben,
9 und denjenigen, die ihre Gebete einhalten.
10 Das sind die Erben,
11 die das Paradies erben werden; ewig werden sie darin bleiben".

23:57–62: „Gewiss, diejenigen, die aus Furcht vor ihrem Herrn besorgt sind,
58 und die an die Zeichen ihres Herrn glauben
59 und die ihrem Herrn nicht beigesellen
60 und die geben, was sie geben, während ihre Herzen sich ängstigen, weil sie zu ihrem Herrn zurückkehren werden,
61 diese beeilen sich mit den guten Dingen, und sie werden sie erreichen.
62 Wir legen keiner Seele mehr auf, als sie zu leisten vermag. Und bei uns ist ein Buch, das die Wahrheit redet, und es wird ihnen kein Unrecht zugefügt."

---

694 Vgl. dazu Neuwirth, *Der Koran*, Band 1, S. 523ff.
695 23:6–7 ist möglicherweise ein späterer Zusatz (vgl. oben die Hinweise zu 70:30f.).

6:151–153: „Sag: ‚Kommt her! Ich will euch verlesen, was euer Herr euch verboten hat: Ihr sollt ihm nicht beigesellen, und zu den Eltern gütig sein; und tötet nicht eure Kinder aus Armut – Wir versorgen euch und auch sie; und nähert euch nicht den Abscheulichkeiten, was von ihnen offen und was verborgen ist; und tötet nicht die Seele, die Gott verboten hat (zu töten), außer aus einem rechtmäßigen Grund! Dies hat er euch anbefohlen, auf dass ihr begreifen möget.

152 Und nähert euch nicht dem Besitz des Waisenkindes, außer auf die beste Art, bis es seine Vollreife erlangt hat. Und gebt volles Maß und Gewicht in Gerechtigkeit. Wir erlegen keiner Seele mehr auf, als sie zu leisten vermag. Und wenn ihr euer Wort gebt, dann seid gerecht, auch wenn es um einen Verwandten geht. Und haltet euren Bund gegenüber Gott. Dies hat er euch anbefohlen, auf dass ihr bedenken möget.

153 Und: Dies ist mein Weg, ein gerader. So folgt ihm! Und folgt nicht den (anderen) Wegen, damit sie euch nicht von seinem Weg auseinanderführen. Dies hat er euch anbefohlen, auf dass ihr gottesfürchtig werden möget".

In den bisher vorgestellten Passagen[696] verlautet nichts über den Umgang mit Andersgläubigen oder Opponenten. Die folgenden „Tugendkataloge" enthalten einige Hinweise, die jedenfalls Aversion und Agression für vermeidbar ansehen.

25:63: „Die Diener des Barmherzigen sind diejenigen, die maßvoll auf der Erde umhergehen und die, wenn die Unwissenden sie ansprechen, sagen: ‚Frieden!'.

64 Und diejenigen, die die Nacht verbringen, indem sie sich vor ihrem Herrn niederwerfen und aufrecht stehen.

65 Und diejenigen, die sagen: ‚Unser Herr, wende von uns die Strafe der Hölle ab'. Ihre Strafe ist ja bedrängend;

66 gewiss sie ist böse als Aufenthaltsort und Bleibe.

67 Und diejenigen, die, wenn sie ausgeben/spenden, weder maßlos noch knausrig sind, sondern den Mittelweg (einhalten).

68 Und diejenigen, die neben Gott keinen anderen Gott anrufen und nicht die Seele töten, die Gott verboten hat, außer aus einem rechtmäßigen Grund, und die keine Unzucht begehen …[697]

72 Und diejenigen, die keine Falschaussage bezeugen und, wenn sie im Vorbeigehen unbedachte Rede (hören), würdevoll weitergehen.

73 Und diejenigen, die, wenn sie mit den Zeichen (Versen) ihres Herrn ermahnt werden, nicht ihnen gegnüber taub und blind niederfallen.

74 Und diejenigen, die sagen: ‚Unser Herr, schenke uns an unseren Gattinnen und unseren Nachkommenschaften Grund zur Freude, und mach uns für die Rechtschaffenen zum Vorbild („Imam")'.

---

696 Während in diesen „Tugendkatalogen" jeweils mehr oder weniger ausführlich Frömmigkeitsmerkmale benannt sind, wie sie für Gebetsobservanz und soziales Engagement charakteristisch sind, kann es in Texten wie z.B. 14:31; 22:35; 35:29 auch mit dem Hinweis lediglich auf das Gebet und das Spenden sein Bewenden haben.

697 25:68Ende bis 25:71 sind ein späterer Nachtrag.

75 Diesen wird mit dem Obergemach[698] vergolten werden, dass sie standhaft waren, und ihnen wird Gruß und Friede (bzw. „Heil") entgegengebracht", 76 ewig darin zu bleiben ...".

13:20: „Diejenigen die Gottes Bund halten und die Abmachung nicht brechen
21 und verbinden, was Gott befohlen hat zu verbinden, ihren Herrn fürchten und Angst vor einer bösen Abrechnung haben
22 und die geduldig sind und trachten nach dem Angesicht ihres Herrn, das Gebet verrichten und von dem, womit wir sie versorgt haben, heimlich und öffentlich ausgeben und mit dem Guten das Böse abwehren[699], für sie gibt es letztendlich die Wohnstätte, 23 die Gärten Edens ...".

In 29:46 findet man die in 16:125 für den Gesandten bestimmte Anweisung[700] leicht variiert an die Gemeinde gerichtet:

„Und streitet (debattiert) mit den Leuten der Schrift nur in bester Weise, außer denjenigen, die Unrecht tun. Und sagt: ‚Wir glauben an das, was zu uns herabgesandt worden ist und zu euch herabgesandt worden ist; unser Gott und euer Gott ist Einer, und wir sind ihm ergeben'.

In all diesen Passagen ist nirgends angedeutet, dass zu den elementaren Frömmigkeitshaltungen (wie Alleinverehrung Gottes, Gottesfurcht, „den Bund halten", das Gebet, Almosen spenden etc.) auch das militante Engagement „auf dem Weg Gottes" (*wa-jahadu fi sabili llahi*) zählen könnte[701], wie das Militanz propagierende Textfolgen betonen[702].

Auch wird in den zahlreichen Charakteristiken der vorbildlich Gläubigen nirgends auf den Einsatz „eigenen Vermögens und der eigenen Person auf dem Weg Gottes" verwiesen[703], wie das in eindeutig Militanz thematisierenden Textfolgen hervorgehoben und gefordert wird; so heißt es z.B. in Sure 9:20[704]:

---

698 Vgl. Sure 29:58 „im Paradies".
699 Vgl. ähnlich 28:54; vgl. dazu im Brief des Paulus an die Römer 12:19–21; ferner die Gemeinderegel aus Qumran 1 QS X,17f.
700 Vgl. dazu oben nach Anm. 678.
701 Das ist auch nicht der Fall in sonstigen Texten mit Hinweisen auf das Verhalten von Gläubigen wie 2:177, 277; 3:15–17; 17:22–39; 24:36–38; 32:15–19; 35:29f.; 42:36–43; 90:13–16.
702 Dass auffälligerweise zu Beginn der Militanz propagierenden Sure 8 in der Charakteristik der „wahren Gläubigen" in 8:2–4 jegliche Anmahnung zum kriegerischen Engagement fehlt (vgl. dazu bereits einige Hinweise oben bei Anm. 102), wird unten im Abschnitt „IV 3.1 Der sekundäre Einschub 8:2–4 in Sure 8" ausführlicher behandelt.
703 Man könnte zu diesen Ergebnissen mit Firestone (vgl. JIHAD, S. 73 zu 16:125; 29:46; 42:15 u.a.) festhalten: „... it was not the role of Muhammad or the Muslim community to inflict punishment or to escalate the conflict. The consistency of the program of these disparate verses suggests that they represent a point of view that remained intact over a significant period."
704 Vgl. ähnlich: 9:41, 44, 81, [88], 111; 8:72; 4:95; 49:15; 61:11.

„Diejenigen, die glauben und ausgewandert sind und mit ihrem Vermögen und ihrer eigenen Person um Gottes willen Krieg geführt haben, stehen bei Gott in höherem Ansehen …"[705].

Dass militantes Engagement erst sekundär den Frömmigkeitsleistungen wie Gebet, Almosengeben, Gutes tun, Alleinverehrung Gottes, Jenseitsorientierung etc. gleichgestellt wurde, ist deutlich in 4:77 erkennbar. Wie dem vorausgehenden und folgenden Kontext zu entnehmen ist, ist dieser Vers ein Textprodukt aus Militanz propagierenden Kreisen, die gegenüber friedfertigen Gläubigen auf deren Beteiligung an Kämpfen bestehen.

4:77 „Siehst du nicht jene, zu denen gesagt wurde: ‚Haltet eure Hände zurück und verrichtet das Gebet und entrichtet die Almosensteuer.' Als ihnen dann aber vorgeschrieben wurde zu kämpfen, fürchtete auf einmal eine Gruppe von ihnen die Menschen wie Furcht vor Gott oder mit noch größerer Furcht, und sagten: ‚Unser Herr, warum hast du uns vorgeschrieben zu kämpfen? O würdest du uns doch auf eine kurze Frist zurückstellen!' Sag: ‚Der Genuss des Diesseits ist gering. Und das Jenseits ist besser für jemanden, der gottesfürchtig ist. Und euch wird nicht ein Fädchen Unrecht zugefügt'".

Der Vorwurf der hier zuständigen Autoren hebt darauf ab, dass die vor Augen stehenden, abgemahnten Gläubigen das nachträglich eingeforderte militante Engagement (al-qital „Kampf") mit ihrer Frömmigkeitspraxis nicht vereinbaren wollten.

Fazit: Die Festlegungen auf bestimmte Frömmigkeitsmerkmale der Gläubigen in den zahlreichen „Tugendkatalogen" lassen nirgends erkennen, dass darauf die Propagierung von Militanz und die entsprechende Weltauffassung basieren könnte[706].

2.3 Ergebnisse

Die Übersicht über die Belege im Koran zur eschatologischen Nah- bzw. Stetserwartung des Weltendes hatte Folgendes ergeben: Für zahlreiche und nicht nur ältere Textpassagen steht eindeutig fest, dass der Verkünder dieser Aussagen wie die entsprechenden Tradentenkeise von der Nähe des Endgerichts und des Weltendes ausgingen, jedenfalls mit der Möglichkeit gerechnet haben, dass man jederzeit mit dem Weltende/-untergang und dem damit verbundenen Tag des Gerichts konfrontiert werden könnte.

Zur Frage nach der dieser Weltsicht entsprechenden Frömmigkeitspraxis kann festgehalten werden: Dieser Weltsicht korrespondieren zahlreiche Suren und Textpassagen, in denen die religiösen Forderungen und Auflagen explizit und

---

705 So Parets Übersetzung; zur Wiedergabe von *wa-jahadu fi sabili llahi …* vgl. oben die Hinweise in Anm. 242 sowie Anm. 610.

706 Gegen Donners und Shoemakers Herleitung der militanten Bewegungen im frühen Islam (vgl. dazu die Hinweise oben nach Anm. 54.

implizit eine Frömmigkeitshaltung und Lebensführung im Blick haben, die nicht auf militante und expansive Weltaneignung angelegt sind.

Zudem stehen zahlreiche koranische Textpassagen, die den Gesandten lediglich als Warner, Mahner, friedfertigen Vermittler o.ä. vorstellen, in einem starken Kontrast zum Bild des Gesandten und Propheten als eines theologisch legitim bestimmten Organisators von militanten und expansiven Zugriffen auf die Welt; nichts deutet hier auf eine Gestalt, wie sie in den Militanz propagierenden Textpassagen[707] im Blick ist.

Und in den oben aufgelisteten Textfolgen mit Anweisungen und Auflagen an die Gläubigen ist nirgends angedeutet, dass zum Frömmigkeitsideal auch eine von Gott auferlegte Beteiligung am kriegerischen *Jihad*[708] zählen könnte.

3. Zusammenfassung und Folgerungen

In den obigen einleitenden Abschnitten[709] war dargelegt worden, dass und inwiefern Militanz propagierende Texte im Koran eine Kontrastkonstellation im Gegenüber von Militanz ablehnenden Aussagen bilden[710] und dass sich darin ein Konflikt zwischen Trägerkreisen koranischen Textguts bzw. in der koranischen Gemeinde widerspiegelt.

Die Ausführungen oben in Kapitel „II Die Propagierung militanter Zugriffe auf die Welt – Bestandsaufnahme der entsprechenden Texte und die Hintergründe ihrer Konzipierung" konzentrierten sich auf die Klärung der Frage, woraufhin sich die militant eingestellten Gruppen etablierten und mit welcher Stoßrichtung die hier verantwortlichen Autoren ihre Texte konzipierten. All diese Texte propagieren militantes Vorgehen gegen Unglauben und abweichende Glaubensauffassungen als von Gott gewollt. Darauf abgestimmt sind Darlegungen, die die Position von Gruppierungen abqualifizieren, die sich kriegerischen Aktivitäten

---

707 Vgl. besonders Suren 8, 9; vgl. dazu ausführlich oben „II 1 Die Suren 8 und 9 als spezifische Textprodukte Militanz rechtfertigender Glaubensauffassung" (nach Anm. 83).

708 Vgl. dagegen aber z.B. *jahada* in 8:72, 74! In mehreren Textpassagen ist anders als in den Militanz propagierenden Texten noch erkennbar, dass der Begriff *jahada* (incl. deriv.) in seiner ursprünglichen Bedeutung („sich bemühen, sich einsetzen für …") nicht zur Kennzeichnung kriegerischer Aktivität diente. Das trifft auch zu auf die Formel „Weg Gottes" (*sabil allahi*), die in Kontexten ohne Kriegsthematik einen auf Gott hin orientierten Wandel thematisiert und an jüdisch/christliche Auffassungen vom „Weg Gottes" (*odos theou*) erinnert (vgl. dazu oben den Exkurs „Zu Bedeutungsverschiebungen bestimmter ‚Schlüsselbegriffe'", bei Anm. 605).

709 Vgl. „I Die Problemstellung – Hinführung".

710 Firestone (*JIHAD*, S. 49) spricht von „contradictory material" bzw. von „the obvious problem of disparity in the qur'anic revelations treating war" (a.a.O., S. 64).

verweigerten und nicht zu aggressiven Verhaltensweisen neigten[711]. Die Ausführlichkeit und Intensität der Versuche, solchen Kreisen Glaubensschwäche, Oberflächlichkeit des Glaubens, Feigheit, Unzuverlässigkeit, Geiz etc. zu unterstellen und ihnen die Rechtgläubigkeit abzusprechen[712], sind deutliche Indizien dafür, dass es den Autoren sukzessiv darum ging, gegenüber solchen Gruppierungen ihre eigene Position, ihre aggressive Glaubenshaltung als den „wahren Glauben" hervorzuheben und als „schriftgemäß" auszuweisen.

In diesem Kapitel „III Zur eschatologisch orientierten Grundkonzeption des koranischen Textguts" ging es darum, deutlicher herauszuarbeiten, auf Grund welcher Essentials ihres Glaubens breite Kreise auf einer Art friedlicher Koexistenz beharrten und nicht zu Militanz geneigt waren.

Nach den obigen Textsondierungen kann dazu jetzt Folgendes festgehalten werden: Die Vorbehalte gegenüber der Propagierung von militanten Aktionen etc. resultieren aus einer eschatologisch orientierten Frömmigkeit. Die eschatologische Orientierung ist unstrittig ein Grundzug der koranischen Verkündigungen[713]. Es artikuliert sich darin eine Frömmigkeitshaltung, die davon überzeugt ist und sich darauf eingestellt hat, dass Gott jederzeit den Weltuntergang und damit verbunden das Endgericht herbeiführen kann. Der entsprechende „Tag", die „Stunde" können ganz nahe bevorstehen[714]; das „Wann?" weiss Gott allein. Gerade die damit eingestandene Unsicherheit impliziert, eben jederzeit mit dem „Ende" rechnen zu müssen, woraufhin als unsicher gilt, wie weit man das diesseitige Leben beherrschen und verplanen kann.

Dass in einer solchen Frömmigkeitshaltung der Drang und Wille zu Machtgewinn und Expansion angelegt wäre, dass es daraufhin zur Propagierung von Militanz mit den entsprechenden Ausführungen und Anweisungen zur zielgerichteten Aneignung der Welt kommen musste, ist daher eine abwegige Annahme.

Im Anschluss an 10:23 mit der Warnung vor Gewalttätigkeiten wird die Bedeutung der diesseitigen Welt in 10:24 wie folgt zurechtgerückt:

„Das Gleichnis des diesseitigen Lebens ist nur wie Wasser, das wir vom Himmel hinabsenden, worauf das Gewächs der Erde, von dem die Menschen und das Vieh verzehren, sich damit vermischt, bis dann, wenn die Erde ihren Prunk angenommen hat und sich

711 Vgl. zu solchen Stimmen im Koran z.B. 16:125; 2:109; 5:13; 29:46; 42:15; 50:39; vgl. Firestone, *JIHAD*, S. 47ff., ferner S. 69ff.
712 Vgl. z.B. oben nach Anm. 358 die Hinweise auf die zahlreichen sukzessiv vorgenommenen Textergänzungen.
713 Vgl. David Cook (*Studies*, S. 301): „The Qur'an is an eschatological book not an apocalyptic book …"; s. dazu bereits oben bei Anm. 73.
714 Im Unterschied hierzu gehen die sog. Apokalyptiker (vgl. dazu oben Anm. 648) davon aus, dass sich eine bestimmte Systematik von Ereignisabfolgen (vgl. die sog. „Wehen der Endzeit") veranschlagen lässt, man sich also auf eine dem Ende vorausgehende „überschaubare" Zeitspanne einstellen kann.

geschmückt hat und ihre Bewohner meinen, dass sie Macht über sie hätten, kommt unser Befehl (oder: „unsere Entscheidung") über sie bei Nacht oder bei Tag, und da lassen wir sie abgemäht sein, als ob sie am Tag zuvor nicht in Blüte gestanden hätte. So legen wir die Zeichen ausführlich dar für Leute, die nachdenken[715]. 10:25 Gott lädt zur Wohnstätte des Friedes/Heils (*ila dari s-salami*) ein und leitet, wen er will zu einem geraden Weg."

Ferner steht das Selbstverständnis des Gesandten und Verkündigers in einem unaufhebbaren Kontrast zu dem Befürworter und Organisator kriegerischer Aktionen, wie ihn die Autoren der Militanz propagierenden Passagen vor Augen haben. Und die zahlreichen Frömmigkeitskataloge („Tugendkataloge") enthalten keinerlei Indizien, die auf eine Befürwortung von Militanz hindeuten könnten.

Nach allem ist klar: Die Hinweise im koranischen Textgut, dass in der Gemeinde, wie Firestone formuliert[716], „certain groups or individuals were not prone to militancy", sowie die Aussagen, die wie 16:125 „call for what appears to be non-militant means of propagating or defending the faith"[717], beziehen sich nicht, wie Firestone meint[718], auf Gruppen, die, obwohl inzwischen Angehörige der medinensischen *umma*, weiterhin gegenüber den mekkanischen Quraysch an einer „kinship solidarity" festhalten[719] und deswegen kriegerisches Vorgehen ablehnen wollten. Nicht „kinship solidarity" und das Festhalten an „pre-Islamic norms of behaviour" einiger Kreise in Medina waren ausschlaggebend, sich kriegerischen Aktionen zu verweigern; es war die vom Gesandten und Verkünder ursprünglich übermittelte Botschaft vom nicht berechenbaren eschatologischen Endgericht, und es waren die Gläubigen mit ihrer dieser Botschaft entsprechenden Glaubenshaltung, die sich gegen die Propagierung von Militanz und die entsprechende Vereinnahmung für kriegerische Aktionen sperrten.

Somit ist auch Donners These[720] nicht haltbar, die militanten Bewegungen in den Anfängen des Islam und die Propagierung von Militanz ließen sich aus der eschatologischen Grundkonzeption der Botschaft des Gesandten ableiten.

---

715 Vgl. z.B. ähnlich 18:45f.
716 Vgl. Firestone, *JIHAD*, S. 67.
717 A.a.O., S. 48.
718 Vgl. dazu oben die Hinweise nach Anm. 77.
719 Vgl. Firestones Hinweis (a.a.O., S. 134) auf „adherence to pre-Islamic norms of behaviour".
720 Vgl. dazu oben die Hinweise nach Anm. 66.

IV. Militanz gegen Antimilitanz – Die Konfliktparteien und das Ringen um die theologische Deutungshoheit im Koran – Spuren und Spurensuche in den jeweils entsprechenden redaktionellen Fortschreibungen

„Zudem kommt man in dem Bemühen, Ordnung zu schaffen, ohne wiederholte Anläufe nicht aus. Ich habe darum das Material mehrmals umgeschichtet"

Josef van Ess[721].

1. Vergewisserung der bisherigen Einschätzungen

Da die oben aus den Sondierungen im koranischen Textgut gewonnenen Erkenntnisse und Ergebnisse im krassen Widerspruch auch zu den oben kurz skizzierten Thesen Noths[722] stehen, soll im Folgenden sein Argumentationsgeflecht ausführlicher vorgestellt und so noch einmal verdeutlicht werden, woraufhin die Beurteilung der Militanz propagierenden Passagen so unterschiedlich ausfallen kann.

Noth geht davon aus, „daß nahezu alle Muslime kämpferische Aktivitäten zum (risikolosen) Vorteil der Gemeinschaft – im Sinne damaliger Wertvorstellungen – durchaus für normal und legitim hielten", und meint, so konnten die Muslime „auf eine theoretisch-theologische Rechtfertigung des Kampfes als solchen weitestgehend verzichten"[723]. Und die in den Militanz propagierenden Passagen kritisierten Gruppen hätten lediglich deswegen die Teilnahme an kriegerischen Aktionen verweigert, weil bestimmte Vorhaben „anscheinend nicht allen Mitgliedern oder Gruppen der medinensischen *umma* opportun erschienen, was die Zielsetzung, den Zeitpunkt oder die Art der Durchführung betraf"[724].

Ausschlaggebend für diese Einschätzungen sind für Noth bestimmte Lebensformen und Wertvorstellungen im damaligen Arabien; so bedeutete „der Einsatz kämpferischer Mittel zum Erhalt und zur Stärkung der jeweiligen tribalen Gruppe etwas Normales, zum Leben Gehöriges; ja mehr noch, ein Großteil der Tugenden, die eine Einzelperson, und des Ansehens, das eine tribale Gruppe er-

---

721 Vgl. *Der Fehltritt des Gelehrten* (2001), S. 7).
722 Vgl. oben nach Anm. 53.
723 Vgl. „Früher Islam", S. 55f.
724 A.a.O., S. 56.

werben konnte, hatte seinen Ursprung in kriegerischen Aktivitäten"[725]. Solche von Noth charakterisierten Sachverhalte im damaligen Arabien waren sicher mit ausschlaggebend für die Anfänge der expansiven arabischen Bewegungen auf der arabischen Halbinsel[726]. Dass damit die tatsächlichen Hintergründe für die Konzipierung der fraglichen Texte erfasst wären, lässt sich allerdings nur dann behaupten, wenn Noths weitere Voraussetzung überhaupt zutreffen kann, nämlich, „daß nahezu alle Muslime (!) kämpferische Aktivitäten zum (risikolosen) Vorteil der Gemeinschaft – im Sinne damaliger Wertvorstellungen – durchaus für normal und legitim hielten"[727]. M.a.W.: Auch wenn davon auszugehen ist, dass „kämpferische Aktivitäten zum (risikolosen) Vorteil der Gemeinschaft – im Sinne damaliger Wertvorstellungen – durchaus für normal und legitim" galten, so wäre erst einmal anhand des koranischen Textguts zu klären, worauf sich die koranische Gemeinde verpflichtet fühlte und was ihr noch als normal und legitim galt oder auch nicht.

Für Noth fungieren die Militanz propagierenden Texte „als Werbung von Kämpfern für bestimmte Vorhaben … Die Tendenz der Werbung für umstrittene kriegerische Notwendigkeiten äußert sich nun sowohl darin, daß die einzelnen Gläubigen sehr persönlich angesprochen werden, als auch in einer zum Teil sehr intensiven, herausfordernden Diktion", also schließlich in der „Aufforderung an die Muslime …, sie sollten ‚sich abmühen auf dem Wege Gottes (für die Sache Gottes/im Dienst Gottes) unter Einsatz ihres Besitzes und ihres Lebens (*gihad fi sabil allah bi-amwalihim wa-anfusihim*)'" (S. 56). Anschließend wird dann wieder betont: „Die Notwendigkeit, die Muslime – vor allem auch in Medina – zur Teilnahme an kriegerischen Unternehmungen zu überreden, das Erfordernis der Werbung also, dürfte mit den sich einstellenden kriegerischen Erfolgen und der fortschreitenden Einflußerweiterung der medinensischen *umma* zunehmend geringer geworden sein" (a.a.O., S. 57).

Gegen Noths Sichtweisen decken die obigen Analysen und Beobachtungen zu den Militanz propagierenden Suren und Textfolgen im Koran[728] auf, dass das eigentliche Anliegen der hier zuständigen Autoren und Interpolatoren keineswegs damit zutreffend erfasst ist, wenn man wie Noth diese Texte als „Werbung für umstrittene kriegerische Notwendigkeiten" einstuft, als „Werbung" also von lediglich unentschlossenen Kämpfern, sich an gewagten kriegerischen Vorhaben zu beteiligen.

---

725 Vgl. a.a.O., S. 52; vgl. diese Einschätzung so auch a.a.O., S. 57 und S. 69.

726 Vgl. dazu auch Hoyland, *In God's Path*, S. 61: „Tribes living on the margins of states will frequently turn upon those states to supplement their incomes, whether by pillage, ransoming prisoners, or extorting subsidies"; vgl. auch a.a.O., S. 62.

727 Noth, a.a.O., S. 55.

728 Vgl. Kapitel „II Die Propagierung militanter Zugriffe auf die Welt".

Diese Autoren setzen sich in ihren sukzessiv konzipierten Texten nicht mit Gruppen auseinander, die je nach Einschätzung der Kriegslage mitziehen oder aussteigen wollen, bei denen aber kriegerische Aktionen an sich als legitim gelten. Nicht darin besteht die Kontroverse zwischen den Autoren und ihren Adressaten, ob jetzt oder später etc. eine Beteiligung an kriegerischen Aktionen in Frage kommt, sondern darin, dass die Adressaten generell aus Glaubensgründen die Option Militanz ausschlagen. Mit den oben nachgewiesenen Textentwicklungen zumal in den Suren 8 und 9 lässt sich belegen, dass sie aus einer grundsätzlichen Kontroverse zweier mit einander im Widerstreit liegenden Glaubensrichtungen resultieren. Man beachte nur, dass die Argumentation der Militanz propagierenden Autoren zu Gunsten ihrer Position abschließend in Sure 8:74 in der Feststellung kulminiert:

„Und diejenigen, die glauben und ausgewandert sind und um Gottes willen Krieg geführt haben, und diejenigen, die Zuflucht gewährt und geholfen haben, das sind *die wahren Gläubigen*. Für sie gibt es Vergebung und vortreffliche Versorgung.“

Diese Argumentation ist nicht die Sprache der „Werbung"; hier wird vielmehr der Gegenseite, die sich dem Kriegshandwerk verweigert, die Rechtgläubigkeit abgesprochen und dagegen als Alleinstellungsmerkmal des wahren Glaubens die eigene Position propagiert.

Die verantwortlichen Autoren und Interpolatoren agieren in einer Phase bereits fortgeschrittener expansiver militanter Aktionen; ihre literarischen Bemühungen um die Deutungshoheit im koranischen Textgut lassen sich über eine längere Zeitspanne nachweisen. Dass sie die Konzipierung koranischer Texte auf dem Wege bis zur Endredaktion stark beeinflusst haben, ist unübersehbar.

Im Folgenden seien zunächst anhand eines gerafften Überblicks die oben festgestellten sukzessiven und unterschiedlichen Argumentationsgeflechte der Militanz propagierenden Autoren noch einmal vor Augen geführt; es geht um die Suche nach weiteren Anhaltspunkten, die ein deutlicheres Bild von den Anfängen und unterschiedlichen Phasen der Militanzpropaganda in ihrer chronologischen Abfolge ermöglichen und auch gewisse Rückschlüsse auf das Profil der jeweils verantwortlichen Autoren gestatten.

2. Militanz propagierende Texte – ihre Autoren und deren sukzessive Bemühungen um die Deutungshoheit im koranischen Textgut

Die obigen Sondierungen und Beobachtungen zur literarischen Machart von Militanz propagierenden Passagen sprachen bereits dafür, dass die jetzigen Endversionen z.B. von Sure 8 und Sure 9 wie auch der Textpassagen z.B. in den Suren 3 und 4 jeweils als Resultat eines längeren Bearbeitungs- bzw. Fortschreibungsprozesses einzustufen sind. Unterschiedliche militanzorientierte Autoren haben sukzessiv ihre Texte „ausgebaut"[729], je nachdem, welcher Aspekt, welches Argument oder welches Thema in ihren Augen bislang noch fehlte. Daraufhin ist zu prüfen, ob aus den unterschiedlichen Bearbeitungsstufen Rückschlüsse auf ihre chronologische Abfolge möglich sind, und damit gewisse Erkenntnisse zu den Anfängen und Entwicklungen der Auseinandersetzungen unter den Gläubigen gewonnen werden können. Oben konnten bereits öfter anhand textvergleichender Gegenüberstellungen bestimmte Textprodukte einem früher oder später interpolierenden Autor zugewiesen werden. Im Folgenden sollen die Indizien für eine „Geschichte" der Militanzpropagierung von den Anfängen bis zu den letzten Stellungnahmen übersichtlicher vorgeführt werden.

Die Textanalysen zu Sure 8 hatten ergeben, das nach Abzug eindeutig späterer Ergänzungen der Grundtext von Sure 8[730] von einen Autor[731] konzipiert worden sein muss, der damit zum ersten Mal im koranischen Textgut das Engagement für kriegerische Aktionen als Anliegen des Glaubens propagiert; denn für den Autor der als Korantext gedachten Erstfassung von Sure 8* spielen sonst wichtige in den übrigen Militanz propagierenden Texten verhandelte Themen und Problemstellungen (noch) keine oder kaum eine Rolle. Das spricht dafür, dass dieser Autor in einem früheren Stadium der Konfrontation mit der koranischen Frömmigkeit Position bezieht und die übrigen Stimmen in seinem Gefolge seine Sicht mit weiteren Ausführungen und neuen Argumenten ergänzen.

Die Beleglage für diese Einschätzung soll im Folgenden systematisiert vorgestellt und für weitere Rückschlüsse ausgewertet werden.

2.1 Belege für unterschiedliche und aufeinander folgende Phasen der Militanzpropaganda

2.1.1 Sure 8* im Vergleich zu den übrigen Militanztexten

Während in Sure 8* ohne weitere Konkretisierung von den zu bekämpfenden Gegnern pauschal als den „Ungläubigen" die Rede ist, kann Sure 9:1–36 dagegen die Gegner als „Polytheisten" etikettieren, schließlich auch unter Einbeziehung von Juden und Christen (9:29–32). Von den Ausführungen über die Hinfällig-

---

729 Vgl. z.B. zu Sure 8 oben die Hinweise in Anm. 98.

730 Zur hypothetisch erschlossenen Grundstruktur vgl. oben „II 1.1.5": 8:1, 7*, 9, 15, 16–19*?, 20, 27–29*, 30, 33, 38/40, 41, 45, 46f., 60, 65, 73, 74(?).

731 Zu den Erwägungen oben, dass die Ursprungsversion von Sure 8 möglicherweise gar nicht ihren ersten „Sitz im Leben" in den Kontexten koranischer Suren, im „Buch", hatte, sondern in den Garnisonen, im Heerlager als Leitlinie und Handlungsanweisung für die Kämpfer und ihre Anführer vgl. ausführlich nach Anm. 248 sowie nach Anm. 599.

keit von Verträgen mit Polytheisten in 9:1–13 her gelesen heißt das im Blick auf
Juden und Christen, dass Verträge mit ihnen nicht mehr in Frage kommen (vgl.
9:29Ende). Solche Einschätzungen spielen für den Erstautor von Sure 8, aber auch
in den Ergänzungstexten (noch?) keine Rolle.

In Sure 8* klingt lediglich in 8:5f. kurz an, dass unter den Gläubigen einige militantes Agieren abgelehnt hatten; sonst wird nur hin und wieder zum Gehorsam
und zur Einigkeit aufgefordert (vgl. 8:20, 24f., 27, 46). Dagegen ist in Sure 9:38ff.
das Problem der Verweigerung von Militanz unter den Gläubigen als Hauptthe-
ma vorgestellt[732]; Abschnitte in 9:64–101 urteilen ausführlich über die Heuchler
in den eigenen Reihen. Die zahlreichen Abqualifizierungen und Verunglimpfungen der sich verweigernden Gläubigen, die „daheim blieben"[733], als „Ungläubige",
als „Abschaum", als „Frevler", die in der Hölle landen[734], sind als Bemühungen zu
werten, die Position solcher Kreise zu schwächen und zugleich deren Einflussnahme auf die eigene Richtung zu lähmen. Demnach reagieren die Autoren von
Sure 9 inzwischen darauf, dass im Vergleich zur Situation des Autors von Sure 8*
die Widerstände in den Reihen der Gläubigen gegenüber der Propagierung von
Militanz stark zugenommen hatten. Schwer zu entscheiden ist, ob die Angriffe in
Sure 9 nur auf die tatsächliche Verweigerungspraxis der Gegenseite zielen, oder
ob hier implizit auch schon deren theologische Position als Ursache der Verwei-
gerungen einbezogen war.

In 8:74 wird von den gläubigen Kämpfern erwartet, dass sie „um Gottes willen
Krieg führen" (… *wa-jahadu fi sabili llahi* …). Erst der später vorweg interpolierte
Vers 8:72[735] verlangt und betont den Einsatz des „eigenen Vermögens und der
eigenen Person" (*wa-jahadu bi'amwalihim wa'anfusihim fi sabili llahi*). Diese Forderung, das totale Engagement der Gläubigen in den Kämpfen um Gottes willen
wird von späteren Autoren häufiger eingesetzt, so z.B. vom Interpolator von 49:15
im Nachherein zu den Ausführungen über die Glaubensdefizite der Beduinen in
v. 14, um hervorzuheben, was den eigentlichen Glauben ausmacht[736].

Hervorgehoben wird im Zusammenhang mit dieser Forderung schließlich, dass
ein solches Totalengagement von Gott wie ein Handelsangebot gewertet wird,
wofür er ihnen als Gegengabe das Paradies garantiert[737]. In dieser Richtung verlautet in Sure 8* explizit noch nichts[738]. Statt eines Hinweises, dass Gott das Enga-

---

732 Vgl. dazu oben die Ausführungen in „II 1.2.2.2".
733 Vgl. das Stichwort *qaʿada* in 9:81, 83, 86.
734 Vgl. 9:41–49; 9:81–96; vgl. dazu die Ausführungen oben bei Anm. 379.
735 Vgl. dazu oben die Hinweise bei Anm. 232.
736 Vgl. ferner die Autoren von 8:72; 9:20, 44, 81, 88, 97ff., 111; 61:11 und 4:95.
737 Vgl. z.B. 9:111; 4:74, 100; 61:10ff.
738 Eine Andeutung in dieser Richtung enthält möglicherweise 8:74Ende mit der Feststellung:
     „Für sie gibt es Vergebung und vortreffliche Versorgung".

gement im Kampf mit dem Paradies bzw. mit Leben bei Gott entgelten wird[739], ist
in 8:1, 41, 69 die Gewährung von Erfolg und Beute wichtig. In 48:15–22 liegt die
gleiche Einschätzung[740] vor.

Auch solche Ausführungen wie die des Autors von Passagen in Sure 3, die zumal in den Textfolgen 3:156ff. und 3:166ff. darauf hinauslaufen, dass der Tod eines
Gläubigen im Kampf als dem von Gott den Gläubigen auferlegten Prüfverfahren
der eindeutige Nachweis für Standfestigkeit des Glaubens ist und entsprechend
mit dem „Leben bei Gott"[741] belohnt wird, spielen in Sure 8* noch keine Rolle.

Diese Vorstellung vom Tod im Kampf als dem direkten Übergang zu einem
Leben bei Gott bedeutet eine viel stärkere Motivierung, den Tod im Kampf zu
riskieren, als Zusagen z.B. der Sündenvergebung mit dem Zugang erst dann ins
Paradies (vgl. 61:10ff.). Mit der Zugangsmöglichkeit zur direkten Versorgung bei
Gott wird dem Kämpfer für den Fall des Todes eine Position bei Gott zugewiesen,
die für den normalen Gläubigen, der bis zum Gericht am Ende der Tage und auf
Gottes Urteil warten muss, niemals zu erreichen ist. Aussagen in dieser Richtung
dürften erst in einer sehr späten Phase der Militanzpropaganda konzipiert worden sein[742].

Dass schließlich alles kriegerische Engagement und entsprechende Aktionen
nicht lediglich wie z.B. in 48:16–22 und Sure 8*[743] mit dem Gewinn von Beute,
Ansehen, und Macht, mit dem Ziel der Unterwerfung Andersgläubiger und ihrer
Tributleistungen etc. zu begründen war, stellen schließlich in einer späteren Phase der Militanzpropagierung die Autoren von 2:193 (vgl. 8:39) und 9:33 (vgl. die
Parallelstellen 61:9 und 48:28) klar. Um sich nicht in den Augen der antimilitanten Frömmigkeit dem Vorwurf auszusetzen, sich zu sehr an den Verlockungen

---

739 Vgl. 9:111, 120; 4:74, 100; 61:10–12; 3:195; ferner 2:244f.

740 Vgl. dazu oben nach Anm. 514.

741 Vgl. 3:169f.; der arabische Text lässt auch die Übersetzung zu: „… sie sind lebendig; bei
     ihrem Herrn werden sie versorgt"; vgl. auch den nachträglich interpolierten Vers 2:154
     (vgl. dazu oben die Hinweise nach Anm. 5746): „Und sagt nicht von denen, die getötet
     werden auf dem Weg Gottes, sie seien tot. Vielmehr sind sie lebendig, aber ihr nehmt es
     nicht wahr".

742 Hoyland verweist darauf (*In God's Path*, S. 63f.), dass Kaiser Heraclius seine Truppen ähn-
     lich zum Kampf motivierte: „.. when in the 620s the emperor Heraclius wished to rally his
     troops to fight the Persians, he emphasized that ‚death in battle opens the way to eternal
     life' and so urged them to sacrifice themselves to God for the sake of their compatriots and
     ‚to seize the martyr's crown'. These exhortations accord well with similarly encouraging
     remarks in the Qur'an" (mit Zitat von Sure 4:74).- Neuerdings wird öfter erwogen, ob und
     inwieweit mit Einflüssen seitens einer byzantinischen „militant piety" auf „Qur'anic calls
     to militancy" zu rechnen ist (vgl. Sinai (*The Qur'an*, S. 194f.); vgl. ferner Tesei, „Hera-
     clius' War Propaganda and the Origins of the Qur'anic concept of Fighting Martyrdom";
     zu Heraclius' Position vgl. Howard-Johnson, „The Official History od Heraclius' Persian
     Campaigns", s. besonders S. 84f.

743 Vgl. dazu oben die Hinweise bei Anm. 518.

und Gütern des derzeitigen Lebens bzw. der diesseitigen Welt zu orientieren[744], verwiesen diese Autoren auf das von Gott bestimmte universale Ziel, nämlich den „Sieg der wahren Religion über alle Religion", womit die militanten uneingeschränkten Zugriffe auf die Welt als legitimiert ausgewiesen waren.

In 9:33; 61:9; 48:28 ist festgeschrieben: „Er ist es, der seinen Gesandten mit der Rechtleitung und der Religion der Wahrheit gesandt hat, um ihr die Oberhand über alle Religion zu geben"[745]. Hier wissen die entsprechenden Autoren, worauf Gott wirklich hinaus will; alle drei Belege sind Spitzenaussagen in kriegsthematisch orientierten Textpassagen! In die gleiche Richtung geht die Zielvorgabe allen Kämpfens in 2:193: „Und kämpft gegen sie bis es keinen Aufruhr mehr gibt und die Religion auf Gott gerichtet ist"[746]. Diese Formulierung hat der Autor und Interpolator von 8:39 aufgenommen[747] und zur Klarstellung ergänzt, dass es um die „Religion *gänzlich* auf Gott gerichtet"[748] gehe. Die für diese späten Einträge verantwortlichen Autoren suchen in einer inzwischen offensichtlich erfolgreichen Phase der Militanzpropagierung und entsprechend zielgerichteter expansiver Machterweiterungen alle Vorbehalte der Gegenseite bei Seite zu wischen.

Fazit: An den hier angezeigten „Fortschreibungen" ist abzulesen, dass die dafür zuständigen Autoren sukzessiv die ihnen vorgegebenen Legitimierungsbemühungen für eine militante Glaubenshaltung mit zusätzlichen in ihren Augen theologisch fundierten Argumenten ergänzen. Dass sie selbst einen solchen Ergänzungsbedarf empfunden haben, ist nicht auszuschließen; es ist aber auch mit Einwänden, Infragestellungen, Widersprüchen etc. seitens antimilitanter Kreise zu rechnen, die zu solchen Fortschreibungen immer wieder Anstoß gaben.

Dass es in der koranischen Gemeinde Debatten zwischen den Pro- und Contra-Richtungen gegeben haben muss, kann man auch aus Machart und Inhalt von Textanteilen erschließen, die im koranischen Textgut bereits früher eingetragene Auffassungen offensichtlich revidieren sollen.

---

744 Vgl. dazu oben den Abschnitt „III 2.2.1

745 Vgl. dazu oben die Hinweise nach Anm. 579; in Sure 7 betont der für den Nachtrag in 7:157–158 zuständige Autor die universale Bedeutung des „Gesandten und Propheten" für alle Menschen.

746 Firestone hält dazu fest (JIHAD, S. 86): „… the community is commanded to fight the enemy until Islam becomes the hegemonic power".

747 Vgl. dazu ausführlich oben vor Anm. 177.

748 Vgl. *wa-yakuna d-dinu kulluhu li-llahi.*

2.1.2 Indizien für nachträgliche Selbstkorrekturen

2.1.2.1 Zu 47:4b – „Gott braucht keine Helfer"[749]

Der im jetzigen Kontext eindeutig als Nachtrag erkannte Vers 47:4 setzt sich aus zwei Hälften zusammen. Ein stringenter Rückbezug der „Argumentation" in der zweiten Vershälfte 47:4b auf die erste Vershälfte ist nicht erkennbar. 47:4b ist als eine vom vorausgehenden Kontext unabhängige, generell geltende theologische Aussage ergänzt worden.

47:4b: „Und wenn Gott wollte, würde er sich (selbst) gegen sie helfen[750]; aber er will damit die einen von euch durch die anderen prüfen. Und denjenigen, die um Gottes willen (auf dem Weg Gottes) getötet werden, wird er ihre Werke nicht fehlgehen lassen".

Der für 47:4b verantwortliche Ergänzer betont zunächst, Gott könnte sich wohl selbst helfen. Diese Aussage signalisiert implizit, dass man Gott also zutrauen darf, selbst durchzugreifen und eine Entscheidung selbst herbeizuführen, er also nicht auf „Helfer" angewiesen sein kann. Dem Autor von 47:4b ist klar, wenn zugestandenermaßen von Gott so zu reden ist, dass er sich selbst helfen kann, er also keine Hilfe braucht, dann ist die Rede von Helfern Gottes und Hilfe für Gott theologisch unangemessen. Die Militanz propagierende Sicht in 47:7 „O die ihr glaubt, wenn ihr Gott helft, hilft er euch und festigt eure Füße" und in 22:40 „... Gott wird ganz gewiss denen helfen, die ihm helfen. Gott ist wahrlich stark und mächtig"[751], war leicht als Argument, sich an kriegerischen Aktionen zu beteiligen, zurückzuweisen. Daher lautet jetzt die Begründung des Autors für die Beteiligung an Kämpfen: Es gehe um von Gott auferlegte Prüfungen, die darauf hinauslaufen, in den Kämpfen festzustellen, ob die Gläubigen bereit sind, sich für Gott auch konsequent auf Kosten der eigenen Person, also des eigenen Lebens einzusetzen[752]. Indem er auf Gottes Prüfungsabsichten verweist, versucht der Autor klarzumachen, warum einerseits natürlich Gottes Machtmöglichkeiten unbestritten sind, andererseits aber die Gläubigen sich weiterhin für den Kampf um Gottes willen engagieren sollen. Implizit ist damit zugestanden, dass der Hinweis, als Kämpfer fungiere man als Helfer Gottes (47:7), als Begründung, sich an militanten Aktionen zu beteiligen, theologisch fragwürdig ist.

Zwar ist nicht auszuschließen, dass hier dem Autor von 47:4b selbst diese theologische Schwachstelle aufgegangen ist; doch dürften es eher die Vertreter der escha-

---

749 Vgl. zu 47:4 bereits die Hinweise oben bei Anm. 445.
750 *la-ntaṣara min-hum*; vgl. dazu in 47:7 die Aussage „O die ihr glaubt, wenn ihr Gott helft, hilft er euch (*in tanṣurū llaha yanṣurkum*) und festigt eure Füße".
751 Vgl. ferner in 59:8 den Hinweis auf die, die „Gott und seinem Gesandten helfen. Das sind die Wahrhaftigen"; in 7:157 ist nur von Hilfe für den Propheten die Rede; vgl. auch 3:81.
752 Vgl. sonst zu den „Prüfungen" Gottes oben die Hinweise bei Anm. 565.

tologisch orientierten Frömmigkeit gewesen sein, die mit dem Verweis auf Gottes überlegene Macht und damit auf die Möglichkeit, Gott selbst das Feld zu überlassen, gegenüber militanten Gläubigen argumentierten, zumal sie so auch die Rechtfertigung der eigenen Position theologisch überzeugend betreiben konnten[753].

So wäre die jetzige Version von 47:4b von einem Militanz propagierenden Autor konzipiert worden, der damit theologisch begründete Infragestellungen seiner Position von seiten Militanz ablehnender Gruppierungen zu entschärfen sucht. M.a.W.: Machart und inhaltliche Anliegen von 47:4b erklären sich auf dem Hintergrund von Streit und Auseinandersetzung in der koranischen Gemeinde und ihrem Umfeld über die Frage, ob und inwiefern Militanz theologisch zu rechtfertigen ist.

Als eine spätere nachträgliche Korrektur an älteren Stellungnahmen aus militanzorientierter Sicht ist auch 4:95f. einzustufen.

2.1.2.2 Zu 4:95f.[754] – „aber allen hat Gott das Beste versprochen"

4:95: „Nicht gleich sind diejenigen unter den Gläubigen, die *sitzen/daheim bleiben* (*al-qaʿiduna*) – außer denen, die eine Schädigung haben – *denen, die mit ihrem Vermögen und in eigener Person um Gottes willen Krieg führen*[755]. Gott hat denjenigen, die mit ihrem Vermögen und der eigenen Person Krieg führen, eine Rangstufe (*darajatan*) über denen gegeben, die *sitzen/daheim bleiben*. Aber allen hat Gott das Beste versprochen. Doch hat Gott die Kriegführenden (*mujahidun*) gegenüber denen, die *sitzen/daheim bleiben*, mit großartigem Lohn bevorzugt, 96 mit Rangstufen (*darajatin*) von ihm und Vergebung und Erbarmen. Gott ist barmherzig und bereit zu vergeben".

Es geht hier um die Frage, wie das Verhalten der sog. *qaʿiduna*, der Kreise „unter den Gläubigen", die *„sitzen bleiben, daheim bleiben"*, in den Augen Gottes gewichtet wird im Vergleich zu denen, „die glauben und ausgewandert[756] sind und sich auf dem Weg Gottes *mit ihrem Vermögen und ihrer eigenen Person"* an kriegerischen Aktionen beteiligen (*wa-jahadu*).

Aus den bereits oben vorgenommenen Gegenüberstellungen von 4:95 mit sonstigen Texten, in denen von den „Daheimgebliebenen" die Rede ist, konnten folgende Rückschlüsse gezogen werden:

In zahlreichen Passagen werden die „Daheimgebliebenen" abschätzig vorgeführt. Zwischen ihnen (solche Leute landen in der Hölle; vgl. 9:46–49) und denen, die „mit ihrem Vermögen und mit ihrer eigenen Person um Gottes willen

---

753 Vgl. hier auch den Hinweis zu 60:7 oben bei Anm. 526.

754 Vgl. zum Folgenden bereits oben „II 2.3.2.3 Sure 4:95 in textvergleichender Gegenüberstellung mit 9:41–49 und 9:81–90 sowie 8:72–75".

755 So Parets Übersetzung von *wa l-mujahiduna fi sabili llahi biʾamwalihim waʾanfusihim*.

756 Zu „Auswanderern" bzw. „Ausgewanderten" *muhajirun, wa-hajaru* vgl. oben die Hinweise nach Anm. 238.

Krieg führen", wird eine klare Trennungslinie gezogen. Der Autor von 4:95 meint dagegen klarstellen zu können, dass und wie allein *Gott* die endgültigen Gewichtungen der jeweiligen Haltungen vornimmt: Im Vergleich zu den für den Weg Gottes Engagierten („den Kämpfern") genießen die daran Unbeteiligten („die sitzen bleiben") bei Gott zwar nicht die gleiche Wertschätzung, verdienen aber doch auch „das Beste"[757]. Die in älteren Textfolgen betonte scharfe Ausgrenzung ist hier, wenn auch nicht völlig aufgehoben, so doch zumindest relativiert. Jedenfalls bedeutet 4:95, indem hier anders als z.B. in 8:72 nicht aktuelle Auswirkungen, sondern jeweils ewigkeitsbezogene Folgen eines Verhaltens in den Blick gerückt werden, eine klare Korrektur an der in früheren Textpassagen totalen Abqualifizierung der kriegsunwilligen Kreise. Möglicherweise ist die Stellungnahme in 4:95 das Ergebnis von theologisch reflektierten Debatten zwischen jeweils führenden Vertretern beider Richtungen.

Der Autor von 4:95 dürfte hier in einer späteren Phase der Frontstellung zwischen beiden Frömmigkeitsrichtungen zu vermitteln suchen. Alle im Koran weiteren Angaben zu den „daheim/sitzen Bleibenden"[758] werden somit vom Autor von 4:95 „uminterpretiert". Die hier erkennbare versöhnlichere Position gegenüber der Gegenseite spricht dafür, dass der Autor die Militanzbewegung auf gutem Wege weiß und dass die Konsolidierung der Machtverhältnisse es ihm erlaubten, ein solches Arrangement anzubieten[759].

2.1.3 Rückgriffe auf biblisches Traditionsgut als Argumentationshilfe

2.1.3.1 Zu 5:20–26 – Reminiszenzen an Num 13/14[760]

Der hier zuständige Autor erinnert an die Situation, als Mose sich mit Leuten aus seinem Volk auseinandersetzen muss, die sich weigerten, sich den Zugang zum Land zu erkämpfen. In 5:24 heißt es dann:

„Sie sagten: ‚O Mose, gewiss werden wir es (das Land) niemals betreten, solange sie darin sind. Geh doch du und dein Herr hin und kämpft! *Wir werden hier sitzen bleiben (qaʿiduna)*'. 5:25 Er sagte: ‚Mein Herr, ich habe ja nur Macht über mich selbst und meinen Bruder. Darum trenne zwischen uns und dem Volk der Frevler!' 5:26 Er sagte: ‚Gewiss, so soll es ihnen für vierzig Jahre verwehrt sein, während sie auf der Erde umherirren. So sei nicht betrübt über das Volk der Frevler'".

---

757 Paret, *Kommentar*, z.St., ergänzt „das Paradies".
758 Vgl. zu *qaʿada* und Derivaten sonst 5:24; 9:46, 81, 83, 86, 90.
759 Zur Frage, ob dieser Autor eine Korrektur im Blick auf die Position des Autors von 8:2–4 anzubringen sucht und sich gegen dessen Kennzeichnung der „wahren Gläubigen" ohne Einbeziehung der Gotteskämpfer verwahrt, vgl. unten die Ausführungen vor Anm. 801.
760 Vgl. dazu die Hinweise bereits oben nach Anm. 461.

Der Autor und Interpolator von 5:20–26 greift hier auf eine biblische *story* zurück, mit der er in der Auseinandersetzung mit friedfertigen Kreisen belegen kann, dass man gerade mit der militanten Position auf dem richtigen Wege ist. Seine Interpolation soll bewirken, dass man die sog. „Sitzenbleiber"[761] seiner Zeit in denjenigen wiedererkennt, die einst dem Gesandten Mose und damit Gott den Gehorsam verweigerten. M.a.W.: Wie einst diejenigen, die Mose den Gehorsam verweigerten und „sitzen" blieben, vor Gott als „Volk von Frevlern" abqualifiziert galten (5:25f.), so steht es auch mit den aktuellen Verweigerern.

Auf Grund des Aussagegefälles von 5:20–26 könnte es sogar sein, dass der Autor mit dieser *story* zudem eine Warnung anbringen will: Damals zu Moses Zeiten, als auf die Anweisung dieses Gesandten sein Volk sich in das „geheiligte Land" aufmachen und es einnehmen sollte, war das Volk gespalten; eine Gruppierung verweigerte sich mit Verweis auf mächtige Feinde im Land (5:22); eine andere Gruppe, die wirklich Gottesfürchtigen, ermutigte dazu, geschlossene Siedlungen[762] einzunehmen (5:23). Dass sich schließlich die erste Gruppierung gegen die Einnahme des Landes auf kriegerische Weise mit der Begründung sperrte, Mose und Gott sollten eben selbst „kämpfen", hatte dann das von Gott auferlegte vierzigjährige Umherirren (5:26) zur Folge.

Damit ist implizit die Warnung des Autors ausgesprochen: Es besteht die Gefahr, dass man jetzt in einer ähnlichen Situation wie damals eine große Chance der von Gott gewollten Machterweiterung verspielt, indem man dem aktuellen Gesandten und Gott den Gehorsam in kriegerischen Angelegenheiten verweigert.

Der Rückgriff auf diese Mose-Story (nach Num 13/14) und die Konzipierung dieser für die Interpolierung in Sure 5 geplanten Version deutet auf einen Autor, der hier seine Militanz propagierende Position und die entsprechenden Expansionsbestrebungen gegenüber den Infragestellungen seitens friedfertiger Gruppierung der koranischen Gemeinde verteidigt. Nach seiner Auffassung belehrt diese Mose-Story, welchen Fehler man in der aktuellen Lage, da weitere Expansion möglich, ja geboten ist, nicht machen darf.

Ein weiteres Beispiel für den Rückgriff auf biblisches Traditionsgut mit dem Ziel, darauf bezogen zusätzliche Argumente für das Propagieren von Militanz vorweisen zu können, liefert der Autor von 2:244–252.

---

761 Vgl. dazu die Hinweise oben nach Anm. 379.
762 Vgl. die Aufforderung „Tretet durch das Tor ein …".

2.1.3.2 Zu 2:244–252 – Zur Berücksichtigung der biblischen „Samuel – Saul – David – Goliath – Geschichten"[763] (1. Sam 8ff.)

Der für diese Textfolge verantwortliche Interpolator will mit der Erinnerung an die damals für die „Kinder Israels" von Gott arrangierten Erfolge die Entwicklungen seiner Zeit entsprechend „einordnen". Wie oben bereits vermerkt geht es ihm darum, mit dieser *story* den Kämpfern zu von Gott geforderten kriegerischen Aktionen Mut zu machen, auch wenn die Machtverhältnisse wenig günstig erscheinen[764]. Damit dürfte allerdings noch nicht das gesamte Aussageanliegen des Autors erfasst sein.

Paret meint, in „dem Bericht spiegeln sich … Verhältnisse aus Mohammeds eigener Zeitgeschichte wider"[765]. Im jetzigen koranischen Kontext mit der Vorgabe, dass alles Textgut aus der Hand Mohammeds stammt, ist diese Einschätzung zwar naheliegend; allerdings sprechen der Aufbau der Textfolge und einige Einzelzüge eher für ein anderes Anliegen.

Zum Aufbau[766] der Textpassage 2:246–252:

2:246f. erinnern daran, dass die Anfänge des Königtums bei den „Kindern Israels" mit der Frage der Bereitschaft zum Kämpfen (v. 246) und mit Rangstreitigkeiten verbunden waren, dass aber Gott an der Wahl des Königs (Thalut = Saul) festhält; denn „seine Herrschaft (*mulkahu*) gibt er, wem er will" (v. 247Ende). Anschließend (v. 248) wird betont, dass als „Zeichen" der Königsherrschaft die „Bundeslade" gegenwärtig sein wird. 2:249–251 laufen darauf hinaus, dass trotz der anfänglichen Verzagtheiten in den eigenen Reihen die entschlossenen Gläubigen mit Gottes Erlaubnis den entscheidenden Sieg erringen, woraufhin Gott mit der Nachfolgeregelung in der Königsherrschaft (David) sicherstellt, dass die Erde nicht ins Verderben gerät (2:251 Ende).

Mit dieser Aussageabfolge, konzipiert im Rückgriff auf die biblischen Saul/David-Erzählungen (in 1. Sam 8ff. oder nach einer sonst wie auch immer tradierten Erzählversion), lenkt der Autor das besondere Interesse auf die Institutionalisierung des Königtums unter den „Kindern Israels" (2:246), und zwar eines Königtums als einer von Gott sanktionierten Herrschaft (*mulk*[767]). Schon dieser Hauptakzent deutet dann darauf hin, dass der Autor diese Textfolge konzipiert (und in Sure 2 interpoliert?[768]) hat, weil für ihn die in der biblischen Tradition vorgegebene *story* gleichsam modellhaft abbildet und belegt, dass und wie Gott nach dem

---

763 Vgl. dazu oben die Hinweise bei Anm. 586.
764 Vgl. 2:249Ende mit den Erwägungen über Feindstärken auch 8:19, 43, 65f.; 3:13.
765 Vgl. *Kommentar*, z.St., S. 52.
766 Die Frage, ob sich in dieser Textfolge nachträgliche Ergänzungen ausmachen lassen (eventuell in v. 246?), kann hier offen bleiben.
767 Vgl. auch die Betonung von *malik* in 2:246, 247 und von *mulk* in 2:247, 248, 251.
768 Die Frage, ob Autor und Interpolator identisch sind, ist allerdings nicht eindeutig zu klären.

Tod seines Gesandten Mose und den anschließenden Wirren die „Heilsgeschich-
te" in die Phase der von Gott legitimierten „Herrscher" (*malik, muluk*) überleitet
(oder: „übergeleitet hat").

Auffällig ist in 2:248 die Hervorhebung, dass als „Zeichen" der Königsherrschaft die „Bundeslade" eine besondere Rolle spielen soll.

2:248 „Und ihr Prophet sagte zu ihnen: ,Das Zeichen seiner Königsherrschaft ist, dass
die Bundeslade zu euch kommt, in ihr ist Ruhe und Gelassenheit (*sakina*) von eurem
Herrn … und was die Sippe des Mose und die Sippe des Aaron hinterließen, getragen von
den Engeln …'".

Der Autor von 2:246–252, der auf die „Bundeslade" und damit auf Gottes be-
gleitende „Ruhe und Gelassenheit (*sakina*)[769] darin" (2:248) verweist[770], signalisiert im Kontext der *story* von der Institutionalisierung des Königtums, dass auch
die Institution des Königtums, die Herrscherabfolge, von Gottes *sakina* begleitet
ist (sein wird), wenngleich Gott seine „Gelassenheit und Ruhe" auch nicht mehr
direkt auf die Herrscher wie einst auf den Gesandten herabsendet. Dem korrespondiert, dass der Autor in 2:248 zugleich auf mit der „Bundeslade" verbundene
„Hinterlassenschaften" von Mose und Aaron, d.h. die damaligen „Rechtleitungen", verweist.

Will man nicht annehmen, dass der Autor hier lediglich irgendwie aufge-
schnappte Nebensächlichkeiten untergebracht hat, so wird der Verweis auf die
„Hinterlassenschaften" von Mose und Aaron bedeuten, dass wie damals die
Rechtleitungen des Mose etc. als „Zeichen" der Herrschaft galten, so sollten aktu-
ell und künftig die „Hinterlassenschaften" des letzten Gesandten („das Buch", der
Koran) Herrschaft, Machtausübung sowie die Abfolge von Herrschern begleiten.

Nach allem ist nicht auszuschließen, dass der für 2:246–251 verantwortliche
Autor nicht nur die Position von Militanz propagierenden Kreisen vertritt, sondern bereits über die göttliche Legitimierung von *mulk*, weltliche „Herrschaft",
reflektiert, also das Ende der direkten Rechtleitung durch den letzten Gesandten
hinter sich weiß und die nach wirren Jahrzehnten kriegerischer Auseinandersetzungen und Eroberungen sich anbahnende Konstituierung eines islamischen
Reiches im Auge hat und für dessen Rechtfertigung auf die Traditionen von Gottes Wirken bei der Vergabe des Königtum an Saul und David verweist. 2:246–251
ist nach allem als ein sehr spätes Textprodukt einzustufen, als sich die Frage stellte, wie denn aus der Sicht Gottes nach den Siegen eine stabile Ordnung über die
Machtbereiche zu garantieren sei.

---

769 In 9:26, 40 und 48:18 bedeutet der Hinweis auf die von Gott gewährte „Ruhe und Ge-
     lassenheit" (*sakina*), dass seine helfende und stärkende Gegenwart als Erfolg/Sieg in kriti-
     schen Situationen erfahrbar wird.
770 Der Autor dürfte hier Kenntnisse jüdischer Vorstellungen verarbeiten; vgl. dazu die Hin-
     weise bei Speyer, *Die biblischen Erzählungen*, S. 367f.

Das Anliegen des hier zuständigen Autors kann m.E. nur gewesen sein: Wie es nach dem Wirken des Mose und weiterer Propheten unter den „Kindern Israels" damals notwendigerweise schließlich zur von Gott gewollten Institution der Königsherrschaft (*mulk*) kommt, so ist auch in der Gegenwart als von Gott gewollt anzusehen, dass auf die Zeit der Rechtleitung durch den Gesandten die Institutionalisierung von Macht ausübenden Herrschern folgt.

In welcher Absicht sonst wird ein Autor die hier angesprochenen Maßnahmen Gottes und zumal die Übergabe der Königsherrschaft an den Kämpfer und Sieger David[771] als Gottes Zeichen (2:252) in Erinnerung rufen?

Zu fragen ist zudem, ob und inwiefern der Autor hier das in einigen eschatologisch orientierten Aussagen enthaltene Gottesverständnis zumindest modifiziert; denn in einigen Texten über Gottes Herrschaft (*mulk*) ist betont, dass ihm allein „die Herrschaft der Himmel und der Erde" gehört. Die Teilhabe dagegen menschlicher Herrscher an Gottes Herrschaft, also eine *translatio imperii*, wie der Autor in 2:247 formuliert („Und Gott gibt *seine* Herrschaft, wem er will"[772]) ist nicht angedeutet. Sure 67 z.B. mit der konsequent eschatologischen Orientierung und dem Eingangsvers „Voller Segen ist, in dessen Hand die Herrschaft (*l-mulku*) ist, und er ist über alle Dinge mächtig" enthält keinerlei Indizien, dass der Autor hier an ein Walten Gottes denkt, an dem nach dem „Modell" *translatio imperii* Gott weltliche von ihm selbst eingesetzte Herrscher bis zum angekündigten Endgericht beteiligt[773].

Dass sich der Autor von 2:246–251 hier bewusst gegenüber strikt eschatologischen Auffassungen absetzt, ist deswegen keine abwegige Vermutung, weil er zum Beschluss seines Textes gezielt die damals von Gott gewollte und geregelte Übergabe von Herrschaft[774] an weltliche Herrscher in den Blick rückt. Oben wurde bereits mehrfach darauf hingewiesen, dass eine konsequent an der eschatologischen Grundkonzeption koranischer Verkündigung orientierte Frömmigkeit nicht dazu gehalten erscheint, weit gesteckte Zukunftsziele wie die „Oberhand der

---

771 Davids Rolle als Kriegsheld bleibt sonst im Koran unberücksichtigt (vgl. 4:163 u. 17:55; 21:78f.; 27:15f.; 38:17–30).

772 Vgl. zu diesem Topos „translatio imperii" z.B. auch 3:26; 4:54; 12:101.

773 Vgl. ferner 43:82ff.: „Gepriesen sei der Herr der Himmel und der Erde, der Herr des Thrones … 43:85 Und segensreich ist der, dem die Herrschaft (*mulku*) der Himmel und der Erde und dessen, was dazwischen ist, gehört. Der das Wissen über die Stunde besitzt und zu dem ihr zurückgebracht werdet" (vgl. den Kontext eschatologischer Aussagen); 23:88: „Sag: ‚In wessen Hand ist die Herrschaft (*malakut*) über alle Dinge, der da Schutz gewährt und gegen den kein Schutz gewährt werden kann, wenn ihr wisst?" (so im Kontext eschatologischer Aussagen, vgl. 23:82ff.); vgl. auch 45:27; 64:1; 85:9; 59:23; 62:1; vgl. dagegen 3:26 (zitiert auf der Bronzetafel [ursprünglich] am Osttor des Felsendoms; vgl. dazu Grabar, *Shape of the Holy*, S. 61ff.): „Du (Gott) gibst die Herrschaft (*mulk*), wem du willst, und du entziehst die Herrschaft, wem du willst."

774 Vgl. besonders 2:247.

wahren Religion" über alle sonstige Religion anzustreben und sich entsprechend zu organisieren. Sich als Helfer Gottes auf dem Weg zu einem solchen Ziel zu verstehen und einzusetzen, kommt solchen Gläubigen nicht in den Sinne, weil „Gott sich selbst helfen kann"[775] und weil Gott jeder Zeit allem weltlichen Treiben ein Ende machen kann. Ebensowenig dürften aus dieser Frömmigkeit Neigungen abzuleiten sein, auf längere Sicht Macht- und Herrschaftsverhältnisse zu etablieren und als ein Walten auf der Erde im Auftrag Gottes auszugeben, „weil sonst die Erde ins Verderben geriete" (2:251).

Die hiermit angedeutete Fragestellung nach grundlegenden Unterschieden der für Militanz und Antimilitanz jeweils maßgeblichen „Theologiemodelle" mag so stehen bleiben[776]. Wollte man weitere Einsichten gewinnen, müssten auch Textpassagen berücksichtigt werden, in denen so auffällig die besondere Rolle der von Gott eingesetzten Herrscher David und Salomo thematisiert wird[777] und geklärt werden, welche Signale die Autoren damit beabsichtigen.

2.2 Erwägungen zum historischen Ort der Autoren[778]

Eindeutige Anhaltspunkte für genauer datierbare kriegerische Konstellationen und Entwicklungen sind in den Texten selbst nicht auszumachen.

Dass sich die oben einigermaßen umfassend gesichteten und analysierten Textprodukte auf geschichtliche Ereignisfolgen zwischen „Mekka und Medina" im Zeitrahmen bis zu Mohammeds Tod beziehen müssen, wie die traditionelle Auslegung mit Verweis auf die erst im ersten Drittel des 9. Jahrhunderts verschrifteten *stories* über Mohammed als Kriegsherrn annimmt, kann man den Ausführungen selbst nicht entnehmen. Mehrfach lassen sich Hinweise auf die sog. „Auswanderer" (*muhajirun*) nicht mit den traditionellen Vorstellungen in Einklang bringen[779].

Immerhin kann man auf Grund der oben gewonnenen Einsichten in die Machart der Texte und deren Argumentationsstrategien doch einige Rückschlüsse auf die historische Situation der jeweiligen Autoren ziehen.

Das Eine ist die Konfliktkonstellation innerhalb der koranischen Gemeinde zwischen Militanz propagierenden Kreisen und Gruppierungen von Frommen, deren Glaubenshaltung Militanz ausschließt. Die unterschiedlichen Phasen des Konflikts haben sich über einen längeren Zeitraum hingezogen; das belegen die

---

775 Vgl dazu oben die Hinweise in Abschnitt „IV 2.1.2.1".
776 Vgl. immerhin unten vor Anm. 878 einige weitere Erwägungen.
777 Vgl. z.B. 27:15ff.; 38:20, 35.
778 Vgl. dazu bereits Hinweise oben nach Anm. 256.
779 Vgl. z.B. oben die Ausführungen zu 8:72–75 und die Hinweise bei Anm. 238.

sukzessiven Bemühungen der militanten Kreise, ihre Position argumentativ auszubauen und theologisch zu legitimieren[780].

Das Andere ist, dass diese Bemühungen in den jeweils neu konzipierten Textpassagen auch erkennen lassen, inwiefern sich die politische Gesamtlage allmählich verändert und sich für die militanten Kreise neue Perspektiven auftun.

In den oben sondierten ältesten Textprodukten wie in der Ursprungsversion
von Sure 8 und in Sure 48:15–22 ist noch deutlich wahrzunehmen, dass Aussicht
auf Gewinn von Beute, Ansehen, und Macht ausschlaggebend war, sich für eine
kriegerische Existenzweise zu entscheiden. Die entsprechenden Propagierungen
passen in die Situation des Niedergangs der byzantinischen Herrschaft, als wie
auch immer organisierte arabische Verbände mit solchen Aussichten ausreichend
motiviert waren, kriegerisch zu expandieren[781], und von Wille oder Pflicht, damit
eine Glaubenssache zu verfechten, noch keine Rede war.

Die Textproduktionen und Fortschreibungen späterer Autoren ergeben auf
Grund darin enthaltener Hinweise und Anspielungen folgendes Bild von den
weiteren Entwicklungen im Umfeld der koranischen Gemeinde:

Zumal die Hinweise auf Vertragsabschlüsse, Vertragsbedingungen, mögliche
Verbündete bzw. deren Unzuverlässigkeit etc.[782] sind Indizien dafür, dass diese
Autoren die militärische Expansion bereits in einer Phase wahrnahmen, in der
bei der Organisation des weiteren Vorgehens jeweils neue Freund/Feindkonstel-
lationen zu berücksichtigen und auszunutzen waren.

Die Autoren der Textfolge 4:88–91.92–94 halten fest, wie die Beziehungen zu
den „Ungläubigen" (vgl. 4:89a) zu gestalten sind, bzw. welche Voraussetzungen
gegeben sein müssen, um im Bereich anderer Völker (vgl. 4:90f.) Abkommen zu
treffen, und welche Regeln dann zu beachten sind (vgl. 4:92–94). Als Vertragswürdige bzw. Verbündete in einem Volk sollen nur diejenigen in Frage kommen,
die „auswandern", d.h. die sich entschieden haben, sich an den Kriegszügen der
Glaubenskämpfer zu beteiligen. Der Anlass für solche Regeln waren Meinungsverschiedenheiten (4:88) über die Möglichkeit von freundschaftlichen Kontakten
zu den Ungläubigen anderer Völker, die inzwischen in den Einflussbereich der
muslimischen Kriegsführung geraten waren. Interessant ist, dass als Bedingung
für Freundschaften mit ihnen nicht gefordert ist, dass sie gläubig sind oder werden, sondern dass sie sich an kriegerischen Aktionen beteiligen[783]. Ein solches
Verhalten reicht demnach in „besetzten" Räumen als Garantie, dass man sich eindeutig auf die Seite der Besatzer geschlagen hat[784].

---

780 Vgl. dazu ausführlich oben die Abschnitte „IV 2.1".
781 Vgl. dazu z.B. Noth, „Früher Islam", S. 57, 62; Hoyland, *In God's Path*, S. 56–65.
782 Vgl. dazu oben bei Anm. 88 sowie oben den Abschnitt „II 1.2.2.1".
783 Vgl. in 4:89 die Bedingung „auszuwandern"; vgl. dazu die Hinweise oben Anm. bei Anm. 238.
784 Zu prüfen wäre bei einem Vergleich zwischen den Ausführungen über die Gestaltung von
      Kontakten zu „Andersgläubigen" in 4:88ff. und in 9:1–37, ob und welche Textanteile hier

Die von den zuständigen Autoren angezeigte Problemstellung deutet auf eine bereits fortgeschrittene Phase expansiver Eroberungen und Zugriffe. 4:94 moniert rücksichtsloses, willkürliches Verhalten, um sich zu bereichern; der Hinweis, dass Gott „reichliche Beute" garantiert, signalisiert wohl auch, dass die Expansionsmöglichkeiten günstig sind.

Dass man in der Lage ist, auch befestigte Siedlungen und Städte zu übernehmen, weist in die gleiche Richtung; im Verlauf der expansiven Machterweiterungen haben sich neue Frontstellungen ergeben. 59:11–14 enthält Einschätzungen der gegnerischen Kräfteverhältnisse mit dem Fazit: Nur die befestigten Städte könnten ein Problem sein; aber die Gegner sind untereinander uneins. Aus den Verweisen auf eingenommene Städte und Festungen (59:2; 33:26) ist zu schließen, dass die Aktionen erfolgreich verlaufen.

Der Hinweis schließlich in 22:40 auf unterschiedliche Kultstätten (Kirchen?, Synagogen? neben *masajida* [„Moscheen"?]), worin „des Namens Gottes oft gedacht wird", sowie auf die Gefahr ihrer Zerstörung, hat möglicherweise Auseinandersetzungen bereits im palästinischen Bereich im Blick. Denn der Plural *masajida llahi*[785] („Kultstätten Gottes") wie auch die auffällige Formulierung in 7:29 „bei jeder Kult-/Gebetsstätte" *inda kuli masjidin* (so auch 7:31) könnte darauf hindeuten, dass inzwischen weitere „Kult-/Gebetsstätten" eingerichtet (zusätzlich zu Mekka und Medina?) oder sogar von jüdischen oder christlichen Glaubensgemeinschaften übernommen in muslimischer Hand waren[786], so dass hier also die schließlich forciert einsetzende Ausweitung des islamischen Machtbereichs im Blick wäre.

Die Beobachtungen zu den auffälligen Textpassagen 5:20–26 und 2:244–252 hatten ergeben[787], dass die Autoren die Legitimität der gegenwärtig unternommenen Aktionen und expansiven Machtausweitung auch daran erkennbar zu machen suchen, dass hier nicht anders verfahren werde als nach den Anweisungen und Forderungen Gottes zur Zeit des Mose und auch während der weiteren von Gott gesteuerten Geschichte der Kinder Israels (Saul – David)[788]; damit war zugleich angedeutet (2:244–252), woraufhin die aktuellen kriegerischen Unternehmen zielten, nämlich wie damals auf die von Gott gewollte und geregelte Übergabe von Herrschaft[789] an weltliche Herrscher. 2:246–251 ist nach allem als ein sehr

---

jeweils ältere bzw. jüngere Einschätzungen der Autoren widerspiegeln.

785 Vgl. zum Plural *masajida llahi* im Koran 72:18; 9:17f.; 2:114; vgl. auch schon die Hinweise oben bei Anm. 456.

786 Vgl. auch die Hinweise oben zu 9:107–109 nach Anm. 399.

787 Vgl. dazu oben die Hinweise zu ihrer Herleitung von militanzorientierten Autoren in Abschnitt „II 2.2.6 Zu Sure 5:20–26 …" und in Abschnitt „II 2.3.5.5 Zu 2:244–252 …".

788 Vgl. ausführlich dazu den Abschnitt oben „IV 2.1.3 Rückgriffe auf biblisches Traditionsgut als Argumentationshilfe".

789 Vgl. besonders 2:247.

spätes Textprodukt eines Autors einzustufen, der mit seinen Rückverweisen auf die früheren Regelungen Gottes klarstellen will, dass und wie denn aus der Sicht Gottes nach den Siegen eine stabile Ordnung über die eroberten Machtbereiche zu garantieren sei.

Fazit: Oben war anhand der Textanalysen zunächst lediglich belegt worden, dass die Militanz propagierenden Passagen von unterschiedlichen Autoren und auch in unterschiedlichen Zeitphasen konzipiert worden sein müssen. Nach den letzten Beobachtungen und Erwägungen zu den jüngsten Textprodukten wird man darin immerhin Anspielungen bereits auf Entwicklungen sehen müssen, die schließlich auf die Etablierung einer Herrschaftsordnung hinausliefen, deren Repräsentanten später Münzen mit der Aufschrift über den Sieg der „wahren Religion" prägen ließen[790]: „Mohammed ist der Gesandte Gottes, den er mit der Rechtleitung und der Religion der Wahrheit gesandt hat, um ihr die Oberhand über alle Religion zu geben" (vgl. Sure 9:33 bzw. 61:9; 48:28).

3. Die antimilitante Grundkonzeption des koranischen Textguts und ihre Vertreter im Gegenüber zur Militanz propagierenden Position

Die oben in Kapitel „III Zur eschatologisch orientierten Grundkonzeption des koranischen Textguts" gebotenen Überblicke und Textsondierungen laufen darauf hinaus, dass die Grundbotschaft des genuinen Gesandten, nämlich die eschatologische Gerichtserwartung sowie die darauf basierenden weiteren theologischen Reflexionen und die entsprechende Frömmigkeitshaltung der Trägerkreise des koranischen Textguts, eindeutig eine Kontrastposition gegenüber den Militanz propagierenden Textpassagen darstellen. Wie oben bereits mehrfach betont signalisieren demnach die konträren Textverhältnisse im Koran eine Konfliktkonstellation in der koranischen Gemeinde, die von einem bestimmten Zeitpunkt an über eine längere Periode auch die Textfortschreibungen im Koran beeinflusst hat. Die für die Militanzpropaganda verantwortlichen Autoren wirkten zweifellos in einer Spätphase der Korangenese. Offensichtlich sind aber ihre literarischen „Be- und Überarbeitungen" des koranischen Textguts nicht kommentarlos von Seiten jener Kreise hingenommen worden, die sich nicht auf Militanz einlassen wollten.

Schon dass die antimilitante Grundkonzeption des koranischen Textguts weiterhin als Gegenpol erkennbar ist, kann man nur auf konsequente literarische Bemühungen von Autoren zurückführen, die sich dieser Grundkonzeption verpflichtet wussten. Allerdings ist nicht ohne weiteres zu entscheiden, ob und welche konkreten Textprodukte erst im Nachherein und im Gegenzug zur sukzessive Einarbeitung Militanz propagierender Texte konzipiert wurden oder ob es sich

---

790 So Abd al-Malik um 696; vgl. dazu Hoyland, *Seeing Islam*, S. 699f.; vgl. auch den Hinweis unten nach Anm. 871 sowie die Abbildung der Münze auf der Umschlagseite vorn.

um ältere Texte handelt, die eine Militanz ausschließende Grundhaltung repräsentieren.

Im Folgenden sollen die oben erarbeiteten Ergebnisse im Blick auf diese Fragestellung noch einmal sortiert werden.

Als eine explizit Militanz ablehnende Stimme wird man jedenfalls die Textfolge 8:2–4 einstufen müssen.

3.1 Der sekundäre Einschub 8:2–4 in Sure 8

Auf die besondere Funktion dieser Versfolge ist bereits oben im Verlauf der Analysen zu Sure 8 mehrfach hingewiesen worden[791].

8:2 „Die Gläubigen sind diejenigen, deren Herzen sich vor Ehrfurcht regen, wenn Gottes gedacht wird, und die, wenn ihnen seine Zeichen (bzw. Verse) verlesen werden, es ihren Glauben mehrt[792], und die sich auf ihren Herrn verlassen, 3 die das Gebet verrichten und von dem, womit wir sie versorgt haben, spenden. 4 *Das sind die wahren Gläubigen. Für sie gibt es* bei ihrem Herrn Rangstufen und *Vergebung und vortreffliche Versorgung.*“

Erinnert sei hier daran, dass 8:2–4 nicht die direkte Fortsetzung von 8:1 sein kann[793]. Da auch die Verse 8:5f. nicht als direkte Weiterführung von 8:2–4 in Frage kommen[794], ist die Textfolge 8:2–4 eindeutig eine spätere Interpolation.

Der für 8:2–4 verantwortliche Autor hat seinen Text in der Absicht konzipiert, diese seine Stellungnahme gezielt zu Beginn der Militanz propagierenden Sure 8 zu verklammern. Das ist unzweifelhaft dem Sachverhalt zu entnehmen, dass er fast wörtlich die Aussage am Ende von Sure 8 in Vers 74b zitiert (vgl. 8:4) und darauf bezogen seine eigene Position in 8:2–4 zum Beginn der Sure festschreibt; d.h. Autor und Interpolator sind identisch.

8:74 „Und diejenigen, die glauben und ausgewandert sind und um Gottes willen Krieg geführt haben, und diejenigen, die Zuflucht gewährt und geholfen haben[795], *das sind die wahren Gläubigen. Für sie gibt es Vergebung und vortreffliche Versorgung.*“

---

791 Vgl. besonders oben nach Anm. 102.

792 Vgl. zu „es ihren Glauben mehrt" *zadathum imanan* Sure 9:124.

793 Vgl. Bell, *Commentary*, S. 270: „… these verses will be later than v. 1"; vgl. auch Blachères Hinweis (*Le Coran*, S. 827) zu v. 4: „Ce vt. … paraît ajouté".

794 Vgl. dazu die Hinweise oben bei Anm. 108.

795 Dass sich Verweise auf „Auswanderer" bzw. „Ausgewanderte" (*muhajirun, wa-hajaru*) wie auch auf die sog. „Helfer" etc. nicht auf die in islamischen Traditionen konstruierte Ereignisabfolge im Bereich „Mekka und Medina" (Mohammeds Wirken in Mekka und Medina 622–632 v. Chr.) beziehen müssen, dass es überhaupt fraglich ist, ob und welche zuverlässigen Erinnerungen in diesen Traditionen erhalten sind, sei hier noch mal erinnert; vgl. dazu oben die Hinweise bei Anm. 238 sowie in Anm. 42.

Während 8:74a ganz auf der Linie der für Sure 8 zuständigen Autoren pointiert hervorhebt, dass es das entschiedene Engagement im Kontext kriegerischer Auseinandersetzungen ist, das die „wahren Gläubigen" ausmacht, will der Autor von 8:2–4 offensichtlich dagegen halten.

Er hat seine Stellungnahme im Rückgriff auf im koranischen Textgut vorgegebene Aussagen abgesichert und formuliert in 8:2 und 3 weitgehend wörtlich nach 22:35[796] *„diejenigen, deren Herzen sich vor Ehrfurcht regen, wenn Gottes gedacht wird* (vgl. 8:2,) die standhaft ertragen, was sie trifft, *das Gebet verrichten und von dem, womit wir sie versorgt haben, spenden"* (vgl. 8:3). Zugleich lenkt er damit den Blick auf die in den zahlreichen „Tugendkatalogen" festgeschriebenen Grundpflichten (Gottesfurcht/Demut sowie das Gebet und das karitative Spenden). Zudem betont er: Es sind für ihn nicht kriegerische Erfolge oder Entwicklungen wie in 33:22 und 3:173 (vgl. auch 48:4), die „den Glauben mehren" (8:2 *zadathum imanan*), sondern entscheidend ist die positive Wirkung der Verlesung der „Zeichen" (oder: „Verse") Gottes[797].

Diejenigen, die sich nach 8:74 auf unterschiedliche Weise für kriegerische Aktionen um Gottes willen engagieren, sind hier ausgeklammert und zählen demnach für den Autor von 8:2–4 nicht zu den „wahren Gläubigen"[798].

Die in 8:4 vom Autor aus 8:74b übernommene Formulierung *„das sind die wahren Gläubigen. Für sie gibt es Vergebung und vortreffliche Versorgung"* hat er mit einem Verweis auf die von Gott gewährten „Rangstufen" ergänzt: 8:4 *Das sind die wahren Gläubigen. Für sie gibt es* bei ihrem Herrn Rangstufen (*darajatun*) und *Vergebung und vortreffliche Versorgung"*.

Die Zusage von *Vergebung und vortreffliche Versorgung* bezieht sich in 8:4 wie in 8:74b auf die Situation im Jenseits (vgl. so z.B. 22:50). Dahin geht auch der Hinweis auf die „Rangstufen" in 8:4. Der Autor reserviert hier die „Rangstufen bei ihrem Herrn" betont für die „wahren Gläubigen", für die kriegerischer Einsatz nicht zu den fundamtenalen Frömmigkeitshaltungen zählt. Es ist durchaus vorstellbar, dass er damit die militanzorientierten Aussagen in 9:20f. konterkarieren will; denn 9:20ff. reserviert die höhere Rangstufe im Jenseits für die Kämpfer: „Diejenigen, die glauben und ausgewandert sind und um Gottes willen Krieg geführt haben, habe eine stärkere Rangstufe (*darajatan*) bei Gott …".

Außerdem dürfte es kein Zufall sein, dass der Autor in 8:2f. die wörtlich aus 22:35 übernommenen Formulierungen ergänzt. Der in 8:2 zusätzliche und betonte Verweis auf diejenigen Gläubigen, „die, wenn ihnen seine (Gottes) Zeichen

---

796 Vgl. ähnlich 35:29.
797 Vgl. dazu auch die Hinweise auf diejenigen, die auf die Verlesung der „Zeichen" ablehnend reagieren, z.B. in 83:13; 68:15; 31:7; 45:6, 8, 52, 31; 23:66, 105.
798 8:2–3 gilt als „the definition of a believer" (vgl. Patricia Crone,"God Fearers", S. 155, Anm. 79).

(bzw. Verse) verlesen werden, es ihren Glauben mehrt" (*zadathum imanan*), erinnert an Aussagen in 9:124:

9:124 „Und wenn eine Sure herabgesandt wird, dann gibt es von ihnen welche, die sagen:
‚Wen von euch hat diese den Glauben vermehrt?' Was nun diejenigen angeht, die glauben,
so hat sie ihnen den Glauben vermehrt (*zadathum imanan*), und sie sind darüber erfreut."

Hier belegt der Militanz propagierende Verfasser[799] von v. 124, dass die Glaubenshaltung einer bestimmten Gruppe von Gläubigen das geforderte militante
Engagement zurückwies und deswegen Suren solchen Inhalts als völlig irrelevant
für eine Intensivierung/Stärkung des Glaubens (vgl. *zadathum imanan*) ablehnte.
Dass der Verfasser von 8:2 betont, dass es die Verlesung der „Zeichen" bzw. „Verse" *Gottes* (*āyatuhu*) ist, die den Gläubigen den Glauben mehrt, könnte wie eine
vorausgeschickte Klarstellung zur Auffassung des Autors von 9:124 gedacht sein:
Es kommt auf die Verlesung der Zeichen/Verse *Gottes* an; das Beibringen neuer
Suren ist fragwürdig. Es bleibt also in 8:2 anders als in 9:124 bei der Orientierung
an den vorliegenden, abrufbaren Verkündigungstexten Gottes.

  Ob der Autor von 8:2–4 auch zu den Aussagen in 4:95f. Stellung nimmt, wo
ebenfalls von „Rangstufen" der Gläubigen vor Gott die Rede ist, ist nicht sicher.

  Der Autor von 4:95f. äußert sich zur Frage, wie das Verhalten der sog. *qaʿiduna*,
der Kreise „unter den Gläubigen", die „sitzen bleiben, daheim bleiben", in den Augen Gottes nach „Rangstufen" gewichtet wird im Vergleich zu denen, „die glauben und ausgewandert sind" und sich an kriegerischen Aktionen beteiligen[800].

4:95: „Nicht gleich sind diejenigen unter den Gläubigen, die *sitzen/daheim bleiben* (*al-
qaʿiduna*) – außer denen, die eine Schädigung haben – *denen, die mit ihrem Vermögen
und in eigener Person um Gottes willen Krieg führen*. Gott hat denjenigen, die mit ihrem
Vermögen und der eigenen Person Krieg führen, eine Rangstufe (*darajatan*) über denen
gegeben, die *sitzen/daheim bleiben*. Aber allen hat Gott das Beste versprochen. Doch hat
Gott die Kriegführenden (*mujahidun*) gegenüber denen, die *sitzen/daheim bleiben*, mit
großartigem Lohn bevorzugt, 96 mit Rangstufen (*darajatin*) von ihm und Vergebung und
Erbarmen. Gott ist barmherzig und bereit zu vergeben".

Der hier verantwortliche Autor hat die in älteren Textfolgen betonte totale Abqualifizierung der kriegsunwilligen Kreise („*die sitzen/daheim bleiben*": *al-qaʿiduna*)
und deren scharfe Ausgrenzung, wenn auch nicht völlig aufgehoben, so doch zumindest dahingehend abgemildert, dass auch sie letztlich, zu den von Gott ewig-
keitsbezogen akzeptierten Gläubigen zählen können. Klar ist aber: Eine Sonderstellung bei Gott kommt natürlich den Kämpfern zu.

---

799 Vgl. zu 9:124 ausführlich bereits oben nach Anm. 416.
800 Vgl. zu 4:95f. bereits die Ausführungen oben in den Abschnitten „II 2.3.2.3" sowie „IV
     2.1.2.2".

Diese Einschätzungen aus Sicht eines Vertreters Militanz propagierender Kreise könnten in einer späteren Phase der Frontstellung zwischen beiden Frömmigkeitsrichtungen als ein Vermittlungsversuch gedacht sein. Demnach könnte man 4:95f. durchaus so verstehen, dass dieser Autor eine Korrektur im Blick auf die Position des Autors von 8:2–4 anzubringen sucht und sich gegen dessen Kennzeichnung der „wahren Gläubigen" ohne Einbeziehung der Gotteskämpfer verwahrt. Diese Einschätzung liegt m.E. näher, als umgekehrt 8:2–4 als Versuch zu gewichten, die „Rangstufungen" in 4:95f. völlig abzuweisen. Wie dem auch sei – eine sichere Entscheidung ist kaum zu treffen – in jedem Fall spiegeln beide Stellungnahmen den Widerstreit zweier Frömmigkeitsrichtungen in der koranischen Gemeinde. Beide Texte dürften in einer späteren Phase der Auseinandersetzungen konzipiert worden sein: Der Autor von 8:2–4, der sich gegen die Aussage von 8:74 (vgl. auch 9:20ff.) verwahrt, hat hier bereits ein theologisches Argumentationsgeflecht im Blick, das in Militanz propagierenden Kreisen sukzessiv und erst in einem fortgeschrittenen Stadium der Bewegung vertreten wurde[801]. 4:95 mit dem Anliegen, die Position der Militanzverweigerer theologisch doch auch letztlich als von Gott akzeptiert zu verorten, signalisiert, dass eine bislang verhärtete Frontstellung zwischen beiden Frömmigkeitsrichtungen aufgebrochen werden soll.

Dass ein solches „Angebot" wie in 4:95ff. in den friedfertigen Kreisen auf Gegenliebe gestoßen ist, ist zwar nicht auszuschließen; allerdings deuten die jetzigen Textverhältnisse im Koran nicht in diese Richtung. Jedenfalls ist in den zahlreichen, oben aufgelisteten „Tugendkatalogen" nirgends ein Signal für das Anliegen erkennbar, das Engagement für das Geschäft des Krieges um Gottes willen theologisch doch auch positiv zu verorten, also zu den Voraussetzungen für den Eingang ins Paradies zu zählen.

3.2 Die Bedeutung der „Tugendkataloge"[802]

Der Überblick oben über die sog. „Tugendkataloge" im koranischen Textgut mit den Angaben zu den wesentlichen islamischen Grundpflichten[803] hat nirgends ein Indiz in der Richtung erkennen lassen, dass zum Frömmigkeitsideal auch eine von Gott auferlegte Verpflichtung zum kriegerischen Jihad zählen könnte. Zwar kann man daraus nicht den Schluss ziehen, dass der eine oder andere von den jüngeren solcher Tugendkataloge im Nachherein gezielt gegen die Militanzpropaganda konzipiert wurde; aber mit der Textfolge 8:2–4 ist belegt, dass der hier zuständige Autor, indem er seinen Text so formulierte, wie er diesen dann Eingangs

---

801 Vgl. dazu oben die Ausführungen in Abschnitt „II 3.2".
802 Vgl. dazu oben den Abschnitt „III 2.2.2".
803 Paret, *Kommentar*, S. 353, spricht von „Aufzählungen islamischer Tugenden".

in Sure 8 als Gegenpol zu 8:74 interpolierte, die Tugendkataloge im Blick gehabt haben muss und sich daran orientiert bzw. sie auf seiner Seite wusste.

3.3 „The Nonmilitant Verses"[804]

Zu erwägen ist, ob Texte wie 16:125[805], die „call for what appears to be nonmilitant means of propagating or defending the faith"[806] als nachträglich angebrachte Korrekturen an Militanz propagierenden Auffassungen in Frage kommen.

16:125 „Rufe zum Weg deines Herrn mit Weisheit und schöner Ermahnung und streite mit ihnen in bester Weise. Gewiss, dein Herr kennt sehr wohl, wer von Seinem Weg abirrt, und Er kennt sehr wohl die Rechtgeleiteten"[807].

Firestone betont zu diesem Vers „its lack of context" und hält fest[808]: „Whether the verse can be assigned as Meccan or Medinan and whether those to be invited are idolators or Jews, the command is for Muhammed to bring the non-Muslims into Islam in a nonmilitant manner while assuring him that both those who refuse as well as those who accept will be recognized by God".

29:46[809]: „Und streitet mit den Leuten der Schrift nur in bester Weise, mit Ausnahme derer von ihnen, die Frevler sind. Und sagt: ‚Wir glauben an das, was zu uns herabgesandt worden ist und was zu euch herabgesandt worden ist. Unser Gott und euer Gott ist Einer. Und ihm sind wir ergeben'". Nöldekes Beobachtungen zu 29:46[810] führen ihn zu der Entscheidung: „Die Provenienz des so gekürzten Texts (P.: d.h. ohne den Vermerk „außer denjenigen von ihnen, die Unrecht tun") steht nicht fest"; seine Hinweise lassen jedoch durchaus den Schluss zu, dass hier ein späterer Eintrag eines Autors vorliegt, für den Militanz im Umgang mit „den Leuten der Schrift" nicht in Frage kommen darf.

5:13[811]: „Dafür, dass sie ihr Abkommen brachen, haben wir sie verflucht und ihre Herzen hart gemacht. Sie verdrehen den Sinn der Worte, und sie haben einen Teil von dem vergessen, womit sie ermahnt worden waren. Und du wirst immer wieder Verrat von ihnen erfahren – bis auf wenige von ihnen. Aber verzeihe ihnen und übe Nachsicht. Gewiss, Gott liebt die, die Gutes tun".

---

804 Vgl. Firestone, *JIHAD*, S. 69ff.; vgl. dazu Anm. 262.
805 Vgl. dazu bereits oben bei Anm. 676.
806 Vgl. Firestone, a.a.O., S. 48 mit Fußnote und Verweis auf weitere Belege (z.B. 2:109; 5:13; 29:46).
807 Zu den divergierenden Einschätzungen von 16:125 in der traditionellen islamischen Koranexegese vgl. Firestone, a.a.O., S. 52f.
808 Vgl. a.a.O., S. 71.
809 Vgl. zu diesem Vers auch oben die Hinweise bei Anm. 7 und Anm. 46.
810 Vgl. GdQ I, S. 155f.
811 Vgl. dazu und zu 2:109 bereits oben vor Anm. 673.

Ist es hier der Gesandte, so sind es in 2:109 die Gläubigen insgesamt, die trotz schlechter Erfahrungen mit den „Leuten der Schrift" diesen gegenüber mit Nachsicht und Verzeihen reagieren sollen[812].

Zu erwägen ist auch, ob der auffällige Vers 9:112[813] auf einen Versuch zurückgeht, die Ansprüche der militanzorientierten Kreise zurechtzurücken. v. 112 wirkt nicht nur bruchstückhaft, sondern auch nicht wie die direkte Weiterführung von v. 111. Die Auflistung der wesentlichen frommen Verhaltensweisen Gott gegenüber in 9:112 dürfte als eine Ergänzung zu v. 111 gedacht sein, die signalisieren soll, dass solchen Frommen auch ohne ihre Beteiligung am heiligen Krieg das Paradies sicher ist[814]. Eine solche nachgetragene Klarstellung erinnert an den Autor von 4:95[815], könnte aber auch auf jene Kreise zurückgehen, die Vorbehalte gegenüber der Propagierung kriegerischer Existenzweise als „wahren Glauben" hatten[816].

Auch im Blick auf 60:7 kann man fragen, ob sich hier eine Stimme aus friedfertigen Kreisen äußert, die sich theologisch argumentierend[817] dagegen verwahrt, Gottes Wirken vorzugreifen, und sich damit von der Ideologie militanter Endlösungen (Unterwerfung der „Anderen" oder Vernichtung") distanziert. 60:7 heißt es: „Vielleicht bewirkt Gott zwischen euch und zwischen denjenigen, mit den ihr verfeindet seid, Zuneigung. Und Gott ist allmächtig. Und Gott ist vergebend und barmherzig". Ob eine solche Aussage dem Autor von Klarstellungen wie in 60:1 und 9 zuzutrauen ist, kann man bezweifeln.

Fazit: All diese Beispieltexte (16:125; 29:46; 5:13; 9:112; 60:7)[818] können eingestuft werden als, wie Firestone formuliert, „Verses expressing nonmilitant means of propagating or defending the faith"[819]. Es ist nicht auszuschließen, dass hier auch Aussagen vorliegen, die erst als Reaktion auf die Einarbeitung der Militanz propagierenden Passagen nachgetragen wurden. Eine sichere Zuordnung dieser Texte setzt in jedem Fall genauere textvergleichende Analysen und Kontextbeobachtungen voraus.

---

812 Vgl. auch 43:89; 45:14.
813 Vgl. dazu bereits oben vor Anm. 406.
814 Vgl. so auch Paret (*Kommentar*, S. 213): „Es ist fraglich, ob er (v. 112) mit dem vorhergehenden Vers 111 ursprünglich zusammengehört hat. Oder sollte Vers 112 als eine Ergänzung und Erweiterung von Vers 111 zu verstehen sein? Dann würde er bedeuten, daß die Frommen, so wie sie hier näher charakterisiert werden, auch dann das Paradies erlangen, wenn sie nicht eigens am heiligen Krieg teilnehmen".
815 Vgl. dazu oben nach Anm. 800.
816 Vgl. oben die Einschätzung von 8:2–4 als theologische/dogmatische „Klarstellung" zu 8:72–75*.
817 Gott ist die allein entscheidende Instanz! – Vgl. hier auch die Erwägungen zu 47:4b oben im Abschnitt „IV 2.1.2.1".
818 Firestone bezieht ferner ein 2:109; 6:106; 15:94–95; 42:15; 50:39; 60:8.
819 Vgl. *JIHAD*, S. 69.

3.4 „…die Oberhand über alle Religion"? – (Zu 9:33 – 48:28 – 61:9 – 2:193 – 8:39)[820]

Oben war gezeigt worden, dass in Militanz propagierenden Passagen letztlich als Hauptgrund für das kriegerische Engagement „auf dem Weg Gottes" das Ziel gelten sollte, die „Religion Gottes" überall durchzusetzen bzw. für die „Religion der Wahrheit" „die Oberhand über alle Religion" zu erreichen.

8:39 fordert: „Und kämpft gegen sie, bis es keine Verfolgung (*fitna*: Verführung, Zwietracht, Aufruhr?) mehr gibt und bis die Religion *gänzlich* auf Gott gerichtet ist. Wenn sie jedoch aufhören, so sieht Gott wohl, was sie tun"[821].

In 9:33[822] heißt es: „Er ist es, der seinen Gesandten mit der Rechtleitung und der Religion der Wahrheit gesandt hat, um ihr die Oberhand über alle Religion zu geben"[823], nachdem zuvor in 9:29 vom Kampf gegen diejenigen die Rede war, „die nicht der Religion der Wahrheit angehören".

Von einer solchen Zielangabe für die Sendung des Gesandten[824] ist weder in den Angaben zu Rolle und Stellung des Gesandten die Rede[825], noch ist den zahlreichen „Tugendkatalogen"[826] zu entnehmen, dass der „Sieg der wahren Religion über alle Religion" in irgendeiner Weise für die Frömmigkeitspraxis der Gläubigen eine Rolle spielen könnte.

Die Vorstellung eines solchen auf militantem Wege erreichbaren künftigen Endziels ist in der eschatologisch orientierten Grundhaltung nicht angelegt. Die Übernahme der Position der militanten Aneignung der Welt hätte für die eschatologisch orientierte Frömmigkeit bedeutet, ihre Hoffnung auf das angekündigte, aber noch ausstehende endzeitliche Gerichtshandeln Gottes zu Gunsten der Frommen erst auf die Zeit nach der Durchsetzung der universal geltenden „Religion der Wahrheit" vertagen zu müssen.

---

820 Vgl. dazu oben nach Anm. 578 sowie nach Anm. 743.
821 8:39 erweist sich als Nachtrag eines Ergänzers; der Text ist fast wortgleich identisch mit dem Wortlaut von 2:193; vgl. dazu oben bei Anm. 177.
822 Vgl. die wörtlichen Parallelen 61:9 und 48:28.
823 Paret übersetzt: „um ihr zum Sieg zu verhelfen über alles, was es (sonst) an Religion gibt"; vgl. ähnlich Bobzin.
824 Die Formulierungen in 9:33 (= 61:9) tauchen wortwörtlich in der Inschrift am Jerusalemer Felsendom (Nordtor) auf; vgl. dazu Grabar, *Shape of the Holy*, S. 61, 186.
825 Vgl. die obige Auflistung in Abschnitt „III 2.1".
826 Vgl. dazu oben Abschnitt „III 2.2.2".

3.5 Zur universalen Bedeutung des „Gesandten und Propheten"
für alle Menschen – 7:157–158

Da neben der von Seiten der Militanzpropaganda schließlich ins Feld geführten universalen Bedeutung der „wahren Religion" in einigen Texten auf die *universale* Bedeutung des „Gesandten und Propheten" für alle Menschen verwiesen wird, ist hier kurz darauf einzugehen, ob und in welcher Hinsicht hier die gleichen Grundauffassungen vertreten sind.

Eine besondere Stellung haben hier die Aussagen in 7:157–158, wo es schließlich in der Ich-Rede des Gesandten heißt (v. 158):

„Sag: ‚O ihr Menschen, ich bin der Gesandte Gottes an euch alle, dem die Herrschaft über Himmel und Erde gehört. Es gibt keinen Gott außer ihm. Er macht lebendig und lässt sterben. So glaubt an Gott und seinen Gesandten, den schriftunkundigen Propheten (oder: Propheten für die Heidenvölker[827]), der an Gott und seine Worte glaubt, und folgt ihm, auf dass ihr rechtgeleitet sein könnt'".

In diesem späten Nachtrag[828] wird die im Gesandten verkörperte universale Offenbarungsautorität festgeschrieben[829] und klargestellt, dass es auf ihn als den entscheidenden Orientierungsvermittler generell für alle Menschen ankommt. Dass der für 7:157–158 verantwortliche Autor damit Aussagen z.B. in 7:184, 188 zur Rolle und Bedeutung des Gesandten lediglich als „Warner"[830] neu gewichtet und sozusagen ein Alleinstellungsmerkmal des Gesandten und seiner Botschaft formuliert, bzw. gegenüber anderen Religionen den Ausschließlichkeitsanspruch geltend macht, ist deutlich.

In Sure 7 korrespondieren der in 7:157–158 betonten universalen Bedeutung des Gesandten und seiner Rechtleitung zahleiche Textanteile, die sich mit dem Anliegen „universale Ausweitung des Adressatenkreises"[831] berühren. Das hier erkennbare sehr späte Bearbeitungsstadium dürfte die einsetzende Ausweitung des islamischen Einflussbereichs und den entsprechenden Anspruch der „Religion Gottes" auf alle Menschen[832] widerspiegeln. Weitere Ausführungen dazu sind im hier gesteckten Rahmen nicht möglich. Es ist immerhin unübersehbar, dass die zuständigen Autoren hier gegenüber den Hinweisen auf den Gesandten als

---

827 Vgl. dazu z.B. Horovitz, *Koranische Untersuchungen*, S. 51ff.

828 Vgl. zu dieser Einschätzung zu 7:157–158 schon GdQ I, S. 160; vgl. ferner Bell, *Commentary*, S. 152ff.; auf genauere Hinweise zur Entstehung von 7:156–158 muss hier verzichtet werden.

829 Vgl. ähnlich noch in 4:79; 34:28

830 Vgl. dazu ausführlich oben die Abschnitte in ‚III 2.1'

831 Vgl. z.B. die Adressierung „O ihr Kinder Adams" in 7:31, 35; vgl. auch 7:172f.

832 Vgl. zum Thema auch Goldziher, *Muhammedanische Studien I*, S. 70ff. (Verweis auf Sure 49:13), bes. S. 73–75.

den lediglich mit der eschatologischen Gerichtsankündigung befassten „Warner"
gegen Ende der Sure (so in 7:184 bis 188)[833] einen universalen Wirkungshorizont
umreißen und so belegen, dass eben dieser „Warner" mit seiner Botschaft von
Gott für alle Menschen bestimmt ist. Um so auffälliger ist dann in 7:156–158, dass
im Unterschied zu den Militanz propagierenden Passagen die Aufforderung fehlt,
die universale Alleinstellung des Gesandten und seiner Botschaft wie auch immer
„auf dem Weg Gottes" im Kampf zu erzwingen. Oben konnte mit Verweis auf
die zahlreichen militanzorientierten Interpolationen[834] belegt werden, dass deren
Autoren in vorgegebenen Textfolgen auf geeignete Anknüpfungsmöglichkeiten
für Hinweise auf ihr Anliegen aus waren. Dass die Autoren von 7:157–158 weder
Anlass noch Gelegenheit sehen, hier zur Durchsetzung der universalen Anerken-
nung des Gesandten, Militanz zu rechtfertigen, ist als ein klares Indiz dafür zu
werten, dass sie sich selbst jedenfalls nicht dem Kreis der Militanzpropagandisten
zuordnen; jedenfalls scheint Militanpropaganda kein brennendes Anliegen mehr.

Bei dieser Einschätzung ist zu erwägen, ob es und inwiefern auch eine Rolle
gespielt hat, Sure 7 den Militanz propagierenden Suren 8 und 9 vorzuordnen[835].
Diese „Vorordnung" signalisiert möglicherweise, dass aus der inzwischen universalen Perspektive von Sure 7 die folgenden Ausführungen in den Suren 8 und 9
auf *tempi passati* zu beziehen sind.

V. Zusammenfassung

„Der Islam hat kein Problem mit der Gewalt, aus einem einfachen Grund, weil
der Islam und die Gewalt von Anfang an beste Freunde waren", betont Hamed
Abdel-Samad in einem Streitgespräch mit Mouhanad Khorchide[836]. Diese Feststellung ist so nicht korrekt. Wie oben einleitend erwähnt, gibt es zahlreiche islamische Verbände, Moschee-Gemeinden, Repräsentanten islamischer Institutionen etc., die Friedensfähigkeit und Friedensbereitschaft signalisieren. Sie können
sich dabei auf Koranpassagen berufen, die die Gläubigen zu einem freundlichen

---

833 In 7:187 heißt es: „Sie fragen dich nach der Stunde … Sag: ‚Das Wissen darüber ist nur
     beim meinem Herrn … Sie wird nur plötzlich über euch kommen … 7:188 … Ich bin nur
     ein Warner und ein Frohbote, für Leute, die glauben'.

834 Vgl. dazu die Abschnitte „II 2.2 und 2.3".

835 Vgl. oben Anm. 290 zu in der islamischen Tradition bezeugten abweichenden Anordnun-
     gen der Suren.

836 Vgl. Stefan Orth (Hg.) (2016), *Zur Freiheit gehört, den Koran zu kritisieren*, S. 23. – Mou-
     hanad Khorchide ist Professor für islamische Religionspädagogik am Centrum für religiö-
     se Studien an der Westfälischen Wilhelms-Universität Münster; Hamad Abdel-Samad ist
     deutsch-ägyptischer Politikwissenschaftler und Publizist.

und friedlichen Miteinander mit (wie auch immer) Außenstehenden oder Andersgläubigen auffordern, haben aber das Problem, wie sie sich dabei zu den
Korantexten stellen, die Gewalt und militantes Vorgehen gegen Andersgläubige
rechtfertigen.

Der Islam hat sehr wohl ein Problem mit der Gewalt, und zwar von Anfang an.
Gerade an den koranischen Textkonstellationen und ihrer Genese lässt sich bele-
gen, dass die Behauptung, „der Islam und die Gewalt waren von Anfang an beste
Freunde", unzutreffend ist.

Dass im koranischen Textgut einerseits die Friedensbereitschaft des Verkünders
wie der Gläubigen gegenüber Außenstehenden festgeschrieben ist, dass aber andererseits im Kontrast dazu zahlreiche Textpassagen militante Bekämpfung und
Unterwerfung propagieren und zudem theologisch rechtfertigen[837], war schon
für die traditionelle islamische Koranexegese ein Problem. Diese irritierenden
Textkonstellationen waren erklärungsbedürftig: Wie konnte der in den meisten
Suren und Textpassagen als Verkünder und Warner vor Augen stehende fried-
fertige Gesandte Gottes mit seiner Botschaft, sich auf ein von Gott angedrohtes
Weltgericht einzustellen, dann in einigen Suren und Textfolgen zum Organisator und Anführer von kriegerischen Aktionen werden, die auf die Unterwerfung
oder Vernichtung Andersgläubiger zielten?

Muslimischerseit sucht man die Ursache solch kontrastierender Textverhältnisse auf Gottes Weisungsabsichten selbst zurückzuführen. Eine andere Erklä-
rungsmöglichkeit kann es auch gar nicht geben, da nach islamischer Auffassung
Mohammed als der Gesandte Gottes die Übermittlung aller Texte des Korans
welcher Art auch immer ausnahmslos als Gottes Wort und Weisung garantiert.
An diesem Dogma hält man fest, obwohl die islamische Tradition weiß, dass es
nach Mohammeds Tod mehrere Jahrzehnte gedauert hat, bis die auf dem Wege
literarisch-redaktioneller Gestaltung des koranischen Textguts konzipierte Endversion des Korans vorlag. Die Erwägung daraufhin, kontrastierende Textpassagen könnten die Folge solcher Gestaltungsprozesse seitens später Autoren oder
Redaktoren sein und gar nicht Gottes Offenbarungsstrategie widerspiegeln, ist
jedoch im Theologiemodell des Islam ausgeschlossen.

Die islamische Theologie meint sich im Blick auf diese widersprüchlichen
Textkonstellationen damit helfen zu können, dass Gott für eben die frühe und
schwierige Zeit in Mekka zunächst seinem Gesandten Friedensbereitschaft auferlegt habe, weil anders Mohammed angesichts der dortigen Machtverhältnisse
gescheitert wäre. Erst im Blick auf die gestärkte Position Mohammeds in Medina
habe Gott ihn angewiesen, von nun an auf militante Weise gegen Andersgläubige

---

837 Vgl. dazu oben Hinweise in Abschnitt „I 3.1".

vorzugehen. Die entsprechenden Textpassagen wie z.B. Sure 9 spiegeln folglich die Spät- und Letztphase seines Wirkens[838].

So erklärt sich: Einerseits orientiert sich die überwiegende Mehrheit der Gläubigen in der islamischen Welt an dem friedensbereiten Gesandten und Verkünder; andererseits meinen bestimmte Gruppierungen, sich für ihre Gewaltbereitschaft und militantes Vorgehen gegen Andersgläubige auf Mohammed als den im Auftrag Gottes agierenden Befürworter und Organisator kriegerischer Aktionen berufen zu können. Der Koran enthält entsprechend für beide Richtungen von Mohammed übermittelt Gottes Wort und Weisung.

Auch die meisten Vertreter der westlichen akademischen Koranwissenschaft hegen bis heute keine Zweifel an der Herkunft des gesamten koranischen Textguts von Mohammed. Man orientiert sich an den Vorstellungen der islamischen Tradition[839] vom im Raum „Mekka und Medina" unterschiedlich agierenden Mohammed[840].

Solche Versuche, die kontrastierenden Textverhältnisse bzw. das Neben- oder Nacheinander zweier völlig divergierender Prophetenbilder zu erklären[841], stehen jeweils auf Grund der Abhängigkeit von vorgegebenen traditionellen Vorstellungen in der Gefahr, die Eigenart dieser kontrastierenden Textverhältnisse und zumal den besonderen Charakter der Militanz propagierenden Textfolgen zu verkennen. Ergebnisoffene Forschung ist auf diesem Wege von vornherein ausgeschlossen.

In den hier vorgelegten Untersuchungen ist grundsätzlich vorausgesetzt, dass entgegen der traditionellen islamischen Vorgaben auch Textgut im Koran verarbeitet sein kann, dessen Herkunft vom Gesandten (von Mohammed) nicht in Frage kommen kann, wofür also spätere Autoren verantwortlich zeichnen[842].

Zwar ist prinzipiell nicht auszuschließen, dass islamische Traditionen historisch zutreffende Informationen über den Entstehungsprozess des Korans enthalten

---

838 Das ist auch die Einschätzung der meisten westlichen Koranspezialisten; vgl. dazu z.B. oben den Hinweis in Anm. 286 sowie GdQ I, S. 227.

839 Vgl. dazu die Hinweise oben in Anm. 267.

840 Vgl. den Abschnitt „I 3.2 Westliche Erklärungsmodelle".

841 Diese Art „Zugang" zum Koran und seinen divergierenden Textkonstellationen erinnert an jene frühere Phase in der alttestamentlichen Wissenschaft, da man auffällige Spannungen und Brüche z.B. in einem Prophetenbuch mit Verweis auf „Wandlungen" eines Propheten, also mit unterschiedlichen Verkündigungsperioden und -anliegen während der langen Wirkungszeit des Propheten erklären zu können glaubte und auf diese Weise möglichst umfangreiche Textmengen trotz ihrer Widersprüchlichkeiten dem Propheten als dem Offenbarer zuwies (vgl. dazu Hinweise bei Pohlmann, *Die Entstehung des Korans*, S. 45ff.). Schließlich wurde klar, dass man mit diesem Erklärungsmodell nicht auf dem Weg ergebnisoffener Forschung war, weil hier die unreflektierte Übernahme theologisch-dogmatischer Prämissen erkenntnisleitend war und damit die Einschätzungen und Gewichtungen der Texte vorprogrammiert wurden.

842 Zu „Fortschreibungen" auch in anderen Themenbereichen im koranischen Textgut, die nicht von einem Mohammed herleitbar sind, vgl. Pohlmann, *Die Entstehung des Korans*.

können; aber im Blick auf die unsichere Quellenlage ist auch damit zu rechnen, dass wegen des weiten Abstands[843] von den tatsächlichen Vorgängen lediglich die Vorstellungen späterer wiedergegeben werden.

Daher war es hier methodologisch geboten, allein auf dem Wege ergebnisoffener Analysen des koranischen Textguts einer Lösung der Fragen nachzugehen, ob und inwiefern Textbereiche und Textfolgen zum Themenkomplex „Militanz und Antimilitanz im Koran" auf Mohammeds Verkündigung und Verlautbarungen basieren, wie und warum sie in welchen Suren verklammert und sortiert wurden, welche tatsächlichen Vorgänge in den koranischen Bewegungen zur Konzipierung solcher Textkonstellationen den Ausschlag gegeben haben.

Erst die auf dem Wege literar- und redaktionskritischer sowie tendenzkritischer Sondierungen zu gewinnenden Einblicke in die jeweilige literarische Machart und die Zielsetzung der fraglichen Textfolgen lassen Rückschlüsse auf ihre Genese und Herkunft zu, und das heißt, auf ihre Autoren sowie ihre Trägerkreise innerhalb der koranischen Gemeinde.

Damit ergab sich als erste Aufgabe eine Bestandsaufnahme, so weit möglich, sämtlicher Militanz und Gewalt propagierender Textanteile sowie ihre Sortierung in den Kontexten einschließlich der Analysen ihrer literarischen Machart.

Zu Kapitel „II Die Propagierung militanter Zugriffe auf die Welt – Bestandsaufnahme der entsprechenden Texte und die Hintergründe ihrer Konzipierung"

Anlass, mit Analysen und Beobachtungen zu den beiden Suren 8 und 9 einzusetzen, war ihre im koranischen Text hervorgehobene massive Propagierung von Militanz gegenüber Andersgläubigen.

Für die Beantwortung der Frage nach dem oder den Autoren solcher Texte sind die Erkenntnisse zu ihren Entstehungsprozessen zu berücksichtigen. Dabei kann auf folgende Sachverhalte verwiesen werden:

Beide Suren beziehen eine radikale Gegenposition zu Aussagen wie z.B. in 29:46 oder 16:125 u.ö., die für einen friedfertigen Umgang mit Andersgläubigen plädieren. Die schon damit signalisierte Kontrastkonstellation zweier Glaubensrichtungen innerhalb der koranischen Bewegung klingt auch in beiden Suren selbst an wie z.B. in den Hinweisen auf Streit und Uneinigkeiten unter den Gläubigen in Sure 8:5f. oder Sure 9:13, 16.

Aus den oben gewonnenen Erkenntnissen zur jeweils literarischen Machart dieser Suren ergibt sich eindeutig, dass beide Suren jeweils das Ergebnis längerwährender komplizierter Fortschreibungsprozesse sind. Schon wegen der in Sure 8 zu beobachtenden häufigen Dubletten, Redundanzen, Wiederanknüpfungen, Variationen und Akzentverschiebungen sowie der zum Teil wortwörtlichen

---

843 Vgl. dazu Hoyland oben in Anm. 267.

Übereinstimmungen mit Versen und Versteilen anderer Suren[844] ist auszuschließen, dass solche Texte von ein und demselben Autor verfasst sein könnten. Solche
Textverhältnisse lassen sich auch nicht darauf zurückführen, dass eben ein und
derselbe Autor nach und nach sukzessiv eine Erstversion mehrfach überarbeitet
haben könnte. Gegen eine solche Einschätzung sprechen nicht nur die Art der
literarischen Weiter- und Umgestaltung sowie die sukzessiven koranintertextuel-
len Verknüpfungs- bzw. Angleichungseingriffe (Zitate)[845]; gerade auch die aufeinander folgenden, ergänzenden, neuakzentuierenden Stellungnahmen belegen[846],
dass hier unterschiedliche Autoren über eine längere Zeitspanne ihre Militanz
propagierende Position festgeschrieben und im koranischen Textgut verklammert haben. Ein Beispiel für jüngste Textanteile ist 8:39[847].

Die Endversion von Sure 9, deren Textkonstellationen ähnlich wie in Sure 8 als
Ergebnis eines längeren Fortschreibungsprozesses einzustufen sind, dürfte etwas
später entstanden sein als Sure 8. Für diese Einschätzung spricht, dass die innergemeindlichen Spannungen zwischen den Militanz Befürwortern und den Verweigerern im Vergleich zu den Andeutungen in Sure 8 enorm gewachsen sind.
Das muss man den zumal im umfangreicheren zweiten Teil der Sure (9:38–129)
gezielt eingebrachten zahlreichen Verunglimpfungen und Abqualifizierungen
entnehmen[848], mit denen anders als in Sure 8 die Militanz propagierenden Autoren hier sukzessiv die Verweigerer abfertigen bis dahin, dass solche Leute in der
Hölle landen werden[849].

Dieses Verfahren zielte darauf ab, je länger je mehr die eigene Position, die aggressive Glaubenshaltung, als den „wahren Glauben" hervorzuheben und die ins
Unrecht zu setzen, die sich durchgeführten sowie geplanten militanten Aktionen
verweigerten und deswegen als die, „die daheim bleiben/sitzen bleiben" etikettiert wurden[850].

Als ein Beispiel für jüngste Textanteile in Sure 9 sei hier auf die Passage 9:29/30–
35 verwiesen, die ergänzt wurde, um Juden und Christen (bestimmte Gruppierungen?) explizit als „Polytheisten"/Beigeseller auszuweisen und sie so als zu
bekämpfende feindliche Ungläubige zu kennzeichnen. 9:33 sollte dabei mit dem
Hinweis auf die „Religion der Wahrheit und ihre Oberhand über alle Religion"

---

844 Vgl. dazu oben Anm. 98.
845 Vgl. die Beoachtungen zur Übernahme z.B. von 2:193 in 8:39 vor Anm. 177.
846 Vgl. z.B. die Beoachtungen zur Genese von 8:41–44 oben nach Anm. 179 oder zum Ver-
    hältnis von 8:74 zu 8:72 nach Anm. 230.
847 Vgl. zu 8:39 oben die Hinweise vor Anm. 177 sowie in Abschnitt „IV 3.4"; vgl. sonst die
    Zusammenstellung jüngster Texanteile vor Beginn des Abschnitts „II 1.1.6"
848 Vgl. z.B. oben nach Anm. 358 die Hinweise auf die zahlreichen sukzessiv vorgenommenen
    Textergänzungen.
849 Vgl. 9:63, 68, 81.
850 Vgl. dazu oben zu 9:41–49 und 9:81–90 sowie zusammenfassend den Abschnitt „II 2.3.2.3
    Sure 4:95 in textvergleichender Gegenüberstellung mit 9:41–49 und 9:81–90 sowie 8:72–75".

die eigentliche Motivierung für die Kämpfer und das Endziel allen militanten Agierens in den Blick zu rücken. 9:33 zählt zu den spät in die kriegsthematisch orientierten Textpassagen interpolierten Spitzenaussagen (vgl. die Parallelstellen 61:9; 48:28 sowie 8:39; vgl. 2:193); hier wissen die entsprechenden Autoren, worauf Gott wirklich hinaus will.

Die Suren 8 und 9 widerspiegeln demnach eine länger währende Konfliktkonstellation innerhalb der koranischen Gemeinde(n) oder Bewegung, und zwar aus der Sicht Militanz propagierender Autoren. Deren Anliegen war die Rechtfertigung kriegerischer Aktionen gegen Andersgläubige. Damit stießen sie je länger je mehr auf Widerstände in Gemeindekreisen, die solche Militanz nicht mit ihren Glaubensauffassungen vereinbaren konnten und sich einer Beteiligung an kriegerischen Aktionen verweigerten. Die Einblicke in die Fortschreibungsprozesse in beiden Suren lassen erkennen, dass unterschiedliche Autoren sukzessiv ihre Position als korantheologisch adäquat abzusichern suchen und zugleich die Rechtgläubigkeit der Gegenseite zunehmend in Frage stellen; dem Vorwurf schließlich des Unglaubens korrespondiert, dass nur sie selbst sich als die „wahren Gläubigen" ausgeben (vgl. 8:74).

Der späte, wahrscheinlich sogar jüngste Einschub 8:2–4 zu Beginn der Sure 8 belegt schließlich, dass Versuche, die militanzorientierte Position als korantheologisch legitimiert auszugeben, auf entschiedenen Widerstand in der koranischen Gemeinde gestoßen sind. Die engen wortwörtlichen Berührungen zwischen dieser Textfolge und der Aussage in 8:74 gegen Ende der Sure einerseits und die Umakzentuierung von 8:74 in 8:2–4 andererseits[851] lassen sich nur so erklären, dass sich in 8:2–4 ein Autor zu Wort meldet, der grundsätzlich mit dem „Votum" der Militanz propagierenden Richtung in 8:74 nicht einverstanden ist und deswegen betont zu Beginn von Sure 8 nachträglich klarstellt, was die „wahren Gläubigen" ausmacht. Anders als der Autor in 8:74 festlegt, gehört für den Autor der Interpolation von 8:2–4 das kriegerische Engagement „auf dem Weg Gottes" nicht zur Gott wohlgefälligen Frömmigkeit.

Die Sondierungen in auffällig interpolierten Kurztexten (vgl. den Abschnitt „II 2.2") sowie in den umfangreichen Textpassagen (vgl. Abschnitt „II 2.3") belegen, inwiefern und woraufhin die militanzorientierte Textproduktion weiterging. Es zeigt sich, dass deren Autoren das koranische Textgut in ihrem Sinn infiltrierten, um den Ausschließlichkeitsanspruch der im koranischen Textgut vorgegebenen Grundkonzeption einer eschatologisch orientierten Theologie samt der entsprechenden friedfertigen Frömmigkeitspraxis zu relativieren (bzw. den Realitäten in der Welt anzupassen).

---

851 Vgl. zu 8:2–4 und zur textvergleichenden Gegenüberstellung zu 8:74 die Ausführungen z.B. oben nach Anm. 102 sowie oben den Abschnitt „IV 3.1".

Die Interpolationen von Kurztexten in bestimmten Suren dienten dem Anliegen, deren Aussagerichtungen in militanzorientiertem Sinn neu zu justieren (vgl. z.B. 57:10f.; 49:15) oder auch wie z.b. in 47:4b ältere, inzwischen als weniger überzeugend empfundene Argumente früherer Autoren zu ersetzen[852]. In 5:20–26 kann man einen sehr späten Interpolator wahrnehmen, der als Argument für kriegerisches Vorgehen zwecks Aneignung der Welt darauf aufmerksam macht, doch nicht den gleichen Fehler zu begehen wie die „Kinder Israel" zur Zeit des Mose, als sie den Zugriff auf das Land nicht wagten und „sitzen blieben"[853].

In den umfangreicheren Passagen[854] stammen einige wenige Textanteile aus früheren Phasen der Militanzbewegung wie z.B. 48:16–22*[855]; die meisten Texte sind jedoch im Vergleich zu den Suren 8 und 9 jüngeren Datums. Das ist zum Teil schon daran abzulesen, dass mehrfach Aussagen dieser beiden Suren vorausgesetzt und wiederverwendet werden[856]. Es kann sogar ein ganzes „Thema" wieder aufgegriffen und neu verhandelt werden. So will z.B. in 4:95f. ein später Autor früher hochgespielte Gegensätze zwischen den widerstreitenden Richtungen abbauen[857].

Der für 2:244–252[858] zuständige Autor und Interpolator konzipierte im Rückgriff auf die biblischen Saul/David/Goliath-Erzählungen eine Aussageabfolge über das damals nach Gottes Plan erfolgreiche kriegerische Vorgehen und die anschließend von Gott arrangierte Überleitung in die neue weltliche Herrschaftsordnung unter von Gott legitimierten „Herrschern". Ähnlich wie der Autor von 5:20–26 geht er offensichtlich davon aus, dass sich aus Gottes Walten in der vergangenen Geschichte Orientierung für die Einschätzungen aktueller Entwicklungen ergeben. Aus der Thematik, die in 2:244–252 anklingt – die Institutionalisierung von Herrschaft nach erfolgreichen Kriegen – ist zu entnehmen, dass der Autor seinen Text zur Frage einer über kriegerische Aktionen hinausweisenden Perspektive konzipiert hat.

Zum Ergebnis der Sondierungen und Beobachtungen in Kapitel II:

Die literarische Machart der Texte wie auch gerade die unterschiedlichen Bemühungen um die besondere Positionierung der „Kämpfer" als die „wahren Gläubigen" im Gegenüber zu den Militanz Verweigernden verdanken sich unterschied-

---

852　Vgl. dazu oben „II 2.2.4" und „IV 2.1.2.1".
853　Vgl. dazu oben Abschnitt „II 2.2.6 und „IV 2.1.3.1".
854　Vgl. die Abschnitte in „II 2.3.
855　Vgl. dazu die Hinweise oben bei Anm. 518.
856　Vgl. z.B. die Berührungen von 3:123–126 mit 8:9–12 (s. dazu oben die Hinweise nach Anm. 547.
857　Vgl. dazu oben die Abschnitte „II 2.3.2.3" und „IV 2.1.2.2".
858　Vgl. dazu oben die Abschnitte „II 2.3.5.5 und „IV 2.1.3.2"

lichen Autoren, die ihre Position in der Auseinandersetzung mit der koranischen Gemeinde und den bis dahin geltenden im koranischen Textgut verschrifteten Glaubensauffassungen sukzessiv auszubauen und abzusichern suchten. Nach allem ist künftig davon auszugehen, dass die Militanz propagierenden Textanteile des Korans nicht in einem zeitlich eng begrenzten Zeitraum und nicht von einem einheitlichen Autorenkreis und schon gar nicht von einem einzigen Autor konzipiert oder hergeleitet werden können.

Während den Texten und den Fortschreibungsprozessen durchaus zu entnehmen ist, dass und wie ihre Autoren ihre Versuche anlegen, Militanz theologisch zu legitimieren, so dass daraufhin gewisse Rückschlüsse auf die Konfliktkonstellationen in der koranischen Bewegung möglich sind, sind dagegen eindeutige Anhaltspunkte für genauer datierbare kriegerische Konstellationen und Entwicklungen in den Texten selbst nicht auszumachen.

Zu Kapitel „III. Zur eschatologisch orientierten Grundkonzeption des koranischen Textguts gegenüber dem Anliegen Militanz propagierender Textpassagen"

Die in Kapitel II gewonnenen Einblicke, dass die Militanz propagierenden Textschichten und zumal deren tendenziöse Stoßrichtung eindeutig eine länger schwelende Konfliktkonstellation in der Gemeinde widerspiegeln und dass in diesem Konflikt über die Frage, inwiefern Militanz mit dem genuin koranischen Glauben vereinbar ist, eben kein Konsens erzielt werden konnte[859], legten es nahe, im koranischen Textgut den genaueren Beweggründen nachzugehen, die für die Kreise ausschlaggebend waren, die sich für die Ziele der Militanz propagierenden Richtungen nicht vereinnahmen lassen wollten. M.a.W.: Es galt zu klären, auf Grund welcher Essentials ihres Glaubens breite Kreise auf einer Art friedlicher Koexistenz mit Andersgläubigen beharrten und nicht zu Militanz geneigt waren.

Ausgangspunkt der Sondierungen war die Frage, welches Gewicht der eindeutig eschatologisch orientierten Grundkonzeption des koranischen Textguts[860], nämlich der Botschaft und der entsprechenden Erwartung des von Gott geplanten Endgerichts, für die Entscheidung gegen das kriegerische Engagement „auf dem Weg Gottes" zukam.

Erfasst wurden zunächst all jene Textpassagen[861], die unzweifelhaft belegen, dass der Verkünder dieser Aussagen wie die entsprechenden Tradentenkeise von der Nähe des Endgerichts überzeugt waren. Es kann als unstrittig gelten, dass im Verlauf der Gemeindebildung und ihrer weiteren Geschichte die Naherwartung

---

859 Im Blick auf die Militanz propagierenden Texte ist Neuwirths Auffassung, der Koran sei Ausdruck „eines sich sukzessiv bildenden Gemeindeskonsenses" (vgl. Neuwirth, *Der Koran*, Band 2/1, S. 36) eine Fehleinschätzung.

860 Vgl. dazu die Hinweise oben nach Anm. 67.

861 Zum umfassenden Überblick über die einschlägigen Texte vgl. oben den Abschnitt „III 1".

des Endgerichts (bzw. die Erwartung des möglicherweise nahen Endgerichts als Stetserwartung) ein den Glauben fundamental bestimmendes Proprium gebildet haben muss. Das impliziert zugleich, dass damit kein Gedanke und schon gar keine Forderung aufkommen konnte, sich zuvor noch der Welt kriegerisch zu bemächtigen etc.

In den weiteren Überblicken konnte zum Einen nachgewiesen werden, dass die zahlreichen Festlegungen und Auflagen für den Gesandten in der Rolle des Warners, Mahners etc.[862] in einem unaufhebbaren Kontrast stehen zu Textpassagen mit dem Propagieren und Rechtfertigen von militanten Aktionen und dem damit zugleich vorgestellten Bild des Gesandten als deren theologisch legitim bestimmten Organisators.

Zum Anderen ergab die Durchsicht sämtlicher sog. „Tugendkataloge" mit den Angaben über die charakteristischen „Frömmigkeitsmerkmale" der Anhänger des Gesandten[863], dass in all diesen Passagen nirgends angedeutet ist, zu den elementaren Frömmigkeitshaltungen (wie Alleinverehrung Gottes, Gottesfurcht, „den Bund halten", das Gebet, Almosen spenden etc.) könnte auch das militante Engagement „auf dem Weg Gottes" (*wa-jahadu fi sabili llahi*) zählen, wie das Militanz propagierende Textfolgen betonen.

Diese Sachverhalte lassen sich nicht mit der Auffassung in Einklang bringen, dass sämtliche Suren und Textfolgen der Endversion des Korans sich ein und derselben Person verdanken. Im Vergleich zu den eschatologisch orientierten Frömmigkeitshaltungen wirkt die Militanz propagierende Glaubensauffassung und -praxis im Koran wie ein Fremdkörper.

Zur Frage, wie es denn dann überhaupt zum Anliegen von Militanzpropagierung im koranischen Textgut kommen konnte, konnte mit Verweis auf die obigen Überblicke, Beoachtungen und Analysen in Kapitel II zunächst nur festgehalten werden, dass nichts für eine Verortung solcher Texte bezogen auf ein spätes Wirken Mohammeds im Raum Medina spricht, wie sich das die islamische Tradition zurechtlegt. Es spricht vielmehr alles dafür, dass spätere Autoren lediglich sukzessiv Nachrichten und *stories* ausgewertet, kommentiert und überarbeitet haben, die sich auf kriegerische Aktionen und Ambitionen in Bereichen der arabischen Halbinsel und darüber hinaus bezogen. Klar ist: Diese Autoren suchten mit ihren Textprodukten im Koran zu belegen, dass die militanten Unternehmen mit dem Ziel, unklare Machtverhältnisse zu eigenen Gunsten zu verändern, als von Gott legitimiert ausgewiesen waren. Weniger klar war, ob die Militanz propagierenden Texte von einer besonderen Programmatik zusammengehalten werden. Woraufhin hielten sich ihre Autoren für legitimiert, für sich die Deutungshoheit über das ihnen wie auch immer vorgegebene koranische Textgut zu beanspruchen und in

---

862 Vgl. dazu oben den Abschnitt „III 2.1".
863 Vgl. dazu oben den Abschnitt „III 2.2".

ihrem Sinne einen neuen, weiteren (zeitlich wie räumlich) Bedeutungshorizont
aufzureißen?

*Um diese Fragestellung ging es im Kapitel „IV. Militanz gegen Antimilitanz"
im Abschnitt „2. Militanz propagierende Texte – ihre Autoren und deren sukzessive
Bemühungen um die Deutungshoheit im koranischen Textgut"*

Lässt sich für die in Kapitel II aufgedeckten sukzessiven Fortschreibungen und
theologischen „Aufrüstungen" der Militanztexte bei einer erneuten Durchsicht
und einer Sortierung nach der Abfolge ihrer Entstehung eine darin angelegte Systematik erkennen?

Die ältesten Textprodukte wie z.B. in der Ursprungsversion von Sure 8*[864] und
in Sure 48:15–22[865] befassen sich mit kriegerischen Aktionen, die mit Aussichten
auf Beute und Machtgewinn ausreichend motiviert waren. Ein Programm, eine
weitergehende Zielvorgabe für die Kämpfer scheinen keine Rolle zu spielen. Dass
sich überhaupt Kreise aus der koranischen Gemeinde an Kriegszügen beteiligten oder wie auch immer in solche Unternehmen einbezogen waren, wird man
im Zusammenhang sehen mit Entwicklungen auf der arabischen Halbinsel nach
dem Rückzug der byzantinischen Ordnungsmacht, als in der allgemeinen chaotischen Situation arabische Verbände ihre Machtbereiche neu abzustecken suchten.

Da die Textproduktionen und Fortschreibungen späterer Autoren Hinweise
enthalten, dass bei der Organisation des weiteren Vorgehens jeweils neue Freund/
Feindkonstellationen zu berücksichtigen und auszunutzen waren[866] und sich neue
Problemstellungen (z.B. die Frage der Bedeutung weiterer Kultstätten[867]) ergaben,
dürfte hier die militärische Expansion bereits in einer fortgeschrittenen Phase im
Blick sein; wohin das am Ende führen soll, wird nicht ausgeführt.

Das ist auch nicht in späteren Textanteilen der Fall, die die besondere Position
der Kämpfer als die „wahren Gläubigen" (vgl. 8:72–74) oder als die nach ihrem
Tod im Kampf als von Gott mit einer besonderen Rangstellung belohnten[868] propagieren. Sie spiegeln zwar eine fortgeschrittene Konfliktkonstellation in der koranischen Bewegung; der Glaubensstreit unter den Parteien über Pro und Contra
von Militanz ist eskaliert. Über die Entwicklungen der expansiven Unternehmen
jedoch lässt sich diesen Texten bestenfalls entnehmen, dass sie halt im Gange sind.

Einige Textanteile allerdings lassen erkennen, dass die hier zuständigen Autoren
bereits eine Spät- wenn nicht gar eine Endphase der expansiven Bewegungen vor
Augen haben. Sie beziehen sich weniger auf die innergemeindliche Konfliktlage,

864 Vgl. dazu die Erwägungen oben nach Anm. 248.
865 Vgl. dazu oben vor Anm. 518.
866 Vgl. dazu oben die Hinweise bei Anm. 782.
867 Vgl. dazu oben bei Anm. 456.
868 Vgl. dazu oben die Hinweise nach Anm. 623.

sondern zeigen an, dass die militanten Unternehmen theologisch begründet die Voraussetzungen für einen von Gott angepeilten umfassenden Gesamthorizont bilden. In den spät in die kriegsthematisch orientierten Textpassagen interpolierten Spitzenaussagen[869] wissen die entsprechenden Autoren, worauf Gott wirklich hinaus will und was erreichbar ist. Sie verweisen auf das von Gott bestimmte universale Ziel, nämlich den „Sieg der wahren Religion über alle Religion"[870], womit die militanten uneingeschränkten Zugriffe auf die Welt als legitimiert ausgewiesen waren.

Erhellend ist hier ferner 2:246–252[871]. Das hier im Rückgriff auf biblische Traditionen (Saul/David/Goliath-Erzählungen) konzipierte Aussagegefälle spricht dafür, dass der verantwortliche Autor aus Militanz propagierender Sicht bereits über die Frage einer göttlichen Legitimierung von *mulk*, von weltlicher „Herrschaft", reflektiert. Indem er und wie er an Gottes Wirken bei der Vergabe des Königtums an Saul und David erinnert, kann er belegen, dass das Regiment weltlicher Herrscher als von Gott vorgesehen ist und sie als Mandatare Gottes legitim agieren[872]. Dieser Autor weiß das Ende der direkten Rechtleitung durch den letzten Gesandten hinter sich und hat die nach wirren Jahrzehnten kriegerischer Auseinandersetzungen und Eroberungen sich anbahnende Konstituierung einer umfassenden islamischen Herrschaft im Auge.

2:246–251 ist nach allem als ein sehr spätes Textprodukt einzustufen, als sich die Frage stellte, wie denn aus der Sicht Gottes nach den Siegen eine stabile Ordnung über die Machtbereiche zu garantieren sei.

Mithin kann man zum Sachverhalt „Militanz propagierende Texte im Koran" zusammenfassend festhalten: Diese Texte sind das Werk von Autoren mit dem Anliegen, auf diesem Wege die im koranischen Textgut vorgegebene Grundkonzeption einer eschatologisch orientierten Theologie samt der entsprechenden friedfertigen Frömmigkeitspraxis zu einer Herrschaft stabilisierenden und Macht und Gewalt legitimierenden Religion, zur Religion eines zu organisierenden Imperiums umzugestalten.

Der Koran ist somit in der vorliegenden Endversion zu einem gewissen Teil das Ergebnis von sukzessiven Fortschreibungen seitens Militanz propagierender Autoren. Sie zählen sich zur koranischen Bewegung, sie kennen sich im koranischen Textgut aus, haben Zugriff auf die verschrifteten Texte und sind in der Lage, ihre Auffassungen literarisch zu propagieren, und sei es, mit Rückgriffen auf biblisches Erzählgut (2:246–252; 5:20–26). Ihr zumindest in Ansätzen erkennbares Theo-

---

869 Vgl. 9:33 und die Parallelstellen 61:9; 48:28 sowie 8:39; vgl. 2:193.

870 Vgl. dazu auch vor Anm. 790.

871 Vgl. dazu ausführlich oben die Abschnitte „II 2.3.5.5" und „IV 2.1.3.2".

872 Zur Zeit des Kalifen Abd al-Malik sind zum erst Mal Münzen im Umlauf (um 694) mit der Aufschrift *amir al-mu'minin khalifat Allah* („Befehlshaber der Gläubigen, Stellvertreter Gottes"); vgl. dazu Hoyland, *Seeing Islam*, S. 553.

logiemodell unterscheidet sich, wie bereits angedeutet, grundsätzlich von den im Koran festgehaltenen eschatologisch orientierten Glaubensüberzeugungen des Gesandten Gottes und der Trägerkreise seiner Botschaft.

Zu Abschnitt „IV. 3. Die antimilitante Grundkonzeption des koranischen Texguts"

In diesem Abschnitt wurden die oben erarbeiteten Ergebnisse noch einmal daraufhin sortiert, inwiefern trotz der Eingriffe der Militanz propagierenden Autoren letztlich die antimilitante Grundkonzeption eschatologisch orientierter koranischer Frömmigkeit weiterhin erkennbar blieb.

Die für die Militanzpropaganda verantwortlichen Autoren wirkten zweifellos in einer Spätphase der Korangenese. Offensichtlich sind aber ihre literarischen „Be- und Überarbeitungen" des koranischen Textguts nicht kommentarlos von Seiten jener Kreise hingenommen worden, die sich nicht auf Militanz einlassen wollten, und zwar aus theologisch begründeten Glaubensüberzeugungen.

Schon die erste Durchsicht der militanzorientierten Sure 8 hatte ergeben, dass sich in der Textfolge 8:2–4, die eindeutig als eine Interpolation anzusehen ist[873], ein Autor zu Wort meldet, für den die gegen Ende der Sure pointiert festgeschriebene Feststellung nicht akzeptabel ist, die, die „um Gottes willen Krieg führten" (8:74), wären als die „wahren Gläubigen" einzustufen.

Die nochmalige genauere Analyse[874] kann aufdecken, dass der Autor von 8:2–4 auf ein theologisches Argumentationsgeflecht reagiert, das in Militanz propagierenden Kreisen in den fortgeschrittenen Stadien ihrer Bewegung zur Absicherung der eigenen Position sukzessiv literarisch ausgebaut worden war. Gegen diese Position bezieht er betont zu Beginn der Sure 8 im Nachherein Stellung mit Verweis auf die in seinem Sinne „wahren Gläubigen".

Auch „nonmilitant verses"[875] wie z.B. 16:125 und 29:46 kommen als nachträglich angebrachte Zurückweisungen Militanz propagierender Auffassungen in Betracht[876].

Als besondere Kennzeichen für eine zu veranschlagende Grundkonzeption des koranischen Textguts im Sinne Militanz ablehnender Kreise können die zahlreichen Auflistungen der charakteristischen „Frömmigkeitsmerkmale" bzw. die sog. „Tugendkataloge"[877] gelten. In dieser Häufigkeit und Konzentration mit den Angaben zu den elementaren Frömmigkeitshaltungen (wie Alleinverehrung Gottes, Gottesfurcht, „den Bund halten", das Gebet, Almosen spenden etc.) wirken diese Textpassagen wie auf die Frage nach dem *status confessionis* bezogen; um so

---

873 Vgl. dazu oben nach Anm. 102.
874 Vgl. dazu oben die Ausführungen in Abschnitt „IV 3.1".
875 Vgl. dazu Firestone, *JIHAD*, S. 69ff.; vgl. dazu oben Anm. 262.
876 Vgl. die Hinweise in „IV 3.3".
877 Vgl. dazu oben Abschnitt „III 2.2.2".

auffälliger, dass in keinem solcher Texte das militante Engagement „auf dem Weg Gottes" (*wa-jahadu fi sabili llahi*) einbezogen ist.

Fazit zu Abschnitt „IV 3": Zwar ist die literarische Einflussnahme seitens militanzorientierter Autoren auf die Ausgestaltung des koranischen Textguts in der Spät- bzw. Endphase der Korangenese zu verorten. Doch ergeben die Durchsicht und die Analysen der Texte zugleich, dass es diesen Autoren letztlich nicht gelungen ist, die koranische Grundkonzeption und die entsprechende Frömmigkeitshaltung ihren militanten Auffassungen so anzugleichen, dass daraufhin zutreffend behauptet werden könnte, bereits mit der Konzipierung des Korans, also von Anfang an, waren muslimischer Glaube und Militanz und Gewalt „beste Freunde".

Die Militanz propagierenden Texte sind im Koran literarisch und theologisch ein Fremdkörper. Die Frömmigkeitshaltung der „wahren Gläubigen" (8:2–4) orientiert sich an der authentischen Botschaft des Gesandten Gottes, wie sie in den zahlreichen „Tugendkatalogen" immer wieder festgeschrieben wurde. Eine Legitimierung oder gar Pflicht zur militanten Aneignung weltlicher Bereiche war darin nicht im Blick und ließ sich daraus auch nicht ableiten.

Verkürzt lassen sich die grundsätzlichen theologischen Divergenzen zwischen beiden Glaubensweisen wie folgt umreißen:

Auf der einen Seite ist im koranischen Textgut festgeschrieben und beherrschend die Position des Gesandten als Verkünder und Warner vor einem nicht berechenbaren Endgerichtshandeln Gottes sowie die sich daraufhin orientierende antimilitante Frömmigkeitshaltung der Gefolgsleute des Verkünders (vgl. z.B. 8:2–4). Diese Position sperrt sich gegen das Gottesbild der Militanz propagierenden Kreise. Für diese wird das nicht berechenbare Endgerichtshandeln Gottes insofern doch berechenbar, indem vorrangig der Weg erfolgreich geführter Kriege bis zum Endsieg der „wahren Religion" als Plan und Wirken Gottes veranschlagt wird. Hier ist das Endgericht eine *cura posterior*. Zuvor geht es um den Einsatz für die Manifestierung der „wahren Religion" in einem Imperium unter von Gott legitimierten und beauftragten Herrschern[878].

---

878 Vgl. dazu Hinweise z.B. oben bei Anm. 789 und nach Anm. 871.

VI. Resümee und Ausblick

Obwohl Textpassagen im Koran einerseits Friedfertigkeit der Gläubigen signalisieren und eben auch unter den aufgelisteten islamischen Grundpflichten nicht die Forderung auftaucht, „um Gottes willen Krieg zu führen", andererseits aber Militanz propagierende Texte Letzteres den Gläubigen zur Auflage machen, hat man muslimischerseits bislang durchweg daran festgehalten, dass der Koran trotz solcher Widersprüchlichkeiten ausnahmslos die Botschaften ein und desselben Gesandten/Propheten und damit ein und desselben Gottes wiedergibt[879]. Das Dogma der durchgängigen Offenbarungsqualität aller koranischen Texte blieb und bleibt unhinterfragt. Die miteinander kollidierenden Textkonstellationen warfen allerdings auf Grund der Herleitung aller Texte von ein und demselben Verkünder für die Gläubigen die entscheidende Frage auf, welcher Richtung, welchem Wort Gottes warum und wann es zu folgen gilt.

Diese Fragestellung und die Möglichkeit, auf Grund der Annahme göttlicher Herkunft beider Textsorten zwischen zwei Optionen wählen zu können, bestimmen die Diskussion innerhalb der islamischen Welt wie auch die interreligiösen Dialoge zwischen den Buchreligionen bis heute: Ist der Islam nun friedfertig, oder ist er darauf angelegt, auch militant, mit Gewalt, in der Welt „die wahre Religion über alle Religion" durchzusetzen?

Erstaunlicherweise hat wohl immer und bis heute die überwiegende Mehrheit der Muslime die Militanz propagierenden Korantexte als nicht wesentlich oder orientierungsweisend für ihre Glaubenshaltung aufgefasst. Jedenfalls hat man die Anweisungen zur Militanz gegenüber Andersgläubigen nicht für so verbindlich und verpflichtend eingestuft, dass die muslimischen Gläubigen allesamt und permanent wann und wo auch immer zur gewaltsamen Verbreitung ihres Glaubens und damit zur gewaltsamen Unterwerfung oder gar Vernichtung der Andersgläubigen aufgebrochen wären. Die meisten Muslime stufen sich selbst als friedfertig ein und erfahren sich als völlig verkannt, wenn ihnen ein Glaube, eine Islamauffassung mit dem Anliegen unterstellt wird, die angemessene Reaktion auf die Welt der Andersgläubigen sei der militante Weg[880]. So kann Ahmed Mohammed al-Tayyeb, der oberste Geistliche der islamischen Al-Azhar-Universität in Kairo, in einem jüngst in der Wochenzeitschrift „Die Zeit" abgedruckten Gespräch

---

879 Vgl. oben die Hinweise in Abschnitt „I 3.1".

880 Ein anderes Thema ist, dass nach muslimischem Glauben im Binnenbereich der islamischen Welt und Gemeinden Ausübung von Gewalt (z.B. Strafen) durchaus eine Rolle spielt (vgl. bereits die Regelungen im Koran).

unter anderem auch über den Dschihad[881] darauf hinweisen, es sei „nicht erlaubt, zur Waffe zu greifen, um den Glauben zu verbreiten … Wird in Moscheen etwa Terror gepredigt? Wenn es so wäre, dann hätten wir seit 1400 Jahren einen Welt-terror, da wäre die Welt schon am Ende …". Daher verstoße der IS gegen den Is-lam; „Muslime sollten sich nur auf die grundlegenden Texte des Korans berufen". Allerdings gerät man in der innerislamischen Debatte über die Frage nach den „grundlegenden Texten" des Korans und zumal über die Kriterien, nach denen darüber entschieden werden soll, in große Schwierigkeiten; denn der Mehrheits-entscheidung für einen friedlichen Zugang auf Andersgläubige kann und wird seitens sog. islamistischer Gruppierungen immer wieder entgegengehalten wer-den, dass auch die Aufforderungen zum bewaffneten Dschihad als Gottes Wort verbindlich und in Geltung sind.

Was aber kann dann wirklich den Ausschlag geben, dass der Mainstream-Islam von den koranischen Forderungen nicht nur absehen will, sondern absehen kann und muss, den eigenen Glauben, den Wahrheitsanspruch der eigenen Religion auf militantem Wege zu verbreiten und Andersgläubige oder Ungläubige zu befehden?

In dem oben erwähnten Streitgespräch zwischen Hamed Abdel-Samad und Mouhanad Khorchide[882] reagiert Khorchide auf die Frage nach der Bedeutung von „Stellen, … die zu einem – wie auch immer – gewalttätigen Handeln aufru-fen", mit dem Hinweis, man müsse „sie vor allem in ihrem historischen Kontext verorten" (S. 19); so könne man „die Gewaltpotentiale in diesen Versen entschär-fen" (S. 20). Er meint: „Wir Theologen können einen Beitrag gegen Gewalt leisten, indem wir die Spiritualität des Islam in den Vordergrund stellen – und natürlich auch jene Stellen im Koran … in ihrem historischen Kontext verorten … (S. 47); es „entschärft sich das Problem, weil die Stellen keine Legitimation mehr besit-zen" (S. 48). Er verweist zudem auf „die Notwendigkeit der Trennung zwischen der Rolle Mohammeds als Verkünder einer religiösen Botschaft und Mohammed als Staatsoberhaupt" (vgl. S. 67).

Die eigentliche religiöse Botschaft, die Grundlage der islamischen Spiritualität, findet man demnach nicht in Militanz propagierenden Textanteilen; diese sind somit im Grunde für Khorchide wie für den Mainstream-Islam „ein Problem", das „entschärft" werden muss, sie sind ein Fremdkörper.

Von den muslimischen Stimmen, die in dieser Richtung ähnlich, vielleicht sogar radikaler votiert haben, sei der sudanesische Politiker und Sufi-Gelehrte Mahmud Muhammad Taha erwähnt, für den allein die Suren aus der mekkani-schen Zeit des Gesandten die zeitlos und universal geltende Botschaft enthielten. Die auf Mohammeds Wirken in Medina bezogenen Koransuren und Textpassa-gen stufte er als nur zeitweilig gültig und somit von minderem Rang ein, weil sie

---

881 Vgl. „Die Zeit" vom 5. April 2018, S. 52: „Gott erkennen, aber mit dem Verstand".
882 Vgl. oben Anm. 836.

nur das damals aktuelle historische Wirkungsfeld im Blick hatten. Wegen seiner korankritischen Auffassungen sowie auch seiner darauf basierenden politischen Position wurde Taha 1985 unter dem Diktator Numeiri hingerichtet.

Auf Tahas Position bezieht sich neuerdings der in Freiburg lehrende Islamwissenschaftler Abdel-Hakim Ourghi[883]; er besteht auf einer „Islamkritik" gegen „die zeitlose Geltung des Korantextes, besonders gegen den in Medina offenbarten Koran"[884].

Das Empfinden, dass ein Islam, der unter Berufung auf den Koran die Gläubigen zu konsequenter Militanz Andersgläubigen wie Ungläubigen gegenüber auffordert und diese Forderung durchzusetzen versucht, die Welt in ein totales Chaos stürzen müsste, ist zwar ein zureichender Grund, in dieser Richtung die Befolgung der Forderungen der Militanztexte für die Gegenwart auszusetzen[885]. Allerdings wird es auf dem Wege der bisherigen Interpretationsmodelle nicht gelingen, dass man sich von diesen Texten wirklich lossagen kann. Man meint, diese Texte „entschärfen" zu können, indem man sie lediglich auf Mohammeds Wirken in Medina bezieht. Doch als weiterhin von Gott autorisierte Aussagen im Koran, können und werden sie jederzeit wieder „scharf gemacht" werden: Islamische/islamistische Richtungen, die die eigene Position Andersgläubigen gegenüber eben zur Not auch auf dem Wege der Gewalt klären wollen, können und werden die Rechtfertigung ihrer Einstellungen dann doch aus den göttlich legitimierten Zielvorgaben damals für Medina herauslesen und dann Gott auf ihrer Seite haben.

Bleibt das islamische Lehrgebäude beim Dogma der Herleitung aller koranischen Texte von Mohammed und damit bei der absoluten Autorität aller koranischen Texte als Wort Gottes, so ist es systemimmanent ausgeschlossen, von den Textanteilen des Korans mit Anweisungen zu Militanz und Gewalt grundsätzlich absehen zu können[886]. Es kann erst gar nicht zu der Einschätzung kommen, dass die Militanz propagierenden Texte in einem derartigen Kontrast gegenüber der grundlegenden Botschaft des Gesandten und der entsprechenden Frömmigkeit

---

883 Ourghi ist Leiter des Fachbereichs Islamische Theologie und Religionspädagogik an der Pädagogischen Hochschule Freiburg.

884 Vgl. so Ourghi in seinem Artikel „Keine Angst vor Kritik!" in „Die Zeit" vom 4. Mai 2016, S. 54; vgl. auch das Interview mit Ourghi in „Neue Zürcher Zeitung", abrufbar unter https://www.nzz.ch/feuilleton/zeitgeschehen/abdel-hakim-ourghi-im-gespraech-dieser-islam ...

885 Vgl. oben bei Anm. 880 die Argumentation des derzeit obersten Geistlichen der Al-Azhar-Universität, Ahmed Mohammed al-Tayyeb.

886 Man kann sich, wie gezeigt, lediglich, wenn überhaupt, dahingehend verständigen, dass im Koran unterschiedliche Geltungsansprüche der Texte zu berücksichtigen sind: Mekkanische Texte enthalten das wahre, zeitlos gültige Wort Gottes; medinensische Texte sind Worte Gottes von zeitlich beschränkter (oder situationsbedingter) Geltung.

seiner Gemeinde stehen, woraufhin ihre Offenbarungsqualität, also ihre Herleitung vom Gesandten, zu überprüfen wäre[887].

Islamischerseits ist diese Fragestellung ein Tabu, ob überhaupt solche Textanteile, die dem in Medina agierenden Kriegsherrn Mohammed zuzuweisen sind,
mit der Kernbotschaft des Gesandten Gottes in Einklang zu bringen sind und ob
sich zeigen lässt, inwiefern es bei der Herleitung des gesamten Korans von Mohammed bleiben kann oder eben nicht.

Auf der Basis des Dogmas vom Koran als Wort Gottes kann tatsächlich historisch-kritische Erforschung der koranischen Texte und ihrer Genese nicht gelingen[888]. Entsprechend kann auch nicht der Versuch gelingen, den Textkonstellationen Informationen abzugewinnen über ihre Genese, bzw. ihre Autoren sowie
ihre Trägerkreise innerhalb der koranischen Gemeinde und die entsprechenden
historischen Entwicklungen. Es bleibt bei den traditionellen Vorstellungen, wie
man sie sich in späterer Zeit im weiten Abstand von den eigentlichen historischen
Entwicklungen zurecht gelegt hatte[889].

Die hier vorgelegten, an den historisch-kritischen Methoden der Bibelwissenschaften orientierten Untersuchungen[890] können zeigen, dass die im Koran enthaltenen Militanz propagierenden Texte sich nicht von dem genuinen Gesandten
herleiten lassen. Schon die literarischen Textverhältnisse, die Machart der jeweiligen Textfolgen, lassen erkennen, dass hier sukzessiv literarisch eingreifende,
unterschiedlich argumentierende Autoren und Interpolatoren am Werk waren[891];
und deren theologische Argumentationversuche kollidieren mit dem sonst im
gesamten Koran vorherrschenden Bild des Gesandten in der Rolle des Gerichts-
verkünders, Warners und Froh/Freudenboten. Die unübersehbare Kollision von
Militanz mit Antimilitanz ist nicht darauf zurückzuführen, dass Mohammed vom
Verkünder und Warner vor Gottes Endgericht und Mahner zu entsprechender

---

887 Bemerkenswert ist, dass auch westliche Koranspezialisten wie z.B. Tilman Nagel eben auf
   Grund der traditionellen Herleitung aller Korantexte von Mohammed übersehen, dass
   z.B. in 8:2–4 und 8:74 gegensätzliche Positionen miteinander im Widerstreit liegen (vgl.
   dazu oben bereits Anm. 243).

888 Berger (Islamische Theologie, S. 169) stellt fest: Der unmittelbar göttliche Ursprung des
   Korans „bleibt stets unhinterfragt, selbst bei den als kritische Gelehrte abseits vom Main-
   stream vorgestellten Autoren" (Berger referiert hier u.a. über Mahmud Muhammad Tahas,
   Fazlur Rahman Malik, Ömer Özsoy). „Insofern ist eine wirklich historisch-kritische Untersuchung … auch aus Sicht dieser Autoren unsinnig" (ebd.).

889 Vgl. dazu oben die Hinweise in Anm. 267.

890 Vgl. dazu oben Anm. 27.

891 Auch mit der von al-Azmeh angedeuteten These, dass eben auch Texte zwar nicht direkt
   von Mohammed, aber doch auf sein Geheiß, seine Veranlassung („written down at his
   behest") verfasst sein können (vgl. *The Emergence of Islam in Late Antiquity*, S. 466; vgl.
   ähnlich Neuwirth, *KTS*, S. 243), lassen sich die Militanztexte nicht mit dem Gesandten in
   Verbindung bringen.

Glaubenshaltung von sich aus zum Kriegsherrn mutierte und im Auftrag Gottes seine Anweisungen formulierte.

Die koranischen Textverhältnisse sind vielmehr Spiegel und Ergebnis einer Konfliktkonstellation in der koranischen Gemeinde und in ihrem Umfeld. Sie hatte ihren Ausgangspunkt in der Situation des Niedergangs der byzantinischen Herrschaft, als wie auch immer organisierte arabische Verbände allein schon mit der Aussicht auf materiellen Gewinn und natürlich Machtgewinn ausreichend motiviert begannen, kriegerisch zu expandieren. In einer fortgeschritteneren Phase der militanten Bewegungen, als bereits eroberte Machtbereiche zu organisieren waren und sich abzeichnete, dass die Etablierung einer überregionalen weltlichen Herrschaft möglich war, oder bereits die Institutionalisierung eines weltlichen Herrschertums im Blick war, müssen der Druck und die Beeinflussungsmöglichkeiten seitens der militanten Richtung auf die Trägerkreise koranischen Textguts so stark geworden sein, dass man sukzessiv die Interpolationen eigener Texte ins koranische Textgut durchsetzen konnte.

Die beobachteten Textverhältnisse und die sich darin spiegelnde Konfliktsituation können durchaus im Zusammenhang stehen mit Entwicklungen unter den „first caliphs … effectively running a ‚jihād state‘, a politico-religious entity comprising fighting men of different religious affiliations whose overriding aim was the expansion of the state in the name of God"[892].

Unübersehbar ist jedoch nach allem, dass es den Militanz als Glaubensanliegen propagierenden Autoren nicht gelungen ist, die im ihnen zugänglichen koranischen Textgut festgeschriebene Grundbotschaft des Gesandten und die entsprechend eschatologisch orientierten Glaubensanweisungen wirklich auf ihre Linie zu bringen. Sowohl die überaus zahlreichen Hinweise auf das Selbstverständnis des Gesandten und Verkünders bzw. auf seine ihm von Gott auferlegten Aufgaben und Rolle für die Gläubigen wie für alle Menschen als auch die häufig aufgelisteten Frömmigkeitshaltungen und -merkmale der Gläubigen sind eindeutige Indizien dafür, dass die Trägerkreise dieser Texte die Propagierung einer von Gott auferlegten militanten Glaubenspraxis ablehnen. Das ist zudem explizit in dem von diesen Kreisen nachträglich als Gegenstück zu 8:72–74 konzipierten Abschnitt 8:2–4 festgehalten.

Islamtheologen wie z.B. Mouhanad Khorchide betonen als ihr wichtiges Geschäft: „Die Aufgabe heute ist es …, sich für … die friedensbejahende Lesart des Islam stark zu machen"[893]. Voraussetzung dafür ist die Wahrnehmung der „friedensbejahenden Lesart" des Korans als Proprium der koranischen Botschaft. Dieses Proprium kann in der Tat auf dem Wege historisch-kritischer Exegese „stark gemacht" werden. Auf dem gleichen Wege erweisen sich zugleich die Militanz propagierenden Textanteile als Fremdkörper, als nicht in Einklang zu bringen mit

892 Vgl. Hoyland, *Seeing Islam*, S. 555.
893 Vgl. Orth (Hg.), *Zur Freiheit gehört, den Koran zu kritisieren*, S. 18.

der „friedensbejahenden Lesart". Sie lassen sich nicht vom Gesandten als dem genuinen Warner und Verkünder herleiten. Sie sind für eine Glaubenshaltung und -praxis, die auf dem Proprium der koranischen Botschaft basiert, irrelevant; sie waren das schon einst und bleiben es. Sie lassen sich decouvrieren als ein Versuch bestimmter Gruppierungen, Gott als Befürworter eigener Machtziele zu instrumentalisieren.

Das zu erkennen müsste dazu beitragen, sich auf die „friedensbejahende Lesart" des Korans als Proprium der koranischen Botschaft zu konzentrieren und daran festzuhalten. Freilich impliziert das, dass Dogmen hinterfragbar sein müssen und solches Hinterfragen nicht als Glaubensdefizit oder gar als Unglauben abqualifiziert wird.

Abu Zaid hatte betont: „Was es … braucht, ist eine theologische Fundierung für die literaturwissenschaftliche Herangehensweise an den Koran."[894] M.E. ist umgekehrt die methodologisch reflektierte literaturwissenschaftliche Herangehensweise an die koranischen Texte die Voraussetzung für die Fundierung einer dem Koran adäquaten theologischen Hermeneutik[895].

Dass eine solche Position, wie sie in dieser Untersuchung erarbeitet wurde, in der islamischen Welt irgendwie berücksichtigt werden könnte, ist derzeit natürlich eine völlig unrealistische Annahme; aber die hier gewonnenen Einsichten wie auch schon die oben kurz erwähnten Thesen Mahmud Muhammad Tahas könnten für die „westliche" bzw. christliche Bereitschaft zum interreligiösen Dialog hilfreich sein.

Da die Militanz propagierenden Textpassagen im Koran als literarische wie theologische Fremdkörper auszuweisen sind, muss im Dialog mit islamischen Theologen die Fragestellung eine wichtige Rolle spielen, auf Grund welcher hermeneutischer Kriterien eine Orientierung weisende Verbindlichlichkeit koranischer Texte für die Gläubigen zu erheben ist bzw. welchen Ausagen solche Verbindlichkeit abzusprechen ist (wie das ja der Mainstream-Islam im Fall der Militanztexte zu praktizieren versucht).

Lässt sich ähnlich wie in der christlichen Theologie im Blick auf die Bibel auf eine „Mitte der Schrift" im Blick auf den Koran verweisen, von der aus theologisch reflektiert entschieden werden könnte, welche Texte im Koran als „rechte" Rede von Gott gelten müssen oder eben nicht wie im Fall der Militanztexte?

---

894 Abu Zaid, Gottes Menschenwort (2008), S. 74.

895 Die Konfrontierung der klassischen, traditionellen islamischen Korangelehrsamkeit damit, dass wirklich historisch-kritische Erforschung der Entstehung des Korans, und das heißt ergebnisoffene Forschung, vom bislang postulierten Offenbarungscharakter koranischer Texte als Ausgangsbasis von historischer Forschung absehen muss, ist durchaus mit jener Konstellation vergleichbar, die christliche Theologien zu bewältigen hatten, als sie sich mit den seit der Aufklärung kritisch aufgeworfenen Anfragen und Infragestellungen im Blick auf den postulierten Offenbarungscharakter der Bibel (die Bibel als Wort Gottes) auseinandersetzen mussten (vgl. dazu einige Hinweise in den „Vorbemerkungen" oben).

Literaturverzeichnis

Abu-Sahlieh, (2008), *Al-Qur'an al-karim / Le Coran: Texte arabe et traduction francaise par ordre chronologique selon l'Azhar avec renvoi aux variantes, aux abrogations et aux écrits juifs et chrétiens* (Vevey: L'Aire).

Abu Zaid, Nasr Hamid (2008), *Gottes Menschenwort. Für ein humanistisches Verständnis des Koran*. Ausgewählt, übersetzt und mit einer Einleitung versehen von Thomas Hildebrandt" (Freiburg: Georges-Anawati-Stiftung 3).

Andrae, Tor (1923–1925), „Der Ursprung des Islams und das Christentum", in: KHÅ *Kyrkohistorisk årsskrift* 23 (1923), S. 149–206; III. Die Eschatologische Frömmigkeit Muhammeds: 24 (1924), S. 213–292; 25 (1925), 45–112 (= *Der Ursprung des Islams und das Christentum* [Sonderdruck aus: KHÅ 1923–1925] Uppsala 1926).

Arjomand, Said Amir (2009), „The Constitution of Medina: A Sociological Intepretation of Muhammad's Acts of Foundation the *Umma*", in: *IJMES* 41, S. 555–575.

Azmeh, Aziz al- (2014), *The Emergence of Islam in Late Antiquity. Allah and His People* (Cambridge: Cambridge University Press).

Bell, Richard (1991), *A Commentary on the Qur'ān* Volume I (Surahs I – XXIV) (hg. von Edmund Bosworth et M.F.J. Richardson) (Manchester: University of Manchester), S. 269–289.

Bell, Richard (1937), *The Qur'ān. Translated with a Critical Re-arrangement of the Suras* (Edinburgh: Clark).

Berger, Lutz (2010), *Islamische Theologie* (Wien: UTB).

Blachère, Régis (1949–1951), *Le Coran. Traduction selon un essai de réclassement des sourates* (Paris: Maisonneuve).

Bobzin, Hartmut (2010), *Der Koran. Aus dem Arabischen neu übertragen von Hartmut Bobzin unter Mitarbeit von Katharina Bobzin* (München: C.H. Beck).

Bobzin, Hartmut (2016), *Mohammed* (München: C.H. Beck).

Böwering, Gerhard (2008), „Recent research on the construction of the Qur'ān", in: *The Qur'ān in Its Historical Context* (hg. von Gabriel S. Reynolds) (London and New York: Routledge), S. 70–87.

Bubenheim/Elyas (Scheich Abdullah as-Samit Frank Bubenheim und Nadeem Elyas) (2002), *Der edle Qur'ān und die Übersetzung seiner Bedeutungen in die deutsche Sprache* (Medina, 1422/1423 A.H.: König-Fahd-Komplex zum Druck vom Qur'an).

Casanova, Paul (1911), *Mohammed et la fin du monde: Étude critique sur l'Islam primitif* (Paris: Geuthner).

Cook, David (2002), *Studies in Muslim Apocalyptic*, (Princeton, NJ: The Darwin Press).

Crone, Patricia (2005), „How Did the Quranic Pagans Make a Living", in: *BSOAS* 68, S. 387–399.

Crone, Patricia (2017), „Pagan Arabs as God-fearers", in: *Islam and Its Past* (hg. von Carol Bakhos and Michael Cook) (Oxford: University Press), S. 140–164.

de Prémare, Alfred Louis (2005), „Abd al-Malik b. Marwan et le Processus de Constitution du Coran" in: *Die dunklen Anfänge. Neue Forschungen zur Entstehung und frühen Geschichte des Islam* (hg. von Karl-Heinz Ohlig u. Gerd-R. Puin) (Berlin 2005: Schiler), S. 179–210.

de Prémare, Alfred Louis (2010), *Aux origines du Coran. Questions d'hier, approches d'aujourd'hui* (Paris: Téraèdre).

Déroche, Francois (2014), *Qur'ans of the Umayyads* (Leiden: Brill).

Diestel, Ludwig (1869), *Geschichte des Alten Testaments in der christlichen Kirche* (Jena).

Donner, Fred M. (2010), *Muhammad and the Believers: At the Origins of Islam* (Cambridge, MA and London: The Belknap Press of Harvard University Press).

Dye, Guillaume (2012), „Lieux saints communs, partagés ou confisqués: aux sources de quelques péricopes coraniques (Q 19: 16–33)", in: *Partage du sacré. Transferts, devotions mixtes, rivalités interconfessionelles* (Bruxelles).

El-Badawi, Emran Iqbal (2014), *The Qur'ān and the Aramaic Gospel Traditions* (Abington and New York: Routledge).

Firestone, Reuven (1999), *JIHAD The Origin of Holy War in Islam* (New York Oxford: Oxford University Press).

Fischer, August (1937), „Der Wert der vorhandenen Koran-Übersetzungen und Sure 111", in: *Der Koran* (Hg. R. Paret, WdF 326, 1975), S. 3–10 (ursprünglich in: Berichte über die Verhandlungen der Sächsischen Akademie der Wissenschaften zu Leipzig. Phil.-hist. Klasse 89, 2 [1937], S. 3–9).

Gilliot, Claude (2008), „Reconsidering the Authorship of the Qur'ān. Is the Qur'ān partly the fruit of a progressive and collective work?", in: *The Qur'ān in Its Historical Context* (hg. von Gabriel S. Reynolds) (Abington u. New York: Routledge), S. 88–108.

Goldziher, Ignaz (1889), *Muhammedanische Studien*. Erster Teil, Halle.

Grabar, Oleg (1996), *The Shape of the Holy. Early Islamic Jerusalem* (Princeton: University Press).

Griffith, Sidney H. (2011), „Al-Naṣārā in the Qur'ān: a hermeneutical reflection", in: *New Perspectives on the Qur'an. The Qur'an in its historical context 2* (hg. von Gabriel S. Reynolds) (Abington u. New York: Routledge), S. 301–322.

Griffith, Sidney H. (2013), *The Bible in Arabic. The Scriptures of the „People of the Book" in the Language of Islam* (Princeton: University Press).

Horovitz, Josef (1926), *Koranische Untersuchungen* (Berlin et Leipzig: de Gruyter).

Howard-Johnson, James (1994), „The Official History of Heraclius' Persian Campaigns", in: *The Roman and Byzantine Army in the East* (hg. von E. Dabrowa) (Kraków), S. 57–87.

Hoyland, Robert G. (2007, 3. Aufl.), *Seeing Islam as Others Saw It. A Survey and Evaluation of Christian, Jewish and Zoroastrian Writings on Early Islam* (Princeton NJ: The Darwin Press).

Hoyland, Robert G. (2015), „The Earliest Attestation of the *Dhimma* of God and His Messenger and the Rediscovery of P.Nessana 77 (60s AH / 680 CE)", in: *Islamic Cultures, Islamic Contexts* (hg. von Benham Sadeghi, Asad Q. Ahmed, Adam Silverstein, Robert Hoyland) (Leiden u. Boston: Brill), S. 51–71.

Hoyland, Robert G. (2015), *In God's Path. The Arab Conquests and the Creation of an Islamic Empire* (Oxford: University Press).

Ibn Ishaq. Das Leben des Propheten. Aus dem Arabischen übertragen und bearbeitet von Gernot Rotter (Kandern: Spohr).

Khoury, Adel Theodor (1990–2001), *Der Koran. Arabisch-Deutsch.* Übersetzung und wissenschaftlicher Kommentar von Adel Theodor Khoury, 12 Bände (Gütersloh: Gütersloher Verlagshaus).

Khoury, Adel Theodor (1996), *Der Koran. Arabisch-Deutsch.* Übersetzung und wissenschaftlicher Kommentar, Bd. 7: Sure 7,1–206, 8,1–75, 9,1–129 (Gütersloh: Gütersloher Verlagshaus).

Kropp, Manfred (2014), „… und sagen: ‚Er ist ein Ohr!' Sprich: ‚Ein Ohr zum Guten für Euch!'" (Q9,61)", in: *Synthetische Körperauffassung im Alten Testament und seinen Nachbarkulturen* (hg. von Müller, Katrin u. Wagner, Andreas) (Münster: Ugarit-Verlag), S. 185–222.

Kuhl, Curt (1952), „Die ‚Wiederaufnahme' – ein literarkritisches Prinzip?", in: *ZAW* 64, S. 1–11.

Lauster, Jörg (2008), *Zwischen Entzauberung und Remythisierung. Zum Verhältnis von Bibel und Dogma* (Leipzig: Evangelische Verlagsanstalt).

Lecker, Michael (2004), *The „Constitution of Medina"* (Princeton NJ: The Darwin Press).

Luxenberg, Christoph (2006), *Die syro-aramäische Lesart des Koran. Ein Beitrag zur Entschlüsselung der Koransprache* (Berlin 2000 [= 3. Aufl. Berlin 2006]: Schiler); ins Englische übersetzt (2007): *The Syro-Aramaic Reading of the Koran. A Contribution to the Decoding of the Koran* (Berlin: Schiler).

Madigan SJ, Daniel A. (2008), „Foreword", in: *The Qur'ān in Its Historical Context* (hg. von Gabriel S. Reynolds) (London and New York: Routledge), S. XI–XIII.

Motzki, Harald (2001), „The Collection of the Qur'ān. A Reconsideration of Western Views in Light of Recent Methodological Developments", in: *Der Islam*, LXXVIII, S. 1–34.

Müller, Karlheinz (1978), „Apokalyptik/Apokalypsen III, in: *TRE* Bd. 3, S. 202–251.

Nagel, Tilman (1995), *Medinensische Einschübe in mekkanische Suren*, Abhand- Z lungen der Akademie der Wissenschaften in Göttingen, Phil.-Hist. Klasse, dritte Folge, Nr. 211 (Göttingen: Vandenhoeck & Ruprecht).
Nagel, Tilman (2008), *Mohammed. Leben und Legende* (München: R. Oldenbourg Verlag).
Neuwirth, Angelika (1987), „Koran", in: *Grundriß der arabischen Philologie*, Bd. 2, Literaturwissenschaft (Hg. H. Gätje) (Wiesbaden: Harrassowitz), S. 96--135.
Neuwirth, Angelika (2010), *Der Koran als Text der Spätantike. Ein europäischer Zugang* (Berlin: Verlag der Weltreligionen im Insel Verlag).
Neuwirth, Angelika (2011), *Der Koran Band 1, Frühmekkanische Suren*. Poetische Prophetie. Handkommentar mit Übersetzung von Angelika Neuwirth (Berlin: Verlag der Weltreligionen im Insel Verlag).
Neuwirth, Angelika (2014), *Koranforschung – eine politische Philologie?* Bibel, Koran und Islamentstehung im Spiegel spätantiker Textpolitik und moderner Philologie (Berlin/Boston: de Gruyter).
Neuwirth, Angelika (2016), „Locating the Qur'an and Early Islam in the ‚Epistemic Space' of late Antiquity", in: *Islam and Its Past* (hg. von Carol Bakhos and Michael Cook) (Oxford: University Press), S. 165–185.
Neuwirth, Angelika (2017), *Der Koran Band 2/1, Frühmittelmekkanische Suren*. Das neue Gottesvolk: ‚Biblisierung' des altarabischen Weltbildes. Handkommentar mit Übersetzung von Angelika Neuwirth (Berlin: Verlag der Weltreligionen im Insel Verlag).
Nöldeke, Theodor (1909), *Geschichte des Qorāns*. Zweite Auflage bearbeitet von Fr. Schwally.- Erster Teil. Über den Ursprung des Qorāns (Leipzig: Dieterich'sche Verlagsbuchhandlung) – Zweiter Teil. Die Sammlung des Qorāns mit einem literarhistorischen Anhang über die mohammedanischen Quellen und die neuere christliche Forschung. Zweite Auflage völlig umgearbeitet von Fr. Schwally (Leipzig: Dieterich'sche Verlagsbuchhandlung 1919) – Dritter Teil. Die Geschichte des Korantexts von G. Bergsträßer und O. Pretzl, Leipzig 1938 (= 5. Nachdruck der 2. Auflage 1909–38 [drei Teile in einem Band], Hildesheim 2005).
Noth, Albrecht (1966), *Heiliger Krieg und Heiliger Kampf in Islam und Christentum*. Beiträge zur Vorgeschichte und Geschichte der Kreuzzüge (Bonn: Ludwig Röhrschild Verlag).
Noth, Albrecht (1987), „Früher Islam", in: *Geschichte der arabischen Welt* (hg. von Ulrich Haarmann) (München), S. 11–100.
Orth, Stefan (Hg.) (2016), *Hamed Abdel-Samad, Mouhanad Khorchide und Stefan Orth „Zur Freiheit gehört, den Koran zu kritisieren". Ein Streitgespräch* (Freiburg: Verlag Herder).
Papyri ERF: Papyri Nr. 555–558 (Papyrus Erzherzog Rainer. Führer durch die Ausstellung. Vienna 1894; vgl. zur Lit. Hoyland, *Seeing Islam*, p. 721).

Paret, Rudi (1953), „Sure 9, 122 und der Ǧihād", in: *Die Welt des Islams* N.S. II, S. 232–236.

Paret, Rudi (1975, Hg.), *Der Koran* (Darmstadt: WBG).

Paret, Rudi (2007), *Der Koran. Übersetzung von Rudi Paret* (Stuttgart: Kohlhammer, 10. Aufl.).

Paret, Rudi (2005), *Der Koran. Kommentar und Konkordanz von Rudi Paret* (Stuttgart: Kohlhammer, 7. Aufl.).

Pohlmann, Karl-Friedrich (2015), „Koransure 110 – Siegesthematik oder Reflexe christlich-eschatologischer Gerichtserwartung und Gottesdienstpraxis?", in: *OrChr* 98, S. 184–209.

Pohlmann, Karl-Friedrich (2015³), *Die Entstehung des Korans. Neue Erkenntnisse aus Sicht der historisch-kritischen Bibelwissenschaft* (Darmstadt: WBG).

Puin, Elisabeth (2008), „Ein früher Koranpalimpsest aus Sanʾāʾ (Dam 01 - 27.1)", in: *Schlaglichter. Die beiden ersten islamischen Jahrhunderte* (hg. von Michael Groß u. Karl-Heinz Ohlig) (Berlin u. Tübingen: Verlag Hans Schiler), S. 461–493.

Puin, Elisabeth (2009), „Ein früher Koranpalimpsest aus Sanʾāʾ (Dam 01 - 27.1). Teil II", in: *Vom Koran zum Islam* (hg. von Michael Groß u. Karl-Heinz Ohlig) (Berlin u. Tübingen: Verlag Hans Schiler), S. 523–581.

Puin, Elisabeth (2010), „Ein früher Koranpalimpsest aus Sanʾāʾ (Dam 01 - 27.1). Teil III: Ein nicht-'utmanischer Koran", in: *Die Entstehung einer Weltreligion I* (hg. von Michael Groß u. Karl-Heinz Ohlig) (Berlin u. Tübingen: Verlag Hans Schiler), S. 233–305.

Puin, Elisabeth (2011), „Ein früher Koranpalimpsest aus Sanʾāʾ (Dam 01 - 27.1). Teil IV: Die *scriptio inferior* auf den Blättern 17,18 und 19 die Handschrift DAM 01-27.1 (Sure 9:106-Ende, dann 19:1–67 und weiter)", in: *Die Entstehung einer Weltreligion II* (hg. von Michael Groß u. Karl-Heinz Ohlig) (Berlin u. Tübingen: Verlag Hans Schiler), S. 311–402.

Puin, Gerd-Rüdiger (1970), *Der Diwān von ʾUmar ibn al-Hattāb – ein Beitrag zur frühislamischen Verwaltungsgeschichte* (Diss. Bonn).

Reynolds, Gabriel S. (2010), *The Qurʾān and Its Biblical Subtext* (London and New York: Routledge).

Rotter, Gernot (2008, 4. Aufl.), *Ibn Ishaq. Das Leben des Propheten. Aus dem Arabischen übertragen und bearbeitet von Gernot Rotter* (Kandern: Spohr).

Rubin, Uri (1982), „The Great Pilgrimage of Mu.ammad: Some Notes on Sūra IX", in: *JSS* 27/2, S. 241–260.

Rubin, Uri (1993), „Quran and *Tafsir*: The case of ʾan yadin", in: *Der Islam* 70, S. 133–144 (= in *What the Koran Really Says* (hg. von Ibn Warraq) (New York: Prometheus Books, New York 2002), S. 372–386.

Rubin, Uri (2003), „Prophets and Caliphs: The Biblical Foundations of the Umayyad Authority", in: *Method and Theory in the Study of Islamic Origins* (hg. von Herbert Berg) (Leiden u. Boston: Brill), S. 73–99.

Rubin, Uri (2009), „On the Arabian Origins of the Qur'an: The Case of *al-Furqān*", in: *JSS* 54,2, S. 421–433.

Sadeghi, Benham und Bergmann, Uwe (2010), „The Codex of a Companion of the Prophet and the Qur'ān of the Prophet", in: *Arabica* 57, S. 343–436.

Sadeghi, Benham und Goudarzi, Mohsen (2012), „Sanʿāʾ 1 and the Origins of the Qur'ān", in: *Der Islam* 87, S. 1–129.

Saleh, Walid A. (2016), „End of Hope. Suras 10–15, Despair and a Way Out of Mecca", in: *Qur'anic Studies Today* (hg. von Angelika Neuwirth and Michael A. Sells) (London and New York: Routledge), S. 105–123.

Schmitz, Bertram (2010), „Das Spannungsverhältnis zwischen Judentum und Christentum als Grundlage des Entstehungsprozesses des Islams in der Interpretation von Vers 124 bis 141 der zweiten Sure", in: *Der Koran und sein religiöses und kulturelles Umfeld* (hg. von Tilman Nagel) (München: Oldenbourg Verlag), S. 217-–238.

Schottroff, Willi (1970), „Jeremia 2,1–3. Erwägungen zur Methode der Prophetenexegese", in: *ZThK* 67, S. 263–294.

Shoemaker, Stephen J. (2012), *The Death of a Prophet* (Philadelphia: University of Pennsylvania Press).

Sinai, Nicolai und Angelika Neuwirth (2010), „Introduction", in: *The Qur'ān in Context* (hg. von Angelika Neuwirth, Nicolai Sinai und Michael Marx) (Leiden: Brill), S. 1–24.

Sinai, Nicolai (2017), „Processes of Literary Growth and Editorial Expansion in Two Medinan Surahs", in: *Islam and Its Past* (hg. von Carol Bakhos and Michael Cook) (Oxford: University Press), S. 69–119.

Sinai, Nicolai (2017), *The Qur'an. A Historical-Critical Introdution* (Edinburgh: University Press).

Sizgorich, Thomas (2009), *Violence and Belief in Late Antiquity. Militant Devotion in Christianity and Islam* (Philadelphia: University of of Pennsylvania Press).

Speyer, Heinrich (1931/1961), *Die biblischen Erzählungen im Qoran* (Graubünden 1931 = Darmstadt: WBG, 2. unveränderte Auflage 1961).

Tesei, Tomasso (forthcoming), „Heraclius' War Propaganda and the Origins of the Qur'anic concept of Fighting Martyrdom".

Torrey, Charles C. (1933), *The Jewish Foundation of Islam* (New York: Jewish Institute of Religion Press. Bloch Publishing Co.), S. 62–126; = in *The Origins of the Koran. Classic Essays on Islam's Holy Book* (hg. von Ibn Warraq) (New York: Prometheus Books, 1998), S. 293–348.

van Ess, Josef (2001), *Der Fehltritt des Gelehrten* (Heidelberg: Universitätsverlag C. Winter).

Watt, W. Montgomery (1956), *Muhammad at Medina* (Oxford: Clarendon Press).

Watt, W. Montgomery (1970), *Bell's Introduction to the Qur'ān*, completely revised and enlarged, Islamic Surveys 8 (IslS 8) (Edinburgh: University Press).

Wellhausen, Julius (1899), „Prolegomena zur ältesten Geschichte des Islams", in: *Skizzen und Vorarbeiten*. Sechstes Heft (Berlin: Druck und Verlag von Georg Reimer), S. 3–160.

Wellhausen, Julius (1902 = 2. Aufl. 1960), *Das arabische Reich und sein Sturz* (Berlin: de Gruyter).

Autorenregister

Glossar

Abd al-Malik, Kalif: Regierte von Damaskus aus das arabische Herrschaftsgebiet (von 685–705); Erbauer des Felsendoms in Jerusalem; bezeichnet sich als erster als *khalifat allah*, als „Stellvertreter Gottes" (vgl. oben Anm. 872).

Abu Bakr, Kalif: Gilt nach Mohammeds Tod (632) als Nachfolger des Gesandten (bis 634) und Leiter des muslimischen Gemeinwesens.

ansar (pl.): „Helfer"; nach der üblichen Auffassung Kreise, die in Medina Mohammed und den aus Mekka „Ausgewanderten" zur Seite gestanden haben sollen; die Erwähnung von „Helfern" dürfte sich aber in 8:72, 74 auf Kreise beziehen, die wo auch immer im Zuge expansiver Unternehmen generell kämpfende Truppen unterstützt haben (vgl. dazu Anm. 795).

Apokalyptik/apokalyptisch: Endzeitbezogene Erwartungshaltungen mit Vorstellungen und „Berechnungen" bzw. Periodisierungen von dem Weltende zustrebenden geschichtlichen Abläufen.

aya: s.u. „Zeichen".

basmala: Die jetzt allen Suren (ausgenommen Sure 9) vorausgeschickte Einleitungsformel „im Namen Gottes, des barmherzigen Erbarmers …".

Badre: Marktort der Araber zwischen Medina und Mekka gelegen; nach späten Erzählungen (vgl. Ibn Ishaq, *Das Leben des Propheten*; s. dazu Rotters Übersetzung, S. 130ff.) soll dort Mohammed mit Unterstützung seitens medinensischer „Helfer" einen bedeutenden Sieg über die Mekkaner errungen haben. Aus Sure 3:123 geht das nicht hervor; hier fällt zwar der Name, aber nur mit dem schlichten Hinweis, dass Gott den Gläubigen hier einst geholfen habe.

Chronologie der Suren: Die jetzige Abfolge der Suren (vgl. zu einst anderen Abfolgen oben Anm. 290) fußt nicht auf chronologischen Einstufungen. Ausschlaggebend ist der jeweilige Umfang einer Sure; den umfangreichen werden fast durchweg die weniger umfangreichen nachgeordnet. Eine chronologische Klassifizierung besteht lediglich darin, dass zwischen Suren aus der mekkanischen Zeit Mohammeds und solchen aus seiner Wirkungszeit in Medina unterschieden wird. Selbst unter muslimischen Gelehrten gibt es dazu divergierende Einschätzungen. Ihre Versuche, für die Suren wie auch für einzelne Versgruppen den jeweiligen Anlass ihrer Entstehung („Anlässe der Offenbarung" *asbab al-nuzul*) zu bestimmen, also in einer Biographie Mohammeds zu verankern, divergieren sehr oft und basieren auf mehr als ein Jahrhundert späteren Vorstellungen. Das von Nöldeke erarbeitete chronologische Gerüst der Suren (seit 1860) bedarf wegen seiner starken Abhängigkeit von lediglich späten islamischen Traditionen der Überprüfung (vgl. auch Anm. 267).

din: „Gericht" Gottes (vgl. „am Tag des Gerichts"); ferner in der Bedeutung „Religion" (auch „Kult") verwendet.

Eschatologie/eschatologisch: In den koranischen Texten konzentriert sich die entsprechend orientierte Frömmigkeit auf das als sicher bevorstehend angekündigte, aber keineswegs berechenbare oder absehbare Endgerichtswalten Gottes. Für die damit implizit angelegte Individualisierung der Frömmigkeit sind Anteilnahme und Teilnahme an geschichtlich relevanten Veränderungen verzichtbar.

fitna: Neben der Bedeutung „Prüfung" (auch „Versuchung") begegnet das Wort auch im Sinn von „Unruhestiftung" bzw. „Aufruhr" oder „Chaos"; der Ausdruck bezieht sich später auch auf islamische Bürgerkriege (in den Jahren 656ff. und 680ff.).

Heraclius: Oströmischer bzw. byzantinischer Kaiser (610–641), verlor schließlich sukzessiv ab 634 infolge der arabischen Expansion die bis dahin oströmischen Reichsgebiete Syrien, Palästina und Ägypten.

Hijra: Nach traditioneller Auffassung die Flucht, Auswanderung (bzw. Vertreibung) Mohammeds aus seiner Heimatstadt Mekka („Mekka" wird explizit nur in Sure 48:24 genannt [*makkata*]) nach Medina (Yathrib) im Jahr 622 (Beginn der islamischen Zeitrechnung); s.a. *muhajirun*.

Ibn Ishaq (704–767): Verfasser eines Werkes (um die Mitte des 8. Jh.s), das lediglich in der sehr viel späteren Bearbeitung durch Ibn Hisham (Geburtsjahr unsicher, starb 834) und in Auszügen erhalten ist, bekannt unter der Bezeichnung „Leben (*sira*) des Propheten".

Jihad (Dschihad): Bezeichnung des militärischen Kampfes; abgeleitet von *jahada* „sich kriegerisch einsetzen, kämpfen"; ursprünglich nicht auf militärisches Engagement bezogen, sondern im Sinn von „sich bemühen für …, sich einsetzen für …" (z.B. „für Gott") verstanden (vgl. dazu die Hinweise nach Anm. 606).

kafara: Ungläubig sein (auch: undankbar sein); *kafiruna*: die Ungläubigen.

Kalif (*khalifa*): „Stellvertreter" bzw. „Nachfolger" des Propheten; vgl. ferner den Hinweis oben zu Abd al-Malik.

Leute/Volk der Schrift (*ahl al-kitab*): Diejenigen, die über eine Offenbarungsschrift verfügen (die Juden und ihre Tora/*tawrat*; die Christen und ihr Evangelium/*injil*).

masjid/masajid: Üblicherweise „Moschee"/"Moscheen"; auch allgemein „Anbetungs- Kultstätten" (vgl. Anm. 317, 785).

Medina: *al-madina* bedeutet „die Stadt" und bezieht sich im Koran jeweils auf größere Städte; gilt schließlich als neue Bezeichnung für das ca. 350km nordwestlich von Mekka gelegene *Yathrib* (wird in 33:13 lediglich genannt, ohne weitere Informationen), wohin Mohammed 622 aus Mekka (der Name fällt im Koran nur in 48:24) ausgewandert sein soll (dazu im Koran keine expliziten Hinweise).

muhajirun: Nach traditioneller Auffassung die „Auswanderer", die mit Mohammed um 622 Mekka verlassen haben sollen und in Medina mit dortigen Gruppen, die als „Helfer" (*ansar*) galten, zur islamischen Gemeinde zusammenwuchsen. Im Koran ist diese Sichtweise so nicht belegt; mehrfach sind hier wie auch in späteren Berichten mit den *muhajirun* diejenigen im Blick, die ihr Stammland verlassen hatten, um sich unter die Kämpfer einzureihen (vgl. dazu bei Anm. 238 sowie Anm. 795).

Musaylima: Eine von zahlreichen Prophetengestalten, die in der ersten Hälfte des 7. Jh.s auf der arabischen Halbinsel kriegerisch aktiv waren und in Konkurrenz zueinander eigene Herrschaftsgebilde anstrebten.

muschrikun: In der üblichen Wiedergabe „Polytheisten"; gemeint sind nicht in jedem Fall Verehrer mehrerer Gottheiten („Götzendiener"). Vor Augen stehen können auch Juden und Christen, sofern gegen sie der Vorwurf erhoben wird, Gott weitere Mächte oder Wesen (z.B. Engel oder Jesus) beizuordnen („beizugesellen")

Palimpsest: Hier Koranpergament, dessen ursprüngliche Beschriftung (scriptio inferior) abgewaschen oder abgeschabt wurde, um neu beschriften zu können (scriptio superior); vgl. Anm. 34 u. 356.

Polytheisten: vgl. dazu *muschrikun*.

rasul: „Gesandter" (Gottes); außer Mohammed gelten im Koran zahlreiche alttestamentliche Propheten sowie auch Jesus als „Gesandte" Gottes.

shirk: „Beigesellung" in dem Sinn, Gott eine weitere Macht oder ein weiteres Wesen als Teilhaber an Gottes Macht (z.b. Engel, Jesus), als Partner, an die Seite zu stellen und zu anzurufen.

Straflegenden: Verweise in zahlreichen Suren auf die Untergangsgeschicke vergangener Völker und die Rolle der ihnen zugewiesenen „Gesandten" Gottes.

Sure: Bezeichnung der in sich abgeschlossenen größeren wie kleineren Verkündigungseinheiten des Korans (Suren 1 bis 114).

umma: Die Gemeinde oder Gemeinschaft der Muslime.

Umar/Omar, Kalif: Nach Abu Bakr (632–634) der zweite Nachfolger Mohammeds (von 634–644).

Uthman/Othman, Kalif: Nachfolger Umars/Omars (von 644–656)

Zeichen (*aya*): „Wunderzeichen" oder „Vers" (Textabschnitt); vgl. *ayatuhu* 8:2 „seine (Gottes) „Verse".

Detailliertes Inhaltsverzeichnis